Deutsche Reichs- u. Preußische Gesetze

Die Guttentagsche Sammlung von Textausgaben mit Anmerkungen im Taschenformat enthält in mehr als 230 Bänden alle wichtigeren Gesetze in unbedingt zuverlässigem Abdruck und mustergültiger Erläuterung

+

Ausführliches Verzeichnis befindet sich hinter dem Sachregister

Guttentagsche Sammlung
Nr. 63 Preußischer Gesetze Nr. 63
Textausgaben mit Anmerkungen und Sachregister

Die Preußischen Jagdgesetze
in ihrer geltenden Fassung

Mit Erläuterungen versehen

von

A. Born
Erster Bürgermeister i. R.

Berlin und Leipzig 1928
Walter de Gruyter & Co.
vormals G. J. Göschen'sche Verlagshandlung — J. Guttentag, Verlagsbuchhandlung — Georg Reimer — Karl J. Trübner — Veit & Comp.

Inhaltsverzeichnis.

I. Preußen.

II. Provinz Hannover.

Abkürzungen.

aaO.	am angeführten Orte.
aFG.	altes Fischereigesetz.
AG.BGB. . . .	Ausführungsgesetz zum Bürgerlichen Gesetzbuch.
AllgVerf.	Allgemeine Verfügung.
ALR.	Allgemeines Landrecht.
AusfAnw.	Ausführungsanweisung.
Bd.	Band.
BGB.	Bürgerliches Gesetzbuch.
EG.BGB. . . .	Einführungsgesetz zum Bürgerlichen Gesetzbuch.
FG.	Fischereigesetz.
FO.	Fischereiordnung.
G. oder Ges. . .	Gesetz.
GO.	Gewerbeordnung.
GS. S.	Preußische Gesetzsammlung Seite.
JO.	Jagdordnung.
JurWoch.	Juristische Wochenschrift.
JMin.	Justizminister.
JMBl.	Justizministerialblatt.
KG.	Entscheidung des Kammergerichts.
KGSt.	Entscheidung des Kammergerichts in Strafsachen.

KomBer. d. AH. aaO. 1907: Bericht der XIII. Kommission des Abgeordnetenhauses über den Gesetzentwurf, betreffend die Ausübung des Jagdrechts, 20. Legislaturperiode, III. Session 1907, S. 3102 ff.

KomBer. f. Agrarv. d. HH. aaO. 1907: Bericht der Kommission für Agrarverhältnisse über den Entwurf eines Gesetzes, betreffend die Ausübung des Jagdrechts, Session 1907, Anlagen zu den stenographischen Berichten über die Verhandlungen des Herrenhauses, S. 489 ff.

LMin. . . . . . Minister für Landwirtschaft, Domänen und Forsten.

LMBl. . . . . . Ministerialblatt für die Verwaltung der Landwirtschaft, Domänen und Forsten.

LVG. . . . . . Gesetz über die allgemeine Landesverwaltung.

LWA. . . . . . Entscheidung des Landeswasseramts.

Min. . . . . . . Minister.

MinVerf. . . . . Ministerialverfügung.

OG. . . . . . . Entscheidung des Oberverwaltungsgerichts.

OT. . . . . . . Entscheidung des vormaligen Obertribunalgerichts.

PrVerwltgsbl. . . Preußisches Verwaltungsblatt.

RegBegr. 1905/06 aaO.: Regierungsbegründung eines Gesetzentwurfs, betreffend die Ausübung des Jagdrechts, Sammlung der stenographischen Berichte, Anlagen dazu, 20. Legislaturperiode, II. Session 1905/06, Drucksache Nr. 260, S. 3652 ff.

RGSt. . . . . . . Entscheidung des Reichsgerichts in Strafsachen.
RGZ. . . . . . . Entscheidung des Reichsgerichts in Zivilsachen.
RdErl. . . . . . Runderlaß.
StenBer. . . . . Stenographischer Bericht.
StPO. . . . . . . Strafprozeßordnung.
Verf. . . . . Verfügung.
WG. . . . . Wassergesetz.
ZG. . . . . Zuständigkeitsgesetz.
ZPO. . . . . . . Zivilprozeßordnung.

I.

Preußische Jagdordnung

vom 15. Juli 1907 (GS. S. 207) in der geltenden Fassung.

Vorbemerkung.

Die Verschiedenartigkeit der in dem Preußischen Staate geltenden zahlreichen, auf einzelne Gebietsteile beschränkten älteren jagdrechtlichen Bestimmungen verlangte dringend eine einheitliche Regelung des Jagdrechts. — Dieses Ziel ist nach früherem vergeblichen Versuche im Jahre 1907 wenigstens insofern erreicht worden, als eine das ganze preußische Staatsgebiet, mit Ausnahme der Provinz Hannover, der Hohenzollernschen Lande und der Insel Helgoland, umfassende Jagdordnung von den preußischen gesetzgebenden Körperschaften erlassen worden ist, welche die wesentlichen Bestimmungen der bisher namentlich in Altpreußen geltend gewesenen Jagdgesetze aufnahm. — Dazu kam noch die neuere Gesetzgebung, wie Wildschaden-, Jagdschein-, Wildschon-, Jagdverwaltungsgesetz, von deren Geltungsbereich wieder einzelne Landesteile ausgenommen waren, so daß bei der örtlichen und sachlichen Buntscheckigkeit der jagdgesetzlichen Bestimmungen eine einheitliche gesetzliche Regelung dieser Materie dringend not tat.

Leider ist diese einheitliche Regelung aber nicht in vollem Maße erfolgt. Denn einmal blieb, was die sachliche Seite der Gesetzgebung anlangt, das Recht, wildernde Hunde und Katzen zu töten, ausgeschaltet, weil es, wie die Subkommission der XIII. Kommission des Abgeordnetenhauses zur Beratung des Entwurfs, betreffend die Ausübung des Jagdrechts, — 1907 — hervorhob, zum größten Teil nicht in den der Prüfung unterzogenen Jagdgesetzen, sondern zerstreut in zahlreichen Forst-, Jagd-, Holz- und Meßordnungen enthalten ist; ebenso wie in einzelnen Landesteilen die verschiedenfache Regelung des Aneignungsrechts des auf natürliche Weise abgebrochenen Hirschgeweihes (Hirschstangen) und Rehgehörns, — die Herbeiführung des künstlichen, künstlich herbeigeführten (vorzeitigen) Abwurfs hat, da die Aneignungsabsicht sich auch nur auf Teile des jagdbaren Tieres beziehen könne, das Reichsgericht (vgl. RGSt. Bd. 40 S. 7) für ein Jagdvergehen erklärt —, bestehen geblieben ist, während in anderen Gebietsteilen überhaupt Vorschriften über das Aneignungsrecht abgeworfener Hirschstangen fehlen, so in Hannover, Schleswig-Holstein, Rheinprovinz, in den Hohenzollernschen Landen.

Auch über den örtlichen Geltungsbereich ist eine vollständige Einheitlichkeit auf dem Gebiete der Jagdgesetzgebung durch die Preußische Jagdordnung nicht erzielt worden. Denn letztere gilt überhaupt nicht in Hannover, den Hohenzollernschen Landen und der Insel Helgoland — hier sind die älteren jagdrechtlichen Bestimmungen in Kraft geblieben —, andererseits sind in einzelnen Gebietsteilen, in welchen die Preußische Jagdordnung Geltung hat, so z. B. im ehemaligen Kurfürstentum Hessen, ältere jagdgesetzliche Bestimmungen in der Preußischen Jagdordnung vom 15. Juli 1907 ausdrücklich aufrechterhalten worden.

Auch sonst gelten noch verschiedene Bestimmungen des Allgemeinen Landrechts (I 9, Vierter Abschnitt — vom Tierfange, von der Jagd — §§ 111 ff.; II 16, Dritter Abschnitt §§ 30 ff.) sowie auch Bestimmungen der Provinzialrechte der einzelnen Provinzen, so z. B. der Forstordnung für Ostpreußen und Littauen vom 3. Dezember 1775 (Rabe, Sammlung preußischer Gesetze und Verordnungen, Bd. 1 Abt. 6 S. 81), Forstordnung der Provinz Pommern vom 24. Dezember 1777 (Rabe aaO. S. 271), Forst- und Jagdordnung für Westpreußen und den Netzedistrikt vom 8. Oktober 1805 (Rabe aaO. Bd. 8 S. 534), Renovierte und verbesserte Holz-, Mast- und Jagdordnung der Provinz Brandenburg vom 20. Mai 1720 (Rabe aaO. Bd. 1 Abt. 1 S. 351), Neurevidierte und vermehrte Holz-, Mast- und Jagdordnung für Unser souveränes Erbherzogtum Schlesien und die souveränische Grafschaft Glatz vom 19. April 1756 (Kornsche Ediktensammlung Bd. 6 S. 387), usw.

In der Preußischen Jagdordnung sind die §§ 3 bis 15, 17, 18, 19, 26, 53, 67, 81, 84, 85, 86 neu, die §§ 25, 27 und 28 im wesentlichen neu, die übrigen Paragraphen aus dem Wildschongesetz (u. a. z. B. § 1), dem Gesetz, betreffend die Aufhebung des Jagdrechts auf fremdem Grund und Boden und die Ausübung des Jagdrechts, dem Jagdverwaltungsgesetz, Jagdscheingesetz, Wildschadengesetz, Jagdpolizeigesetz und Zuständigkeitsgesetz entnommen und, unter Aufhebung dieser Gesetze (§ 86 JO.) bezw. Gesetzesstellen, mit den neuerlassenen Bestimmungen zur Preußischen Jagdordnung vom 15. Juli 1907 vereinigt worden.

Wir Wilhelm usw. verordnen für den ganzen Umfang der Monarchie mit Ausschluß der Provinz Hannover, der Hohenzollernschen Lande und der Insel Helgoland, was folgt:

Erster Abschnitt.

Das Jagdrecht.

§ 1. Jagdbare Tiere sind:

a) Elch-, Rot-, Dam-, Reh- und Schwarzwild, Hasen, Biber, Ottern, Dachse, Füchse, wilde Katzen, Edelmarder, Muffelwild (Ovis musimon) (Verordnung vom 22. Januar 1912 — GS. S. 11 —);

b) Auer-, Birk- und Haselwild, Schnee-, Reb- und schottische Moorhühner, Wachteln, Fasanen, wilde Tauben, Drosseln (Krammetsvögel), Schnepfen, Trappen, Brachvögel, Wachtelkönige, Kraniche, Adler (Stein-, See-, Fisch-, Schlangen-, Schreiadler), wilde Schwäne, wilde Gänse, wilde Enten, alle anderen Sumpf- und Wasservögel mit Ausnahme der grauen Reiher, der Störche, der Taucher, der Säger, der Kormorane und der Bleßhühner, sowie die wilden Truthühner (Verordnung vom 9. August 1910).

A. Verordnung wegen Jagdbarkeit des Muffelwildes (Ovis musimon) vom 22. Januar 1912 (GS. S. 11):

Wir Wilhelm usw. verordnen auf Grund des § 50 der Jagdordnung vom 15. Juli 1907 (GS. S. 207) für den Geltungsbereich dieses Gesetzes sowie auf Grund des § 14 des Wildschongesetzes vom 14. Juli 1904 (GS. S. 159) für den Umfang der Provinz Hannover, was folgt:

Artikel I.

Das Muffelwild (Ovis musimon) wird als jagdbares Tier erklärt.

Artikel II.

§ 1. Mit der Jagd zu verschonen ist:

a) männliches Muffelwild vom 1. Februar bis 31. August;
b) weibliches Muffelwild vom 16. Dezember bis 15. September.

Die im vorstehenden als Anfangs- und Endtermine der Schonzeiten bezeichneten Tage gehören zur Schonzeit.

§ 2. Aus Rücksichten der Jagdpflege können durch Beschluß des Bezirksausschusses die Schonzeiten des Muffelwildes verlängert oder auf das ganze Jahr ausgedehnt werden. Die hiernach zulässige Abänderung der Schonzeiten darf für den ganzen Umfang oder nur für einzelne Teile des Regierungsbezirks, die Abänderung für einzelne Teile desselben Regierungsbezirks in verschiedener Weise erfolgen.

Artikel III.

Mit einer Geldstrafe von 100 Reichsmark wird bestraft, wer während der Schonzeit ein Stück Muffelwild erlegt oder einfängt.

Sind mildernde Umstände vorhanden, so kann die Geldstrafe bis auf 15 Reichsmark für jedes Stück ermäßigt werden.

Artikel IV.

Im übrigen finden die Vorschriften der Jagdordnung vom 15. Juli 1907 und des Wildschongesetzes vom 14. Juli 1904 auf das Muffelwild gleichmäßige Anwendung.

Artikel V.

Diese Verordnung tritt mit dem Tage der Verkündung in Kraft.

B. Verordnung wegen Jagdbarkeit der Bronzeputer oder wilden Truthühner (Trutwild) vom 9. August 1910 (GS. S. 257):

Wir Wilhelm usw. verordnen auf Grund des § 50 der Jagdordnung vom 15. Juli 1907 (GS. S. 207) für den Geltungsbereich dieses Gesetzes sowie auf Grund des § 14 des Wildschongesetzes vom 14. Juli 1914 (GS. S. 159) für den Umfang der Provinz Hannover, was folgt:

Artikel I.

Bronzeputer oder wilde Truthühner (Trutwild) werden zu jagdbaren Tieren erklärt.

Artikel II.

§ 1. Mit der Jagd zu verschonen sind:

a) Truthähne vom 15. Mai bis 15. Oktober;

b) Truthennen vom 1. Januar bis 15. Oktober.

Die im vorstehenden als Anfangs- und Endtermine der Schonzeiten bezeichneten Tage gehören zur Schonzeit.

§ 2. (Hat denselben Wortlaut wie Artikel II § 2 der zu A angeführten Verordnung:) Aus Rücksichten usw. kann die Schonzeit für Truthähne und Truthennen verlängert usw.

Artikel III.

Mit einer Geldstrafe von 30 Reichsmark wird bestraft, wer während der Schonzeit ein Stück Trutwild erlegt oder einfängt.

Sind mildernde Umstände vorhanden, so kann die Geldstrafe bis auf 5 Reichsmark für jedes Stück ermäßigt werden.

Artikel IV.

Im übrigen finden die Vorschriften der Jagdordnung vom 15. Juli 1907 und des Wildschongesetzes vom 14. Juli 1904 auf das Trutwild gleichmäßige Anwendung.

Artikel V.

Diese Verordnung tritt mit dem Tage der Verkündung in Kraft.

1. Durch das EG.BGB. Art. 69 ist bestimmt, daß die landesgesetzlichen Vorschriften über Jagd, unbeschadet der Vorschrift des § 958 Abs. 2 BGB. über den Ersatz des Wildschadens, unberührt bleiben. Demgemäß sind die Einzelländer berechtigt, auch nach Inkrafttreten des BGB. gesetzliche Vorschriften zur Regelung der Jagd zu erlassen.

Wer eine herrenlose bewegliche Sache — und hierzu gehören auch Tiere — in Eigenbesitz nimmt, erwirbt nach § 958 Abs. 1 BGB. das Eigentum an der Sache.

2. Auch die jagdbaren Tiere sind herrenlos. Es darf sie sich aber nur derjenige aneignen, der jagdberechtigt ist. Welche Tiere unter die jagdbaren Tiere fallen, bestimmt § 1 JO. in der Weise erschöpfend, daß nur die darin aufgezählten zu den jagdbaren gehören (bei Einführung oder Einwanderung bisher nicht einheimischer Wildarten siehe § 50 JO.). Vgl. dazu RGSt. vom 1. Oktober 1881, Bd. 5 S. 85. Wilde Tiere, die nicht zu den jagdbaren gehören, können von jedermann erlegt oder gefangen werden; auf fremdem Grund und Boden ist aber die Erlaubnis des Grundeigentümers erforderlich (vgl. dazu RGSt. vom 15. November 1912, Bd. 46 S. 348).

3. Jagd ist die auf Aneignung des Wildes gerichtete Handlung. Ob jemand die Absicht hat, es für sich oder einen anderen in Besitz zu nehmen und anzueignen, ist unerheblich. Der Begriff der Jagd ist gegeben, wenn jemand die dem Jagdberechtigten zustehende Befugnis in bezug auf die Aneignung des Wildes ausübt. RGSt. vom 14. Februar 1907, Bd. 40 S. 7. Womit das jagdbare Tier gejagt, erlegt oder gefangen wird, ist an sich in das Belieben des Jägers gestellt; nur ist das Aufstellen, überhaupt die Anwendung von Schlingen, die auch unter den Begriff der Jagd fällt, verboten (§ 41 JO.). Letzterer umfaßt daher nicht bloß die gewöhnliche Art der Jagdausübung mit Schußwaffen, also die

Erlegung des Wildes mit Pulver und Blei, sondern auch das Fangen mit Netzen, ebenso auch die Hetz-, Bracken-, Parforce-, Suchjagd u. dgl. m. Eine Jagdausübung ist auch darin zu erblicken, daß dem Wilde nachgestellt wird. Vgl. dazu RGSt. Bd. 40 S. 7; vom 20. November 1894, Bd. 26 S. 216.

Ein nach § 1 jagdbares Tier verliert um deswillen, daß es gezähmt ist, nicht die Eigenschaft als jagdbares Tier.

4. Vgl. §§ 61 bis 64, 66, 67 JO., § 105 FG. sowie §§ 5, 8 des Vogelschutzgesetzes, ferner § 43 JO., betreffend Einsammeln von Kiebitz- und Möveneiern, und § 48 daselbst. Der Baum- oder Edelmarder gehört zu den jagdbaren Tieren, aber nicht der Stein- oder Hausmarder. Das Töten von Störchen kann in Preußen durch Polizeiverordnung verboten werden. Siehe Anm. zu § 105 FG.

5. Siehe auch im Anhang Anweisung vom 29. Juli 1907 zur Ausführung des § 1 JO.

6. Über Reichsmark siehe Verordnung über die Überleitung preußischen Landesrechts aus den bisherigen Währungsverhältnissen in die neuen Währungsverhältnisse vom 2. Juli 1926, GS. S. 192 (vgl. MBl. f. d. i. V. 1926 S. 791).

§ 2. Das Jagdrecht steht jedem Eigentümer auf seinem Grund und Boden zu.

Eine Trennung des Jagdrechts von Grund und Boden kann als dingliches Recht künftig nicht stattfinden.

1. Zu den Grundstücken gehören auch die Gewässer (Wasserläufe, Seen, Teiche usw.) ebenso wie das offene Meer. Da letzteres in niemandes Eigentum steht, ist die Jagd daselbst jedermann gestattet. Die Jagd auf dem Meere innerhalb der Hoheitsgrenze — 3 Seemeilen = 5559 Meter von der Küste aus gerechnet — steht dem Staate zu. Meeresufer stehen im Eigentum des Staates. Das Jagdrecht am Meeresstrande gebührt dem Staate. Am Meeresufer hat der Staat „gemeines“, d. h. privatrechtliches,

mit dem Gemeingebrauch belastetes Eigentum; das Meerbett steht in niemandes Eigentum. Unter dem Meeresufer im Sinne des § 21 II 14 und § 80 II 15 ALR. ist bei einem die Erscheinung von Ebbe und Flut nachweisenden Meere der jenseits der mittleren höchsten Flut dem Lande zu liegende Teil des Strandes zu verstehen; der von der mittleren höchsten Flut bedeckte Teil des Strandes ist zum Bett des Meeres zu rechnen. OG. vom 1. Dezember 1911, Bd. 62 S. 295. Das Wattenmeer aber ist nicht nur der Territorialhoheit des Staates unterworfen, sondern gehört zum Staatsgebiet.

Nach gemeinem Recht stand die Unterelbe in niemandes Eigentum und diente dem Gemeingebrauche, so daß die Jagd auf ihr grundsätzlich frei war. Auf Grund des WG. ist aber dem Preußischen Staate das Privateigentum an der Unterelbe als Wasserlauf erster Ordnung zugefallen und hiermit nach der JO. das Jagdrecht. Das Eigentum des Staates umfaßt nicht nur das Flußbett, sondern auch die Befugnisse des Eigentümers in bezug auf das Wasser und den Luftraum.

Da nach §§ 7 ff. WG. vom 7. April 1913 die Wasserläufe auch erster Ordnung, die schiffbaren Ströme, Flüsse, im Privateigentum, nicht bloß im gemeinen Eigentum des Staates stehen, so gehört das Jagdrecht dem Staate. Das Recht der freien Wasserjagd auf der Elbe ist, sofern und soweit es bestanden hat, dadurch erloschen, daß auf Grund des § 7 WG. das Eigentum an den Wasserläufen erster Ordnung und damit auch auf der Elbe auf den Preußischen Staat übergegangen ist, dem nunmehr gemäß § 2 JO. als Eigentümer das Jagdrecht auf der Elbe zusteht. KGSt. vom 1. Februar 1927, Ring, Bd. 6 S. 301 (LMBl. 1927 S. 243). Daran ändert auch der Staatsvertrag, betreffend den Übergang der Wasserstraßen von den Ländern auf das Reich, vom 31. März / 26. September 1921 (GS. S. 520) insofern nichts, als nach § 1 daselbst u. a. die Jagdberechtigungen von dem Übergange auf das Reich ausgeschlossen sind (siehe Anm. zu § 7 FG., erläutert von A. Born, wo die in Frage kommenden Bestimmungen des Staatsvertrages wiedergegeben sind). Vgl. RdErl. des LMin. vom 24. Dezember 1925 bei § 4 Anm. 1 S. 32. Liegt auch das Jagdrecht im Eigentum und kann es an sich als Ausfluß des letzteren von ihm nicht getrennt werden, so ist jedenfalls dem Preußischen Staate das Jagdausübungsrecht auf den auf das Reich übergegangenen Wasserstraßen geblieben. Freilich steht die Belassung der Jagdberechtigung, (wie es im § 1 des in Frage kommenden Staatsvertrages heißt) bei dem Preußischen Staate, nicht im Einklang mit § 2, insbesondere auch nicht mit § 2 Abs. 2.

Die Wasserläufe zweiter und dritter Ordnung stehen in der Regel im Eigentum der Anlieger, in der Provinz Hessen-Nassau in der Regel im Eigentum der Gemeinden, durch deren Gemarkung sie fließen, insoweit, als ihnen die Unterhaltung obliegt. Demgemäß steht den Eigentümern der Wasserläufe das Jagdrecht daselbst zu. Dasselbe gilt von den Gewässern, die nicht zu den Wasserläufen gehören. Ebenso verhält es sich mit den öffentlichen Wegen, dem Grund und Boden, der für Eisenbahnen — die Ausübung der Jagd auf den Schienenwegen ist durch die Eisenbahnbetriebsordnung verboten — bestimmt ist, Friedhöfen, Festungswerken, Truppenübungsplätzen, Schießplätzen usw., soweit der öffentliche Zweck, dem der Grund und Boden gewidmet ist, die Ausübung des Jagdrechtes nicht verbietet oder einschränkt; er bildet daher entweder einen Eigenjagdbezirk oder gehört zu einem gemeinschaftlichen Jagdbezirk. Denn das Jagdrecht nach der subjektiven Seite ist nichts anderes als ein Ausfluß des Eigentumsrechtes, ebenso wie das Wasserrecht, das Fischereirecht. Dieses Recht ist nicht ein mit dem Eigentum des Grundstücks verbundenes selbständiges Recht und deshalb kein Bestandteil des Grundstücks im Sinne des § 96 BGB., es ist überhaupt kein für sich allein bestehendes, vom Eigentum loszulösendes Recht, sondern es fällt als integrierender Bestandteil des Grundeigentums lediglich unter die Nutzungen, die aus dem Eigentum am Grundstücke zu ziehen sind. In der Jagdnutzung hat der Eigentümer das gesetzlich geschützte, nur jagdpolizeilich beschränkte ausschließliche Aneignungsrecht an den auf seinem Grundstück angetroffenen jagdbaren

Tieren (RGZ. vom 1. Dezember 1908, Bd. 70 S. 70). Das Jagdrecht als Ausfluß des Eigentums ist ein privates Recht, wenn es auch aus polizeilichen oder wirtschaftlichen, zur Erhaltung eines angemessenen Wildstandes im Interesse der Volksernährung bestimmten Gründen in der Ausübung öffentlich-rechtlich beschränkt ist. Ein solches bleibt es auch dann, wenn die Eigentumssache öffentlichen Zwecken dient, wie z. B. das Eigentum an öffentlichen Wegen, am Eisenbahnkörper, an Friedhöfen usw.

Das Jagdrecht ist, wenn auch dem Jagdberechtigten kein dingliches Recht an den in seinem Jagdbezirke befindlichen jagdbaren Tieren zusteht, ein Vermögensrecht, dessen Verletzung, wie die eines jeden anderen Vermögensrechtes, bestimmte Wirkungen zu äußern geeignet ist (vgl. §§ 823, 249 BGB.). RGSt. vom 5. Februar 1907, Bd. 39 S. 427.

2. „Das Miteigentum, welches nach § 4 Abs. 1 JO. die Bildung von Eigenjagdbezirken ermöglicht, ist ein Eigentum im normalen Sinne, d. h. ein vollinhaltliches Eigentum mit jenen wirtschaftlichen Folgen, wie sie durch normale Vorgänge im Rechtsleben zur Entstehung gebracht werden. Das Jagdrecht ist zwar grundsätzlich ein Teil der im Eigentum liegenden Befugnisse und gehört deshalb zu dem Privatvermögen des Grundeigentümers als Zubehör des Grund und Bodens. Die Ausübung dieses Rechtes ist aber aus Gründen der Sicherheitspolizei und aus Rücksicht auf die Erhaltung eines angemessenen Wildstandes durch die JO. (§ 3) dahin beschränkt, daß es nur auf Jagdbezirken (Eigenjagdbezirken und gemeinschaftlichen Jagdbezirken) und auf Grundflächen, die Eigenjagdbezirken angeschlossen oder gemeinschaftlichen Jagdbezirken zugelegt sind, ausgeübt werden darf. Die Jagdbezirke sind also die örtlichen Bezirke, innerhalb derer die Ausübung des gesetzlich dem Grundeigentümer zustehenden Jagdrechts zugelassen ist. Ihre Bildung beruht auf Gründen des öffentlichen Rechts, so daß sie selbst als jagdrechtliche Gebilde des öffentlichen Rechts anzusehen sind, die hinsichtlich ihrer Entstehung, Änderung und Aufhebung der Verfügung der beteiligten Grundeigentümer nur insoweit unterworfen sind, als es im Gesetz

ausdrücklich zugelassen ist. Die Voraussetzungen für die Bildung von Eigenjagdbezirken sind in § 4 JO. festgelegt."

„Es hat sich nun gerade in den letzten Jahren das allgemeine Rechtsbewußtsein immer bestimmter auf den Standpunkt gestellt, daß Rechtsgeschäften, die an sich in legaler und verbindlicher Weise zustande gekommen sind, und die auch an sich nicht gegen die guten Sitten verstoßen, die aber offensichtlich zu dem Zwecke getätigt worden sind, die Ziele und Absichten eines anderen Gesetzes zu durchkreuzen und dessen Vorschriften zu umgehen, diese letztere Wirksamkeit unter keinen Umständen zuerkannt werden darf. Die Rechtsunwirksamkeit „in fraudem legis" zustande gekommener Rechtsgeschäfte jedenfalls gegenüber demjenigen Gesetze, dem die Umgehung gilt, ist eine elementare Forderung der heutigen Rechtsüberzeugung (vgl. §§ 4 und 5 der Reichsabgabenordnung vom 3. Dezember 1919 — RGBl. S. 1993; § 13 des Gesetzes über den Verkehr mit Grundstücken vom 10. Februar 1923, GS. S. 25)."

„Die Frage, ob der Erwerb eines Eigentumsanteils an Grundstücken die Eigenschaft als Miteigentum im Sinne des § 4 JO. begründet, ist nicht ausschließlich aus den auf dem Gebiete des bürgerlichen Rechts liegenden Beziehungen zwischen dem Veräußerer und Erwerber zu entnehmen, sondern gehört im wesentlichen dem öffentlichen Rechte an. Denn wenn auch das Jagdrecht selbst gemäß § 2 JO. als Ausfluß des privaten Grundeigentums sich darstellt, so ist doch die im öffentlichen Interesse erfolgte Beschränkung der Ausübung desselben öffentlich-rechtlicher Natur und das sich hieraus ergebende Recht zur Bildung eines Eigenjagdbezirks öffentliches Recht. Die JO. macht die Jagdausübung im öffentlichen Interesse von einer bestimmten Größe des Grundbesitzes abhängig. Da die Ausübung des Jagdrechts an sich ein Ausfluß des Eigentums ist, ist grundsätzlich davon auszugehen, daß der Gesetzgeber ein Eigentum und Miteigentum im normalen Sinne gemeint hat. Nicht dagegen kann darunter ein Eigentum verstanden werden, das dem Erwerber nur die grundbuchrechtliche Eigenschaft als

Eigentümer ohne die damit verbundenen materiellen wirtschaftlichen Befugnisse des Eigentümers zu dem ausgesprochenen Zweck verleiht, dem formalen Wortlaute des Gesetzes zu genügen und auf diese Weise entgegen den materiellen Absichten des Gesetzes die Möglichkeit der Jagdausübung zu verschaffen. Damit wird der gesetzgeberische Zweck der JO. zu vereiteln und eine Umgehung des Gesetzes herbeizuführen versucht. Ein solches in fraudem legis geschaffenes Ergebnis kann nach den oben entwickelten Grundsätzen als rechtlich zulässig und rechtsbeständig nicht anerkannt werden." OG. vom 22. Februar 1923, Bd. 78 S. 370. Vgl. auch Beschluß des KG. vom 2. Dezember 1912, Bd. 44 S. 213. Siehe auch OG. vom 8. April 1926, Bd. 81 S. 363: „Ist das Bestehen eines Eigenjagdbezirkes durch rechtskräftiges Urteil festgestellt, so schließt die inhaltliche Rechtskraft dieses Urteils trotz gleicher Sach- und Rechtslage den Anspruch der Parteien auf die Feststellung, daß der Eigenjagdbezirk noch fortbestehe, nicht aus, sofern die Auslegung der maßgebenden gesetzlichen Bestimmungen in der Rechtsprechung sich geändert hat (vgl. auch OG. vom 12. November 1925, abgedruckt in der Zeitschrift für Agrar- und Wasserrecht, Bd. 8 S. 273)." [Das Oberverwaltungsgericht hatte bisher einen der OG. vom 22. Februar 1923 entgegengesetzten Standpunkt eingenommen.]

Sind mehrere Personen jagdberechtigt, so kann einem Dritten die Erlaubnis zur Jagdausübung nur von sämtlichen Berechtigten wirksam erteilt werden. KGSt. vom 26. April 1888, Bd. 8 S. 213.

3. Nach § 905 BGB. erstreckt sich das Recht des Eigentümers eines Grundstücks auf den Raum über der Oberfläche und auf den Erdkörper unter der Oberfläche. Der Eigentümer kann jedoch Einwirkungen nicht verbieten, die in solcher Höhe oder Tiefe vorgenommen werden, daß er an der Ausschließung kein Interesse hat. Soweit ein solches Interesse aber vorliegt, gehört der Raum über der Oberfläche zum Grundstückseigentum. Das in dieser Beziehung für die Jagd sich ergebende Interesse, d. h. das Jagd-

recht, erstreckt sich so weit, als jagdbare Tiere in der Luft noch erlegt werden können, das Jagdrecht mit der Möglichkeit des Erfolges ausgeübt werden kann. „So weit das Federvieh steigt", hat der Eigentümer als Inhaber des Jagdrechts ein Interesse an der Ausschließung fremder Einwirkungen, wie das KG. in seiner Entscheidung vom 1. Februar 1927 (siehe LMBl. 1927 S. 243) ausführt.

Die Benutzung von Lockmitteln zur Anlockung von Wild verschiedener Art ist nicht verboten und vielfach üblich. In der Benutzung solcher Lockmittel seitens eines Jagdberechtigten ist ein widerrechtlicher Eingriff in das Recht des Jagdabzenten nicht zu erblicken. RGZ. vom 4. Mai 1889, Bd. 44 S. 195.

4. Abs. 2. Eine Trennung des Jagdrechtes vom Grund und Boden als dingliches Recht ist unzulässig.

Die Bestimmung ist dem Gesetze, betreffend die Aufhebung des Jagdrechts auf fremdem Grund und Boden und des Rechts der Jagdfolge, vom 31. Oktober 1848 (GS. S. 343) entnommen und wörtlich wiedergegeben (§ 2 daselbst). Durch letzteres ist ganz allgemein verboten worden, dingliche Jagdrechte an fremdem Grund und Boden für die Zukunft zu begründen, d. h. alle nur denkbaren Arten von Jagdgerechtigkeiten neu zu begründen, ohne Unterschied, ob es sich um eine Grunddienstbarkeit oder um eine beschränkte persönliche Dienstbarkeit handelt. Das gilt auch für § 2 Abs. 2. Demgemäß kann das Jagdrecht nicht als dingliches Recht an fremdem Grund und Boden, auch nicht als eine beschränkte persönliche Dienstbarkeit (zu vgl. § 1090 BGB.) bestellt werden; es ist also nicht nur die dauernde Trennung des Jagdrechts vom Grund und Boden, sondern auch die zeitweilige Trennung des Jagdrechts verboten, wie sich schon aus der allgemeinen Fassung der gesetzlichen Bestimmung („als dingliches Recht") ergibt. Eine solche Beschränkung ist nur mittels schuldrechtlicher (obligatorischer) Verträge als persönliches Recht, z. B. Pachtvertrag, zulässig und möglich. Vgl. KG. vom 11. Januar 1923, Ring, Bd. 2, 1925, S. 332. Vgl. noch KG. Bd. 34 S. A 259.

5. Das Jagdrecht umfaßt auch das Hegerecht.

6. Unberührt sind die Bestimmungen über das Recht, wildernde Hunde oder Katzen zu töten, geblieben. (Siehe oben die einleitenden Ausführungen vor dem Jagdgesetz, Abs. 2.)

7. Siehe noch KG. vom 15. November 1909, in Anm. 4 zu § 86 angegeben.

§ 8. Das Jagdrecht darf nur ausgeübt werden auf Jagdbezirken (Eigenjagdbezirken und gemeinschaftlichen Jagdbezirken) und auf Grundflächen, die Eigenjagdbezirken angeschlossen oder gemeinschaftlichen Jagdbezirken zugelegt sind.

1. Die Vorschriften des § 3 sind ebenso wie die des § 2 grundsätzlicher Art, von denen der Gesetzgeber Ausnahmen zugelassen hat, z. B. im § 14 JO. Siehe OG. Bd. 78 S. 370.

„Das Ziel der JO. geht dahin, die Ausübung der Jagd auf Grundflächen, die den Anforderungen, welche sie an einen Jagdbezirk stellt, nicht entsprechen und einem Jagdbezirk auch nicht zugelegt oder angeschlossen worden sind, überhaupt nicht zuzulassen und für sie die Entschließung darüber, ob die Jagd auf ihnen zu ruhen habe oder durch angestellte Jäger oder durch Verpachtung auszuüben sei, demjenigen vorzubehalten, dem das Jagdrecht auf ihnen zusteht. Da die JO. den Zeitpunkt nicht bestimmt, in welchem das Recht auf den Anschluß oder die Zulegung und damit auch die Berechtigung zur Verfügung über die Jagd geltend zu machen ist, ergibt sich als selbstverständlich nicht allein, daß jenes Recht geltend gemacht werden darf, sobald die in der JO. bestimmte tatsächliche Voraussetzung für seine Entstehung eintritt, sondern weiter auch, daß der Jagdvorsteher für diesen Fall zur alsbaldigen Regelung des Anschlusses und der Zulegung verpflichtet ist.“ OG. vom 21. November 1910 Bd. 58 S. 369. Vgl. auch OG. vom 27. Februar 1918, Bd. 74 S. 436.

2. Während §§ 1, 2 von dem objektiven und subjektiven Jagd-

recht sprechen, handelt § 3 und ebenso die folgenden Paragraphen von der Ausübung des Jagdrechts.

Die Bestimmungen des § 3 sind öffentlich-rechtliche und zwingender Natur, wie sich aus seiner Fassung ergibt. Eine privatrechtliche Vereinbarung über die Bildung von Jagdbezirken ist daher unzulässig. Vgl. RGZ. vom 24. Mai 1910, Bd. 73 S. 363. Von den Eigenjagdbezirken handeln §§ 4 bis 6, siehe auch §§ 8, 9, 10; von den gemeinschaftlichen Jagdbezirken §§ 7 bis 10, siehe auch §§ 12, 14, 15, 26, 27 ff.

3. Der Unterschied zwischen Anschluß und Zulegung ist im Hinblick auf § 12 JO. gemacht. Siehe noch §§ 8 ff.

4. Das Jagdausübungsrecht ist auch durch die Vorschriften zum Schutz der öffentlichen Sicherheit oder der Feldfrüchte, über die Sonntagsheiligung, ferner die Vorschriften über den Jagdschein, den Vogelschutz, das Feld- und Forstpolizeigesetz (Gesetz zur Änderung des Feld- und Forstpolizeigesetzes vom 1. April 1880, vom 8. Juli 1920, in der Fassung des Gesetzes vom 15. Januar 1926 — siehe Bekanntmachung vom 21. Januar 1926, GS. S. 83 —) § 30 und der auf Grund desselben zum Schutze von Tierarten erlassenen Polizeiverordnungen (siehe Anm. zu § 105 FG.) beschränkt.

Über unbefugtes Betreten fremder Grundstücke durch den Jagdberechtigten siehe § 8 des ebengenannten Feld- und Forstpolizeigesetzes.

Zweiter Abschnitt.

Jagdbezirke.

§ 4. Eigenjagdbezirke können gebildet werden aus solchen demselben Eigentümer, bei Miteigentum denselben Miteigentümern gehörigen Grundflächen, welche

1. dauernd und vollständig gegen den Einlauf von Wild eingefriedigt sind, oder

2. in einem oder mehreren Gemeinde- (Guts-) Bezirken einen land- oder forstwirtschaftlich benutzbaren Flächenraum von wenigstens 75 ha einnehmen und in ihrem Zusammenhange durch kein fremdes Grundstück unterbrochen werden. Die Trennung, welche Gewässer und Deiche, ebenso Wege, Kanäle und Eisenbahnen mit Zubehörfläche (Schutzstreifen, Ausschachtungs-, Anschüttungsflächen, Bahnhöfe und ähnliches) bilden, wird als eine Unterbrechung des Zusammenhanges nicht angesehen. Diese Flächen werden dem angrenzenden Eigenjagdbezirk angeschlossen, falls nicht der Inhaber den Anschluß ablehnt; liegen sie zwischen verschiedenen Jagdbezirken, so erfolgt der Anschluß bis zur Mitte. Befindet der Grenzweg sich aber im Eigentum des Inhabers eines angrenzenden Eigenjagdbezirkes, so steht diesem das Jagdrecht auf dem ganzen Wege zu. Lehnt der Inhaber den Anschluß nicht ab, so kann der Eigentümer der Fläche eine Pachtentschädigung verlangen; kommt eine Einigung über die Höhe der Pachtentschädigung nicht zustande, so findet das Verfahren nach § 19 Anwendung.

Ein Eigenjagdbezirk kann allein aus Wegen, Deichen und Flüssen sowie aus solchen längs Wegen, Kanälen und Eisenbahnen führenden Zubehörstreifen, die wegen ihrer geringen Breite eine ordnungsmäßige Ausübung der Jagd nicht gestatten, nicht gebildet werden. Derartige Flächen stellen auch den Zusammenhang zur Bildung eines Eigenjagdbezirkes für getrennt liegende Grundflächen nicht her.

Auf Eigenjagdbezirken, welche aus dauernd und vollständig gegen den Einlauf von Wild eingefriedigten Grundflächen gebildet sind, ohne dem Erfordernisse der Ziffer 2 Abs. 1 zu entsprechen, darf die Jagd auf Flugwild nur mit Genehmigung der Jagdpolizeibehörde ausgeübt werden. Das erlegte oder gefangene Flugwild muß, wenn es in benachbarten Jagdbezirken heimisch ist, an die Inhaber der letzteren gegen Zahlung von Schußgeld abgeliefert werden. Bei Erteilung der Genehmigung ist darüber Bestimmung zu treffen, welche Flugwildarten erlegt werden dürfen, ob und an wen die Ablieferung des Flugwildes zu erfolgen hat und welches Schußgeld dafür zu entrichten ist.

Darüber, ob eine Grundfläche dauernd und vollständig gegen den Einlauf von Wild eingefriedigt ist, ob und unter welchen Bedingungen hier die Jagd auf Flugwild ausgeübt werden darf, oder ob die unter Ziffer 2 Abs. 2 aufgeführten Grundflächen zur Bildung eines Eigenjagdbezirks oder zur Herstellung des Zusammenhangs geeignet sind, entscheidet auf Antrag eines Beteiligten die Jagdpolizeibehörde. Gegen deren Entscheidung findet innerhalb zwei Wochen die Beschwerde an den Bezirksausschuß statt. Der Beschluß des Bezirksausschusses ist endgültig.

Die Bildung eines Eigenjagdbezirkes ist auch dann zulässig, wenn die dafür in Betracht kommenden Grundstücke in mehreren Landesteilen liegen, in denen die gesetzlichen Vorschriften über die Bildung eines Eigenjagdbezirkes voneinander abweichen. In diesem Falle kommen die für den größeren Teil der Grundstücke geltenden gesetzlichen Vorschriften zur Anwendung.

Bei gleicher Größe ist dasjenige Gesetz maßgebend, welches den größeren Flächeninhalt für die Bildung eines Eigenjagdbezirkes erfordert.

1. § 4 kennt nur zwei Arten von Eigenjagdbezirken: die nach Abs. 1 Ziffer 1 und 2 gebildeten. Für beide Arten ist gemeinschaftliche Voraussetzung, daß es sich um Grundflächen handelt (die auch Wasserflächen sein können), und daß die Grundflächen demselben Eigentümer, beim Miteigentum denselben Miteigentümern gehören. Ist Eigentum grundsätzlich das Recht der Totalherrschaft über eine Sache, d. h. das Recht, mit der Sache nach Belieben zu verfahren und andere von jeder Einwirkung auszuschließen (§ 903 BGB.), so ist Eigentümer eines Grundstücks in der Regel derjenige, welcher als solcher im Grundbuch eingetragen ist (vgl. § 873 BGB.).

„Die Entstehung eines Gewohnheitsrechts unter Abweichung von der Bestimmung des § 4 ist nicht vorgesehen. Dagegen ist der rechtskräftigen Feststellung eines solchen Eigenjagdbezirks durch Urteil eines Verwaltungsgerichts im Streitverfahren die inhaltliche Rechtskraft eigen, so daß die Feststellung eine Rechtsordnung zwischen den Parteien geschaffen hat, welche bis zur Abänderung des allgemeinen Rechts oder der tatsächlichen Verhältnisse besteht."

„Es ist Aufgabe des erkennenden Gerichts, die wesentlichen rechtlichen Feststellungen selbst vorzunehmen." OG. vom 18. November 1926, PrVerwltgsbl. Jahrg. 48 S. 381/82).

Siehe auch OG. Bd. 78 S. 370, bei § 2 in Anm. 2 angeführt.

Eigentümer (Miteigentümer) kann sowohl eine natürliche als auch eine juristische Person sein.

Die Grundflächen müssen demselben Eigentümer gehören, bei Miteigentum denselben Miteigentümern. Werden sie durch ein Grundstück verbunden, das im Miteigentum eines anderen steht, der also nicht zugleich Miteigentümer der verbundenen Grundstücke ist, so ist, wenn auch der Eigentümer der letzteren Miteigentümer der verbindenden Grundfläche ist, die

Voraussetzung, wie sie eingangs des § 4 gefordert wird, nicht erfüllt. Vgl. dazu OG. vom 9. April 1906, Bd. 49 S. 291: Das Ausscheiden einer 300 Morgen (jetzt 75 ha) großen, zusammenhängenden Besitzung aus dem gemeinschaftlichen Jagdbezirk kann nicht beansprucht werden, wenn nur ein Teil der Besitzung im Alleineigentum des Antragstellers steht, der übrige Teil ihm und einem Dritten gemeinschaftlich gehört. Voraussetzung für die Bildung eines Eigenjagdbezirks ist vielmehr die Einheitlichkeit des Eigentumsverhältnisses an wenigstens 300 Morgen (jetzt 75 ha) Flächenraum.

Eigenjagdbezirke können gebildet werden, d. h. es ist in das Belieben des Eigentümers (der Miteigentümer) gestellt, einen Eigenjagdbezirk zu bilden. Geschieht es nicht, d. h. verzichtet er darauf, so werden die in Betracht kommenden Grundflächen Teile des gemeinschaftlichen Jagdbezirks nach Maßgabe der §§ 7 bis 10 JO.

Eine Genehmigung der Jagdpolizeibehörde zur Bildung des Eigenjagdbezirks ist nicht erforderlich; es ist auch nicht nötig, daß der Eigentümer (die Miteigentümer) eine ausdrückliche Erklärung zur Bildung eines Eigenjagdbezirks abgibt. „Die Bildung desselben erfolgt durch einen internen Akt des Inhabers für sich, und nur wenn er verzichten will, ist eine Erklärung notwendig." KomBer. f. Agrarv. d. HH. aaO. 1907.

Die Bildung eines Eigenjagdbezirks aus Grundflächen von wenigstens 75 ha im Zusammenhange ist von der Verlautbarung der Absicht, sie als Eigenjagdbezirk in Anspruch zu nehmen, nicht abhängig. Das Recht, die Jagd auf ihnen in Anspruch zu nehmen entsteht in dem Zeitpunkt, in welchem das Eigentum an ihnen erlangt wird, und es währt so lange, als ein Verzicht auf das Recht von dem Eigentümer nicht erklärt wird. OG. vom 19. Februar 1912, Bd. 61 S. 305. Vgl. auch OG. vom 21. November 1910, Bd. 58 S. 373.

Der Eigentümer (die Miteigentümer) eines Eigenjagdbezirks kann die Ausübung der Jagd daselbst verpachten. Hierfür gelten die Bestimmungen des BGB. über Pacht (§§ 581 ff. BGB.). Der Pachtvertrag kann mündlich oder schriftlich geschlossen werden.

Da auf die Pacht die Vorschriften über die Miete entsprechende Anwendung finden, soweit sich nicht aus den §§ 582 bis 597 BGB. ein anderes ergibt, ist für einen Pachtvertrag, der für längere Zeit als ein Jahr geschlossen wird (§ 566 BGB.), vom Kammergericht die schriftliche Form als erforderlich erklärt worden, während das Reichsgericht die schriftliche Form nicht für notwendig hält. Da § 566 BGB. von einem Mietvertrag „über ein Grundstück" spricht, ein Jagdpachtvertrag aber als ein Pachtvertrag über ein Grundstück in diesem Sinne (vgl. §§ 536 ff. BGB.) nicht anzusehen ist, ist nach der Rechtsanschauung des Reichsgerichts die schriftliche Form des Jagdpachtvertrags zu dessen Gültigkeit nicht erforderlich.

Der Eigentümer eines Eigenjagdbezirks kann denselben in so viele Eigenjagdbezirke zerlegen, als diese je 75 ha Land umfassen. „Der Eigentümer kann aus seinem gesamten Grundvermögen so viel Eigenjagdbezirke bilden, als er Grundflächen besitzt, welche den Erfordernissen des § 4 Abs. 1 Nr. 2 JO. entsprechen." OG. vom 12. Dezember 1918, Bd. 74 S. 425.

An den Teilen kann er sein Jagdrecht auch durch Verpachtung ausüben. Verpachtungen solcher Art schaffen Jagdberechtigungen und damit gleichzeitig das Recht, Jagderlaubnisscheine zu erteilen. Die pachtweise Überlassung von geringeren Flächen als 75 ha Land zu Jagdzwecken vermag jedoch die gleichen Wirkungen nicht zu äußern; sie ist vielmehr unzulässig. Wer auf Grund des Erlaubnisscheins eines solchen „Pächters" die Jagd ausübt, erfüllt in äußerer Beziehung den Tatbestand des § 292 StGB. wie des § 75 JO. KGSt. vom 16. Februar 1927, Ring, Bd. 6 S. 307.

Über eine Beschränkung der Zahl der Pächter ist in der JO. keine Bestimmung getroffen, obwohl im § 6 daselbst für die Miteigentümer eines Eigenjagdbezirks die Ausübung des Jabrechts auf höchstens drei Miteigentümer und für juristische Personen usw. als Eigentümer eines Eigenjagdbezirks durch höchstens drei angestellte Jäger, abgesehen von der Verpachtungsberechtigung, beschränkt ist; auch über Verpachtung an Ausländer sowie über

Weiterverpachtung (Unterverpachtung) fehlt es in der JO. an bestimmten Vorschriften, wie sie z. B. im FG. (§§ 97, 98 in Verbindung mit §§ 28, 29) enthalten sind. Vgl. aber § 29 Abs. 2, § 22 Ziffer 5 JO.

RdErl. des LMin. vom 24. Dezember 1925 (LMBl. 1926 S. 37), betreffend den Anschluß der Jagd auf der Oder an angrenzende forstfiskalische Eigenjagdbezirke: Der Ansicht, daß das nach § 1 des Staatsvertrages vom 31. März / 26. September 1921 bei Preußen verbliebene Jagdrecht auf Reichswasserstraßen dem Jagdrecht des Eigentümers gleichzustellen ist, wird zugestimmt. Die Einbeziehung der Wasserfläche in den benachbarten Eigenjagdbezirk des preußischen Forstfiskus erfolgt unter dem Gesichtspunkt dieser Gleichstellung und nicht unter dem der Anpachtung durch den Fiskus gemäß § 4 Abs. 1 Nr. 2 Satz 3 in Verbindung mit § 12 JO. Ein Streit hierüber zwischen dem Fiskus als Eigenjagdbesitzer und dem Jagdvorsteher des benachbarten gemeinschaftlichen Jagdbezirks wäre gegebenenfalls im Verwaltungsstreitverfahren gemäß § 71 aaO. auszutragen.

2. Abs. 1 Ziffer 1. Unter den eingangs des § 4 Abs. 1 für Ziffer 1 und 2 besagten Voraussetzungen können Eigenjagdbezirke gebildet werden aus Grundflächen, die dauernd und vollständig gegen den Einlauf von Wild eingefriedigt sind. Eine bestimmte Mindestgröße ist für den in dieser Weise zu bildenden Eigenjagdbezirk nicht vorgeschrieben. Zweck der Bestimmung ist, andere, in erster Linie angrenzende Jagdbezirke gegen Schädigung solcher Eigenjagdbezirke, die von geringer — weniger als 75 ha — Größe sind, zu schützen. Nur deshalb ist der Besitzer eines der Vorschrift entsprechend eingefriedigten Grundstücks zur Ausübung der Jagd auf einem Areal von unter 75 ha berechtigt, weil das Grundstück keinem Wildwechsel unterworfen ist. Dies soll durch die Worte „gegen den Einlauf von Wild" noch besonders klargestellt sein.

Die Einfriedigung muß dauernd und vollständig sein. Sie darf also keine vorübergehende, sondern muß so lange vorhanden sein, als Anspruch auf den Eigenjagdbezirk auf Grund der Einfriedigung erhoben wird. Sie muß auch eine vollständige sein, d. h. das Grundstück muß an allen Stellen, sei es durch einen Zaun (auch Zaun mit lebender Hecke) oder durch eine Mauer oder dergl., so abgeschlossen sein, daß nirgends ein Einlauf, Eintritt des Wildes in das umfriedigte Grundstück möglich ist. Eine vorausgehende Entscheidung der Jagdpolizei, ob der Ziffer 1 genügt ist, ist nicht erforderlich, wohl aber eine Erklärung der Eigentümer über die Absicht, die Jagd in dem eingefriedigten Grundstück auszuüben.

8. Abs. 1 Ziffer 2 Abs. 1. Eigenjagdbezirke können unter den eingangs des § 4 Abs. 1 für Ziffer 1 und 2 notwendigen Voraussetzungen gebildet werden aus Grundflächen, welche

a) einen Flächenraum von wenigstens 75 ha einnehmen,
b) land- oder forstwirtschaftlich benutzbar sind und
c) in ihrem Zusammenhange durch kein fremdes Grundstück unterbrochen werden.

Die Grundstücke solcher Art können in einem oder mehreren Gemeinde- (Guts-) Bezirken gelegen sein.

Mindestgröße von 75 ha. In den zur eigenen Ausübung des Jagdrechts erforderlichen land- und forstwirtschaftlich benutzbaren Flächenraum von wenigstens 75 ha sind Privatwege und das Gehöft des Grundstücks einzurechnen. OG. Bd. 37 S. 298.

Auch eine Wasserfläche, ein Gewässer, z. B. ein See, kann landwirtschaftlich genutzt werden, so daß er für die Bildung eines Eigenjagdbezirks nach Ziffer 2 geeignet ist, sei es, daß er selbst einen Flächenraum von 75 ha umfaßt, sei es, daß er mit einem anderen (Land-) Grundstücke in dem Ziffer 2 entsprechenden Zusammenhange steht, so daß er für die Berechnung der Mindestgröße ebenso in Ansatz zu bringen ist wie die Landfläche, mit der er in dem erforderlichen Zusammenhange steht. Eine landwirtschaftliche Benutzbarkeit liegt in der Erzeugung von Gras, Binsen, Schilf, Rohr, Tränken von Vieh, Halten von Geflügel auf See zum Nutzen des Seebesitzers. Auch ein Truppenübungsplatz oder ein Schießplatz kann einen Eigenjagdbezirk bilden. Vgl. OG. Bd. 40 S. 319.

Land- oder forstwirtschaftlich benutzbar. Eine landwirtschaftlich benutzbare Grundfläche ist ein Stück Erdoberfläche, das zur Gewinnung von Bodenerzeugnissen (Bodenfrüchten) und zur dementsprechenden Bearbeitung des Bodens geeignet ist. Die Landwirtschaft setzt einen ständigen Wechsel zwischen der Bearbeitung des Bodens und der Gewinnung der Bodenerzeugnisse voraus. Forstwirtschaftlich benutzbare Grundfläche ist ein Teil Erdboden, Erdoberfläche, welcher für Anlage von Forsten (Waldungen, Schonungen, Forstkulturen mittels Besamung, Saat, Pflanzung) geeignet ist. Der Begriff der land- und forstwirtschaftlichen Benutzbarkeit eines Flächenraums im Sinne der Ziffer 2 erfordert nur, daß die zur Bildung eines Eigenjagdbezirks bestimmte Fläche entweder zu einer solchen Nutzung überhaupt geeignet ist, ihr dienen kann, oder tatsächlich — infolge ihrer Geeignetheit — der Ermöglichung von land- oder forstwirtschaftlichen Zwecken ihres Eigentümers dient. Vgl. OG. vom 9. Juli 1925, Bd. 80 S. 304.

In ihrem Zusammenhang durch kein fremdes Grundstück unterbrochen werden. Das bedeutet, daß die für den Eigenjagdbezirk bestimmten Grundflächen nicht an irgendeiner Stelle durch ein fremdes Grundstück derart unterbrochen werden, daß der Übertritt von einem Teile der in Betracht kommenden Flächen zum anderen nur durch Betreten des fremden Grund und Bodens möglich ist. Die Grundflächen müssen also, um von ihrer Unterbrechung sprechen zu können, durch ein fremdes, d. i. dem Eigentümer der für einen Eigenjagdbezirk bestimmten Flächen nicht gehörendes Grundstück getrennt sein. Ist dies nicht der Fall, kann also der ganze Flächenraum (von wenigstens 75 ha) zu Jagdzwecken betreten, begangen werden, ohne daß an irgendeiner Stelle ein fremdes Grundstück irgendwelcher Art dazu benutzt werden muß, so liegt der ganze Flächenraum in dem Zusammenhange im Sinne der Ziffer 2.

„Das Gesetz verlangt nur, daß die Besitzung in ihrem Zusammenhange durch kein fremdes Grundstück unterbrochen wird. Das trifft aber schon dann zu, wenn die ganze Besitzung nicht in mehrere unter sich nicht zusammenhängende Teile zerfällt. Die Einschiebung fremder Grundstücke in die Besitzung, wenn sie diese nicht in mehrere unter sich nicht mehr zusammenhängende Teile trennen, ist bedeutungslos." OG. vom 5. Mai 1900, Bd. 37 S. 294.

„Grundstücksstreifen, die nicht zu den in § 4 Ziffer 2 Abs. 2 JO. genannten Zubehörstreifen gehören, können, auch wenn sie lang und schmal sind und wegen ihrer geringen Breite eine ordnungsmäßige Ausübung der Jagd nicht gestatten, den jagdrechtlichen Zusammenhang zwischen getrennt liegenden Grundflächen herstellen. Handelt es sich um Grundstücke (Grundstücksstreifen), die nicht unter die Arten der Ziffer 2 Abs. 2 fallen, so greift nicht die Ausnahmevorschrift in § 4 Ziffer 2 Abs. 2, sondern die Regel des Abs. 1 Platz. Es hat also dann über die Frage, ob die durch den Grundstücksstreifen verbundenen Grundstücke einen eigenen Jagdbezirk im Sinne der JO. bilden oder einem bereits bestehenden Eigenjagdbezirke hinzutreten, nicht die Jagdpolizeibehörde gemäß § 4 Abs. 3, sondern der Verwaltungsrichter gemäß § 71 daselbst zu entscheiden." OG. vom 22. November 1917, Bd. 74 S. 414.

4. Eine Ausnahme von der Vorschrift der Ziffer 2 Satz 1, welche die Regel bildet, macht Satz 2 daselbst, indem die Trennung, welche Gewässer usw. bilden, als eine Unterbrechung des Zusammenhanges im Sinne des Satzes 1 nicht angesehen wird.

Durch die Bestimmung des Satzes 2 in Abs. 1 Ziffer 2 soll eine Art Notrecht geschaffen werden, um dem Inhaber des Eigenjagdbezirks die Möglichkeit zu geben, Jagd auf den Streifen zu erwerben, die durch den eigenen Jagdbezirk gehen. Der Weg wie die Chaussee gehören dem Jagdbezirke an, durch welchen sie führen; ist dies kein Eigenjagdbezirk, so müssen solche Wege usw. mit dem gemeinschaftlichen Jagdbezirk verpachtet werden, und der Eigentümer hat dann einen Anteil an der Jagdpacht. Die

Wegestücke müssen als Enklaven behandelt werden. Die Kreis-, Provinzialchausseen, Eisenbahnen, Kanäle usw. gehören, wenn sie durch einen Gutsbezirk führen, kommunalrechtlich, also auch jagdrechtlich, zu diesem Gutsbezirk; sie bilden mit ihm einen gemeinschaftlichen Jagdbezirk. Die Verpachtung der Jagd auf den genannten Flächen steht demnach, falls der Eigenjagdbesitzer Anschluß gegen Entschädigung ablehnt, nicht etwa dem Eigentümer der Fläche, also dem Kreis, Fiskus usw., sondern dem Jagdvorsteher des gemeinschaftlichen Jagdbezirks zu. Der Anschluß (§ 4 Abs. 1 Ziffer 2 Abs. 1 Satz 3) erfolgt kraft Gesetzes; eine Initiative des Inhabers des Eigenjagdbezirks ist in keinem Falle erforderlich. KomBer. f. Agrarw. d. HH. aaO. 1907. Vgl. auch OG. vom 15. Dezember 1921, Bd. 77 S. 392. Die Grundflächen müssen derartig gelegen sein, daß, wenn die trennenden Gewässer usw. als nicht vorhanden gedacht werden, die Voraussetzung des Satzes 1, was den Zusammenhang betrifft, erfüllt ist; im übrigen muß der Flächenraum den Anforderungen des Satzes 1 entsprechen.

Von dem Grundsatz, daß auch die öffentlichen Wege innerhalb der Gemarkung einer Gemeinde zum gemeinschaftlichen Jagdbezirke dieser Gemeinde gehören, macht § 4 JO. unter Ziffer 2 eine Ausnahme zugunsten des Eigenjagdbesitzers, falls er nicht den Anschluß ablehnt. OG. vom 30. September 1924, Bd. 79 S. 10.

Der Jagdberechtigte ist nicht befugt, die seinen Grundbesitz respektive das Jagdrevier durchschneidenden öffentlichen Wege und Chausseen in anderer als in allgemein zulässiger Weise zu benutzen, insbesondere die Chausseegräben behufs Ausübung der Jagd zu betreten. KG. vom 24. April 1882, Bd. 3 S. 328.

Gewässer. Gewässer sind mit Wasser bedeckte Teile der Erdoberfläche. Flüsse im Sinne des § 4 Ziffer 2 Abs. 2 können allein zur Bildung eines Eigenjagdbezirks nicht ausreichen, da seinem Flächenraum die erforderliche land- und forstwirtschaftliche Benutzbarkeit fehlt. Die gelegentliche Nutzung einer Grasnarbe bei zeitweiligem Rücktritt des Wassers kann eine solche Nutzung nicht schaffen, weil es damit einer landwirtschaftlichen Nutzung zu dienen nicht geeignet ist. Vgl. OG. vom 9. Juli 1895, Bd. 30 S. 304, vom 21. April 1900, Bd. 37 S. 298. Fischerei gehört hierzu nicht, weil hierbei das Wasser zum Hegen (Aufzucht und Aufwachsen) von Fischen dient; es fehlt die Bearbeitung des Bodens des Gewässers, wie sie in der Landwirtschaft erfolgt.

Zu den Gewässern, welche nach § 4 Abs. 1 Ziffer 2 JO. den Zusammenhang der Grundstücke im jagdrechtlichen Sinne nicht unterbrechen, gehören auch Vorflutgräben. Der Umstand, daß ein Vorflutgraben zeitweilig kein Wasser führt, schließt die Anwendung der Ziffer 2 nicht aus, solange das Grabenbett seine Eigenschaft als solches nicht dauernd verloren hat. OG. vom 5. November 1908, Bd. 53 S. 352.

Zu den Gewässern im Sinne der Ziffer 2 gehören auch Seen. In Ziffer 2 ist die Regel aufgestellt, daß fremde Grundstücke, d. h. solche, welche nicht dem das Jagdrecht in Anspruch Nehmenden gehören, den jagdlichen Zusammenhang unterbrechen. Dieser Regel ist die Ausnahme angefügt, daß die Trennung, welche Wege und Gewässer bilden, als eine Unterbrechung des Zusammenhanges nicht angesehen wird. Die Ausnahmebestimmung setzt den Tatbestand voraus, daß sie nicht im Eigentum desjenigen stehen, der die eigene Ausübung des Jagdrechts auf seinem Grund und Boden beansprucht, und daß die Voraussetzung erfüllt ist, daß ohne das Vorhandensein des Sees die Grundstücke in ungetrenntem Zusammenhange liegen. OG. vom 9. April 1908, Bd. 52 S. 361.

Deiche. Unter den in Ziffer 2 JO. bezeichneten Deichen sind Deiche im Sinne des allgemeinen Sprachgebrauchs und der Deichgesetzgebung, also Schutzmaßnahmen gegen die Überschwemmungen des Meeres, der Ströme und der Flüsse, nicht aber auch Wälle zu verstehen, die wild herabströmendes Regen- und Schneewasser abhalten sollen. Ziffer 2 führt nur Deiche an, nicht auch „ähnliche Erhöhungen der Erdoberfläche", wie z. B. § 285 WG. (oder § 1 des früheren Deichgesetzes vom 28. Januar 1848). Seine Vorschrift, wonach die Trennung, welche

Gewässer und Deiche bilden, als eine Unterbrechung des Zusammenhanges nicht angesehen wird, ist eine Ausnahmebestimmung und als solche eng auszulegen. OG. vom 7. Dezember 1911, Bd. 60 S. 408.

Wege. Nur öffentliche Wege (auch Fußwege) sowie Chausseen, auch Interessentenwege, sowie auch solche Wege, auf die das Gesetz über Auseinandersetzungen (Gesetz vom 2. April 1887, GS. S. 105) anwendbar ist, kommen in Betracht, nicht Privatwege; also Wege, auf welchen die Benutzung kraft öffentlichen Rechts jedermann oder einer Interessentengruppe, also auch anderen Personen als dem Eigentümer, zusteht. Gewässer, Wege usw. trennen, unterbrechen nicht; sie verbinden natürlich auch nicht. Diese Bestimmung bezieht sich nur auf Eigenjagdbezirke. Vgl. OG. vom 15. Dezember 1921, Bd. 77 S. 392. Vgl. auch OG. vom 26. Februar 1903, Bd. 43 S. 281. Der öffentliche Weg muß auf beiden Seiten von den Grundstücken eines Eigenjagdbezirks begrenzt werden, um unter die Bestimmung der Ziffer 2 Satz 2 zu fallen, so daß ohne diesen Weg der Zusammenhang nicht unterbrochen wäre. Ist diese Voraussetzung erfüllt, dann scheidet der Weg — ebenso das Gewässer usw. —, wenn er einem gemeinschaftlichen Jagdbezirk bisher angehörte, aus diesem aus und gehört fortan dem Eigenjagdbezirk an, sofern nicht der Inhaber des letzteren den Anschluß ablehnt. Der Eigentümer der angeschlossenen Wegefläche ist alsdann nicht mehr Mitglied, Jagdgenosse des gemeinschaftlichen Jagdbezirks, sondern tritt in ein Pachtverhältnis zu dem Inhaber des Eigenjagdbezirks, wenn er eine Pachtentschädigung für den öffentlichen Weg verlangt. Insofern ist der Eigentümer Zwangsverpächter. Auch ohne die Forderung der Pachtentschädigung bildet der öffentliche Weg jagdrechtlich einen Teil des Eigenjagdbezirks. Vgl. vorstehend angeführte OG. vom 15. Dezember 1921.

Privatwege aber, welche entweder gar nicht oder nur kraft privatrechtlichen Titels der Benutzung durch andere unterliegen, fallen nicht unter die oben angeführten jagdpolizeilichen Bestimmungen. Wege, deren Benutzung durch andere dadurch ihre rechtliche Grundlage verlieren kann, daß sie mittels privatrechtlicher Vereinbarung aufgehoben wird, dürfen nicht anders beurteilt werden als Wege, deren Bestand ausschließlich von dem Belieben des Eigentümers abhängt. OG. vom 16. März 1911, Bd. 59 S. 348.

Solange ein öffentlicher Weg tatsächlich noch dem Verkehr in seiner ganzen Längenausdehnung dient, genügt der Umstand, daß er nicht in seiner ganzen Breite vom Verkehr in Anspruch genommen wird, an den Seiten der Fahrbahn sich vielmehr Baumwuchs und Gestrüpp bilden, keineswegs für sich allein, um die so bewachsenen Wegeteile ihres Charakters als Bestandteile des in allen seinen Teilen eine Einheit bildenden öffentlichen Weges zu entkleiden. Der Weg ist ein Ganzes, und sein Charakter als solcher wird durch seine fortdauernde Benutzung zu den Zwecken des Verkehrs auch für ihn als Gesamtheit aufrechterhalten, ohne daß es darauf ankommt, ob tatsächlich die ganze Fläche vom Verkehr dauernd in Anspruch genommen wird. OG. vom 5. Mai 1900, Bd. 37 S. 294. Vgl. auch OG. vom 25. Mai 1916, Bd. 71 S. 386, unten bei § 4 Anm. 1 der Hannov. JO. angeführt.

Kanäle im Sinne des Satzes 2 sind künstlich, d. h. von Menschenhand hergestellte Wasserläufe im Unterschiede von natürlichen Wasserläufen.

Eisenbahnen sind Schienenwege auf dem dafür bestimmten Grund und Boden zur Beförderung von Personen und Sachen. Zu ihnen gehören auch Schienenwege, auf welchen die Bewegung von Wagen durch Pferde bewirkt wird, nicht bloß solche Schienenwege, auf welchen die Beförderung durch mechanische Kraft (Dampf, Elektrizität) erfolgt.

Zubehörflächen im Sinne des Satzes 2 sind Grundflächen, welche bestimmt und geeignet sind, den Hauptflächen und ihren wirtschaftlichen Zwecken in irgendeiner Art zu dienen, und an die Hauptgrundflächen, den Kanal- oder Eisenbahnkörper angrenzen.

Schutzstreifen usw. von Kanälen und Eisenbahnen sind schmale, längs eines Kanals oder einer Eisenbahn gelegene, zum Schutze der Sicherheit der letzteren bestimmte Grundflächen.

Unter den Begriff von Wegen und Gewässern fallen keineswegs Landstreifen, die ein Kanalunternehmer aus irgendwelcher wirtschaftlichen Rücksicht zu erwerben und als Zubehör des Kanals zu nutzen für angemessen erachtet. Die Einbeziehung der Schutzstreifen eines Kanals in den Eigenjagdbezirk kann nicht davon abhängig gemacht werden, ob sich ihrer Natur nach die Ausübung der Jagd auf ihnen als zulässig und möglich erweist. In dieser Beziehung rechtfertigt sich eine Unterscheidung zwischen den gemeinschaftlichen und den Eigenjagdbezirken auf Grund des Gesetzes nicht. Das Gesetz stellt ein solches Erfordernis weder für die eine noch für die andere Art von Jagdbezirken auf. OG. vom 12. Mai 1902, Bd. 41 S. 299.

Diese Flächen (Ziffer 2), welche gleichsam als wegfallend (OG. Bd. 58 S. 362) zu betrachten sind, werden dem angrenzenden Eigenjagdbezirke angeschlossen. Dieser Anschluß tritt, wenn eine Ablehnung des Anschlusses nicht erfolgt, kraft Gesetzes ein („werden" angeschlossen) und bewirkt, daß die angeschlossene Wege- usw. Fläche Bestandteil des Eigenjagdbezirks wird und dem Jagdrechte des Inhabers des angrenzenden Eigenjagdbezirks untersteht. Vgl. dazu OG. vom 15. Dezember 1921, Bd. 77 S. 392 und Bd. 75 S. 373.

Liegen diese Flächen (Gewässer, Wege usw.) zwischen verschiedenen Jagdbezirken, sei es Eigenjagd- oder gemeinschaftlichen Jagdbezirken, so erfolgt der Anschluß bis zur Mitte. Handelt es sich um einen (öffentlichen) Grenzweg und befindet er sich im Eigentum des Inhabers eines angrenzenden Eigenjagdbezirks, so steht diesem das Jagdrecht auf dem ganzen Wege zu, nicht bloß bis zur Mitte.

Lehnt der Inhaber des Eigenjagdbezirks den Anschluß der Gewässer, Deiche, Wege usw. nicht ab, so ist der Eigentümer der angeschlossenen Fläche berechtigt, eine Pachtentschädigung zu verlangen, über deren Höhe im Streitfalle der Kreisausschuß und, wenn ein Stadtkreis beteiligt ist, der Bezirksausschuß beschließt. Wegen der gegen den Beschluß des Kreisausschusses oder des Bezirksausschusses zustehenden Rechtsmittel siehe § 26

JO. Lehnt der Inhaber des Eigenjagdbezirks den Anschluß ab, so gehören sie, wie dies die Regel bildet, wovon Ziffer 2 Satz 3 die Ausnahme bedeutet, kraft Gesetzes zum gemeinschaftlichen Jagdbezirk oder sie unterliegen, falls sie zu einem solchen nicht gehören, den Vorschriften der §§ 8 bis 10 JO., nach denen sie alsdann zu behandeln sind.

5. Zu Ziffer 2 Abs. 2. Ein Eigenjagdbezirk kann weder allein aus Wegen, Deichen und Flüssen, noch allein aus längs Wegen, Kanälen und Eisenbahnen führenden Zubehörstreifen, die wegen ihrer geringen Breite eine ordnungsmäßige Ausübung der Jagd nicht gestatten, gebildet werden. Derartige Flächen, d. h. Zubehörstreifen, allein stellen auch den Zusammenhang zur Bildung eines Eigenjagdbezirks für getrennt liegende Grundflächen nicht her.

Die Beschränkung, daß Eigenjagdbezirke nur aus einer „land- oder forstwirtschaftlich benutzbaren" Grundfläche bestehen dürfen, ist in das Gesetz in der erklärten Absicht aufgenommen worden, dadurch die Möglichkeit der Bildung von Eigenjagdbezirken aus Chausseen, Eisenbahnen und Kanälen, die sich hierfür, wie angenommen wurde, nach ihrer Figur und Bestimmung nicht eigneten, auszuschließen. Es hat daher keine Bedenken, hiervon hinsichtlich der Chausseen, Eisenbahnen und Kanäle auszugehen, auch wenn sich an ihnen nebenher eine land- oder forstwirtschaftliche Nutzungsart ermöglichen läßt. OG. vom 12. Mai 1902, Bd. 41 S. 299.

Unter dem Ausdrucke „derartige Flächen" in Ziffer 2 Abs. 2 sind nur die in dem vorhergehenden Satze näher beschriebenen Zubehörstreifen, nicht dagegen die dort gleichfalls genannten Wege, Deiche und Flüsse zu verstehen. OG. vom 17. November 1910, Bd. 58 S. 362.

6. Zu Abs. 2. Auf Eigenjagdbezirken, welche Abs. 1 Ziffer 1 entsprechen, aber nicht Ziffer 2, also nicht die vorgeschriebene Mindestgröße an Flächenraum besitzen usw., darf die Jagd auf Flugwild, nicht auf anderes Wild, nur mit Genehmigung der Jagdpolizeibehörde ausgeübt werden. Jagdpolizeibehörde

ist gemäß § 69 JO. der Landrat, im Stadtkreise die Ortspolizeibehörde. Bei Erteilung der Genehmigung ist darüber Bestimmung zu treffen: a) welche Flugwildarten erlegt werden dürfen, b) an wen die Ablieferung des Flugwildes zu erfolgen hat, und c) welches Schußgeld, d. i. welcher Betrag des Schußgeldes von demjenigen zu entrichten ist, an welchen das erlegte oder gefangene Flugwild abzuliefern ist. Voraussetzung für die Verpflichtungen nach a und b ist, daß das erlegte oder gefangene Flugwild in benachbarten Jagdbezirken heimisch ist.

Danach fällt die in Abs. 3 gesetzlich angeordnete Beschränkung der Jagdausübung, sobald der der Vorschrift des Abs. 1 Ziffer 1 entsprechend eingefriedigte Eigenjagdbezirk auch die Voraussetzungen der Ziffer 2 daselbst erfüllt, fort.

Im Falle des Abs. 2 Satz 2 und 3 erfolgt das jagdrechtliche Aneignungsrecht nach Maßgabe der jagdpolizeilichen Anordnung für andere Personen. Der Inhaber des Eigenjagdbezirks nach Abs. 2 erwirbt also an dem erlegten oder gefangenen Flugwild kein Eigentum. Andererseits ist ihm, falls er es mittels Schießens erlegt hat, Schußgeld zu zahlen, dessen Höhe die Jagdpolizeibehörde schon bei Erteilung der Genehmigung zur Jagd auf Flugwild für die zur jagdlichen Erlegung genehmigten Flugwildarten festgesetzt hat. Eine Anforderung des erlegten Flugwildes seitens des Inhabers des benachbarten Jagdbezirks ist nicht notwendig. Der Inhaber des Eigenjagdbezirks, den die Vorschriften des Abs. 2 betreffen, ist hierzu auf Grund der gesetzlichen Vorschrift ohne weiteres verpflichtet.

Der Zweck der Bestimmungen des Abs. 2 ist der, zu verhüten, daß der angrenzende Jagdberechtigte durch die Bildung eines so kleinen Eigenjagdbezirks, wie ihn Abs. 1 Ziffer 1 zuläßt, durch Anlegung von Fallen oder Futterplätzen daselbst geschädigt werde. Es entspricht auch dem Prinzip des Jagdgesetzes, das Flugwild auszunehmen, da gegen das Überfliegen die Einfriedigung doch wirkungslos ist und der Besitzer eines eingefriedigten Grundstücks doch nur deshalb zur Ausübung der Jagd auf einem Areal von unter 75 ha berechtigt ist, weil das Grundstück keinem Wildwechsel unterworfen ist, was durch die Worte „gegen den Einlauf von Wild“ noch besonders klargestellt sein soll (KomBer. f. Agrarv. d. HH. aaO. 1907). Wenn andererseits das auf diesen Futterplätzen geschossene Flugwild — es ist hierbei namentlich an Fasanen gedacht — dem Inhaber des angrenzenden Jagdbezirks ausgeliefert werden muß, so könnte der Fall eintreten, daß dann auch der Inhaber einer Fasanerie dazu verpflichtet werden könnte, die Fasanen, die er sich selbst aufgezogen hat, nachdem ihm der Abschuß genehmigt worden ist, gleichwohl dem benachbarten Jagdinhaber auszuliefern. Um dies zu verhindern, ist der Abs. 2 so gefaßt worden, daß das Flugwild, wenn es an den benachbarten Jagdinhaber abgeliefert werden soll, auch dort heimisch sein muß. Es ist vom Herrenhaus noch ferner dem Abs. 2 die Bestimmung hinzugefügt worden, daß darüber Bestimmung zu treffen ist, ob und an wen abgeliefert werden soll. Man will eben dem Inhaber einer Fasanerie das Recht belassen, seine eigenen Fasanen, wenn er sie schießt, zu behalten. (Einmalige Schlußberatung des HH., Sitzung vom 8. Juni 1907, S. 358.)

7. Zu Abs. 3. Die Jagdpolizeibehörde entscheidet auf Antrag eines Beteiligten:

a) ob eine Grundfläche dauernd und vollständig gegen den Einlauf von Wild eingefriedigt ist (siehe Abs. 1 Ziffer 1 und Anm. 2),

b) ob und unter welchen Bedingungen auf den zu a genannten Grundflächen die Jagd auf Flugwild ausgeübt werden darf (Abs. 2),

c) ob die unter Ziffer 2 Abs. 2 aufgeführten Grundflächen zur Bildung eines Eigenjagdbezirks oder zur Herstellung des Zusammenhangs geeignet sind (Abs. 1 Ziffer 2 Abs. 2; Abs. 1 Ziffer 2 Abs. 1 Satz 2).

B e t e i l i g t e sind diejenigen, deren Rechte durch die Bildung eines Eigenjagdbezirks betroffen oder denen durch die Bildung eines Eigenjagdbezirkes Pflichten auferlegt werden: Eigentümer der zur Bildung desselben bestimmten Grundflächen,

Inhaber des gemeinschaftlichen Jagdbezirks derjenigen Gemeinden, in deren Bereich die Grundflächen gelegen sind, die Eigentümer der Gewässer usw. (Abs. 1 Ziffer 2 Satz 2), die Inhaber der Jagdbezirke, welche für die Zugehörigkeit eines solchen Gewässers usw. zu einem Jagdbezirk oder die Bildung von Eigenjagdbezirken nach Abs. 2 als Inhaber angrenzender Jagdbezirke in Betracht kommen.

Die auf Grund des Abs. 2 rechtsgültig ergangenen Beschlüsse sind auch für den Verwaltungsrichter bindend.

Vgl. dazu § 14 JO.

8. Abs. 4 findet nur Anwendung auf solche Grundflächen, die teils in der Provinz Hannover, teils im Geltungsbereich der Preußischen Jagdordnung liegen, nicht aber auf solche Grundflächen, welche im preußischen und außerpreußischen Staatsgebiete gelegen sind. Die Wirkung der Jagdordnung erstreckt sich nicht über die Grenzen des Preußischen Staates hinaus. Grundstücke außerhalb der preußischen Landesgrenzen bleiben völlig außer Betracht und können auf die für die Bildung eines Eigenjagdbezirks erforderliche Mindestfläche niemals in Anrechnung kommen, weil sie nicht in preußischen Landesteilen liegen. Vgl. OG. vom 6. Oktober 1904, Bd. 46 S. 332.

9. Es sei hier noch auf die Preußische Pachtschutzordnung vom 18. August 1927 (im Anhang) hingewiesen.

10. Siehe §§ 8, 11, 12 Abs. 2, 14, 19, 25 Abs. 5, 26, 27, 53, 84 JO. sowie Ausführungsanweisung zu § 4 JO., Anhang.

§ 5. Die Bildung des Eigenjagdbezirks erfolgt durch den Eigentümer, der auf ihm zur Ausübung des Jagdrechts befugt ist.

Erklärt er, für alle oder einzelne Grundflächen auf die Bildung eines Eigenjagdbezirkes zu verzichten, so erfolgt die Jagdbezirksbildung aus den freigegebenen Grundflächen nach Maßgabe der §§ 7 bis 10. Der Verzicht ist, wenn die Jagdausübung auf den Grundflächen verpachtet wird, für die Dauer der Pachtverträge bindend und gilt als fortbestehend, wenn er nicht spätestens sechs Monate vor deren Ablauf zurückgenommen wird; er bindet auch den Rechtsnachfolger.

Besteht an den einen Eigenjagdbezirk bildenden Grundflächen ein erbliches oder ein zeitlich nicht beschränktes Nutzungsrecht oder ein Nießbrauch, so tritt an die Stelle des Eigentümers der Nutzungsberechtigte.

1. Der Eigentümer bekundet die Bildung des Eigenjagdbezirks durch seinen Willen, das ihm auf den zugehörigen Grundflächen zustehende Jagdrecht auszuüben. Eine besondere, eine ausdrückliche Erklärung, z. B. der Jagdpolizeibehörde gegenüber, das Jagdrecht daselbst ausüben zu wollen, ist nicht notwendig. Der Eigenjagdbezirk wird lediglich kraft Gesetzes durch den Willen des Eigentümers der nach § 4 Abs. 1 in Betracht kommenden Grundflächen gebildet (siehe Anm. 1 zu § 4). Die Bildung oder die Vergrößerung eines Eigenjagdbezirks aus Grundflächen von wenigstens 75 ha im Zusammenhang ist von der Verlautbarung der Absicht, sie als Eigenjagdbezirk in Anspruch zu nehmen, nicht abhängig. Das Recht, die Jagd auf ihnen in Anspruch zu nehmen, entsteht in dem Zeitpunkt, in welchem das Eigentum an ihnen erlangt wird, und es währt so lange, als ein Verzicht auf das Recht von dem Eigentümer nicht erklärt worden ist. OG. vom 21. November 1910, Bd. 58 S. 369.

2. Abs. 2. Verzichtet der Eigentümer auf Bildung eines Eigenjagdbezirks, so fallen die Grundflächen, auf welche sich der Verzicht bezieht, an den gemeinschaftlichen Jagdbezirk und werden Teile dieses, oder sie werden als Enklaven nach Maßgabe der §§ 8 bis 10 JO. behandelt. Ist die Jagd auf den Grundstücken, auf welche sich der Verzicht auf die Ausübung des Jagdrechtes bezieht, verpachtet, so ist der Eigentümer für die Dauer der Pachtverträge an seinen Verzicht gebunden; sonst richtet sich die Dauer des Verzichts nach dem Inhalt desselben und den allgemeinen Rechtsgrundsätzen und den gesetzlichen Bestimmungen, wie sie nach Maßgabe des Inhalts des Verzichts in Betracht

kommen. Wird der Verzicht nicht rechtzeitig zurückgenommen und die fraglichen Grundflächen von neuem oder weiter verpachtet, so tritt wiederum die Vorschrift des Abs. 2 Satz 2 in Wirkung. Denn der Verzicht bindet den Eigentümer auch über die Dauer der Pachtverträge hinaus, wenn er nicht spätestens sechs Monate vor deren Ablauf zurückgenommen wird.

Der Verzicht auf die Ausübung des Jagdrechts ist eine Willenserklärung, die übrigens auch stillschweigend durch entsprechende Handlungen, aus denen der Verzicht gefolgert werden kann, erfolgen kann. Es finden auf ihn die allgemeinen Rechtsgrundsätze und gesetzlichen Bestimmungen über Willenserklärungen (§§ 116 ff. BGB.) Anwendung. Das Jagdrecht ist nicht ein mit dem Eigentum verbundenes selbständiges Recht und deshalb kein Bestandteil des Grundstücks im Sinne des § 96 BGB. Es ist überhaupt kein für sich allein bestehendes, vom Eigentum loszulösendes Recht, sondern es fällt lediglich unter die Nutzungen, die aus dem Eigentum von Grundstücken zu ziehen sind. In der Jagdnutzung hat der Eigentümer das gesetzlich geschützte, nur jagdpolizeilich beschränkte, ausschließliche Aneignungsrecht an den auf seinen Grundstücken angetroffenen jagdbaren Tieren (RGZ. vom 1. Dezember 1908, Bd. 70 S. 70, 73). Für den Verzicht auf dieses Nutzungsrecht gibt das BGB. keine besonderen Vorschriften, wie z. B. für den Verzicht auf das Eigentum (OG. vom 21. November 1918, Bd. 74 S. 420).

Der Verzicht des Eigentümers für alle oder einzelne Grundflächen auf Bildung eines Eigenjagdbezirks bindet auch den Rechtsnachfolger. Diese Konsequenz entspricht dem allgemeinen Rechte. Bei der Jagdverpachtung ist es nicht anders wie bei anderen Pachtverträgen, wie ein Vertreter des Justizministeriums in der Kommission des Herrenhauses erklärte (siehe Drucks. Aktenstück Nr. 122, Session 1907, S. 489 ff.). Vgl. §§ 571 ff. BGB.

3. Abs. 3. An Stelle des Eigentümers tritt der Nutzungsberechtigte, wenn an den einen Eigenjagdbezirk bildenden Grundflächen besteht:

a) ein erbliches Nutzungsrecht oder
b) ein zeitlich nicht beschränktes Nutzungsrecht oder
c) ein Nießbrauch.

Zu a: Z. B. eines Lehns- oder Fideikommißbesitzes. Was diese betrifft, siehe Art. 59 EG.BGB. sowie die preußische Verordnung über die Zwangsauflösung der Familiengüter und Hausvermögen (Zwangsauflösungsverordnung) vom 19. November 1920 (GS. S. 463) und die Verordnung über die anderweite Festsetzung von Geldbezügen aus Altenteilverträgen und Versorgungsansprüchen bei Stammgütern und Familienfideikommissen vom 8. September 1923 (GS. S. 433). Letztere Verordnung ist ergangen auf Grund des Reichsgesetzes vom 18. August 1923 (RGBl. I S. 815).

Zu b: Z. B. Pfarr- oder Schulland als Dienstland der Pfarrer oder Lehrer.

Zeitlich beschränkt ist gleichbedeutend mit: auf eine bestimmte Zeit festgesetzt.

Über Nutzungen und Nutzungsrecht siehe §§ 100 ff. BGB.

Zu c: Über Nießbrauch, das Recht an einer Sache, im vorliegenden Falle das Recht an einer Grundfläche, die Nutzungen der letzteren zu ziehen, siehe §§ 1030 ff. BGB.

Aus der Bestimmung des Abs. 3 läßt sich nicht die Berechtigung herleiten, verschiedene, in verschiedenen Händen befindliche Nutzungsrechte zum Zwecke der Erreichung einer zur Bildung eines Eigenjagdbezirks geeigneten Fläche zusammenzurechnen. Dies ist unzulässig. Denn die Vorschrift des Abs. 3 will nicht schlechthin für alle Fälle und ohne Einschränkung jedes einen Teil eines Eigenjagdbezirks erfassende Nutzungs- oder Nießbrauchsrecht hinsichtlich der Jagdnutzung an die Stelle des Eigentümers setzen. Diese Folge tritt nur unter Umständen ein; erste und unerläßliche Voraussetzung dafür ist die Erstreckung gerade des Nutzungsrechts auf eine zur Bildung eines Eigenjagdbezirks geeignete Fläche. OG. vom 18. Mai 1914, Bd. 67 S. 351.

Sofern an Grundstücken, die einem Eigentümer gehören, nur

zum Teil ein Nießbrauch oder ein sonstiges Nutzungsrecht besteht, muß die Frage, wer jagdberechtigt ist, von Fall zu Fall behandelt werden. An sich ist jagdberechtigt der Eigentümer; wenn dieser einen Güterkomplex besitzt, der den Anforderungen des Gesetzes entspricht, ist er eigenjagdberechtigt, auch wenn von einem Teile der Grundstücke ein Dritter einen Nießbrauch hat. KomBer. d. AH. aaO. 1907.

Der Nießbraucher hat statt des Eigentümers das Recht, die Nutzung der Jagd auf den ihm zum Nießbrauch überlassenen Grundstücken zu ziehen, wenn diese Nutzung zu den Nutzungen der Grundstücke gehört. Der Nießbraucher ist also in diesem Falle zur eigenen Ausübung der Jagd an Stelle des Eigentümers berechtigt, wenn die fraglichen Grundstücke den Voraussetzungen für einen Eigenjagdbezirk entsprechen. OG. vom 18. März 1895, Bd. 28 S. 319; vgl. OG. Bd. 9 S. 149.

4. Der Eigenjagdbesitzer ist natürlich auch berechtigt, die ihm auf seinen Grundstücken zustehende Ausübung des Jagdrechts zu verpachten. Gegenstand des Jagdpachtvertrags ist das Recht zur Jagdrechtsausübung; der Vertrag erzeugt ein persönliches Schuldverhältnis zwischen den Vertragsparteien. Ob beim Verkauf der Grundstücke der Nachfolger des Verpächters in den Jagdpachtvertrag eintreten muß, ist zweifelhaft. Das Reichsgericht (vgl. RGZ. vom 1. Dezember 1908, Bd. 70 S. 70) verneint diese Frage, wenn nicht auch die Grundstücke, auf denen die Jagd pachtweise ausgeübt wird, Gegenstand des Pachtvertrages sind, der Pächter also zu den zu bejagenden Grundstücken in kein als Pacht anzusehendes rechtliches Verhältnis tritt.

Für die Frage, inwieweit dem Eigenjagdverpächter gegenüber dem Pächter eine Gewährungsleistungspflicht obliegt, kommen die maßgebenden Grundsätze des bürgerlichen Rechts in Betracht. Die Gewährungsleistungspflicht des Jagdverpächters erstreckt sich grundsätzlich nur auf die unbehinderte Ausübung der Jagd; derselbe haftet aber nicht für Ertrag bezw. Ergiebigkeit der Jagd. RGZ. vom 10. Januar 1890, Bd. 25 S. 351.

5. Vgl. im Anhang Ausführungsanweisung Ziffer 7 zu § 5.

6. Auf die Jagdnutzungsvorschriften für die preußischen Staatsforsten vom 9. April 1921 (LMBl. S. 190) und Änderung dieser Vorschriften vom 23. Januar 1925 (LMBl. S. 46) sei hier hingewiesen.

§ 6. Steht ein Eigenjagdbezirk im Miteigentum von mehr als drei Personen, so darf die Ausübung des Jagdrechts nur von höchstens dreien der Miteigentümer erfolgen.

Juristische Personen, Aktiengesellschaften, Kommanditgesellschaften auf Aktien, eingetragene Genossenschaften und Gesellschaften mit beschränkter Haftung dürfen das Jagdrecht auf Eigenjagdbezirken nur durch Verpachtung oder durch höchstens drei angestellte Jäger ausüben, oder sie müssen es ruhen lassen.

Im ehemaligen Kurfürstentum Hessen sind die Jagden in allen Halbegebrauchs-, Märkerschafts-, Interessenten- und dergleichen Waldungen öffentlich meistbietend zu verpachten.

1. Abs. 1. Über Miteigentum siehe §§ 1008 ff. BGB.

Die Bestimmung, wer die drei — Höchstzahl — Personen sind, erfolgt im Wege der Vereinbarung und, wenn keine Einigung zustande kommt, im Wege der Zivilklage. Vgl. § 27 JO.

2. Nach Abs. 2 unterliegen seiner Vorschrift a l l e juristischen Personen. Zu den juristischen Personen gehören auch die Körperschaften des öffentlichen Rechts. Aktiengesellschaften usw. unterstehen als juristische Personen dem Privatrecht (Handelsgesetzbuch, Reichsgenossenschaftsgesetz, BGB.). Die Vorschriften der §§ 20 ff. JO. finden auf die Verpachtung der Jagdrechtsausübung auf Eigenjagdbezirken keine Anwendung. Hier gilt die freie Vereinbarung — unter Beachtung der öffentlich-rechtlichen (jagdpolizeilichen) Vorschriften — bezw. die allgemein-rechtlichen Bestimmungen des BGB. über Verpachtung.

3. Juristische Personen usw. haben die Befugnis, auf Eigenjagdbezirken ihr Jagdrecht auszuüben: a) durch Verpachtung oder b) durch höchstens drei angestellte Jäger (siehe § 27 Abs. 2 JO.), anderenfalls muß das Jagdausübungsrecht ruhen.

4. Abs. 3. Diese dem § 19 des Kurhessischen Jagdgesetzes vom 7. September 1865 entsprechende Bestimmung ist, um dem mit Recht gefürchteten Cliquenwesen vorzubeugen, im Interesse der Eigentümer aufrechterhalten worden (KomBer. d. AH., Drucks. Nr. 10, III. Session 1907, S. 18). Es handelt sich hierbei um Eigenjagdbezirke, die aus Waldungen gedachter Art bestehen. Die Ausübung der Jagd in ihnen darf nur verpachtet werden. Die Verpachtung selbst muß öffentlich meistbietend erfolgen. Vgl. § 7 Kurhess. JO.

5. Vgl. im Anhang Ausführungsanweisung Ziffer 8.

§ 7. Alle Grundflächen eines Gemeinde- (Guts-) Bezirkes, welche nicht zu einem Eigenjagdbezirke gehören und im Zusammenhang wenigstens 75 ha umfassen, bilden den gemeinschaftlichen Jagdbezirk.

Mit Genehmigung des Kreisausschusses und, wenn eine Stadtgemeinde beteiligt ist, des Bezirksausschusses können jedoch aus ihnen auch mehrere selbständige gemeinschaftliche Jagdbezirke gebildet werden, von denen in der Regel aber keiner weniger als 250 ha im Zusammenhang umfassen darf. Ausnahmsweise kann im Interesse der Jagdgenossenschaft eine Herabsetzung bis zu 75 ha stattfinden.

Mit Genehmigung des Kreisausschusses und, wenn eine Stadtgemeinde beteiligt ist, des Bezirksausschusses können die zur Bildung eines gemeinschaftlichen Jagdbezirkes geeigneten Grundflächen eines Gemeinde- (Guts-) Bezirkes oder Teile von ihnen mit gleichartigen, im räumlichen Zusammenhang mit ihnen stehenden Grundflächen eines oder mehrerer anderer Gemeinde- (Guts-) Bezirke oder den Teilen solcher zu gemeinschaftlichen, im Zusammenhang wenigstens 75 ha umfassenden Jagdbezirken vereinigt werden.

Die Zerlegung eines Gemeinde- (Guts-) Bezirkes in mehrere gemeinschaftliche Jagdbezirke, die Bildung gemeinschaftlicher Jagdbezirke aus mehreren ganzen Gemeinde- (Guts-) Bezirken oder aus Teilen solcher darf auf keinen kürzeren Zeitraum als auf sechs Jahre erfolgen und gilt, wenn eine Verpachtung der Jagd in dem gemeinschaftlichen Jagdbezirke stattfindet, wenigstens für die Dauer des Jagdpachtvertrags.

Diejenigen Grundflächen, welche von einem über 750 ha im Zusammenhange großen Walde, der eine einzige Besitzung bildet, zu mindestens 90 v. H. begrenzt werden, müssen dem Eigenjagdbezirke, zu dem dieser Wald gehört, auf Verlangen seines Inhabers angeschlossen werden. Dieses Verlangen ist spätestens bis zum Ablauf der Auslegungsfrist der Pachtbedingungen (§ 21) beim Jagdvorsteher anzumelden. Vorstehende Bestimmung findet keine Anwendung, wenn die umschlossenen Flächen wenigstens 75 ha im Zusammenhange groß sind, oder wenn nach ihrer Abtrennung die übrigbleibenden Flächen des Gemeinde- (Guts-) Bezirks 75 ha nicht mehr umfassen würden.

1. Abgesehen von den Vorschriften, welche aus den bis zum Inkrafttreten der JO. schon erlassenen Gesetzen (Wildschadengesetz vom 11. Juli 1891, Jagdscheingesetz vom 3. Juli 1895, das Gesetz über die Ergänzung einiger jagdrechtlicher Bestimmungen vom 29. April 1897, Gesetz, betreffend Ergänzung der gesetzlichen Vorschriften über die Ausübung der Jagd auf eigenem Grund und Boden, vom 7. August 1899, das Wildschongesetz vom 14. Juli 1904 und das Jagdverwaltungsgesetz vom 4. Juli

1905) in die JO. übernommen worden sind, zerfällt diese dem Inhalt nach in zwei Abschnitte, von denen der erste die Bildung und die Größe der Eigenjagdbezirke und der gemeinschaftlichen Jagdbezirke umfaßt, der zweite Bestimmungen über die Behandlung derjenigen Grundflächen trifft, welche wegen zu geringer Größe weder zu einem Eigen- noch zu einem gemeinschaftlichen Jagdbezirk gehören (Enklaven) (siehe § 3). § 7 befaßt sich mit den gemeinschaftlichen Jagdbezirken, nachdem §§ 4 bis 6 die Bildung von Eigenjagdbezirken geregelt haben, und bestimmt zunächst negativ, daß alle Grundflächen eines Gemeinde- (Guts-) Bezirks, welche nicht zu einem Eigenjagdbezirk gehören, den gemeinschaftlichen Jagdbezirk bilden, wozu noch die Voraussetzung erfüllt sein muß, daß die Flächen im Zusammenhange wenigstens 75 ha umfassen. Das sind die grundsätzlichen Voraussetzungen für einen gemeinschaftlichen Jagdbezirk. Regelmäßig müssen 75 ha Grundflächen im Zusammenhange vorhanden sein, um einen Jagdbezirk bilden zu können. Kommen hierzu für die Eigenjagdbildung noch besondere Vorschriften, so ist für die Bildung des gemeinschaftlichen Jagdbezirks zunächst die grundlegende Bestimmung, daß alle Grundflächen, die zu demselben Gemeinde- (Guts-) Bezirk gehören, den den Gemeinde- (Guts-) Bezirk umfassenden gemeinschaftlichen Jagdbezirk bilden, sofern diese Grundflächen a) nicht zu einem Eigenjagdbezirk gehören und b) im Zusammenhange wenigstens 75 ha umfassen. Land- oder forstwirtschaftliche Benutzbarkeit ist, im Unterschiede von der Bildung von Eigenjagdbezirken (§ 4 Abs. 1 Ziffer 2), keine notwendige Voraussetzung. Die Flächen müssen im Zusammenhang stehen. Getrennt liegende Flächen werden entweder Eigenjagdbezirken angeschlossen oder gemeinschaftlichen Jagdbezirken zugelegt. Dies regelt § 8 JO. Nach § 7 bilden alle darin bezeichneten Grundflächen kraft Gesetzes einen gemeinschaftlichen Jagdbezirk. „Bei der Berechnung der Mindestgröße von 75 ha werden alle Grundflächen der Gemeindeflur mitgezählt, also nicht nur diejenigen, die land- und forstwirtschaftlich benutzbar sind, sondern auch alle übrigen Land- und Wasserflächen, wie z. B. die Ortslage, Wege, Schienenwege und Eisenbahnkörper, Strandflächen, die schiffbaren Flüsse und Kanäle, Wasserflächen, die lediglich gewerblichen Zwecken dienen, die an Wegen, Eisenbahnen und Kanälen führenden Streifen, die zur Bildung von Eigenjagdbezirken untauglich sind, und zwar auch dann, wenn die Jagdausübung aus irgendwelchen Gründen auf ihnen nicht ausgeübt werden darf." RegBegr. 1905/06 aaO. Wege innerhalb der Gemeindeflur z. B., die nicht zu einem Eigenjagdbezirk gehören, sind Teile des gemeinschaftlichen Jagdbezirks, wenn sie mit den übrigen Grundflächen des Gemeindebezirks im Zusammenhang stehen und mit diesen wenigstens 75 ha umfassen. Sie vermitteln auch den Zusammenhang, weil sie selbst innerhalb der Gemeindeflur liegen. Öffentliche Wege, die zum gemeinschaftlichen Jagdbezirk gehören, stellen den Zusammenhang zwischen getrennt liegenden Grundflächen dieses Jagdbezirks auch dann her, wenn sie nur der Länge nach diese Teile verbinden. (OG. vom 15. Dezember 1921, Bd. 77 S. 392.) Vgl. auch OG. vom 30. März 1922, Bd. 77 S. 402 und OG. vom 22. Januar 1920, Bd. 75 S. 371. Es ist unerheblich, ob die Grundflächen z. B. als Gärten, öffentliche Plätze u. dgl. für die Ausübung der Jagd ungeeignet sind; sie sind Bestandteile des gemeinschaftlichen Jagdbezirks.

Für diese Grundsätze findet eine Ausnahme für die in § 4 JO. genannten Flächen statt. Vgl. OG. vom 22. Januar 1920, Bd. 75 S. 371. Die Worte „alle Grundflächen" im Abs. 1 lassen Vorbehalte und Ausnahmen nicht zu. Die tatsächlich oder rechtliche Erschwerung der Jagd auf einzelnen Grundstücken eines Gemeindebezirks stellen ihre Zugehörigkeit zu dem gemeinschaftlichen Jagdbezirk nicht in Frage. Vgl. OG. vom 17. März 1890, Bd. 19 S. 319, und OG. vom 23. Februar 1914, Bd. 67 S. 354.

Die Anwendbarkeit des § 7 Abs. 1 ist nach seinem klaren Wortlaut an das Bestehen von Eigentum nicht geknüpft. Ein dahin gehendes Erfordernis kann auch aus den §§ 2 und 3 JO. nicht hergeleitet werden. Vielmehr sind durch die vorbehaltlose Fassung des Abs. 1 § 7 JO. entgegenstehende Rechte beseitigt. Vgl. OG.

vom 12. Januar 1911, Bd. 58 S. 376. Bezüglich der Gewässer ist, was die Bildung von gemeinschaftlichen Jagdbezirken anlangt, ein Vorbehalt nicht gemacht. Ist ein Fluß z. B. nicht nur ein der Territorialhoheit des Staates unterworfenes Küstengewässer, sondern bildet er auch einen Bestandteil des Staatsgebiets, so findet auf dieses Gewässer Abs. 1 Anwendung, zumal für die Grundflächen des gemeinschaftlichen Jagdbezirks die land- oder forstwirtschaftliche Benutzbarkeit nicht bedingt ist. An dieser (letzteren) Voraussetzung fehlt es bei einem öffentlichen Strom (OG. vom 23. Mai 1889, Bd. 18 S. 287) ebenso wie bei einem Meeresarme. Vgl. OG. vom 16. Januar 1913, Bd. 63 S. 374 sowie OG. vom 12. Mai 1902, Bd. 41 S. 299. Unterbrochen wird ein gemeinschaftlicher Jagdbezirk nur durch Eigenjagdbezirke oder Grundflächen, die einem anderen Gemeindebezirk angehören. Sind die gemäß § 4 dem Eigenjagdbezirk angeschlossenen Wegeflächen aus dem gemeinschaftlichen Jagdbezirk ausgeschieden, so können sie nicht mehr einen Zusammenhang zwischen den getrennt liegenden Teilen dieses Jagdbezirks herstellen. Über Zusammenhang siehe § 4 Abs. 1 Ziffer 4 Anm. 3 auf S. 34.

Das im § 5 des Jagdpolizeigesetzes vom 7. März 1850 begründete Ausschließungsrecht des Besitzers eines isoliert belegenen Gehöfts ist mit dem Inkrafttreten der JO. erloschen.

Die Einheitlichkeit des gemeinschaftlichen Jagdbezirks steht dem Ausschluß jagdlich ertragloser oder ertragsarmer Flächen von der Jagdnutzung entgegen.

2. Ein gemeinschaftlicher Jagdbezirk im Sinne des Abs. 1 kann, wenn es im Interesse einer geordneten Jagdwirtschaft und in dem der Jagdgenossenschaft liegt, in mehrere selbständige gemeinschaftliche Jagdbezirke zerlegt werden, aber nur dann, wenn jeder dieser Bezirke wenigstens 250 ha im Zusammenhang umfaßt, der bis 75 ha im Zusammenhange herabgesetzt werden kann, sofern dies im Interesse der Jagdgenossenschaft liegt. Der Kreis- (Bezirks-) Ausschuß, dessen Genehmigung zur Bildung mehrerer Jagdbezirke innerhalb eines Gemeinde- (Guts-) Bezirks erforderlich ist, entscheidet hierüber

nach pflichtmäßigem Ermessen unter Würdigung aller einschlägigen Verhältnisse auch dann, wenn jeder der Jagdbezirke die Mindestgröße von 250 ha umfaßt; er kann also trotzdem die Genehmigung versagen. Über die Bildung solcher Jagdbezirke (nach Abs. 2) beschließt nach § 17 JO. der Jagdvorsteher. Einspruchsverfahren hiergegen regelt Abs. 4 und 5 daselbst (siehe Anm. zu § 17). Siehe auch §§ 26, 71 JO.

3. Im Abs. 3 handelt es sich um die Bildung eines gemeinschaftlichen Jagdbezirks aus Teilen, die in verschiedenen Gemeindebezirken liegen, sei es, daß alle zur Bildung eines gemeinschaftlichen Jagdbezirks geeigneten (Abs. 1) Grundflächen eines Gemeindebezirks mit allen Grundflächen eines anderen oder mehrerer anderer Gemeindebezirke zu gemeinschaftlichen Jagdbezirken vereinigt werden, wenn sie alle zusammen im Zusammenhang wenigstens 75 ha umfassen, gleichartig sind und im räumlichen Zusammenhang stehen, sei es, daß nur Teile der verschiedenen Gemeinde- (Guts-) Bezirke in dieser Weise vereinigt werden. Auch im letzteren Falle müssen die genannten Voraussetzungen erfüllt werden. Die Vereinigung kann nur mit Genehmigung des Kreis- (Bezirks-) Ausschusses erfolgen, der nach pflichtmäßigem Ermessen seine Entscheidung zu treffen hat. Über das Verfahren und die Rechtsmittel siehe § 17 JO. sowie §§ 26, 71 daselbst.

4. Die nach Abs. 2 und 3 zulässige Zerlegung und Bildung von gemeinschaftlichen Jagdbezirken bleibt mindestens sechs Jahre bestehen und gilt im Falle der Verpachtung der Jagd in dem gemeinschaftlichen Jagdbezirk wenigstens für die Dauer des Jagdpachtvertrages (siehe § 22 Ziffer 4 JO.).

5. Abs. 5 betrifft von Wald umschlossene Grundflächen eines Gemeindebezirks, welche mit dem aus ihm gebildeten gemeinschaftlichen Jagdbezirk im Zusammenhange stehen (Abs. 1), d. h. zu letzterem gehören, aber zu mindestens 90 v. H. von einem Walde begrenzt — nicht umschlossen, im Unterschiede zu § 8 Abs. 2 und § 10 — werden, der a) mehr als 750 ha im Zusammenhange groß ist, b) eine einzige Besitzung

bildet und c) zu einem Eigenjagdbezirk gehört. Mindestens 90 v. H. der Grundflächen, deren Anschluß der Inhaber des Eigenjagdbesitzes verlangt, müssen vom Walde umgrenzt sein, und höchstens 10 v. H. der Grundflächengrenzen brauchen den Wald nicht zu berühren. Der Inhaber des Eigenjagdbezirks ist befugt, sich aus den Grundflächen die von ihnen anzupachtenden Flächen nach Belieben auszuwählen, sofern sie nur den Bedingungen des Abs. 5 entsprechen, ohne Rücksicht auf Kataster-, Grundbuch- und Eigentumsverhältnisse (OG. Bd. 36 S. 346). Vgl. OG. vom 8. April 1926, PrVerwltgsbl. Jahrg. 48 S. 69. Das Verlangen ist spätestens bis zum Ablauf der Auslegungsfrist der Pachtbedingungen (§ 21 JO.) beim Jagdvorsteher anzumelden.

Ausnahmen, auf Grund deren die Berechtigung des Eigenjagdbezirksinhabers nach Abs. 5 Satz 1, 2 ausgeschlossen ist: Satz 3 daselbst.

Wald ist eine mit Holz bestandene oder zur Holzzucht oder Holznutzung gebrauchte Fläche; Vorländereien (Wiesen, Weiden), auch wenn sie dem Waldbesitzer gehören, sind nicht mitzurechnen (OG. Bd. 9 S. 143). OG. vom 8. April 1926, PrVerwltgsbl. Jahrg. 48 S. 69: Es kommt nicht darauf an, ob die Fläche auch früher schon in dieser Weise genutzt worden ist. Denn auch ein Wald kann an einer Stelle angelegt werden, die früher anders benutzt wurde, wie umgekehrt. Vgl. auch OG. vom 1. Juli 1926, PrVerwltgsbl. Jahrg. 48 S. 70/71.

„Nach Abs. 5 besteht das Anschlußrecht, wenn eine weniger als 75 ha große Fläche zum mindesten 90 v. H. von einem zur Umschließung geeigneten Wald begrenzt und durch ihr Ausscheiden der Flächeninhalt des Gemeindebezirks nicht auf weniger als 75 ha verkürzt wird. Sofern diese Voraussetzungen nur auf einzelne Teile der gesamten vom Wald begrenzten Fläche zutreffen, darf der Waldbesitzer das Anschlußverlangen auf diese Teile beschränken. Die Teile sind aber von dem Waldbesitzer zu bezeichnen, nicht durch den Verwaltungsrichter selbständig zu ermitteln."

„Innerhalb eines Waldes belegene Grundflächen, welche, wie z. B. Wiesen und Acker, einem von der Waldnutzung verschiedenen Zwecke dienen, kommen bei der Berechnung der Größe des Waldes nicht in Ansatz, wohl aber Förstersgehöfte und, neben Privatwegen, auch öffentliche Wege, die im Eigentum des Waldbesitzers stehen und die Waldwirtschaft fördern."

„In einem Streit darüber, ob eine Grundfläche einem Jagdbezirk auf Grund öffentlichen Rechts anzuschließen sei, sind die Verwaltungsrichter gemäß § 71 JO. zur Entscheidung unter den Beteiligten berufen. Als Beteiligte kommen jene in Betracht, die den Anschluß begehren, ferner die Besitzer der anzuschließenden Grundstücke, endlich die Jagdvorsteher, deren Gemeindebezirke die anzuschließenden Grundstücke zugehören. Die Zuständigkeit erstreckt sich auch nicht bloß auf Grundflächen, deren Anschluß gemäß § 7 Abs. 5 JO. begehrt wird, sondern auch auf solche, für welche ein Recht auf den Anschluß gemäß § 8 Abs. 2 behauptet wird." OG. vom 21. November 1910, Bd. 58 S. 371: „Für Streitigkeiten dieser Art kommen die Jagdvorsteher und die Besitzer der Grundstücke, deren Anschluß begehrt wird, als notwendige Streitgenossen in Betracht." Vgl. über den Kreis der Beteiligten auch OG. vom 23. Mai 1889, Bd. 18 S. 295.

„Die Zuständigkeit der Verwaltungsrichter erstreckt sich jedoch im Falle des § 7 Abs. 5 JO. nicht darauf, ob der Waldbesitzer von dem etwa begründeten Anschlußrecht bis zum Ablaufe der Frist für die Auslegung der Pachtbedingungen Gebrauch gemacht oder wegen unterlassener rechtzeitiger Anmeldung sein Anschlußrecht für die laufende Pachtperiode verloren hat, sondern nur darauf, ob das behauptete Anschlußrecht nach den in Betracht kommenden Tatumständen gesetzlich besteht. Bis zu welchem Zeitpunkt aber der Nachweis der tatsächlichen Voraussetzungen gestattet ist, bestimmt sich nach den das Verwaltungsstreitverfahren regelnden Vorschriften. Die nach Erhebung der Klage eingetretenen Veränderungen im Besitzstand und im Umfange des Waldes sind von Amts wegen bei der Entscheidung zu berücksichtigen, insoweit sie in der ersten und in der Berufungsinstanz zur Kenntnis des Verwaltungsrichters gelangten." OG. vom 12. Oktober 1911, Bd. 60 S. 411. Vgl. auch OG. vom 14. Dezember 1911, Bd. 60 S. 416; OG. vom 21. November 1910, Bd. 58 S. 369.

„Die Ablehnung des Verlangens durch den Jagdvorsteher (§ 17 JO.) berechtigt den Waldbesitzer zur Klage aus § 71 JO., die an keine Frist gebunden ist. Das Anschlußverlangen kann jederzeit gestellt werden, auch während einer noch laufenden Pachtzeit, nicht nur bei deren Ablauf und gelegentlich der Neuverpachtung, sobald die tatsächlichen Voraussetzungen dafür erfüllt sind. Der im Gesetz vorgeschriebene Endtermin soll dem Jagdvorsteher die Möglichkeit gewähren, das Verlangen bei der Neuverpachtung zu berücksichtigen, es besagt aber nicht, daß ein früher gestelltes Verlangen unzulässig und unwirksam sei. Ist die Frist — Endtermin — für das Verlangen versäumt, so kann dieses erst für die nächste Pachtzeit gestellt werden. Die JO. enthält keine Bestimmung darüber, innerhalb welcher Frist die seitens des Jagdvorstehers erfolgte Ablehnung eines Antrages aus § 7 Abs. 5 angefochten werden kann und angefochten werden muß. Erfolgt eine solche Ablehnung, so ist der Streit im Verwaltungsstreitverfahren (§ 71 JO.) zum Austrag zu bringen. Für die Erhebung der Klage ist im Gesetz eine Frist nicht vorgesehen."

„Wenn sich herausstellt, daß die beanspruchte Fläche nicht in ihrer ganzen Ausdehnung den Erfordernissen einer Umschließung durch den Wald zu 90 v. H. entspricht, liegt kein Hindernis vor, den Klageantrag dementsprechend auf den Teil zu beschränken, für welchen die gesetzlichen Voraussetzungen des Anspruchsrechts feststellbar sind." OG. vom 2. November 1922, Bd. 78 S. 356.

§ 7 Abs. 5 verlangt dreierlei: Die Enklave muß zu mindestens 90 v. H. von einem zur Umschließung geeigneten Wald begrenzt werden, sie darf nicht 75 ha oder mehr im Zusammenhange groß sein, und sie darf nicht die übrigbleibenden Flächen des Gemeindebezirks auf weniger als 75 ha verkürzen. Daraus ergibt sich klar, daß der Waldbesitzer sich das anschließende Stück aus der Gesamtgrundfläche beliebig auswählen darf, wenn nur auf dasselbe die Voraussetzungen des § 7 Abs. 5 zutreffen. Sein Antrag ist also stets begründet, wenn er nur innerhalb einer Gesamtgrundfläche irgendein so beschaffenes Stück ausfindig macht (vgl. OG. Bd. 60 S. 411 ff.). Unter Grundfläche ist jeder beliebige Teil der Erdoberfläche zu verstehen. Wo die drei Voraussetzungen entweder vorliegen oder sich in der vom Wald begrenzten Fläche herstellen lassen, darf der Anschluß verlangt werden, so sagt die genannte OG. Bd. 60 S. 411 ff. OG. vom 1. Juli 1926, PrVerwltgsBl. Jahrg. 48 S. 70/71.

„Es ist unerheblich, ob die Grenzlinie der Enklave mit einer Grundstücksgrenze zusammenfällt, und ob die vom Walde ganz oder größtenteils eingeschlossene Grundfläche ausschließlich im Eigentum dritter Personen oder zu bestimmten, sei es zunächst am Walde, sei es innerhalb der Enklave, inmitten fremden Besitzes belegenen Teilen im Eigentum des Waldbesitzers selbst steht. Der Begriff der Waldenklave ist ein rein geographischer. (Nach dem geographischen und staatsrechtlichen Sprachgebrauch ist eine Enklave ein in fremdem Gebiete liegender oder davon eingeschlossener Landstrich. OG. vom 1. Oktober 1896, Bd. 30 S. 319, siehe diese bei § 10.) Es ist gleichgültig, ob die Grenzlinie der Enklave mit einer grundbuch- oder katastermäßigen Grundstücksgrenze zusammenfällt oder nicht. Entscheidend ist, ob ein nicht ausschließlich im Eigentum des Waldbesitzers selbst stehender Teil der Erdoberfläche vom Walde ganz oder größtenteils eingeschlossen wird, mögen seine Eigentums- und Einteilungsverhältnisse sein, welche sie wollen."

„Der Umfang der Waldenklave kann niemals durch einen Wechsel in den Eigentumsverhältnissen, sondern nur durch eine mit dem Walde vorgehende Änderung eine Abänderung erleiden." OG. vom 11. Oktober 1899, Bd. 36 S. 348. Vgl. auch OG. vom 8. Oktober 1898, Bd. 34 S. 308.

Bei der Prüfung, ob eine Fläche vom Walde eingeschlossen, begrenzt ist, ist nicht von dem Grundstück, um dessen Eigenschaft als Enklave es sich handelt, sondern von dem Walde auszugehen und zu fragen, welche Grundflächen der Wald umschließt. Die auf diese Weise ermittelte Grundfläche ist eine Enklave. OG. vom 1. Oktober 1896, Bd. 30 S. 319.

Ein Antrag an den Waldbesitzer ist nicht erforderlich. Der Waldeigentümer ist berechtigt, die früher von ihm oder seinem Rechtsvorgänger abgelehnte Pachtung der Enklave jederzeit wieder in Anspruch zu nehmen (OG. Bd. 50 S. 348) unter Wahrung der in Abs. 5 Satz 2 vorgeschriebenen Frist. Der Waldeigentümer als solcher hat keinen rechtlich geschützten Anspruch, also kein Klagerecht darauf, daß die Ausübung der Jagd auf der von seinem Wald umgrenzten Enklave dem Gesetz entsprechend geregelt werde. OG. vom 21. Oktober 1889, Bd. 18 S. 291.

Solange als der Inhaber des Eigenjagdbezirks das Verlangen des Anschlusses der Waldenklave an seinen Eigenjagdbezirk nicht stellt, solange gehört sie dem aus den Grundflächen des Gemeindebezirks, dem sie angehört, gebildeten gemeinschaftlichen Jagdbezirk an, dessen Bestandteil sie an sich bildet (Abs. 1).

Über das Verfahren und die Rechtsmittel siehe §§ 17, 26 JO. sowie § 71 daselbst.

6. Vgl. Ausführungsanweisung zu § 5 Ziffer 7 sowie Ziffer 9 daselbst.

7. Siehe noch §§ 13 Abs. 6, 14 Abs. 2, 17, 19, 21, 25 Abs. 5, 26, 53, 61, 71 JO.

§ 8. Diejenigen Grundflächen eines Gemeinde-(Guts-)Bezirks, welche nach §§ 4 und 7 zu einem Jagdbezirk nicht gehören, werden angrenzenden gemeinschaftlichen Jagdbezirken zugelegt oder angrenzenden Eigenjagdbezirken angeschlossen, oder es kann aus ihnen zusammen mit angrenzenden Grundflächen eines anderen Gemeinde-(Guts-)Bezirks ein besonderer gemeinschaftlicher, im Zusammenhange wenigstens 75 ha umfassender Jagdbezirk gebildet werden.

Werden sie ganz oder größtenteils von demselben Jagdbezirk umschlossen, so sind sie zunächst dessen Inhaber oder Vertreter zum Anschluß anzubieten.

1. Die §§ 8, 9 und 10 JO. hängen miteinander insofern zusammen, als sie Grundflächen betreffen, die im Umfange nicht 75 ha erreichen, und zwar sowohl Trennstücke solcher Art als auch die Grundflächen eines ganzen Gemeindebezirks von weniger als 75 ha. Vgl. OG. vom 21. November 1910, Bd. 58 S. 369.

§ 8 Abs. 1 bestimmt — die Eigentümer der eingeschlossenen Grundflächen haben kein Bestimmungsrecht —, um die jagdliche Ausnutzung solcher Grundflächen herbeizuführen, daß sie entweder a) angrenzenden gemeinschaftlichen Jagdbezirken zugelegt oder b) angrenzenden Eigenjagdbezirken angeschlossen werden oder, falls die Zulegung oder der Anschluß nicht möglich ist, daß sie c) zusammen mit angrenzenden Grundflächen eines anderen Gemeinde- (Guts-) Bezirks zu einem besonderen (selbständigen) gemeinschaftlichen Jagdbezirk vereinigt werden, der im Zusammenhange wenigstens 75 ha umfaßt. Hierbei wird es sich entweder ebenfalls um Trennstücke des anderen Gemeindebezirks handeln oder darum, daß die Gesamtheit der Grundflächen des anderen Gemeindebezirks 75 ha im Zusammenhang nicht erreicht — in beiden Fällen sind es Grundflächen, welche für sich allein zur Bildung eines gemeinschaftlichen Jagdbezirks nicht die gesetzlichen Voraussetzungen erfüllen —, oder daß von den zur Bildung eines gemeinschaftlichen Jagdbezirks geeigneten Flächen des angrenzenden Gemeinde- (Guts-) Bezirks Teile abgetrennt werden, um sie mit den eingangs des § 8 Abs. 1 genannten Grundflächen zu einem besonderen gemeinschaftlichen Jagdbezirk zu vereinigen. Im letzteren Falle ist eine Genehmigung, wie sie § 7 Abs. 3 vorschreibt, nicht erforderlich, da dieser voraussetzt, daß die Neubildung eines Jagdbezirks aus Teilen von zwei oder mehreren Gemeinde- (Guts-) Bezirken vorgenommen wird, die, jeder für sich, kraft Gesetzes (§ 7 Abs. 1) einen gemeinschaftlichen Jagdbezirk bilden.

Gemeinschaftliche Voraussetzung in allen Fällen des Abs. 1 ist, daß die Eigenschaft der Angrenzung vorliegt.

Die Vorschrift der Zulegung — zu a — ist zwingender Natur, die zu b ist von dem Willen des Eigenjagdinhabers abhängig, ob er die in Betracht kommenden Grundflächen anpachten will, die zu c ist dem Ermessen anvertraut („kann"). Führt das Verfahren zur Regelung nach b und c zu keinem Ergebnis, so muß, falls die Voraussetzungen hierfür vorliegen, die Zulegung an einen der angrenzenden gemeinschaftlichen Jagdbezirke erfolgen. Ist eine Einigung der Jagdvorsteher (§ 17 JO.) nicht zu erzielen, so beschließt der Kreisausschuß und, wenn ein Stadtkreis beteiligt ist, der Bezirksausschuß (§ 18 JO.). Vgl. auch § 26 sowie § 71 aaO.

2. Der Anschluß der Grundflächen an einen Eigenjagdbezirk geschieht durch dessen Inhaber in der Form der Anpachtung; findet eine Einigung über die Jagdpachtentschädigung nicht statt, so wird diese nach §§ 17 Abs. 2, 26 JO. geregelt. Das behördliche Verfahren zur Festsetzung der Höhe der Jagdpachtentschädigung tritt erst dann ein, wenn die auf das Zustandekommen eines Pachtverhältnisses gerichtete Willensübereinstimmung vorhergegangen ist. OG. vom 24. Januar 1910, Bd. 55 S. 355.

3. Wenn Grundflächen der eingangs des § 8 Abs. 1 gedachten Art ganz oder größtenteils von demselben Jagdbezirk (Eigenjagdbezirk oder gemeinschaftlichem Jagdbezirk) umschlossen werden, so sind sie zunächst, d. h. vor ihrer Unterbringung nach Abs. 1, dessen Inhaber oder Vertreter zum Anschluß anzubieten, der sich alsdann schlüssig zu machen hat, ob er das Anerbieten annimmt oder ablehnt. Nimmt er es an, so werden sie ihm angeschlossen; handelt es sich hierbei um einen Eigenjagdbezirk, geschieht es im Wege der Anpachtung (vgl. hierzu § 17 Abs. 1, 2, § 26 sowie § 25 JO.; vgl. auch § 71 daselbst); handelt es sich um einen gemeinschaftlichen Jagdbezirk, werden sie Teile derselben; ihre Eigentümer werden Mitglieder der Jagdgenossenschaft und nehmen als solche an den Einnahmen der letzteren teil (siehe auch §§ 17 Abs. 1, 2, 25, 26, 71 JO.).

Zur Durchführung des nach § 7 Abs. 5 und ebenso des nach § 8 Abs. 2 bestehenden Anschlußrechts steht den Beteiligten das Verwaltungsstreitverfahren zu Gebote. Die im § 26 festgesetzte Endgültigkeit der Beschlüsse bezieht sich wesentlich auf solche Regelungen, welche durch das Ermessen der Beschlußbehörden bestimmt werden (OG. Bd. 58 S. 371). Der Entscheidung der Verwaltungsgerichte über das streitige Anschlußrecht stehen die zuvor gefaßten Beschlüsse des Kreis- und des Bezirksausschusses nicht entgegen. Der Abs. 2 handelt, wie aus Abs. 1 hervorgeht, nur von solchen Grundflächen, welche zu einem Jagdbezirke nicht gehören. Wie sich ferner aus Abs. 1 ergibt, handelt Abs. 2 von der Umschließung der nicht zu einem Jagdbezirk gehörenden Grundflächen eines und desselben Gemeinde- (Guts-) Bezirks durch einen Jagdbezirk. Der Abs. 2 ist also nur anwendbar, wenn Grundflächen einer bestimmten Gemeinde von einem Jagdbezirk ganz oder größtenteils umschlossen werden. Die Zusammenfassung der Bestandteile mehrerer Gemeinden zu einer einheitlich zu behandelnden Enklave ist ihm fremd. OG. vom 14. Dezember 1911, Bd. 60 S. 416. In Abs. 2 ist das Recht auf Anschluß auch dann begründet, wie aus § 10 ersichtlich ist, wenn es sich um Umschließung durch einen Wald der in § 7 Abs. 5 bezeichneten Art handelt. OG. vom 21. November 1910, Bd. 58 S. 369.

„Als Kläger im Anschlußstreitverfahren aus § 8 Abs. 2 in Verbindung mit § 71 JO. kann für den Eigenjagdbezirk nur dessen Eigentümer und Inhaber, nicht der dort Jagdberechtigte für sich selbst auftreten.

Unter „Vertreter“ im Sinne des Abs. 2 ist in erster Linie „der Vertreter eines gemeinschaftlichen, angrenzenden Jagdbezirks“ (Jagdvorsteher) zu verstehen. Klagt ein Eigenjagdbezirksinhaber nicht gegen den Jagdvorsteher auf Feststellung des Rechts auf das Anschlußangebot, sondern unzulässigerweise auch gegen den Pächter des betreffenden gemeinschaftlichen Jagdbezirks auf Überlassung der Jagdnutzung an den anzuschließenden Grundstücken, so ist zwar zunächst der Pächter nicht passiv legitimiert, weil sein Jagdrecht nicht auf öffentlichem Recht (§ 71 JO.) beruht. Er kann es aber werden, wenn im Anschlußstreite zu Unrecht ein Urteil über die Richtigkeit seines Jagdpachtvertrages ergeht. Gegen dieses steht dem Jagdpächter das Rechtsmittel zu, dessen Einlegung mit zugunsten des Jagdvorstehers als nunmehrigen notwendigen Streitgenossen zu wirken hat, auch wenn dieser kein Rechtsmittel eingelegt hat."

„Das Recht auf das Anschlußgebot hat gemäß § 8 Abs. 2 nur der „Inhaber" oder der „Vertreter". Inhaber sind nach § 5 JO. beim Eigenjagdbezirk regelmäßig die Eigentümer oder Miteigentümer der Grundstücke, aus welchen der Jagdbezirk gebildet ist, im Falle des § 16 daselbst die Vereinigung der Eigentümer, die Jagdgenossenschaft. Einen „Vertreter" des Inhabers eines Eigenjagdbezirks erwähnt die JO. nicht. Besteht ein erbliches oder ein zeitlich nicht beschränktes Nutzungsrecht oder ein Nießbrauch an den Grundstücken eines solchen Jagdbezirks, so tritt der Nutzungsberechtigte an die Stelle des Eigentümers. Er vertritt diesen also nicht. Dagegen liegt die Vertretung der Jagdgenossenschaft nach Abs. 2 des erwähnten § 16 dem Jagdvorsteher ob, und von ihm ist in § 16 aaO. als dem „Vertreter" des gemeinschaftlichen Jagdbezirks die Rede. Der Gesetzgeber hat also im § 8 Abs. 2 bei dem Worte „Vertreter" in erster Reihe den gesetzlichen Vertreter eines solchen Jagdbezirks im Auge und hat diesem das Recht auf das Angebot zusprechen wollen, obwohl bei Körperschaften, Gesellschaften usw. als Inhabern von Eigenjagdbezirken ebenfalls eine gesetzliche Vertretung stattfinden kann. Eigentümer und Inhaber eines Eigenjagdbezirks ist deshalb „Beteiligter" im Sinne des § 71 aaO. und ist im Streite um die Rechte aus seiner eigenen Jagd Partei. (Die Vollmacht gewährt nur die Befugnis, die Rechte des Vollmachtgebers zu wahren und zu deren Verfolgung und für ihn eine Klage zu erheben.) Der Jagdpächter ist an sich im Verwaltungsstreitverfahren über öffentlich-rechtliche Ansprüche auf dem Gebiet des Jagdrechts nicht „Beteiligter" im Sinne des § 71 JO. und demgemäß nicht als Partei legitimiert. Hat der Kreisausschuß nicht nur über den Anschlußanspruch eine

Entscheidung getroffen, sondern unrichtigerweise über ein anderes Rechtsverhältnis, das nicht im Streit befangen war, ein Urteil gefällt, nämlich über den Jagdpachtvertrag zwischen dem Pächter und der Jagdgenossenschaft, den er für nichtig erklärte, so hat diese Feststellung rechtliche Wirkung für den Pächter und den Jagdvorsteher in der Richtung zur Folge, daß der Jagdpächter nunmehr neben dem Jagdvorsteher als Partei in das Verfahren hineingezogen wurde, obschon er an sich passiv nicht legitimiert war, und daß die beiden Beklagten (Pächter und Jagdvorsteher) damit für den weiteren Verlauf des Rechtsstreites notwendige Streitgenossen wurden. Denn die Nichtigkeit eines Vertrags läßt sich nur einheitlich gegenüber den Vertragsparteien feststellen, und die Anfechtung einer solchen Feststellung durch einen von ihnen wirkt für die andere. (OG. vom 12. Juni 1914 und vom 21. September 1915, Bd. 67 S. 217, 223 und Bd. 69 S. 256, 258.)" OG. vom 27. Mai 1926, Bd. 80 S. 309.

4. „Größtenteils" umschlossen bedeutet mehr als zur Hälfte. Nach Abs. 2 ist das Anpachtungsrecht dem Inhaber oder Vertreter in erster Linie zugestanden, allerdings nur gegen Gewährung einer nach dem vollen Wert der Jagdnutzung zu bemessenden Entschädigung und gegen Übernahme der Verpflichtung, den Wildschaden zu tragen.

Der umschließende Jagdbezirk kann auch ein Jagdbezirk der angrenzenden Gemeinde sein. Die Bestimmung in Abs. 2 ist eine Ausnahme von der in Abs. 1 getroffenen Regelung. Sie gewährt einen Anspruch auf Angliederung der Grundflächen.

5. Grundflächen, die einem Eigenjagdbezirk auf Grund des Abs. 2 angeschlossen worden sind, gelten nicht als dessen Bestandteil, sondern treten nur als angepachtete Flächen hinzu. Bei Berechnung der Grenzlänge des Eigenjagdbezirks in den Fällen des Abs. 2 bleiben die angeschlossenen Grundstücke außer Betracht. OG. vom 3. Mai 1923, Bd. 78 S. 378.

6. Scheiden Grundflächen aus dem gemeinschaftlichen Jagdbezirk aus, weil ihr Zusammenhang mit letzterem aufgehoben ist,

und werden sie ganz oder größtenteils von demselben Eigenjagdbezirk umschlossen, so ist der Anspruch des Eigenjagdbesitzers, sie gemäß Abs. 2 seinem Eigenjagdbezirk anzuschließen, nicht davon abhängig, daß der über den gemeinschaftlichen Jagdbezirk abgeschlossene Pachtvertrag abgelaufen ist. Mangels ausdrücklicher gesetzlicher Regelung hat die auf dem öffentlichen Recht beruhende Befugnis zur Jagdausübung der durch Vertrag entstandenen bürgerlich-rechtlichen Befugnis vorzugehen. Die Vorschriften der JO. über das Jagdrecht und seine Ausübung sind aber öffentlich-rechtlicher Natur, während das lediglich auf dem Jagdpachtvertrag beruhende Recht des Pächters der Jagd im gemeinschaftlichen Jagdbezirk dem Privatrecht angehört. Es steht dem nicht entgegen, daß der verpachtende Jagdvorsteher seine Ermächtigung zur Verpachtung aus dem öffentlichen Recht herleitet, und daß die JO. Vorschriften über die Form der Verpachtung, die Pachtzeit und die Person des Pächters trifft (§§ 21 bis 23 JO.). Mit diesem Grundsatz nämlich, daß der Eigenjagdbesitzer befugt ist, auf den zu seinem Eigenjagdbezirk hinzuerworbenen Grundstücken die Jagd sofort mit dem Erwerb und nicht erst nach Ablauf des für den gemeinschaftlichen Jagdbezirk abgeschlossenen Jagdpachtvertrages auszuüben, hat die JO. nicht gebrochen; vielmehr ist der Gesetzgeber von ihm nur in den in § 14 genannten Fällen abgewichen und hat aus Rücksichten der Zweckmäßigkeit und Billigkeit eine die Privatrechte des Jagdpächters in gewisser Weise schützende Regelung getroffen. Daraus kann aber nicht gefolgert werden, es sei durch die JO. das Recht des Jagdpächters im gemeinschaftlichen Jagdbezirk allgemein als ein aus der JO., also aus dem öffentlichen Rechte entspringendes anerkannt, welches auch in anderen als den in § 14 genannten Fällen für die vereinbarte Pachtzeit fortbestehe, sofern nicht die JO. selbst Abweichendes bestimmt. Das Gegenteil ist der Fall. Die Bestimmung in § 14 ist ebenso eine Ausnahmevorschrift wie diejenige in § 84 Abs. 1. Die grundsätzlichen Bestimmungen finden sich in den §§ 2 und 3 JO. Findet rücksichtlich der Jagdausübung auf der aus der verpachteten gemeinschaftlichen ausscheidenden

Grundfläche die Vorschrift in § 3 JO. grundsätzlich Anwendung, so muß dasselbe auch von der den Anschluß (Zulegung) regelnden Vorschrift in § 8 gelten. OG. vom 23. Juni 1921, Bd. 76 S. 411.

Der Anspruch des Inhabers eines Eigenjagdbezirks auf das Angebot des Anschlusses von Grundstücken gemäß Abs. 2 kann nicht fortgesetzt zu jeder Zeit von neuem geltend gemacht werden. OG. vom 28. April 1914, Bd. 67 S. 359.

7. Vgl. Ausführungsanweisung Ziffer 10 zu §§ 8 bis 10.

8. Über das Verfahren nach § 8 und die Rechtsmittel siehe §§ 17, 18, 19, 25, 26 sowie § 81 JO.

9. Siehe noch §§ 3, 4, 5, 7, 9, 10, 11, 14, 61 JO.

§ 9. Wenn für den Fall, daß ein gemeinschaftlicher Jagdbezirk nicht angrenzt, der Anschluß an einen angrenzenden Eigenjagdbezirk nicht möglich ist oder nicht zustande kommt und auch die Bildung eines besonderen gemeinschaftlichen, im Zusammenhange wenigstens 75 ha umfassenden Jagdbezirks nicht erfolgt, so sind die Grundflächen einem getrennt liegenden Jagdbezirk anzuschließen oder zuzulegen. Zu diesem Zweck sind sie, wenn sie nur einem Eigentümer gehören oder im Miteigentum mehrerer stehen und der Eigentümer (Miteigentümer) zugleich Inhaber eines getrennt liegenden Eigenjagdbezirks ist, auf Wunsch diesem zu überlassen, unter der Voraussetzung, daß sie mit den Grundflächen des Eigenjagdbezirks eine land- oder forstwirtschaftliche Einheit bilden.

Auch kann aus ihnen — allein oder in Verbindung mit gleichartigen Grundflächen eines anderen Gemeinde- (Guts-) Bezirks — ein selbständiger, nicht 75 ha im Zusammenhang umfassender gemeinschaftlicher Jagdbezirk und, wenn sie nur einem Eigentümer angehören oder im Miteigentum mehrerer stehen, Eigenjagdbezirk gebildet werden.

1. Wenn die eingangs des § 8 Abs. 1 bezeichneten Grundflächen eines Gemeinde- (Guts-) Bezirks nicht gemäß § 8 bei angrenzenden Jagdbezirken untergebracht werden können, die Bildung eines besonderen Jagdbezirks nach dieser Bestimmung (§ 8) durch Vereinigung mit angrenzenden Grundflächen eines anderen Gemeinde- (Guts-) Bezirks nicht erfolgt, so sind die besagten Grundflächen einem getrennt liegenden Jagdbezirk anzuschließen oder zuzulegen. Der Inhaber eines Eigenjagdbezirks kann zugleich auch Besitzer eines Trennstücks, einer Enklave sein. Tritt nun der Fall des § 9 Satz 1 ein, so ist es etwas Selbstverständliches, daß dann dem Besitzer der Enklave zugleich als Besitzer eines zum Anschluß der Enklave sich eignenden Eigenjagdbezirks ein Vorrecht eingeräumt wird. Ein solcher Anspruch rechtfertigt sich allerdings nicht mehr, wenn Enklave und Eigenjagdbezirk räumlich so weit getrennt liegen, daß sie als ein wirtschaftliches Gut nicht mehr angesehen werden können, also nicht mehr eine land- oder forstwirtschaftliche Einheit bilden.

Die Grundflächen werden, abgesehen von dem in Satz 2 eingeräumten Vorrecht — „auf Wunsch" zu überlassen —, von mehreren getrennt liegenden Jagdbezirken demjenigen anzuschließen oder zuzulegen sein, mit welchem sie jagdwirtschaftlich am zweckmäßigsten zu vereinigen sein werden.

2. Abs. 2. Im Abs. 2 handelt es sich um eine Ausnahmebestimmung. Wenn ein getrennt liegender Jagdbezirk so weit entfernt gelegen ist, daß die Zulegung oder der Anschluß der Grundflächen unzweckmäßig ist und dadurch der Zweck der Zulegung (Anschlusses) nicht erreicht werden kann, so soll für diesen äußersten Fall die Möglichkeit gegeben sein, die Grundflächen einen Jagdbezirk für sich bilden zu lassen, einen Eigenjagdbezirk nur dann, wenn sie nur einem Eigentümer gehören oder im Miteigentum mehrerer stehen.

3. Über das Verfahren und die Rechtsmittel siehe §§ 17, 18, 25, 26 sowie § 81 JO.

4. Vgl. noch §§ 10, 11, 13, 14 Abs. 2, 53 JO.

5. Vgl. Ziffer 10 der Ausführungsanweisung zu §§ 8 bis 10.

§ 10. Werden im Falle des § 8 Abs. 2 die Grundflächen von einem über 750 ha im Zusammenhange großen Wald, der eine einzige Besitzung bildet, ganz oder größtenteils umschlossen, und lehnt der Inhaber des Eigenjagdbezirks, zu dem der Wald gehört, den Anschluß ab, so kann aus ihnen, wenn die im § 8 Abs. 1 und § 9 Abs. 1 vorgesehenen Maßnahmen nicht zustande kommen, an Stelle der im § 8 Abs. 1 und § 9 Abs. 1 vorgesehenen Maßnahmen ein selbständiger nicht 75 ha im Zusammenhange umfassender gemeinschaftlicher Jagdbezirk und, wenn die Grundflächen nur einem Eigentümer gehören oder im Miteigentum mehrerer stehen, ein Eigenjagdbezirk gebildet werden.

1. Die Bestimmungen des § 10 decken sich nicht ganz mit den Bestimmungen in den §§ 7 und 8; hier wie dort ist zunächst die Jagd auf der Enklave dem Inhaber des umschließenden Eigenjagdbezirks anzubieten. Der Inhalt des § 10 enthält eine Sonderbestimmung zugunsten der Eigentümer von Grundstücken, die von einem über 750 ha großen Wald umschlossen sind. § 8 Abs. 2 begründet ein Anpachtungsrecht nur für Grundstücke, die ganz oder größtenteils von dem Eigenjagdbezirk umschlossen sind. Wenn von diesem Recht kein Gebrauch gemacht wird, muß nach § 8 die Enklave entweder einem angrenzenden gemeinschaftlichen Jagdbezirk zugelegt oder einem sonstigen angrenzenden Eigenjagdbezirk angeschlossen werden, wenn nicht ein besonderer 75 ha großer Jagdbezirk mit anderen Grundflächen gebildet wird. Die beiden letzten Maßnahmen (Anschluß an einen Eigenjagdbezirk oder Bildung eines besonderen Jagdbezirks) sind fakultativ. Kommen sie nicht zustande, so müssen die Flächen einem angrenzenden gemeinschaftlichen Jagdbezirk zugelegt werden. Wenn eine Einigung zwischen den verschiedenen Jagdvorstehern nicht erzielt wird, ist der Anschluß nach § 18 vom Kreisausschuß zwangsweise vorzunehmen. Dies ist der Kommission des Abgeordnetenhauses, welche den § 9 eingefügt hat, unter Umständen unbillig

erschienen, da bei Grundflächen, die von einem großen Walde umschlossen sind, der Vertreter des angrenzenden gemeinschaftlichen Jagdbezirks einen Grund haben könnte, die Zulegung abzulehnen, damit nicht die Jagdgenossenschaft für den Wildschaden auf den Flächen aufzukommen hat. Wenn aus diesem Grunde der Eigenjagdbesitzer den Anschluß ablehnt, muß es auch dem angrenzenden gemeinschaftlichen Jagdbezirk vorbehalten bleiben, die Zulegung zu verhindern. Um dieses zu ermöglichen, sieht § 10, wenn der Eigenjagdbesitzer den Anschluß ablehnt, der gemeinschaftliche Jagdbezirk die Zulegung nicht wünscht und auch die Bildung eines wenigstens 75 ha großen Jagdbezirks nicht zustande kommt, die Bildung eines besonderen, nicht 75 ha großen Jagdbezirks vor, auf dem dann nach § 53 Abs. 2 der Inhaber des umschließenden Eigenjagdbezirks zum Wildschadenersatz verpflichtet ist. KomBer. d. HH., Aktenstück Nr. 122, Session 1907, S. 489.

2. Die Grundflächen müssen im fremden Gebiet liegen oder davon eingeschlossen sein, in demselben Sinne, wie auch von Guts- oder Gemeinde-Enklaven gesprochen wird. Es sind die größtenteils eingeschlossenen Grundflächen den gänzlich eingeschlossenen schon im Jagdpolizeigesetz vom 7. März 1850 in jagdpolizeilicher Beziehung gleichgestellt worden. Es ist dabei mit Sicherheit anzunehmen, daß der Gesetzgeber nur an solche im Walde liegende und vom Walde umgebene fremde Grundstücke gedacht hat, die im großen und ganzen den Ganzenklaven gleichkommen, von denen also noch gesagt werden kann, daß sie im Walde liegen und vom Walde umgeben sind, wiewohl sie eine oder mehrere offene, vom Walde nicht begrenzte Stellen haben. Diese offenen Stellen müssen demnach gegen den vom Walde begrenzten Umring vollständig zurücktreten, sie dürfen dem allgemeinen Eindruck der Einschließung des Ganzen durch den Wald keinen Abbruch tun. Es genügt also nicht, daß die Umgrenzung durch den Wald mehr als die Hälfte beträgt, die Fläche muß auch im Walde liegen und von ihm eingeschlossen sein. Bei der Prüfung, ob eine Fläche im Walde eingeschlossen

ist, ist nicht von dem Grundstück, um dessen Eigenschaft als Enklave es sich handelt, sondern von dem Walde auszugehen und zu fragen, welche Grundfläche der Wald umschließt. Die auf diese Weise ermittelte Grundfläche ist eine Enklave. Hieraus ergibt sich, daß eine Grundfläche, welche nur mehr als zur Hälfte vom Wald begrenzt wird, aber nicht im Walde liegt, vom Walde nicht umschlossen ist, kein Enklave im Sinne des Gesetzes — § 10 JO. — sein kann. Dies trifft zu bei Flächen, die in der Form eines Winkels in den Wald hineinragen, bei denen der Winkel nicht ein spitzer von wenigen Graden, sondern ein rechter oder fast ein rechter oder gar ein stumpfer ist. Bei solchen Flächen fehlt das sack- oder zungenartige Hineinspringen in den Wald, ihre offene Seite hat eine solche Ausdehnung, daß von einer Einschließung oder Umschließung durch den Wald keine Rede sein kann. Die Strecke, die der Wald berührt, ist im Verhältnis zu der, die er nicht berührt, zu gering, die erstere ist nur der größere, nicht der größte Teil des Umringes. OG. vom 1. Oktober 1896, Bd. 30 S. 319.

Im Falle des § 10 handelt es sich um die ganzen anzuschließenden Grundflächen, aus denen ein selbständiger, nicht 75 ha umfassender Jagdbezirk gebildet werden kann, falls der Waldbesitzer den Anschluß ablehnt; er kann nur den Anschluß des gesamten Trennstücks annehmen oder ablehnen.

Im Falle des § 7 Abs. 5 aber ist der Waldbesitzer befugt, die geeigneten, den Voraussetzungen daselbst entsprechenden Teile der umgrenzten Grundflächen sich aus ihnen herauszunehmen, auszuwählen.

Der Streit über die jagdrechtliche Stellung einer Grundfläche als Waldenklave kann grundsätzlich nur zwischen allen Beteiligten, das sind der Waldbesitzer, der Jagdvorsteher des Gemeindebezirks, zu dem das Trennstück gehört, und der oder die Eigentümer der Trennstücke, zum Austrag gebracht werden.

3. Siehe §§ 8, 9, 14 Abs. 2, 53, 61 JO.

4. Über das Verfahren und die Rechtsmittel siehe §§ 17 Abs. 1, 26 sowie § 81 JO.

5. Vgl. im Anhang Ausführungsanweisung Ziffer 10.

§ 11. Die nach §§ 8 und 9 getroffenen Maßnahmen bleiben in Kraft, bis eine anderweite Regelung erfolgt; vor Ablauf von sechs Jahren darf die Neuregelung — unbeschadet der Bestimmung im § 14 — nicht erfolgen. Dasselbe gilt von der Anpachtung der im § 4 Abs. 1 Ziffer 2 Satz 2 bezeichneten Flächen durch den Inhaber des angrenzenden Eigenjagdbezirks.

Wenn im Falle des § 10 ein Jagdbezirk gebildet ist, ist der Inhaber des umschließenden Jagdbezirks jederzeit befugt, den pachtweisen Anschluß der umschlossenen Flächen zu verlangen, und zwar auch dann, wenn der Jagdbezirk verpachtet ist.

1. Die nach §§ 8 und 9 JO. getroffenen Maßnahmen, z. B. die Unterbringung der getrennten Grundflächen bei einem angrenzenden Jagdbezirk, bleiben mindestens sechs Jahre in Kraft. Erst nach deren Ablauf kann eine anderweitige Regelung erfolgen. Die Mindestdauer und die Kündigungsfristen müssen bei den Vereinbarungen beachtet, eingehalten werden. Ausgenommen ist der Fall, daß die Grundflächen, die zu einem verpachteten gemeinschaftlichen Jagdbezirk gehören, zur Bildung eines Eigenjagdbezirks eingefriedigt — im Sinne des § 4 Abs. 1 Ziffer 1 — werden oder nach Ziffer 2 daselbst zur Bildung eines Eigenjagdbezirks geeignet sind und der Eigentümer von dem Recht der Jagdausübung Gebrauch macht (siehe § 14).

Ebenso gilt die Regel der Zeitdauer für die Anpachtung von Gewässern, Wegen usw. (§ 4 Abs. 1 Ziffer 2 Satz 2) durch den Inhaber des angrenzenden Eigenjagdbezirks.

2. Abs. 2. Wenn der Besitzer des umschließenden Waldes die Anpachtung der Enklave abgelehnt hat, so muß er nach § 53 Abs. 2 JO. trotzdem den Wildschaden tragen. Darin liegt eine gewisse Härte. Deswegen soll ihm durch § 11 Abs. 2 das Recht gegeben werden, jederzeit, d. h. wann er will, also auch unmittelbar nachdem ein anderer die Jagd auf der Enklave erpachtet hat, die Jagd seinerseits zu pachten.

§ 12. Werden Grundflächen einem gemeinschaftlichen Jagdbezirk zugelegt, so gelten sie als dessen Teile.

Der Anschluß an einen Eigenjagdbezirk erfolgt pachtweise nach dem Werte der Jagdnutzung. Der Wert ist nach den Grundsätzen einer pfleglichen Behandlung der Jagd zu ermitteln. Der Preisermittelung sind, abgesehen vom Falle des § 4 Abs. 1 Ziffer 2 Abs. 1, mindestens die Pachtpreise benachbarter Jagdbezirke unter Berücksichtigung der besonderen jagdlichen Verhältnisse der zu verpachtenden Grundflächen zugrunde zu legen.

1. Durch die Bestimmung des Abs. 1 soll zum Ausdruck gebracht werden, daß es sich hier nicht wie beim Anschluß an Eigenjagdbezirke um Pachtverhältnisse handelt, sondern daß die zugelegten Grundflächen mit den anderen Grundflächen des gemeinschaftlichen Jagdbezirks eine rechtliche Gemeinschaft hinsichtlich der Verwaltung und Vertretung der Rechte (Jagdverträge) und Pflichten (Wildschadenersatz) der Jagdgenossen usw. bilden. RegBegr. 1905/06 aaO. Unter Zulegung versteht das Gesetz im allgemeinen nur die Verbindung von nicht kraft Gesetzes zu einem gemeinschaftlichen Jagdbezirk gehörenden Flächen mit ihm.

2. Der Anschluß an einen Eigenjagdbezirk geschieht pachtweise, d. h. mittels Pachtvertrags nach dem Werte der Jagdnutzung der angeschlossenen Grundflächen, für den die Sätze 2 und 3 gewisse Hinweise geben.

Der Abs. 2 ist von der Kommission des Abgeordnetenhauses beschlossen worden, um möglichste Sicherheit zu schaffen, daß den Inhabern solcher Flächen, die an Eigenjagdbezirke angeschlossen werden, der volle Wert der Jagdnutzung zugute komme.

Die Vorschriften der Sätze 2 und 3 sind zwingend. Unter dem Wert nach den Grundsätzen einer pfleglichen Behandlung der Jagd, d. h. der Ausübung der Jagd, ist der Reinertrag bei ordnungsmäßiger Ausübung der Jagd zu verstehen.

Der Preisermittlung müssen unter Berücksichtigung der besonderen jagdlichen Verhältnisse der zu verpachtenden Grundflächen, sofern solche besonderen jagdlichen Verhältnisse vorliegen, die Pachtpreise benachbarter — was nicht gleichbedeutend mit „angrenzend" ist — Jagdbezirke zugrunde gelegt werden. Dies setzt voraus, daß die jagdlichen Verhältnisse der benachbarten Jagdbezirke und die der angeschlossenen Grundflächen im wesentlichen der gleichen Art sind.

Abzusehen von dieser Preisermittlung ist bei Wegen usw. (§ 4 Abs. 1 Ziffer 2 Abs. 1), um zu verhindern, daß ein zu hoher Preis ermittelt werde. Es ist daher für angeschlossene Wege und dergleichen jagdlich wertlose Grundstücke eine besondere Preisermittlung vorzunehmen. OG. vom 13. Oktober 1910, Bd. 61 S. 297. Vgl. dazu auch OG. vom 8. Januar 1920, LMBl. 1920 S. 171, betreffend Wertermittlung der Jagdnutzung auf Anschlußflächen, und LMBl. 1912 S. 341.

Letzteres veröffentlicht OG. vom 20. Juni 1912, welche ausführt: Beim Anschluß von abgesonderten Enklaven an einen Eigenjagdbezirk steht den Eigentümern der anzuschließenden Grundflächen das Recht zur Einlegung der im § 26 JO. bezeichneten Rechtsmittel gegen den Beschluß des Kreisausschusses zu. Hieraus folgt, daß ihnen der Beschluß des Kreisausschusses bekanntzugeben ist und daß sie bei einem sich anschließenden Verwaltungsstreitverfahren zu beteiligen sind. Den beteiligten Grundstücksbesitzern muß der Beschluß des Kreisausschusses zunächst zugestellt und es muß abgewartet werden, ob sie ihrerseits von ihrem Recht, Antrag auf mündliche Verhandlung zu stellen, Gebrauch machen. Aber auch wenn dies nicht geschieht, sind sie im Verwaltungsstreitverfahren als Mitbeklagte zu behandeln, da der Jagdvorsteher und die Besitzer der Grundstücke, deren Anschluß in Frage kommt, in notwendiger Streitgenossenschaft stehen. Denn das Rechtsverhältnis bezüglich der Höhe der Pachtentschädigung kann ihnen gegenüber nur einheitlich festgestellt werden. Der Pachtzins ist für jede Enklave besonders zu ermitteln und festzusetzen. Desgleichen ist zu berücksichtigen, daß bei der Wertermittlung der Wert des mutmaßlich zu erlegenden Wildes unter Abzug nur derjenigen sachlichen Unkosten zugrunde gelegt werden muß, welche nach den tatsächlichen örtlichen Verhältnissen zur Aneignung und Verwertung des Wildes unbedingt notwendig erscheinen. Aufwendungen persönlicher Natur sind dabei außer Ansatz zu lassen.

Die Grundflächen treten nur als angepachtete Flächen dem Eigenjagdbezirk hinzu. Sie hören auf, jagdbezirksfreie Grundstücke (§§ 3, 8 Abs. 1) zu sein, und erweitern das Recht des Eigenjagdbesitzers zur Ausübung der Jagd auch auf diesen Flächen. Sie sind aber keine Bestandteile des Eigenjagdbesitzes. OG. vom 3. Mai 1923, Bd. 78 S. 378.

Bei den pachtweise angeschlossenen Grundflächen an einen Eigenjagdbezirk ist der Wert der Jagdnutzung nicht lediglich nach dem auf den Grundflächen vorhandenen Standwild zu ermitteln. Der Betrag des zu erwartenden Wildschadens ist von dem Werte der Jagdnutzung nicht in Abzug zu bringen. Unter der Jagdnutzung eines Grundstücks im Sinne der JO. kann nur die auf ihm in der gesetzlich zugelassenen Grenze mögliche Aneignung jagdbarer Tiere verstanden werden. Zulässig ist gesetzlich die Aneignung auf dem Grundstück ohne Rücksicht darauf, wo die jagdbaren Tiere ihren Standort haben. Pflegliche Behandlung der Jagd heißt pflegliche Ausübung der Jagd und nicht pflegliche Behandlung des Wildes. Mit der Verweisung auf die Wertermittlung nach den Grundsätzen einer pfleglichen Behandlung der Jagd hat die Wertermittlung nach dem Erträgnis einer außergewöhnlichen Jagdnutzung ausgeschlossen werden sollen. Aus der Anordnung, daß die besonderen jagdlichen Verhältnisse der Enklave zu berücksichtigen sind, ergibt sich, daß die Pachtpreise benachbarter Jagdbezirke außer Betracht bleiben, wenn deren jagdlichen Verhältnisse denen der Enklave nicht im wesentlichen gleichartig sind. Auch können Pachtpreise benachbarter Jagdbezirke dann nicht für maßgebend erachtet werden, wenn sie auf einer ungebührlichen oder außergewöhnlichen Steigerung über den eigentlichen Wert der Jagdnutzung hinaus beruhen oder wesentlich unter diesem Wert bemessen worden sind. Die auf der Waldenklave den Umständen nach mögliche Jagdergiebigkeit ist maßgebend, und hierfür kommt es nicht bloß darauf an, welches Standwild sich auf der Waldenklave aufhält, sondern auch darauf, in welchem Umfange mit dem Übertritt von Wild aus dem Walde und seiner Umgebung zu rechnen ist. Andererseits muß mit Rücksicht darauf, daß der Pachtzins für so lange festzusetzen ist, als das Grundstück die Eigenschaft einer Waldenklave behält und als der Waldbesitzer zur Anpachtung der Jagd bereit ist, ein Erträgnis außer Betracht bleiben, das nur unter außergewöhnlichen Umständen oder gar nur durch Ausübung der Jagd in einer solchen Art erzielbar war, die alsbald zur Vernichtung oder wesentlichen Minderung des Wildstandes führen mußte (OG. vom 22. Dezember 1889, Bd. 11 S. 301, vom 15. Mai 1905 bei Schultz, Jahrb. f. Entsch. d. Reichsgerichts usw. Bd. 3 S. 76 bis 78). OG. vom 6. Dezember 1909, Bd. 55 S. 349. Vgl. OG. vom 14. März 1912, Bd. 61 S. 297.

Streitigkeiten über den Anspruch auf Zahlung der für die Ausübung der Jagd auf einer Enklave zu entrichtenden Entschädigung nebst Verzugszinsen sowie über die Wirksamkeit einer Kündigung des Pachtverhältnisses bei Enklaven oder sonstigen Verpachtungen der Jagd können nicht im Wege des Verwaltungsstreitverfahrens ausgetragen werden, welches nur zur Entscheidung über die zu gewährende Entschädigung, über die Frage der Entschädigung, also über die Höhe der Entschädigung, deren Festsetzung zugelassen ist, sondern gehören vor die ordentlichen Gerichte. OG. vom 5. Januar 1901, Bd. 38 S. 281. Auch einen über die Dauer der Jagdausübung entstandenen Streit zu entscheiden ist nicht Sache des Verwaltungsrichters.

3. Vgl. noch im Anhang: Ausführungsanweisung Ziffer 11.

§ 18. Die Eigentümer sind befugt, zur Fischerei dienende Seen und Teiche, die zur Bildung von Eigenjagdbezirken nicht geeignet sind, einschließlich der in ihnen liegenden Inseln, soweit diese ganz ihnen gehören, von dem gemeinschaftlichen Jagdbezirk auszuschließen.

Durch die Jagdpolizeibehörde kann das gleiche Recht den Unternehmern von Schiffahrtskanälen für bestimmte Grundflächen zugestanden werden, sofern Tatsachen vorliegen, welche die Annahme rechtfertigen, daß die Ausübung der Jagd mit den Rücksichten der Betriebssicherheit unvereinbar ist.

Gegen die Verfügung der Jagdpolizeibehörde ist die Klage im Verwaltungsstreitverfahren zulässig.

Auf den ausgeschlossenen Grundflächen muß während der Dauer des Ausschlusses die Ausübung des Jagdrechts ruhen.

Spätestens bis zum Ablauf der Auslegungsfrist der Pachtbedingungen (§ 21) ist der Ausschluß beim Jagdvorsteher anzumelden.

Die ausgeschlossenen Flächen werden bei Feststellung der Mindestgröße der gemeinschaftlichen Jagdbezirke (§§ 7 bis 9) angerechnet.

1. Soweit es sich um den Schutz des Fischereiberechtigten gegen den Schaden, der durch Wild verursacht werden kann, handelt, hat das Fischereigesetz vom 11. Mai 1916 in § 105 daselbst — früher § 45 FG. vom 30. Mai 1874 — den Fischereiberechtigten das Recht beigelegt, die der Fischerei schädlichen Fischottern und Reiher mit den zur Jagd erlaubten Mitteln, mit Ausnahme der Schußwaffen, im Fischgewässer zu töten, zu fangen und für sich zu behalten. Ein weiter gehender Schutz durch Einräumung des vollen Jagdrechts ist nicht für erforderlich gehalten worden (vgl. § 105 FG. und die Erläuterungen dazu im „Preußischen Fischereigesetz" von A. Born).

Zwar kann das Betreten und Bejagen der Seen und Teiche durch den Jagdberechtigten für die Fischzucht störend sein. Diesem Umstande wird aber durch Einräumung des Rechts genügend Rechnung getragen, die Grundflächen der Seen und Teiche, die zur Bildung von Eigenjagdbezirken nicht geeignet sind (vgl. § 4 JO.) und darum zu dem gemeinschaftlichen Jagdbezirk gehören, von diesem auszuschließen gegen die Verpflichtung, die Jagd ruhen zu lassen.

Über Seen und Teiche siehe §§ 1, 2, 3, 34 FG. und die Erläuterungen dazu im „Preußischen Fischereigesetz" von A. Born. (Vgl. auch §§ 196 ff. WG.)

Im allgemeinen ist unter See ein ganz oder größtenteils vom Land umschlossenes Gewässer — mit Wasser bedecktes Grundstück — zu verstehen, welches sich durch seine Größe vom Teiche, durch seine Gestalt und die Bewegung des Wassers vom Flusse unterscheidet. Als entscheidendes Merkmal für Seen und Teiche im Sinne des § 13 ist das Umschlossensein des Sees, das Vorhandensein einer bestimmt erkennbaren Abgrenzung durch die umgebenden Grundstücke zu erachten. Dies trifft auf Teile von Seen nicht zu, da es an der gleichmäßigen Abschließung der einzelnen Teile gegeneinander fehlt. Ausnahmen können allerdings immer eintreten, sofern der fragliche Teil eines Sees auch für sich allein betrachtet einen See darstellt, und dies kann der Fall sein nicht allein wenn ein See aus mehreren miteinander verbundenen Seen besteht, sondern unter Umständen vielleicht sogar schon dann, wenn ein verhältnismäßig unerheblicher, seiner Größe und Lage nach nicht in Betracht zu ziehender Teil der Wasserfläche dem Besitzer des Sees nicht gehört. OG. vom 13. Januar 1879, Bd. 5 S. 186.

Nur die Wasserflächen der Teiche und nicht auch die sie umgebenden, mit der Fischerei im Zusammenhang stehenden Grundstücke dürfen von dem gemeinschaftlichen Jagdbezirk ausgeschlossen werden. Als Wasserfläche der Teiche sind nur diejenigen Flächen anzusehen, welche in der Regel mit Wasser bedeckt sind. Innen- und Querdämme, soweit sie innerhalb der durch den normalen Wasserstand bestimmten Grenzen der Teiche liegen, sind Bestandteile der Teiche. OG. vom 24. Juni 1909, Bd. 54 S. 371.

Das Ausschließungsrecht steht den Eigentümern der Seen usw. zu. Machen sie von ihm Gebrauch, so müssen sie davon den Jagdvorsteher spätestens bis zum Ablauf der Aus-

legungsfrist der Pachtbedingungen (§ 21) in Kenntnis setzen. Für die Dauer des Ausschlusses muß die Ausübung des Jagdrechts auf den ausgeschlossenen Grundflächen ruhen.

2. Das gleiche Ausschließungsrecht, wie es den Eigentümern von Seen usw. zusteht, kann den *Unternehmern von Schiffahrtskanälen für bestimmte Grundflächen*, die genau anzugeben sind, von der *Jagdpolizeibehörde* zugestanden werden, *sofern* die Ausübung der Jagd mit den Rücksichten der *Betriebssicherheit* als unvereinbar anzusehen, durch Tatsachen nachgewiesen ist. Abladeplätze gehören nicht unter die ausschließbaren Flächen. Das Ausschließungsrecht steht also den Unternehmern nicht ohne weiteres zu; es „kann" ihnen aber nach pflichtmäßigem Ermessen der Jagdpolizeibehörde von dieser zugebilligt werden, wenn die Voraussetzung dazu von ihnen nachgewiesen ist. Gegen die sei es das Ausschließungsrecht zugestehende oder ablehnende Verfügung ist die Verwaltungsklage zulässig.

3. Zu Abs. 6. Die Nichtverrechnung der Flächen würde eine Unbilligkeit gegenüber den Gemeinden sein. Es ist dies auch unbedenklich, da die Seen und Teiche, wenn sie auch nicht bejagt werden dürfen, dem Zutritt des Wildes offenstehen und mithin das Jagdrevier nicht einschränken. Man ist nur dann befugt, die Grundflächen nicht anzurechnen, wenn sie einen Eigenjagdbezirk bilden könnten.

4. Über die Befugnis der Ausübung des Jagdrechts trotz der Verpflichtung nach Abs. 4, es ruhen zu lassen, siehe § 67 JO.

5. Siehe noch § 14 Abs. 2 JO.

§ 14. Wenn Grundflächen, die zu einem verpachteten gemeinschaftlichen Jagdbezirk gehören, dauernd und vollständig gegen den Einlauf von Wild eingefriedigt (§ 4 Abs. 1 Ziffer 1) oder mit anderen Grundflächen zu einer zusammenhängenden Fläche von 75 ha im Sinne des § 4 Abs. 1 Ziffer 2 vereinigt werden, steht die eigene Ausübung des Jagdrechtes auf ihnen dem Eigentümer mit Ablauf eines jeden Pachtjahres zu, sofern er den Vertreter und den Pächter des gemeinschaftlichen Jagdbezirks sechs Monate vorher von der Absicht in Kenntnis gesetzt hat, daß er von der ihm zustehenden Befugnis Gebrauch machen will. In diesem Fall erhält der Jagdpächter die Berechtigung, zum gleichen Zeitpunkte von dem Jagdpachtvertrag zurückzutreten, wenn er den Vertrag fünf Monate vorher aufkündigt.

Verlieren die Grundflächen die Eigenschaft eines Eigenjagdbezirks, so fallen sie beim Vorliegen der Voraussetzungen des § 7 Abs. 1 dem gemeinschaftlichen Jagdbezirk ihres Gemeinde- (Guts-) Bezirks von selbst zu; andernfalls ist über sie nach Maßgabe der Vorschriften in den §§ 7 bis 10 zu bestimmen, soweit nicht der Eigentümer sie nach § 13 vom gemeinschaftlichen Jagdbezirk ausschließt. Werden sie hierbei einem verpachteten gemeinschaftlichen Jagdbezirk zugelegt, so erhöht sich der zu zahlende Pachtpreis im Verhältnis des neuen räumlichen Umfangs zum bisherigen Umfang des Jagdbezirks. Der Pächter ist jedoch befugt, von dem Pachtvertrage zurückzutreten, wenn der neue räumliche Umfang den bisherigen Umfang des Jagdbezirks um mehr als ein Zehntel übersteigt.

1. § 14 Abs. 1 ist eine Ausnahmebestimmung. Daselbst handelt es sich um Grundflächen, aus denen ein Eigenjagdbezirk nach Maßgabe des § 4 Abs. 1 Ziffer 1 oder mit anderen Grundflächen zusammen nach Maßgabe des § 4 Abs. 1 Ziffer 2 gebildet werden soll, und die deswegen aus ihrem bisherigen Verhältnis als Teile eines verpachteten gemeinschaftlichen Jagdbezirks ausgeschieden werden sollen. Abs. 1 regelt die Befugnis des Eigentümers der auszuscheidenden Grundflächen, auf ihnen das Jagd-

recht auszuüben, und das Kündigungsrecht des bisherigen Pächters. Vertreter des gemeinschaftlichen Jagdbezirks (Jagdvorsteher) und Pächter der in Betracht kommenden Grundflächen sind von der Absicht, von der Befugnis Gebrauch zu machen, der Vorschrift des Abs. 1 entsprechend sechs Monate vor Ablauf eines Pachtjahres in Kenntnis zu setzen, anderenfalls die Berechtigung für das fragliche Pachtjahr hinfällig ist. Das Recht des Rücktritts vom Pachtvertrage muß der Pächter in diesem Falle fünf Monate vor Ablauf des Pachtjahres geltend machen, den Pachtvertrag zum Ablauf des Pachtjahres aufkündigend.

In den Fällen des Abs. 1 gehört in Streitfällen auch der Pächter zu den Beteiligten.

2. Im Abs. 2 wird der umgekehrte Fall geregelt: es verlieren Grundflächen die Eigenschaft eines Eigenjagdbezirks.

Alsdann fallen sie entweder, bei Vorliegen der Voraussetzungen hierzu (§ 7 Abs. 1), dem gemeinschaftlichen Jagdbezirk zu, oder es ist, mangels dieser Voraussetzungen, mit den Grundflächen nach Maßgabe der Vorschriften der §§ 7 bis 10 zu verfahren. Die Wirkung, falls die Flächen einem verpachteten gemeinschaftlichen Jagdbezirk zugelegt werden, regeln vorletzter und letzter Satz des Abs. 2. Die Zulegung zu einem angrenzenden (§ 8) oder getrennt liegenden (§ 9) gemeinschaftlichen Jagdbezirk muß, vorausgesetzt daß die Möglichkeit hierzu vorliegt, erfolgen. Der Fall kann auch durch Verzicht des Eigentümers auf die Eigenjagd auf den in Betracht kommenden Grundflächen eintreten.

Grundstücke von weniger als 75 ha, deren Zusammenhang mit dem gemeinschaftlichen Jagdbezirk aufgehoben wird, scheiden alsbald aus diesem Jagdbezirk und aus dem für ihn geltenden Pachtvertrag aus. Demgemäß kommen mit dem Ausscheiden auf sie die Bestimmungen des § 8 JO. — siehe auch §§ 7, 9, 10 — zur Anwendung. Vgl. OG. vom 21. November 1910, Bd. 58 S. 369, und vom 23. Juni 1921, Bd. 76 S. 411.

Die Rechtsfolgen, die Abs. 2 seinem Wortlaut nach nur an die im Wege der Zulegung durch Entschließung des Jagdvorstehers bewirkte Verbindung bisheriger Eigenjagdbezirksflächen mit dem gemeinschaftlichen Jagdbezirk der Gemeinde knüpft, treten auch dann ein, wenn die Verbindung der Flächen mit dem Gemeindejagdbezirk sich von selbst kraft Gesetzes vollzieht. Diese Rechtswirkung (Erhöhung des Pachtpreises für den gemeinschaftlichen Jagdbezirk) tritt aber nicht ein, wenn der Pächter nach Empfang der Mitteilung von der Veränderung des Pachtgebiets in angemessener Frist von seinem Rücktrittsrecht gemäß Abs. 2 Satz 3 Gebrauch macht.

Das Verhältnis der beiden letzten Sätze im Abs. 2 zueinander ist dahin zu bestimmen, daß der Eintritt der im dritten Satz aufgestellten Voraussetzung, also der Rücktritt des Jagdpächters, die im zweiten Satze vorgesehene Rechtsfolge von vornherein ausschließt, dergestalt, daß eine Erhöhung des Pachtpreises überhaupt nicht eintritt, wenn der Jagdpächter nach Empfang der Mitteilung von der Veränderung des Pachtgebietes in angemessener Frist seinen Rücktritt erklärt. Natürlich darf er die Jagd auf der zugelegten Fläche nicht ausüben. Wendet man das, was das Gesetz ausdrücklich nur für den Fall der Zulegung vorsieht, auch auf das kraft Gesetzes eintretende Zufallen an, so greifen dieselben Erwägungen Platz. Sie ergeben auch hier, daß keine Erhöhung des Pachtzinses eintritt, wenn der Pächter zurücktritt. Der Rücktritt des Pächters ändert nichts an der Tatsache der Zulegung bezw. des Zufallens und entbindet den Pächter nicht von der Verpflichtung, bis zum Rücktritt die vereinbarte Pacht zu zahlen. Der Eigentümer der mit dem gemeinschaftlichen Jagdbezirk vereinigten Fläche hat für die Zeit vom Vollzuge der Vereinigung ab bis zum Rücktritt des Pächters kein Recht auf einen verhältnismäßigen Anteil an der auf diese Zeit entfallenden Pachtsumme. Es greift hier die Erwägung durch, daß die Bejagung dieser Fläche durch den Pächter innerhalb des bezeichneten Zeitraums ausgeschlossen ist, also tatsächlich an den bestehenden Verhältnissen bis zur anderweiten Verpachtung nichts geändert wird. Die neuangegliederte Fläche gehört daher zwar formell zum gemeinschaftlichen Jagdbezirk, aber nicht zum Gegenstand des Pachtvertrages, der Grundlage der Jagderträge. OG. vom 13. April 1916, Bd. 71 S. 381.

Es ist Aufgabe der Jagdpolizeibehörde, die jagdliche Unterbringung eines Grundstücks zu veranlassen, sobald sie davon Kenntnis erhalten hat, daß es aus einem Eigenjagdbezirk ausgeschieden und beim Mangel der gesetzlichen Voraussetzungen nicht ohne weiteres kraft Gesetzes Teil eines gemeinschaftlichen Jagdbezirks geworden ist. Für diesen Fall ordnet der § 14 Abs. 2 JO. an, daß über derartige Grundstücke nach Maßgabe der Vorschriften in den §§ 7 bis 10 daselbst zu bestimmen sei. OG. vom 27. Februar 1918, Bd. 74 S. 436.

3. Über „Vertreter" siehe § 8 Anm. 3.

4. Siehe §§ 11, 13 sowie §§ 17, 25, 26 und 31 JO., ferner §§ 53, 61 daselbst.

§ 15. Die Vorschrift in den §§ 5 und 6 des Kurhessischen Gesetzes, das Jagdrecht und dessen Ausübung betreffend, vom 7. September 1865 (Kurhessische GS. S. 571), daß erst nach Erstattung des für ein Grundstück gezahlten Ablösungskapitals in die Jagdausübung eingetreten werden darf, bleibt bestehen mit der Maßgabe, daß an Stelle des dort zugrunde gelegten Umfangs des Grundbesitzes von 100 Kasseler Morgen ein solcher von 75 ha tritt und daß die Jagdgenossenschaft an Stelle der Gemeinde tritt, soweit die Erträge der Jagd nicht mehr der Gemeindekasse zukommen.

1. § 15 JO. und die darin genannten §§ 5 und 6 des Kurhessischen Gesetzes beziehen sich allein auf die Fälle, daß jemand ein Grundstück von mindestens 100 Kasseler Acker — jetzt 75 ha — besitzt oder nachträglich erwirbt, auf dem früher eine fremde Jagdberechtigung lastete und abgelöst ist, oder daß ein bereits vorhandenes Eigenjagdrevier durch Hinzuerwerben solcher Grundstücke vergrößert wird, oder endlich, daß ein früheres Eigenjagd-

revier dem Gemeindejagdbezirk hinzutritt, weil es infolge Teilung oder Abveräußerung unter die für den Eigenjagdbezirk festgesetzte Mindestgröße sinkt. Fallen Grundstücke nicht unter §§ 5 und 6 des Kurhessischen Gesetzes vom 7. September 1865, so greift hinsichtlich ihrer auch § 15 JO. nicht Platz. Sie gehören also nach der Regel des § 7 Abs. 1 JO. zu dem Gemeindejagdbezirk.

Ausnahmen von der Bestimmung des § 7 Abs. 1 JO. sind auch für die Provinz Hessen-Nassau nur da gegeben, wo das Gesetz sie zuläßt. OG. vom 12. Januar 1911, Bd. 58 S. 376.

„Das Recht des Eigentümers oder der Gemeinde, die Jagd auszuüben, wird erst wirksam, wenn der Grundbesitz im Zusammenhang 75 ha erreicht oder unter diesen Umfang sinkt; ebenso entsteht erst in diesem Augenblick die wechselseitige Erstattungspflicht des etwa gezahlten Ablösungskapitals. Ein Grundeigentümer, der bisher auf einem zusammenliegenden Besitz von beispielsweise 125 Kasseler Morgen eigenjagdberechtigt war, verliert in Zukunft das Recht, hat aber einen Anspruch auf Erstattung des für den Grundbesitz zur Erlangung der Jagdberechtigung etwa gezahlten Ablösungskapitals. Über die Frage, ob und welches Ablösungskapital zurückzuzahlen ist, ist im Verwaltungsstreitverfahren nach § 105 ZG. zu entscheiden. Im ehemaligen Kurfürstentum ist ein Teil der ehemaligen Jagdrechte auf fremdem Grund und Boden durch Ablösung beseitigt worden (Gesetz vom 2. August 1858, RegBl. S. 357). Ein wechselseitiges Entschädigungsrecht der Gemeinde und der Jagdberechtigten im Falle der Veränderung des Grundbesitzes war bisher aber nicht eingeführt worden." RegBegr. 1905/06 aaO.

2. Vgl. im Anhang Ausführungsanweisung Ziffer 12.

§ 16. Die Eigentümer der Grundstücke eines gemeinschaftlichen Jagdbezirks bilden eine Jagdgenossenschaft, die Rechtsfähigkeit besitzt.

Die Verwaltung der Angelegenheiten der Jagdgenossenschaft sowie ihre gerichtliche und außergerichtliche Vertretung geschieht durch den Jagdvorsteher.

Jagdvorsteher ist der Vorsteher der Gemeinde (Bürgermeister, Gemeindevorsteher, Gutsvorsteher, in der Rheinprovinz der Gemeindevorsteher).

Sind die Grundstücke eines gemeinschaftlichen Jagdbezirks in mehreren Gemeinde- (Guts-) Bezirken belegen, so bestimmt die Jagdaufsichtsbehörde (§ 70) den zuständigen Jagdvorsteher.

Der gesetzliche Stellvertreter des Vorstehers der Gemeinde (des Gemeindevorstehers in der Rheinprovinz) vertritt ihn in Behinderungsfällen auch in seiner Eigenschaft als Jagdvorsteher.

In Stadtkreisen ist der Bürgermeister befugt, die Wahrnehmung der Obliegenheiten des Jagdvorstehers und des Stellvertreters anderen Magistratspersonen zu übertragen.

Mit der Begründung einer Genossenschaft oder mit dem Zutritt eines Grundstücks zur Genossenschaft erlischt das Recht des einzelnen Besitzers auf Ausübung des ihm auch fernerhin verbleibenden Jagdrechts kraft Gesetzes, und zwar auf so lange, als das Grundstück zur Genossenschaft gehört. Sein Recht auf Ausübung des Jagdrechts verwandelt sich in ein Recht auf Teilnahme an der Genossenschaft. Zugleich entsteht das Recht der Genossenschaft, die Jagd auf den Grundstücken auszuüben, ohne daß von einer Sukzession in die Rechte des Grundeigentümers die Rede sein kann. Denn die Genossenschaft übt die Jagd nicht als ein aus dem Recht des Grundbesitzers abgeleitetes, sondern als eigenes Recht aus, ebenso wie beim Austritt eines Grundstücks aus der Genossenschaft der Besitzer in die Rechte der Genossenschaft nicht eintritt. Daraus folgt, daß, wenn die Genossenschaft durch ihr Organ die Jagd auf den Genossenschaftsgrundstücken verpachtet, sie ein ihr selbst zustehendes Recht auf Jagdnutzung dem Pächter überläßt und sie nicht als Vertreterin der Besitzer der betreffenden Grundstücke handelt. OG. vom 28. Februar 1895, Bd. 28 S. 315.

Die Eigentümer der Grundstücke eines gemeinschaftlichen Jagdbezirks — darüber siehe §§ 7 ff. JO. — bilden eine mit Rechtsfähigkeit ausgestattete Jagdgenossenschaft, deren Verwaltung sowie ihre gerichtliche und außergerichtliche Vertretung durch den Jagdvorsteher geschieht. Jagdvorsteher ist kraft gesetzlicher Übertragung, des ihm damit erteilten Auftrags der jeweilige Vorsteher der Gemeinde. Alle Verwaltungshandlungen für die Jagdgenossenschaft nimmt er als Beamter vor, so daß er auch in dieser Beziehung wegen Verletzung seiner Dienstpflichten disziplinarisch zur Verantwortung gezogen werden kann, ebenso wie ihm auch der Schutz des Beamten (früher z. B. auch durch Erhebung des Konfliktes auf Grund des Gesetzes über Erhebung des Konfliktes bei Amtsverletzung von Beamten vom 13. Februar 1854, das aber durch Gesetz vom 16. November 1920 — GS. 1921 S. 65 — aufgehoben ist) zusteht.

Der Gemeindevorsteher soll auch in seiner Eigenschaft als Jagdvorsteher kraft Gesetzes als Organ der Staatsgewalt für die Zwecke des Staates tätig als Beamter sein. Seine Handlungen (§§ 16, 17, 21, 23 JO.) sind amtliche Handlungen. Hierin wird nichts dadurch geändert, daß der Beschluß der Jagdgenossen für ihn bindend ist; das Protokoll ist bestimmt und geeignet, Tatsachen der Beratung des Jagdvorstehers mit den Jagdgenossen und den Gegenstand der Beratung zu beweisen. Deren Vornahme ist die Amtshandlung und als solche von rechtlicher Erheblichkeit. Das Protokoll kann daher, an sich (abstrakt) betrachtet, für den Beweis nicht nur von Tatsachen überhaupt, sondern auch von rechtlich erheblichen Tatsachen von Bedeutung sein. Es kommt ihm Urkundeneigenschaft zu. RGSt. vom 20. Februar 1912, Bd. 46 S. 3. Das Protokoll ist also Urkunde im Sinne des § 348 Abs. 2 StrGB.

2. Mit der Vereinigung der Grundstücke eines Gemeinde-(Guts-) Bezirks zu einer Jagdgenossenschaft wird eine Zwangsgenossenschaft des öffentlichen Rechts begründet. Ihr Vertreter ist der Gemeinde- (Guts-) Vorsteher als Jagdvorsteher. Er vertritt alle Grundflächen des Gemeinde-(Guts-) Bezirks, die nicht zu einem Eigenjagdbezirk gehören (vgl. §§ 7 Abs. 5, 8 bis

10 sowie § 25 in Verbindung mit § 17 Abs. 1, 2), mit Ausnahme von Grundflächen, welche nach §§ 8 und 9 JO. einem anderen gemeinschaftlichen Jagdbezirk zugelegt und sonach Teile von diesem werden, welche von dem Jagdvorsteher des letzteren verwaltet werden, sowie mit Ausnahme von Grundflächen, aus denen gemeinschaftliche Jagdbezirke gebildet werden, die aus Teilen mehrerer Gemeinden bestehen, und für welche den zuständigen Jagdvorsteher die Jagdaufsichtsbehörde (§ 70) bestimmt. Den Jagdvorstehern liegt die Verwaltung der gemeinschaftlichen Jagd, Verpachtung der Jagd, Bestellung eines Jägers im Falle der Selbstverwaltung der Jagd, die Verteilung der Jagdpachtgelder, die Ersatzleistung für Wildschäden usw. ob. Für alle Verbindlichkeiten haftet die Genossenschaft als solche, nicht die Eigentümer der zu ihr gehörenden Grundstücke. Die Genossenschaft entsteht gesetzlich, sobald in einem Gemeinde- oder Gutsbezirk Grundstücke vorhanden sind, die hierfür die Voraussetzungen des § 7 Abs. 1 JO. erfüllen; sie hört auf, sobald solche Grundstücke nicht mehr vorhanden sind. Die Frage, wer zur Genossenschaft gehört, wird nach den öffentlich-rechtlichen Grundsätzen im Streitfalle vom Verwaltungsrichter entschieden. Vgl. OG. vom 28. Februar 1895, Bd. 28 S. 315.

Bei Streitigkeiten über Bildung gemeinschaftlicher Jagdbezirke gehören zu den Beteiligten Mitglieder des Jagdverbandes, die kein eigentümliches, von dem der übrigen Genossen verschiedenes Interesse vertreten, nicht. Ist das Interesse ein solches, das die sämtlichen Genossen des Jagdverbandes haben, so kann es nur von dem Jagdvorsteher geltend gemacht werden. Infolge der durch die JO. angeordneten Vertretung durch den Jagdvorsteher wird für den einzelnen Jagdgenossen die Selbstvertretung nur insoweit nicht ausgeschlossen, als besondere Rechte und Pflichten in Frage stehen, die mit den Rechten und Pflichten der übrigen Jagdgenossen nicht zusammenfallen. OG. vom 4. Juli 1892, Bd. 23 S. 252.

3. Abs. 3. Der gesetzliche Stellvertreter des Vorstehers der Gemeinde (des Gutsbezirks) ist auch gesetzlicher

Vertreter des Vorstehers in seiner Eigenschaft als Jagdvorsteher. Ist z. B. der Vorsteher als Pächter oder Mitpächter einer gemeinschaftlichen Jagd benannt, so ist er zum Abschluß des Jagdpachtvertrages nicht befugt; er ist nicht der zuständige Jagdvorsteher, weil er wegen persönlicher Beteiligung an der Vertretung der Jagdgenossenschaft verhindert ist und sich gemäß Abs. 4 vertreten lassen muß.

Im Geltungsbereich der Landgemeindeordnung vom 3. Juli 1891 ist jeder der Schöffen zur Stellvertretung berechtigt. Im Falle der Verhinderung auch der Schöffen ernennt der Landrat als Jagdaufsichtsbehörde einen Vertreter des Jagdvorstehers.

4. Vgl. im Anhang Ausführungsanweisung Ziffer 13.

§ 17. Über die Bildung mehrerer selbständiger gemeinschaftlicher Jagdbezirke aus einem Gemeinde-(Guts-)Bezirk, die Vereinigung mehrerer ganzer Gemeinde-(Guts-)Bezirke oder einzelner Teile eines solchen mit einem anderen Gemeinde-(Guts-)Bezirk oder Teilen eines solchen zu einem gemeinschaftlichen Jagdbezirk (§ 7 Abs. 2 und 3) sowie über den Anschluß der nicht zu einem Jagdbezirk gehörigen Grundflächen an einen Eigenjagdbezirk, deren Zulegung zu einem gemeinschaftlichen Jagdbezirk oder die Bildung eines selbständigen Eigen- oder gemeinschaftlichen Jagdbezirks aus ihnen (§ 7 Abs. 5, §§ 8 bis 10) beschließen die Jagdvorsteher.

Ihnen liegt auch die Vereinbarung der Pachtentschädigung nach den §§ 7 Abs. 5, 8 und 9 ob.

Die Beschlüsse und die Vereinbarung der Pachtentschädigung sind zwei Wochen lang öffentlich auszulegen. Ort und und Zeit der Auslegung sind in ortsüblicher Weise bekanntzumachen.

Während der Auslegungsfrist kann jeder beteiligte Grundbesitzer beim Kreisausschuß und, wenn ein

Stadtkreis beteiligt ist, beim Bezirksausschuß gegen sie Einspruch erheben.

Wenn im Falle des § 7 Abs. 2 und 3 Einspruch eingelegt ist, darf über die Genehmigung erst nach rechtskräftiger Erledigung des Einspruchverfahrens, andernfalls erst nach Ablauf der Einspruchsfrist beschlossen werden.

1. Abs. 1. Siehe § 7 Abs. 2 und 3 sowie § 7 Abs. 5, §§ 8 bis 10 und die Anmerkungen dazu.

Über die Maßnahmen nach Maßgabe des Abs. 1 beschließen die zuständigen Jagdvorsteher. Für ihre Beschlüsse sind die Vorschriften in § 7 Abs. 2 und 3, § 7 Abs. 5, §§ 8 bis 10 maßgebend. Streitigkeiten über das Vorliegen der Voraussetzungen des § 7 Abs. 2, 3, § 7 Abs. 5, §§ 8 bis 10 unterliegen dem Verwaltungsstreitverfahren (§ 71). Die darüber zustande gekommenen Beschlüsse der Jagdvorsteher (Abs 1, 2) müssen öffentlich ausgelegt werden (Abs. 3). Jedem der beteiligten Grundbesitzer steht gegen den Beschluß über die Bildung mehrerer selbständiger gemeinschaftlicher Jagdbezirke aus einem Gemeinde- (Guts-) Bezirk usw. (Abs. 1) der Einspruch beim Kreisausschuß und, wenn ein Stadtkreis beteiligt ist, beim Bezirksausschuß zu. Die Entscheidung des Kreis- bezw. Bezirksausschusses über den Einspruch ist endgültig. Hiervon gibt es eine Ausnahme, indem dem Jagdvorsteher und, sofern es sich um den Anschluß von Grundflächen an einen Eigenjagdbezirk (§§ 8 und 9) handelt, auch den Eigentümern der anzuschließenden Grundflächen die Beschwerde gegen die auf den Einspruch ergangene Entscheidung des Kreis- (Bezirks-) Ausschusses zusteht (§ 26).

2. Nach Abs. 2 liegt den Jagdvorstehern auch die Vereinbarung der Pachtentschädigung in den Fällen des § 7 Abs. 5, §§ 8 und 9 ob. Auch diese Vereinbarung ist gemäß Abs. 3 öffentauszulegen.

Gegen die Vereinbarung der Pachtentschädigung (Abs. 2) sind dieselben Rechtsmittel gegeben, nur steht, soweit es sich um die Höhe der Pachtentschädigung handelt, dem Jagdvorsteher und den Eigentümern der an einen Eigenjagdbezirk anzuschließenden Grundstücke die Beschwerde bezw. das Verwaltungsstreitverfahren zu.

3. Abs. 3. In ortüblicher Weise muß die Bekanntmachung erfolgen, d. h. in der für die Gemeinde- und andere öffentliche Angelegenheiten üblichen Weise. Die Vorschrift ist zwingend. Der Mangel der Bekanntmachung verhindert die Rechtswirksamkeit der Beschlüsse und Vereinbarungen.

Die Frage, ob die Auslegung zu Recht erfolgt ist, muß in dem zur Anfechtung der fraglichen Anordnung zugelassenen Verfahren ihre Erledigung finden (vgl. §§ 17 und 26 JO.). OG. vom 27. Februar 1918, Bd. 74 S. 436.

4. Abs. 4. Beteiligter Grundbesitzer ist jeder Grundbesitzer, der von den Beschlüssen und Vereinbarungen in seinen Rechten betroffen wird und dem Pflichten auferlegt werden. Vgl. § 7 Anm. 5 und die dort angeführten OG. vom 21. November 1910 und vom 23. Mai 1889.

Das Einspruchsrecht ist sowohl gegen die Beschlüsse (Abs. 1) als auch gegen die Vereinbarung der Pachtentschädigung gegeben.

„Nach Abs. 4 ist den Grundbesitzern gegen die vom Jagdvorsteher bekanntgegebenen Beschlüsse ein nach § 26 im Beschwerdeverfahren endgültig zu erledigendes Einspruchsrecht zugestanden worden, während das Verfahren nach § 71 JO. darüber zulässig ist, ob ein Anspruch auf Anschließung von Grundflächen an einen Eigenjagdbezirk besteht. Deshalb und da beide Verfahren nicht nebeneinander bestehen können, rechtfertigt sich auf Grund des § 71 die Auslegung, daß im § 17 Abs. 4 den Grundbesitzern das Einspruchsrecht nur gegen solche Beschlüsse zugestanden worden ist, deren Regelung in einer oder anderen Art die Jagdordnung in das Ermessen des Jagdvorstehers stellt."

„Das Verfahren für die endgültige Feststellung des Jagdpachtzinses ist in den §§ 17, 19, 26 JO. derart geregelt, daß der Kreisausschuß, in Stadtkreisen der Bezirksausschuß, hierüber, vorbehaltlich des Antrages auf mündliche Verhandlung im Verwaltungsstreitverfahren, beschließt. Wenn eine Vereinbarung über den Jagdpachtzins zwischen dem Jagdvorsteher und dem Eigenjagdbesitzer zustande gekommen ist, findet das Verwaltungsstreitverfahren nur in dem Falle statt, daß nach Auslegung der Vereinbarung dagegen seitens beteiligter Grundbesitzer Einspruch erhoben wird.“ OG. vom 21. November 1910, Bd. 58 S. 369.

Für jedes Trennstück ist der Pachtzins besonders zu ermitteln. Das Verfahren nach § 17 setzt, was die Vereinbarung der Pachtentschädigung (Abs. 2) anlangt, voraus, daß ein Pachtverhältnis zustande gekommen ist.

5. Abs. 5. Wenn es sich um Teilung eines gemeinschaftlichen Jagdbezirks oder um eine Vereinigung mehrerer Gemeinde- (Guts-) Bezirke oder Teilen von ihnen zu einem gemeinschaftlichen Jagdbezirk handelt (§ 7 Abs. 2 und 3), darf über die nach § 7 Abs. 2 und 3 erforderliche Genehmigung erst nach rechtskräftiger Erledigung des in § 17 Abs. 4 vorgesehenen Einspruchsverfahrens und, falls kein Einspruch erhoben worden ist, erst nach Ablauf der Einspruchsfrist — während der Auslegungsfrist von zwei Wochen (Abs. 3) — beschlossen werden.

6. Siehe im Anhang Ausführungsanweisung Ziffer 14 sowie auch §§ 18, 26.

§ 18. Wenn bei Beteiligung der Grundflächen aus zwei oder mehreren Gemeinde- (Guts-) Bezirken eine Einigung zwischen den Jagdvorstehern (§ 17 Abs. 1) nicht zustande kommt, beschließt in den Fällen der §§ 8 und 9 der Kreisausschuß und, wenn ein Stadtkreis beteiligt ist, der Bezirksausschuß.

1. Von einer Einigung kann nur gesprochen werden, wenn sie ohne jeden Vorbehalt und ohne jede Bedingung erfolgt ist. Erfolgt eine Einigung nicht, so beschließt kraft Gesetzes an Stelle der Jagdvorsteher der Kreis- (Bezirks-) Ausschuß. Die Einigung

der Jagdvorsteher wird durch den Beschluß des Kreisausschusses ergänzt. Der Gesetzgeber geht davon aus, daß die von dem gemeinschaftlichen Jagdbezirk getrennt liegenden Grundstücke jagdlich nicht brachliegen dürfen. Dementsprechend sind die Vorschriften in §§ 8 und 9 gegeben: die getrennt liegenden Grundstücke müssen jagdlich untergebracht werden. Sind, um diesen Zweck zu erreichen, Grundflächen aus zwei oder mehreren Gemeinden beteiligt, und es kommt in den Fällen der §§ 8 und 9 eine Einigung nicht zustande, so beschließt darüber der Kreisausschuß (Bezirksausschuß). Da die Beschlüsse nach § 7 Abs. 3 freiwillige sind, kommt eine Ergänzung im Aufsichtswege nicht in Frage; anders in den Fällen der §§ 8 und 9, da diese eine Regelung betreffen, die nicht in das reine Ermessen gestellt ist, sondern zum Zweck des erforderlichen Anschlusses der Trennstücke erfolgen muß.

2. Siehe §§ 17, 26.

§ 19. Wenn im Fall des § 7 Abs. 5, § 8 Abs. 2 und § 11 Abs. 2 der Inhaber des umschließenden Eigenjagdbezirks zur Anpachtung bereit ist, eine Einigung über die Höhe der Pachtentschädigung aber nicht erzielt wird, so beschließt darüber der Kreisausschuß und, wenn ein Stadtkreis beteiligt ist, der Bezirksausschuß.

1. § 19 betrifft den Anschluß von Enklaven an Eigenjagdbezirke.

Voraussetzung ist, daß das Pachtverhältnis zustande gekommen ist (vgl. Anm. 4 zu § 17 und Anm. 1 zu § 18).

Der Fall, daß der Inhaber des Eigenjagdbezirks zur Anpachtung (Anschluß) bereit ist, nicht aber der Eigentümer der getrennt liegenden Grundflächen, ist im § 8 einbegriffen. Siehe § 8 Anm. 1 Abs. 2.

Der Pachtzins ist nach dem Jagdertrage der zu verpachtenden Grundstücke zu bemessen. Die Feststellung muß also unter Berücksichtigung des auf den Grundstücken bei Ausübung der Jagd in den gesetzlichen Schranken erzielbaren Erlöses abzüglich der Unkosten ermittelt werden. Es kommt nicht darauf an, welcher Zins auf anderen Enklaven oder im Durchschnitt erzielt wird. Vielmehr ist der Pachtzins für die in Betracht kommenden Parzellen unter Berücksichtigung der hier etwa gegebenen größeren und leichteren Möglichkeit zur Erlegung von Wild zu ermitteln. OG. vom 18. September 1905, Bd. 48 S. 279.

In diesem Falle — des Zustandekommens des Pachtverhältnisses — beschließt, falls keine Einigung über die Höhe der Pachtentschädigung erreicht werden kann, der Kreis- (Bezirks-) Ausschuß darüber. Vgl. auch die in Anm. 4 zu § 17 angeführte OG. vom 21. November 1910.

2. Siehe § 26.

§ 20. Die Nutzung der Jagd in einem gemeinschaftlichen Jagdbezirk erfolgt in der Regel durch Verpachtung (§ 21).

Mit Genehmigung des Kreisausschusses, in Stadtkreisen des Bezirksausschusses, kann der Jagdvorsteher jedoch die Jagd auch gänzlich ruhen oder auf Rechnung der Jagdgenossenschaft durch höchstens drei angestellte Jäger ausüben lassen.

Die Genehmigung ist jederzeit widerruflich.

In gemeinschaftlichen Jagdbezirken, in denen Wildschäden vorkommen, darf die Jagd nicht ruhen, wenn ein Jagdgenosse dagegen Einspruch erhebt. Der Einspruch ist jederzeit zulässig und beim Jagdvorsteher anzubringen. Gegen dessen Bescheid findet innerhalb zwei Wochen die Beschwerde beim Kreisausschuß, in Stadtkreisen beim Bezirksausschuß, statt.

1. Die Verpachtung der Jagd in einem gemeinschaftlichen Jagdbezirk ist die Regel, das Ruhenlassen der Jagd oder die Anstellung von Jägern zur Ausübung der Jagd (Abs. 2) die Aus-

nahme. Soweit nicht über den Inhalt und die Form, ebenso über das Zustandekommen des Pachtvertrages die JO. aus öffentlich-rechtlichen Gründen Bestimmungen getroffen hat, gelten für sie die Vorschriften des BGB., und in dieser Beziehung gehören Streitigkeiten vor das ordentliche Gericht. Vgl. RGZ. vom 30. Juni 1925, Bd. 111 S. 276.

Das Jagdpachtrecht ist kein dingliches Recht; das Jagdpachtrecht ist vielmehr wesentlich obligatorischer Natur (wenn auch insoweit mit quasi dinglichem Charakter, als es dem Jagdpächter das Recht auf den Eigentumserwerb an dem Wilde durch Okkupation gibt — RGZ. Bd. 41 S. 349 —). Dieses obligatorische Rechtsverhältnis besteht aber nicht zwischen dem Jagdpächter und den einzelnen Eigentümern der den Jagdbezirk bildenden Grundstücke. Die Eigentümer der zu einem gemeinschaftlichen Jagdbezirk vereinigten Grundstücke bilden bezüglich dieses Verhältnisses eine gesetzliche Zwangsgenossenschaft des öffentlichen Rechts. Die dem Jagdvorsteher zustehende und obliegende Vertretung dieser Zwangsgenossenschaft ist gleichfalls öffentlich-rechtlicher Natur. Daher können auf dieses Verhältnis die zivilrechtlichen Grundsätze über Verhältnis zwischen Machtgeber und Bevollmächtigten sowie zwischen dem Machtgeber und Dritten keine Anwendung finden (vgl. RGZ. Bd. 38 S. 256). Daraus folgt, daß, wenn kraft dieses öffentlich-rechtlichen gesetzlichen Vertretungsrechts die Zwangsgenossenschaft der Grundeigentümer als solche an die von dem Jagdvorsteher abgeschlossenen Jagdpachtverträge gebunden ist, doch keinesfalls die einzelnen Grundbesitzer die rechtliche Stellung der Gegenkontrahenten im Verhältnis zu dem Anpächter der Jagd haben, und daß sie für die dem Jagdpächter durch den Pachtvertrag übertragenen Rechte privatrechtlich nicht haftbar sind. RGZ. vom 9. Juli 1902, Bd. 52 S. 126.

Zur Entscheidung der Frage, ob ein Jagdpachtvertrag durch Zeitablauf erloschen oder noch rechtlich verbindlich sei, ist das Verwaltungsstreitverfahren nicht eröffnet. OG. vom 26. Juni 1911, Bd. 59 S. 353.

Die maßgebenden Rechtssätze lassen sich, wie RGZ. vom 27. November 1923, Bd. 107 S. 291, ausführt, kurz dahin zusammenfassen: Jagdpachtverträge sich schriftlich abzuschließen. Unter Jagdpachtverträgen sind die schuldrechtlichen Jagdpachtverträge zu verstehen, nicht die dinglichen Verträge, durch welche das Jagdrecht tatsächlich übertragen wird. Zu den Jagdpachtverträgen gehören auch Verträge über „Weiterverpachtungen" im Sinne des § 22 Nr. 3 JO. Als Weiterverpachtungen sind nicht nur eigentliche Unter- oder Afterverpachtungen anzusehen, sondern alle Verträge, durch welche der Jagdpächter sich verpflichtet, den Gebrauch oder Genuß der Jagd ganz oder teilweise gegen Entgelt an einen Dritten zu überlassen, mag das durch den Abschluß eines Gesellschaftsvertrags geschehen oder durch die Abrede, daß der Jagdpächter die Rechte aus dem Pachtvertrag abzutreten, der Dritte die Pflichten aus dem Pachtvertrag zu übernehmen hat (vgl. RGZ. Bd. 63 S. 293). Solche Weiterverpachtungen sind nicht als Neuverpachtungen anzusehen. Zu ihnen ist die Zustimmung des Jagdpächters und die Genehmigung des Kreisausschusses, in Stadtkreisen des Bezirksausschusses, erforderlich (§ 22 Nr. 3 JO.); auf die Zahl der beteiligten Personen (vgl. § 22 Nr. 3) kommt es bei den Weiterverpachtungen nicht an, die Zustimmung und die Genehmigung des § 22 Nr. 3 aaO. sind stets erforderlich. Alle Verträge über Jagdpachtungen — Haupt- oder Weiterverpachtungen —, welche den gesetzlichen Formvorschriften nicht entsprechen, sind nichtig (§ 24 Abs. 1 JO). Gegenüber einem Berufen auf die gesetzlichen Formvorschriften versagt die Einrede der Arglist. Bis zur Genehmigung einer Weiterverpachtung durch den Kreis- oder Bezirksausschuß herrscht ein schwebender Zustand; die Beteiligten sind gebunden, sie können nicht beliebig von dem geschlossenen Vertrag zurücktreten, aber jeder Teil kann die Entscheidung des zuständigen Ausschusses herbeiführen. Durch dessen Entscheidung wird der schwebende Zustand endgültig beendet, die Entscheidung hat rechtsbegründende oder rechtszerstörende Wirkung, der Ausschuß ist nicht in der Lage, seine einmal getroffene und bekanntgegebene

Entscheidung wieder abzuändern. Die Bekanntgabe an eine der Parteien genügt dabei schon (vgl. für eine ähnliche Rechtssache RGZ. Bd. 98 S. 245, Bd. 102 S. 1, Bd. 103 S. 104). Der Streit unter mehreren Personen, welche behaupten, das Jagdrecht gepachtet zu haben, ist im ordentlichen Rechtswege auszutragen. RGZ. vom 8. Dezember 1925, Bd. 112 S. 199: Nach der Rechtsprechung des Reichsgerichts (RGZ. Bd. 43 S. 139, Bd. 48 S. 186, Bd. 50 S. 48, Bd. 53 S. 239, Bd. 66 S. 120) bedürfen Vorverträge grundsätzlich derselben Form für ihre Gültigkeit, welche für den Hauptvertrag gesetzlich vorgeschrieben ist. Aus § 21 JO. kann die Formfreiheit für Vorverträge nicht hergeleitet werden. Ebensowenig kann aus dem Zweck der Formvorschrift des § 22 Nr. 1 JO. eine Ausnahme von der allgemeinen Regel gefolgert werden. Es gibt keinen Anspruch auf Vollziehung der Form, wenn das Gesetz dem rechtsgeschäftlichen Willen nur in der gehörigen Form Beachtung schenkt (RGZ. Bd. 43 S. 139).

Eine z. B. auf die Entenjagd beschränkte Berechtigung kann, da es sich hierbei um ein persönliches Nutzungsrecht handelt, bei Unanwendbarkeit der §§ 20 bis 24 JO. durch formlosen Vertrag begründet werden. (Voraussetzung hierfür ist, daß derjenige, welcher die Berechtigung erteilt, zur Jagdausübung nach der Jagdordnung befugt ist.) RGSt. vom 17. Oktober 1922, Bd. 57 S. 79.

2. Abs. 2. Die Jagd durch angestellte Jäger darf nicht eher ausgeübt werden, als bis die Genehmigung erteilt ist. Vgl. OG. vom 7. Mai 1909, Bd. 54 S. 474.

Die Klage aus § 126 LVG. ist gegen den im § 20 Abs. 2 vorgeschriebenen Beschluß des Kreisausschusses gegeben, wenn der Beschluß des Jagdvorstehers, die Jagd auf bestimmten Flächen des gemeinschaftlichen Jagdbezirks ruhen zu lassen, nach seinem wesentlichen Inhalt die Eigentümer jagdertragloser oder -ertragarmer Flächen von der Anteilnahme an den Jagdpachterträgen auszuschließen bezweckt. OG. vom 23. Februar 1914, Bd. 67 S. 354.

Der Beschluß des Kreisausschusses braucht nicht veröffentlicht zu werden. Vgl. § 27 JO.

Ob von der in Abs. 2 erteilten Befugnis ausnahmsweise Gebrauch gemacht werden soll, entscheidet der Jagdvorsteher nach pflichtmäßigem Ermessen unter Erwägung der Gründe, welche gegen die Verpachtung sprechen.

3. Abs. 4. Wenn nur ein Jagdgenosse wegen Wildschadens in (innerhalb) dem gemeinschaftlichen Jagdbezirk widerspricht, darf die Jagd in gemeinschaftlichen Jagdbezirken nicht ruhen.

4. § 26: Beschwerderecht in den Fällen des Abs. 2 und 4.

5. Verf. des LMin. vom 9. September 1924 (MinVerf. vom 18. Juni 1918), betreffend Verpachtung gemeinschaftlicher Jagdbezirke, empfiehlt sowohl bei der Ausschreibung der öffentlichen Verpachtung als auch im Pachttermin selbst eine Karte im Maßstab von mindestens 1:25 000 — Meßtischblatt — auszulegen, auf denen die Grenzen des Jagdbezirks kenntlich gemacht sind.

6. Siehe im Anhang die Preußische Pachtschutzordnung und deren Ausdehnung auf Jagdpachtverträge; siehe daselbst auch Reichsarbeitsgerichtsgesetz.

7. Siehe im Anhang Ausführungsanweisung Ziffer 15.

§ 21. Die Verpachtung ist durch den Jagdvorsteher vorzunehmen.

Für die Art der Verpachtung ist das Interesse der Jagdgenossenschaft maßgebend.

Der Jagdvorsteher hat die von ihm beabsichtigte Art der Verpachtung in ortsüblicher Weise bekanntzumachen. Die von ihm in Aussicht genommenen Pachtbedingungen sind zwei Wochen lang öffentlich auszulegen. Ort und Zeit der Auslegung sind in der Bekanntmachung über die Art der Verpachtung anzugeben.

Jeder Jagdgenosse kann gegen die Art der Verpachtung und gegen die Pachtbedingungen während der Auslegungsfrist Einspruch beim Kreisausschuß, in Stadtkreisen beim Bezirksausschuß, erheben.

Ort und Zeit der Verpachtung, sofern sie öffentlich meistbietend erfolgen soll, sind mindestens zwei Wochen vorher in ortsüblicher Weise und durch das von der Jagdaufsichtsbehörde bestimmte Blatt bekanntzumachen.

1. „Der Jagdpachtvertrag, den der Jagdvorsteher mit dem Jagdpächter abschließt, wird zwar, soweit er nicht aus besonderen Gründen (§§ 7, 52 JO.) genehmigungspflicht ist, alsbald wirksam. Seine Rechtswirksamkeit ist aber, auch wenn ihm kein Nichtigkeitsgrund entgegensteht, keine endgültige. Das Gesetz hat zwar den Jagdvorsteher als gesetzlichen Vertreter der Jagdgenossenschaft (§ 16 daselbst) ausdrücklich mit Vornahme der Verpachtung betraut (§ 21 Abs. 1 JO.). Es hat ihn dabei nicht an eine vorherige Verständigung mit den Jagdgenossen, etwa an einen zustimmenden Mehrheitsbeschluß der Genossen, gebunden, vielmehr die Maßnahmen zu geeigneter Verpachtung seiner eigenen Entschließung überlassen, wobei als seine Pflicht vorausgesetzt wurde, nicht nur die für die Verpachtung gegebenen gesetzlichen Vorschriften zu beobachten, sondern auch die Interessen der Jagdgenossen zu wahren; allein andererseits wollte der Gesetzgeber auch nicht so weit gehen, die Jagdgenossen von eigener Wahrung ihrer Rechte und Interessen gänzlich auszuschließen. Er gab daher einem jeden ein sachlich freies, aber befristetes Einspruchsrecht (§ 23 Abs. 2 JO.), für das die Grundlage unter anderem durch eine gewisse Öffentlichkeit des Pachtverfahrens (§ 21 Abs. 3 bis 5) vorbereitet wird. Der Abschluß des Pachtvertrags soll mithin zwar nicht von einer vorgängigen (positiven) Zustimmung der Jagdgenossen abhängen, wohl aber sollen diese berechtigt sein, gegen den Vertrag nachträglich Einspruch zu erheben, und zwar darf dies ein jeder von ihnen. Ein solcher Einspruch soll aber nicht schon als solcher, d. h. durch die Tatsache seiner Erhebung, den Vertrag zu Fall bringen, wie etwa die Versagung einer zur Wirksamkeit eines Vertrags gesetzlich notwendigen Genehmigung; vielmehr hat auf den Einspruch

eine amtliche Sachprüfung einzutreten, und zwar in der Gestalt des verwaltungsrechtlichen Beschlußverfahrens, wie es auch mit Bezug auf die Fälle des § 23 Abs. 2 JO. in § 26 daselbst näher geregelt ist. Wird in ihm der Einspruch als berechtigt anerkannt, so wird dadurch der Pachtvertrag, ganz ähnlich wie im Fall der Versagung einer gesetzlich notwendigen Genehmigung, hinfällig. Er gelangt nicht zur endgültigen Wirksamkeit, weil die Voraussetzungen, von denen diese gesetzlich abhängig gemacht ist, nämlich Nichterhebung eines Einspruchs oder rechtskräftige Verweisung eines Einspruchs, nicht eingetreten sind. Er wird vielmehr aufgelöst, wie wenn er nicht geschlossen wäre. Diese Art der Auflösung des Pachtvertrages ist eine endgültige, sobald das amtliche Einspruchsverfahren endgültig abgeschlossen ist, also spätestens mit Zurückweisung der in § 26 JO. vorgesehenen Beschwerde des Jagdvorstehers."

„Darin, daß der Pächter in dem amtlichen Einspruchsverfahren nicht als Prozeßpartei beteiligt worden ist, liegt weder etwas rechtlich Unverständliches noch eine Unbilligkeit. Denn in dem Verfahren handelt es sich der Sache nach um eine, zugleich unter Gesichtspunkten des öffentlichen Interesses zu prüfende, innere Angelegenheit der Jagdgenossenschaft, je nach dem Inhalt des Einspruchs, nämlich um die Frage, ob der Vertrag, so wie er abgeschlossen ist, der Jagdgenossenschaft zugemutet werden kann, ob er namentlich in ausreichendem Maße ihren Interessen gerecht wird und ob er den gesetzlichen Anforderungen entspricht. Diese Frage ist mithin, bei gleichzeitiger Berücksichtigung des öffentlichen Interesses, vom Standpunkt der Genossenschaft zu prüfen. Wird sie verneint, so verliert der Vertrag wegen Ausfalls seiner gesetzlichen Gültigkeitsbedingung die Wirksamkeit, auch wenn Interessen des Pächters beeinträchtigt werden, der Rechte aus dem Vertrag endgültig überhaupt nicht erworben hatte. Übrigens muß er ja wissen, daß der Abschluß mit dem Jagdvorsteher noch keine endgültigen Vertragsrechte schafft, daß ferner seine, des Pächters, Rechte auch dadurch gewahrt sind, daß die Einspruchsmöglichkeit zeitlich beschränkt und das Einspruchsverfahren, auch nach der Seite des Instanzenzuges, ein vereinfachtes und darum schleuniges ist, und daß endlich die Interessen des Pächters sachlich vielfach mit denen des Jagdvorstehers übereinstimmen und von diesem tatsächlich werden wahrgenommen werden. Es ist also unter Umständen mit dem im Einspruchsverfahren ergangenen Beschluß des Bezirksausschusses der Jagdpachtvertrag in dem dargelegten Sinne aufgelöst. Dem Beschluß kommt mit Bezug auf den Pachtvertrag die auflösende, d. h. Recht zerstörende Wirkung zu, gleichviel, ob die Gründe, von denen sich die beschließende Behörde hat leiten lassen, zutreffend waren oder nicht. Zu dieser Zeit ist der Pächter nicht jagdberechtigt, macht sich also, falls er die Jagd ausübt, nachdem ihm der Beschluß des Bezirksausschusses zugestellt worden ist, strafbar." (§§ 292, 293 StGB.) Ob er nach Zustellung des Beschlusses den Mangel seines Jagdrechts kannte, als er die Jagd ausübte, ist Tatfrage. RGZ. vom 2. November 1914, Bd. 49 S. 83. Vgl. auch OG. vom 8. Januar 1912, Bd. 60 S. 420.

Der Aufsichtsbehörde steht nur das Recht zu, von den Bedingungen der beabsichtigten Jagdpachtverträge im voraus Kenntnis zu nehmen und solchen Entwürfen, welche Unverständliches enthalten oder keine Bürgschaft für Aufrechterhaltung der jagdpolizeilichen Vorschriften gewähren, die Genehmigung zu versagen. Es ist aber unzulässig, den Vertrag von der Bestätigung des Landrats abhängig zu machen und über die Art der Verpachtung, die Wahl des Pächters usw. Vorschriften zu erteilen. OG. vom 16. März 1887, Bd. 14 S. 415. Vgl. auch OG. vom 18. März 1909, Bd. 54 S. 367.

Verlängerung des Pachtvertrages nach dessen Zeitablauf ist Neuverpachtung.

Der Jagdvorsteher leitet sein Recht zur Verpachtung der gemeinschaftlichen Jagd aus dem öffentlichen Recht her. Das Recht des Pächters aus dem Pachtvertrage ist im allgemeinen ein privatrechtliches, ein aus dem öffentlichen Recht hergeleitetes nur da, wo die JO. ausdrücklich besondere Vorschriften über das Pachtverhältnis getroffen hat, z. B. in § 14, § 84 Abs. 1 daselbst.

Ein Jagdpachtvertrag, bei dem die Formvorschriften nicht beachtet sind, ist nichtig; die Kenntnis der Jagdgenossen von den Absichten des Jagdvorstehers hinsichtlich der Verpachtung entbindet nicht von der Beachtung der Formvorschriften; auch ein etwaiger Verzicht des Jagdvorstehers dem Jagdpächter gegenüber auf Geltendmachung des Nichtigkeitseinwandes (z. B. durch widerspruchslose Annahme des Jagdpachtgeldes, der Wildschadenentschädigungen usw.) hat für die Gültigkeit des Pachtvertrages keine rechtliche Bedeutung. OG. vom 2. April 1925, Bd. 80 S. 315.

2. Abs. 2 und 3. Die Art der Verpachtung kann verschieden sein; sie kann eine freihändige oder öffentliche, eine öffentlich meistbietende sein. Es können dabei gewisse Einschränkungen gemacht werden, z. B. dahin, daß zur Anpachtung nur ein bestimmter Kreis von Personen, z. B. nur die Jagdgenossen, benachbarte Grundbesitzer, Eingesessene, d. h. solche Personen, welche im Gemeindebezirk wohnen, usw., zugelassen, oder daß gewisse Personenkreise nicht zugelassen werden sollen. Zu der Art der Verpachtung gehörende Einschränkungen können gegebenenfalls auf erhobenen Einspruch im Einzelfalle von der Beschlußbehörde für ungerechtfertigt erklärt werden. Es kann die Einschränkung auch dahin gehen, daß die Verpachtung freihändig an die früheren Pächter erfolgen solle. Vgl. OG. vom 14. Dezember 1914, Bd. 69 S. 346.

Der Jagdvorsteher hat die von ihm beabsichtigte Art der Verpachtung in ortsüblicher Weise bekanntzumachen.

Über „ortsüblich" siehe § 17 Abs. 3 und Anm. dazu.

Die vom Jagdvorsteher in Aussicht genommenen Pachtbedingungen sind zwei Wochen lang öffentlich auszulegen. Ort und Zeit der Auslegung sind in der Bekanntmachung über die Art der Verpachtung anzugeben. Ort und Zeit der Verpachtung sind nur im Falle des Abs. 5 bekanntzumachen, sonst nicht. Für die Berechnung der Auslegungsfristen sind die Vorschriften der

§§ 187 ff. BGB. maßgebend. Der erste Tag der Auslegung der Pachtbedingungen ist in der Regel als ein voller Tag ebenso anzusehen wie die folgenden Tage innerhalb der zweiwöchigen Auslegung. OG. vom 9. Juni 1921, Bd. 76 S. 407.

Die zweiwöchige Auslegungsfrist ist eine Mindestfrist. Ist eine längere Frist in der Bekanntmachung bestimmt, so ist eine dem Gesetz entsprechende Auslegung nicht erfolgt, wenn die Pachtbedingungen nicht während dieser ganzen Zeit öffentlich ausliegen. OG. vom 20. Oktober 1921, Bd. 77 S. 389. Die in dem Abs. 3 verordneten Auslegungsfristen sind wirkliche Fristen. Daß sie diese Eigenschaft besitzen, erhellt schon daraus, daß ihre Nichtbeobachtung nach § 24 die Nichtigkeit der Jagdpachtverträge zur Folge hat. OG. vom 8. Januar 1912, Bd. 60 S. 420.

Das Recht zur Einsichtnahme in die öffentlich ausgelegten Pachtbedingungen ist nicht auf die Jagdgenossen beschränkt. Eine solche Einschränkung kann auch nicht aus Abs. 4 entnommen werden. Das Recht der Einsichtnahme ist ein anderes als das Einspruchsrecht nach Abs. 4 und kommt für alle Pachtlustigen in Betracht. OG. Bd. 77 S. 389.

Wenn der Jagdvorsteher nach vorherigem bekanntgemachten Beschluß, die Jagd auf öffentliches Meistgebot zu verpachten, den Versteigerungstermin abgehalten und die Gebote entgegengenommen, dann aber beschlossen und den Beteiligten eröffnet hat, daß er auf Grund des Bietungstermins den Zuschlag nicht erteilen werde, das Bietungsverfahren als erledigt ansehen und die Jagd nunmehr freihändig verpachten wolle, kann er nicht später auf das in dem früheren Bietungstermin abgegebene Meistgebot zurückgreifen und auf dieses hin einen endgültigen Jagdpachtvertrag abschließen. Will der Jagdvorsteher in einem solchen Falle zu der freihändigen Verpachtung übergehen, so muß er zunächst das ganze in § 21 vorgesehene Verfahren wiederholen, insbesondere gehörig bekanntmachen, daß nunmehr freihändig verpachtet werden solle. OG. vom 21. September 1916, Bd. 72 S. 373. Vgl. OG. vom 28. Juni 1910, Bd. 57 S. 410.

Bei freihändiger Verpachtung können die Person des

neuen Pächters in die Bekanntmachung über die Art der Verpachtung und die Höhe des Pachtzinses in die Pachtbedingungen aufgenommen werden; es ist aber nicht notwendig. Die in Aussicht genommene Verpachtung an die früheren Pächter stellt sich als eine besondere Art der Verpachtung dar; eine dahin gehende Bekanntmachung betrifft also die Art der Verpachtung im Sinne des Abs. 3, und deshalb ist auch der § 23 Abs. 2 Satz 2 darauf anwendbar. Die Bemerkung unter Ziffer 18 der Ausführungsanweisung, entsprechend den Verhandlungen bei Erlaß des Gesetzes, im allgemeinen werde sich der zugelassene Einspruch aus § 23 nur richten können gegen die Höhe des Pachtzinses und die Person des Jagdpächters, bezieht sich nur auf den als Regel angesehenen Fall, daß beides nicht schon in dem Verfahren gemäß § 21 festgestellt ist, schließt letzteres aber ebensowenig aus wie Einsprüche gegen andere Vertragsbedingungen, deren Feststellung nicht bereits in dem früheren Verfahren erfolgt ist. Ist die Angabe des Pachtpreises in die ausgelegten Pachtbedingungen aufgenommen, so haben die Jagdgenossen Gelegenheit, ihre Einwendungen dagegen geltend zu machen, und tun sie es nicht, so ist ihnen gegenüber diese Pachtbedingung im Sinne des § 23 Abs. 2 Satz 2 festgestellt. OG. vom 14. Dezember 1914, Bd. 69 S. 346.

Die Auslegung nach Abs. 2 muß derjenigen nach § 23 Abs. 1 zeitlich vorangehen. Beide Auslegungen dürfen nicht miteinander verbunden werden (OG. Bd. 60 S. 420). Die Bestimmung in Abs. 3 ist zwingende Vorschrift auch dann, wenn die Verpachtung an den bisherigen Pächter zu den vorigen Bedingungen erfolgen soll und dies in ortsüblicher Weise bekanntgemacht ist. Die vorigen Bedingungen müssen von neuem öffentlich ausgelegt, Zeit und Ort ihrer Auslegung öffentlich bekanntgemacht werden. OG. vom 7. Mai 1923, Bd. 78 S. 381.

3. Abs. 4. Gegen die Art der Verpachtung und ebenso gegen die Pachtbedingungen steht jedem Jagdgenossen während der Auslegungsfrist der Einspruch zu. Vgl. Anm. 1 zu § 24 und die daselbst angeführten Entscheidungen.

An einen im Einspruchsverfahren gemäß Abs. 4 ergangenen Beschluß der zuständigen Beschlußbehörde ist der Verwaltungsrichter dann nicht gebunden, wenn der Beschluß wegen formeller Unzulässigkeit der sämtlichen Einsprüche zu einer sachlichen Prüfung der Vorgänge des Verpachtungsverfahrens überhaupt nicht hatte führen können und sollen, noch geführt hat (Ausnahme von OG. Bd. 78 S. 368). Über die öffentlich-rechtlich zwingenden Vorschriften in §§ 21 bis 23 JO. kann von dem Jagdvorsteher dem Pächter gegenüber mit rechtlicher Wirkung nicht verfügt werden. OG. vom 2. April 1925, Bd. 80 S. 315.

Der Beschluß des Kreis- (Bezirks-) Ausschusses ist nach § 26 endgültig, jedoch steht dem Jagdvorsteher das Beschwerderecht an den Bezirksausschuß bezw. Provinzialrat (siehe § 26) zu. Im übrigen siehe Anm. 2 (zu Abs. 2 und 3).

4. Abs. 5. Wenn die Verpachtung öffentlich meistbietend erfolgen soll, muß Ort und Zeit derselben bekanntgemacht werden, und zwar: a) in ortsüblicher Weise, b) durch das von der Jagdaufsichtsbehörde bestimmte Blatt und c) mindestens zwei Wochen vor dem Tage der Verpachtung. Die Jagdverpachtung mittels Meistgebots in einem vorher beschränkten Kreis von Bietern ist keine öffentliche meistbietende Verpachtung im Sinne des Abs. 5 und bedarf daher nicht der dort vorgeschriebenen Bekanntmachung durch das von der Jagdaufsichtsbehörde bestimmte Blatt. Ortsübliche Bekanntmachung genügt. OG. vom 18. März 1909, Bd. 54 S. 367.

Siehe auch OG. vom 25. März 1920, Bd. 75 S. 374, bei § 8 der Hannov. JO. angeführt.

Das Meistgebot ist nur mit Genehmigung des Jagdvorstehers übertragbar; die Genehmigung des Kreis- (Bezirks-) Ausschusses ist nicht erforderlich.

Strafbar nach § 270 des Preußischen Strafgesetzbuchs (der auch für die Provinz Hannover gilt) ist derjenige, der bei den von öffentlichen Behörden oder Beamten vorgenommenen Versteigerungen andere vom Mitbieten oder Weiterbieten abhält.

Vgl. RGSt. Bd. 37 S. 139, RGZ. Bd. 51 S. 401. Solche Verletzung des § 270 aaO. hat aber auf die Gültigkeit des Jagdpachtvertrages keinen Einfluß.

Über „Ortsüblichkeit" siehe § 17 Abs. 3 und Anm. dazu.

Über die Berechnung der Frist, auch über ihre Eigenschaft als wirkliche, siehe oben Anm. 2 S. 102.

5. Rechtswirkung der Verletzung der Vorschriften des § 21 siehe § 24.

6. Siehe im Anhang Ausführungsanweisung Ziffer 16.

§ 22. Für die Verpachtung gelten im übrigen folgende Bestimmungen:

1. die Pachtverträge sind schriftlich abzuschließen;
2. die Verpachtung der Jagd auf demselben Jagdbezirke soll in der Regel nicht an mehr als drei Personen gemeinschaftlich erfolgen, jedoch kann dieselbe mit Genehmigung des Kreisausschusses, in Stadtkreisen des Bezirksausschusses, im Interesse der Jagdgenossenschaft auch an mehr als drei Jagdpächter oder an eine Jagdgesellschaft (Verein, Genossenschaft) von nicht beschränkter Mitgliederzahl vorgenommen werden;
3. Weiterverpachtungen bedürfen der Zustimmung des Verpächters und der Genehmigung des Kreisausschusses, in Stadtkreisen des Bezirksausschusses;
4. die Pachtzeit soll in der Regel auf mindestens sechs und höchstens auf zwölf Jahre festgesetzt werden, jedoch kann dieselbe mit Genehmigung des Kreisausschusses, in Stadtkreisen des Bezirksausschusses, im Interesse der Jagdgenossenschaft bis auf drei Jahre herabgesetzt oder bis auf achtzehn Jahre erhöht werden;

5. die Verpachtung der Jagd an Personen, welche nicht Angehörige des Deutschen Reichs sind, bedarf der Genehmigung der Jagdaufsichtsbehörde.

1. Die Vorschriften müssen beobachtet werden, andernfalls die Verträge nichtig sind (§ 24).

2. Ziffer 1. Der Pachtvertrag muß schriftlich abgeschlossen, d. h. vom Verpächter (dem Jagdvorsteher) und vom Pächter unterschriftlich vollzogen werden (vgl. § 126 BGB.). Sind mehrere Pächter (Mitpächter), so müssen sie sämtlich den Vertrag unterschreiben. Der Vertrag muß vor seiner Auslegung von beiden Vertragsparteien unterzeichnet sein, sonst ist er nichtig, wenn er z. B. nur vom Verpächter oder nur vom Pächter unterschriftlich vollzogen ist.

Gemäß Ziffer 1 ist der Vertrag erst mit der unterschriftlichen Vollziehung desselben abgeschlossen, nicht mit der Zuschlagserteilung.

Streitigkeiten zwischen dem Jagdvorsteher und dem Pächter wegen Erfüllung der Vertragsbedingungen gehören vor das ordentliche Gericht.

Der wesentliche Zweck der Schriftform ist der, Unklarheiten über den Vertragsinhalt zu vermeiden, vor allem aber, wie in den meisten Fällen, in denen Schriftlichkeit gesetzlich vorgeschrieben ist, die Parteien vor übereiltem Abschluß des Vertrages zu schützen. Wäre ein (nicht schriftlicher) Vorvertrag schon bindend, so würde die Vorschrift des § 22 Nr. 1 JO. ihre Bedeutung verlieren und ihr Zweck verfehlt sein. Es gibt keinen Anspruch auf Vollziehung der Form, wenn das Gesetz dem rechtsgeschäftlichen Willen nur in der gehörigen Form Beachtung schenkt (RGZ. Bd. 43 S. 139). Hat also der Meistbietende von dem Jagdvorsteher den Zuschlag erteilt bekommen, nachdem ersterer das Höchstgebot mit seinem Namen im Versteigerungsprotokoll unterzeichnet hat, die Zuschlagserteilung in dem Versteigerungsprotokoll von dem Jagdvorsteher eingetragen und der Vermerk von diesem unterschrieben worden ist, so ist dadurch keine Bindung erfolgt, da nach Ziffer 1 die Schriftlichkeit des Vertrages, also auch eines Vorvertrages, erforderlich ist. RGZ. vom 8. Dezember 1926, Bd. 112 S. 199.

In der RGZ. vom 25. Juni 1915, Bd. 87 S. 196, führt das Reichsgericht aus, daß bei Verträgen, welche, wie der Jagdpachtvertrag, nach gesetzlicher Bestimmung in Schriftform zu schließen sind, die Unterzeichnung der Parteien, sofern nicht mehrere gleichlautende Urkunden aufgenommen werden, auf derselben Urkunde erfolgen muß. Das Verpachtungsprotokoll beurkundet lediglich die Bereitwilligkeit des Ansteigerers, die Jagd zu dem von ihm abgegebenen Gebot unter den im Protokoll aufgeführten Bedingungen zu pachten. Damit, daß dieses Protokoll von beiden Teilen unterschrieben wird, ist ein schriftlicher Pachtvertrag nicht geschlossen worden. Durch die Namensunterschrift im Protokoll sind nur einseitige, nacheinander abgegebene Willenserklärungen unterzeichnet. Die getrennte Beurkundung von Antrag und Annahme ist nach § 128 BGB. aber nur bei gesetzlich vorgeschriebener gerichtlicher oder notarieller Beurkundung eines Antrages zulässig. Eine entsprechende Anwendung dieser gesetzlichen Bestimmung auf die vom Gesetz vorgeschriebene Schriftform, also auf Verträge, für welche § 126 Abs. 2 die Formvorschrift der Unterzeichnung der Parteien auf derselben Urkunde aufstellt, würde mit dem Gesetz sich in Widerspruch setzen.

OG. vom 4. Juli 1921, Bd. 76 S. 416, vertritt die Ansicht, daß der Form der Schriftlichkeit eines Jagdpachtvertrages (§ 22 JO. und § 126 Abs. 2 BGB.) genügt ist, wenn bei Verpachtung der Jagd im Wege öffentlicher Versteigerung der Pächter sein Angebot und der Verpächter die Annahme des Angebots auf dem Verpachtungsprotokoll unterzeichnen, und daß es nicht erforderlich ist, daß beide Unterschriften unter der letzten Willenserklärung (der Annahme des Angebots durch den Jagdvorsteher) beieinanderstehen. In der Erteilung des Zuschlags an den Höchstbietenden kann der Wille, den Pachtvertrag mit diesem abzuschließen, zum Ausdruck kommen. Welche Form die Parteien für die Vertragsurkunde wählen wollen, ist ihnen vom Gesetz überlassen; sie können dazu auch das über die öffentliche Versteigerung der Jagd aufgenommene Protokoll verwenden. Voraussetzung ist dabei aber, daß die Fassung des Protokolls den Abschluß eines Pachtvertrages zum Ausdruck bringt, und daß die Unterzeichnung des Vertrags auf derselben Urkunde erfolgt.

3. Ziffer 2. In der Regel soll höchstens an drei Personen gemeinschaftlich (Mitpächter) die Jagd auf demselben Jagdbezirk verpachtet werden.

Die Verpachtung an eine größere Zahl von Personen oder an eine Jagdgesellschaft von nicht beschränkter Mitgliederzahl ist die Ausnahme von der Regel und bedarf der Genehmigung des Kreis- (Bezirks-) Ausschusses. Für eine solche über drei Personen hinausgehende Verpachtung muß das hierfür bestehende Interesse der Jagdgenossenschaft nachgewiesen werden. Ohne diesen Nachweis ist die Verpachtung bezw. die Erteilung der Genehmigung nicht zulässig.

Sind aus einem Gemeinde- (Guts-) Bezirk mehrere selbständige gemeinschaftliche Jagdbezirke gebildet worden (§ 7), so betrifft die Vorschrift hinsichtlich der Zahl der Pächter jeden dieser Jagdbezirke.

Die Vorschrift der Ziffer 2 darf nicht durch Erteilung von Jagderlaubnisscheinen umgangen werden. RGZ. Bd. 23 S. 236.

Eine Höchstzahl der Personen, an die mit Genehmigung des Kreis- (Bezirks-) Ausschusses verpachtet werden darf (vgl. § 29 Abs. 2 FG.), ist in der JO. nicht vorgesehen.

Der Pachtvertrag ist erst endgültig durch Erteilung der Genehmigung, wenn die Zahl der Pächter drei Personen übersteigt. Weitere Beschränkungen in der Person des Pächters sind in der JO., abgesehen von Ziffer 2 und 5, nicht enthalten; insbesondere ist der Abschluß eines Jagdpachtvertrages nicht untersagt, wenn auch der Pächter zu den Personen gehört, denen der Jagdschein versagt werden muß oder kann oder bereits versagt ist. Beschwerde des Jagdvorstehers siehe § 26. Vgl. § 23 Anm. 1.

4. Ziffer 3. Für die Weiterverpachtung ist die Zustimmung des Verpächters und die Genehmigung des Kreis- (Bezirks-) Ausschusses erforderlich.

Die Weiterverpachtung ist als Übertragung der Befugnisse des bisher Berechtigten in der Ausübung des Jagdrechts anzusehen, im Unterschied zur Neuverpachtung, welche der Abschluß eines neuen selbständigen Vertrages ist, der die Ausübung der Jagd, wenn auch unter den Bedingungen des alten Pachtvertrages, zu eigenem Recht überträgt und den bisherigen Pächter aus dem Pachtvertrage entläßt. Ziffer 3 schließt sich, indem sie von Weiterverpachtung spricht, damit dem § 549 Satz 1 BGB. an. Diese Vorschrift findet gemäß § 581 BGB. auf die Pacht entsprechend Anwendung. Hiernach ist grundsätzlich unter Weiterverpachtung nichts anderes als die Weiterverpachtung im Sinne des Zivilrechts zu verstehen, die früher Unter- oder Afterpacht genannt wurde. Nach dem Zivilrecht fällt aber unter den Begriff der Unter- oder Afterpacht nicht mehr ein zwischen dem Verpächter, dem Pächter und dem Unterpächter abgeschlossener Vertrag, inhaltlich dessen ein neuer Pächter an Stelle des bisherigen Pächters in den alten Pachtvertrag eintritt und der bisherige Pächter ganz aus ihm ausscheidet. Ein solcher Vertrag enthält nicht eine Überlassung des dem Pächter auf Grund des Pachtvertrages zustehenden Gebrauchs und Genusses des gepachteten Gegenstandes an einen Dritten (den Unterpächter) unter Aufrechterhaltung des alten Pachtvertrags, sondern stellt sich als die Aufhebung des alten und Begründung eines neuen Pachtverhältnisses, wenn auch mit dem Inhalt und für die Restdauer des alten, dar (vgl. Mittelstein, Die Miete, 3. Aufl., § 92 S. 601; ferner die Rechtsprechung der Oberlandesgerichte Bd. 7 S. 462/63, Bd. 15 S. 301/02; Das Recht, Jahrg. 1900, Nr. 1842; RGZ. Bd. 63 S. 295; Schultz, Jahrb. für Entscheidungen, Bd. 9 S. 273). OG. vom 20. Dezember 1917, Bd. 73 S. 392.

Verträge über Weiterverpachtung einer Jagd, welche der in Ziff. 3 vorgeschriebenen Genehmigung ermangeln, sind nichtig (§ 24). Vgl. RGSt. vom 12. November 1908, Bd. 42 S. 58. Fehlt die Zustimmung des Verpächters und die Genehmigung des Kreisausschusses, so haftet dem Vertrag über Weiterverpachtung ein wesentlicher Mangel an; der Vertrag hat auch hinsichtlich des Pächters und Unterpächters keine Rechtswirksamkeit. Die nachträgliche Aufnahme eines Mitpächters hat die Bedeutung einer Weiterverpachtung im Sinne der Ziffer 3. Die Rechtsgültigkeit des Pachtvertrags wird dadurch nicht berührt. OG. vom 28. Juni 1910, Bd. 57 S. 410.

Erteilung von Erlaubnisscheinen gegen Entgelt kann Weiterverpachtung sein. Abtretung des Bestgebots ist nicht Weiterverpachtung. Ein Pachtvertrag im Sinne des § 22 ist mit der Abgabe des Bestgebots, dem der Zuschlag erteilt ist, noch nicht zustande gekommen.

Weiterverpachtungen müssen schriftlich sein.

Beschwerderecht des Jagdvorstehers siehe § 26; im übrigen ist der Beschluß des Kreis- (Bezirks-) Ausschusses endgültig.

5. Ziffer 4. Für die Pachtzeit sind als Regel sechs Jahre Mindestzeit und zwölf Jahre Höchstzeit in Ziff. 4 vorgesehen. Im Interesse der Genossenschaft kann sie auf drei Jahre herabgesetzt oder bis auf achtzehn Jahre erhöht werden; in beiden Fällen ist die Genehmigung des Kreis- (Bezirks-) Ausschusses erforderlich. Wird sie versagt, steht dem Jagdvorsteher, der die Interessen der Jagdgenossen wahrzunehmen hat, die Beschwerde gemäß § 26 zu; im übrigen ist der Beschluß des Kreis- (Bezirks-) Ausschusses endgültig.

Ein Verstoß, der die Nichtigkeit des Pachtvertrages zur Folge hätte, kann darin nicht gefunden werden, daß der Jagdvorsteher bei der Bekanntgabe der Pachtbedingungen die Pachtdauer auf drei bis zwölf Jahre angegeben hat. Der Zustimmung des Kreisausschusses bedarf es hier nicht, weil sie nur für die Verpachtung auf weniger als sechs Jahre einzuholen ist. Für unzulässig ist es auch nicht zu erachten, daß der Jagdvorsteher sich die Bestimmung der Pachtzeit für die Zeit des Abschlusses des Pachtvertrages vorbehalten hat. Der Tatbestand einer Abweichung von einer festgestellten Pachtbedingung ist nicht gegeben, wenn die bisher unbestimmt gelassene Pachtdauer im Pachtvertrage, wie notwendig, auf eine bestimmte Zahl von Jahren bemessen wird. OG. vom 28. Juni 1910, Bd. 59 S. 410.

6. Ziffer 5. Gegen die Versagung der Genehmigung ist kein Rechtsmittel vorgesehen; nur die Beschwerde im Aufsichtswege ist zulässig.

7. Die Stempelpflichtigkeit eines Jagdvertrages richtet sich nach dem Stempelsteuergesetz vom 21./25. Oktober (GS. S. 611 und 620), bekanntgemacht am 27. Oktober 1924 (GS. S. 627), geändert durch das Gesetz zur Änderung des Stempelsteuergesetzes in der Fassung der Bekanntmachung vom 26. Juli 1926 (GS. S. 233). Siehe Anhang.

8. Siehe im Anhang Ausführungsanweisung Ziffer 17.

§ 23. Der Jagdvorsteher hat den Pachtvertrag zwei Wochen lang öffentlich auszulegen. Ort und Zeit der Auslegung sind in ortsüblicher Weise bekanntzumachen.

Jeder Jagdgenosse kann während der Auslegungsfrist beim Kreisausschuß, in Stadtkreisen beim Bezirksausschuß, gegen den Pachtvertrag Einspruch erheben. Dieser darf sich jedoch gegen die Art der Verpachtung und gegen die Pachtbedingungen insoweit nicht richten, als dieselben durch das im § 21 vorgeschriebene Verfahren festgestellt sind.

1. Der Vertrag muß vom Jagdvorsteher und vom Pächter unterschriftlich vollzogen sein. Der Vorschrift des Abs. 1 wird nur durch die Auslegung des so vollzogenen Vertrages genügt. Vgl. OG. vom 10. März 1910, Bd. 57 S. 415.

„Wenn auch die in den §§ 21, 22 und 23 JO. enthaltenen Vorschriften im Interesse der Jagdgenossen gegeben sind, so steht doch die Erhebung der Nichtigkeitsklage (§ 24) nicht bloß dem zur Wahrung der Interessen der Jagdgenossen berufenen Jagdvorsteher, sondern auch dem Jagdpächter zu. Diese Befugnis ist ihm nicht ausdrücklich abgesprochen; ermächtigt ist hierzu auch der Mitpächter; die ergehende Entscheidung ist alsdann für den anderen Mitpächter maßgebend. Voraussetzung ist das Vorhandensein eines bereits formgültigen Vertrages, dessen endgültige Rechtsverbindlichkeit nur noch von dem Ergebnis eines etwaigen Einspruchsverfahrens abhängt. OG. vom 10. März 1910, Bd. 57 S. 415. Die im Abs. 1 vorgeschriebene Auslegungsfrist besitzt die Eigenschaft einer wirklichen Frist; ihre Nichtbeobachtung hat die Nichtigkeit des Jagdpachtvertrags zur Folge." OG. vom 8. Januar 1912, Bd. 60 S. 420.

Über die Berechnung der Frist siehe § 21 Abs. 3 und Anm. 2 S. 102 dazu. Vgl. noch OG. vom 2. April 1925, Bd. 80 S. 315, bei § 21 in Anm. 1 S. 101 angeführt. Über den Unterschied zwischen Neuverpachtung und Weiterverpachtung siehe § 22 Ziffer 3 und Anm. S. 109 und 110 dazu. Über „Ortsüblichkeit" siehe § 17 Abs. 3 und Anm. dazu.

2. Ziffer 2. Liegen mehrere Einsprüche gegen den gemäß Abs. 1 ausgelegten Jagdpachtvertrag vor, so hat die Beschlußbehörde über alle zur Zeit der Beschlußfassung vorliegenden Einsprüche gleichzeitig und einheitlich zu entscheiden. OG. vom 14. Dezember 1914, Bd. 69 S. 346.

Einsprüche gegen einen Jagdpachtvertrag sind auch dann rechtswirksam, wenn sie innerhalb der Einspruchsfrist bei dem Kreisausschuß eingegangen, aber erst nach Ablauf der Frist dem Jagdvorsteher und dem Jagdpächter bekanntgeworden sind. Auf einen solchen Einspruch kann auch ein Jagdpachtvertrag für ungültig erklärt werden, den der Jagdvorsteher, nachdem bei ihm innerhalb der Auslegungsfrist ein Einspruch nicht eingegangen war, insbesondere auch dem Jagdpächter gegenüber für rechtsgültig abgeschlossen angesehen und behandelt hatte. Solange ein rechtzeitig bei dem Kreisausschuß eingegangener Einspruch vorliegt, bleibt die Gültigkeit des Pachtvertrages in der Schwebe. OG. vom 3. Mai 1917, Bd. 73 S. 388.

„Im Streitverfahren aus § 24 Abs. 2 JO. ist der Verwaltungsrichter an einen nach § 23 Abs. 2 und § 26 aaO. endgültig ergangenen Beschluß des Bezirksausschusses auch dann gebunden, wenn durch ihn Einsprüche zurückgewiesen worden sind. In dem Einspruchsverfahren hat die Beschlußbehörde ihre Prüfung nicht auf die erhobenen Einsprüche zu beschränken, sondern von Amts wegen darauf zu erstrecken, ob der Pachtvertrag den zwingenden

Vorschriften der §§ 21 bis 23 aaO. entspricht. Der Gerichtshof hat in mehrfachen Entscheidungen ausgesprochen, daß die Beschlüsse, welche gemäß §§ 23 und 26 JO. auf die gegen den Pachtvertrag erhobenen Einsprüche von dem örtlich und sachlich zuständigen Bezirksausschuß in letzter Instanz ergangen sind, endgültig und in dem gemäß § 24 Abs. 2 aaO. über die Frage der Nichtigkeit der Pachtverträge eröffneten Verwaltungsstreitverfahren der Nachprüfung entzogen sind. Vgl. OG. Bd. 51 S. 294; OG. vom 16. Dezember 1915, PrVerwltgsbl. Jahrg. 37 S. 520 und Schultz, Jahrb. f. Entscheidungen, Bd. 5 S. 71, Bd. 13 S. 64; OG. vom 30. November 1916 (Schultz aaO. Bd. 13 S. 185). Ausschlaggebend ist, daß im Beschlußverfahren Gegenstand der Entscheidung nicht lediglich die Frage ist, ob die gegen den Pachtvertrag erhobenen Einwände begründet sind oder nicht, sondern allgemein die Frage, ob der Pachtvertrag gegen die Vorschriften der §§ 21 bis 23 JO. verstößt und deshalb nichtig ist; denn der Einspruch bezweckt, daß der Pachtvertrag als gesetzwidrig aufgehoben und eine neue Verpachtung herbeigeführt werde. Daher ist es nach dem auch für das Beschlußverfahren bestehenden Grundsatz der Offizialmaxime Aufgabe der Beschlußbehörde, nicht nur die gegen die Gültigkeit des Pachtvertrags vorgebrachten Einwendungen zu prüfen, vielmehr hat die Beschlußbehörde ihre Prüfung ganz allgemein darauf zu erstrecken, ob der Pachtvertrag den zwingenden Vorschriften der JO. entspricht. In dieser Richtung hat der Gerichtshof bereits in dem Urteile vom 14. Dezember 1914, Bd. 69 S. 347, besonders S. 353 a. E., ausgesprochen, daß die Beschlußbehörde gegebenenfalls auch solche die Nichtigkeit der Jagdpachtverträge bedingenden Gründe zu berücksichtigen habe, die von dem einzelnen nicht geltend gemacht, aber sich aus den Akten ergeben. Dieser Grundsatz ist weiter dahin auszudehnen, daß die Beschlußbehörde nicht nur die aus den Akten sich ergebenden Nichtigkeitsgründe zu berücksichtigen, sondern allgemein von Amts wegen zu prüfen hat, ob die gesetzlichen Bestimmungen der JO., insbesondere die zwingenden Vorschriften der §§ 21 bis 23 über die öffentlichen Bekanntmachungen und ihre ortsübliche Form, beachtet worden sind. Ob die Beschlußbehörde dieser ihrer Aufgabe in richtiger und erschöpfender Weise nachgekommen oder ob ihr Beschluß von unrichtigen tatsächlichen Voraussetzungen ausgegangen und sachlich ungerechtfertigt ist, entscheidet nicht. Maßgebend bleibt allein, daß ein endgültiger, auf Beschwerde des Jagdvorstehers ergangener Beschluß des Bezirksausschusses vorliegt und für den Verwaltungsrichter bindend ist. Aus diesen Erwägungen hat der Gerichtshof in dem Urteil vom 30. November 1916 (Schultz aaO., Bd. 13 S. 185, besonders S. 189) den dem Einspruch eines Jagdgenossen stattgebenden Beschluß des Bezirksausschusses selbst dann als den Jagdpächter und den Verwaltungsrichter bindend erklärt, wenn der Jagdpächter in dem Beschlußverfahren nicht hinzugezogen und ihm keine Gelegenheit zur Wahrung seines Standpunktes und zur Darlegung der die Gültigkeit des Pachtvertrags erbringenden Tatsachen gegeben war. Ist hiernach der im Einspruchsverfahren aus den §§ 23 und 26 JO. ergangene, sachlich eine Entscheidung über die Gültigkeit oder Nichtigkeit des Pachtvertrags enthaltende Beschluß des Bezirksausschusses für den Verwaltungsrichter bindend, so kann die aus § 24 Abs. 2 JO. erhobene, eine gegenteilige Entscheidung begehrende Klage keinen Erfolg haben. Es bleibt dem beteiligten Jagdpächter oder Jagdvorsteher, wenn sie vermeinen, daß der Beschluß des Bezirksausschusses den gesetzlichen Bestimmungen der JO. widerstreitet, nur übrig, bei dem Regierungspräsidenten die Anfechtung dieses Beschlusses auf Grund des § 126 LVG. zu beantragen (vgl. OG. vom 14. Dezember 1914, Bd. 69 S. 347)". OG. vom 8. Februar 1923, Bd. 78 S. 365. Vgl. auch OG. vom 14. Januar 1915, Bd. 68 S. 383, welche hervorhebt, daß die Klage aus § 126 LVG. nur dann begründet ist, wenn der Beschluß des Bezirksausschusses dessen Befugnisse überschreitet oder das bestehende Recht, insbesondere auch die von den Behörden innerhalb ihrer Zuständigkeit erlassenen Verordnungen verletzt. Gegen Beschlüsse des Kreisausschusses gemäß § 23 Abs. 2 steht den Jagdgenossen eine Beschwerde an den Bezirksausschuß nicht zu, auch wenn ihr Einspruch nicht als sachlich unbegründet, sondern als formell unzulässig zurückgewiesen ist. Vgl. noch § 21 und die dort angeführten Entscheidungen, insbesondere auch S. 104.

Die Art der Verpachtung und die Pachtbedingungen sind festgestellt, wenn gegen sie kein Einspruch erhoben ist, so daß sie als genehmigt anzusehen sind oder wenn die dagegen erhobenen Einsprüche im Einspruchsverfahren sachlich rechtskräftig erledigt sind (§ 26 JO.). Vgl. auch OG. vom 22. Februar 1892, MBl. f. d. i. V. S. 133.

Über den Einspruch nach Abs. 2 entscheidet der Kreis- (Bezirks-) Ausschuß endgültig; nur dem Jagdvorsteher steht das Beschwerderecht zu (siehe § 26).

Gegen die Höhe des Pachtzinses ist der Einspruch nach § 23 nur dann zulässig, wenn sie nicht schon nach § 21 unter Pachtbedingungen festgestellt ist.

Siehe im Anhang Ausführungsanweisung Ziffer 18.

Vgl. § 52 Abs. 2 JO., betreffend Wiedererstattung von Wildschadenbeträgen durch den Jagdpächter und Aufnahme der Verpflichtung hierzu in den Jagdpachtvertrag; vgl. auch § 71 daselbst.

§ 24. Pachtverträge, die gegen die vorstehenden Vorschriften verstoßen, sind nichtig.

Streitigkeiten über die Frage der Nichtigkeit zwischen dem Jagdvorsteher und dem Jagdpächter unterliegen der Entscheidung im Verwaltungsstreitverfahren.

Zuständig zur Entscheidung ist in erster Instanz der Kreisausschuß, in Stadtkreisen der Bezirksausschuß.

Die Jagdaufsichtsbehörde ist befugt, dem Pächter für die Dauer eines über die Frage der Nichtigkeit eingeleiteten Verwaltungsstreitverfahrens die Ausübung der Jagd zu untersagen und wegen der anderweiten Nutzung der Jagd die erforderlichen Anordnungen zu treffen. Gegen die Untersagung und die Anordnungen steht dem Pächter die Beschwerde nach näherer Maßgabe des § 70 zu.

1. Unter den „vorstehenden Vorschriften“ sind diejenigen der §§ 21 bis 23 zu verstehen. Unter § 24 fallen auch die Vorschriften über die Bildung von Jagdbezirken. Ein Vertrag über Grundflächen, die nicht zum gemeinschaftlichen Jagdbezirk gehören, ist nichtig. Allgemeine Voraussetzung für die Anwendbarkeit des § 24 ist, daß ein formgültig abgeschlossener Vertrag vorliegt. Nur die im Abs. 1 bezeichneten Nichtigkeitsgründe (Verstoß gegen „vorstehende Vorschriften“) kommen in Betracht. Vgl. auch § 52 Abs. 2.

Jeder Verstoß gegen die vorstehenden Bestimmungen bewirkt ohne weiteres Nichtigkeit des Jagdpachtvertrages. Herrscht darüber zwischen Jagdpachtvorsteher und Pächter kein Zweifel, so ist der Vertrag sofort hinfällig. Nur wenn Streit darüber zwischen ihnen besteht, greift zur Feststellung, ob ein Nichtigkeitsgrund vorliegt oder nicht, das Verwaltungsstreitverfahren nach Abs. 2 Platz. Die in solchem zu erhebende Klage steht dem Jagdvorsteher sowohl als auch dem Pächter, ebenso dem Mitpächter zu, also den Personen, welche den Vertrag vollzogen haben, daher nicht den Jagdgenossen, nicht denjenigen, welche im Versteigerungstermin ein Angebot zur Pachtung abgegeben haben. Nur soweit es sich um Nichtigkeitsgründe aus der JO. handelt, d. h. um Verstöße, die sich aus den Vorschriften der dem § 24 JO. vorangehenden Paragraphen ergeben, steht die Verwaltungsklage wegen Nichtigkeit offen. Andere Streitigkeiten über die Nichtigkeit gehören vor die ordentlichen Gerichte, soweit ihnen die Entscheidung darüber nicht ausdrücklich durch das Gesetz entzogen ist. Ist aus solchen Grunde ein Jagdpachtvertrag bereits rechtskräftig für nichtig erklärt, kann nicht mehr die Klage aus § 24 JO. erhoben werden. Maßgebend sind die zur Zeit der Vollziehung, des Abschlusses des Vertrages geltenden gesetzlichen Bestimmungen. Die Nichtigkeitsklage kann erhoben werden, wenn der Vertrag nach seiner Auslegung mittels Einspruchs gar nicht oder nicht mit Erfolg angefochten worden ist. Ist der Einspruch für berechtigt erklärt worden (im Einspruchsverfahren), so ist die im Abs. 2 gegebene Verwaltungsklage nicht gegeben.

Vgl. OG. vom 30. März 1922, Bd. 77 S. 402:

Ein Streit über die Nichtigkeit eines Jagdpachtvertrags kann niemals auf Grund des § 71 JO., sondern immer nur auf Grund des § 24 daselbst zur Entscheidung des Verwaltungsgerichts gebracht werden.

Das Reichsgericht:

„Der Jagdgenosse ist nicht befugt, die in den §§ 21 bis 23 JO. bezeichneten Gründe der Nichtigkeit eines Jagdpachtvertrages der Jagdgenossenschaft gegenüber anders als durch Einspruch bei einer Verwaltungsbehörde gemäß § 21 Abs. 4, § 23 Abs. 2 aaO. geltend zu machen. Durch die Bestimmung, daß Streitigkeiten über die Frage der Nichtigkeit zwischen dem Jagdvorsteher und dem Jagdpächter der Entscheidung im Verwaltungsstreitverfahren unterliegen (§ 24 Abs. 2 JO.), hat keineswegs die Frage, in welcher Weise die Anfechtung von Jagdpachtverträgen aus den Gründen der §§ 21 bis 23 aaO. zulässig sei, dahin geregelt werden sollen, daß lediglich die Streitigkeiten zwischen dem Jagdvorsteher und dem Jagdpächter der Entscheidung durch die Gerichte entzogen seien. Das Gesetz, das die Streitigkeiten der Genossenschaft mit den Pächtern mit Rücksicht auf die öffentlich-rechtliche Stellung der ersteren dem ordentlichen Rechtsweg entzog, hat für Streitigkeiten der Genossenschaft mit ihren Mitgliedern, also für Prozesse, bei denen die öffentlich-rechtliche Bedeutung noch mehr in den Vordergrund tritt, nicht den Rechtsweg zulassen können. An der Entscheidung des erkennenden Senats vom 26. Januar 1909, die den Rechtsweg in einem gleichliegenden Fall für zulässig erachtete, kann nicht festgehalten werden." RGZ. vom 29. Mai 1923, Bd. 108 S. 183.

Der Abs. 1 des § 24, der die „gegen die vorstehenden Vorschriften" verstoßenden Pachtverträge für nichtig erklärt, umfaßt auch die Pachtverträge, welche sich auf Grundflächen beziehen, die nicht Jagdbezirke im Sinne der JO. sind. Denn nur ein Jagdbezirk, der den darüber in der JO. aufgestellten Normen entspricht, kann ein tauglicher Gegenstand der Verpachtung sein. RGZ. vom 24. Mai 1910, Bd. 73 S. 363.

In dem Verwaltungsstreitverfahren gemäß § 24 Abs. 2 können

nur die im § 24 Abs. 1 JO. bezeichneten Nichtigkeitsgründe geltend gemacht werden. OG. vom 11. Januar 1923, Bd. 78 S. 350, vom 18. März 1909, Bd. 54 S. 367, 371, vom 30. Januar 1908, Bd. 52 S. 359. Vgl. auch OG. vom 4. November 1907, Bd. 51 S. 294; vom 26. Juni 1911, Bd. 59 S. 353, Bd. 78 S. 365, Bd. 80 S. 315.

Über die Nichtigkeit von Jagdpachtverträgen, die nicht vom Jagdvorsteher auf Grund der ihm übertragenen öffentlich-rechtlichen Pflichten abgeschlossen worden sind, ist nicht im Verwaltungsstreitverfahren zu entscheiden. Fragen der Nichtigkeit, die sich aus privatrechtlichen Mängeln des Pachtvertrages ergeben, gehören vor die ordentlichen Gerichte, auch wenn sie lediglich zwischen Jagdvorsteher und Jagdpächter auszutragen sind. OG. vom 22. Dezember 1913, Bd. 66 S. 373.

Die nach § 24 JO. stattfindende Klage auf die Nichtigkeit eines Jagdpachtvertrages ist außer dem Jagdvorsteher auch dem Jagdpächter und dem Mitpächter gegeben. OG. vom 8. Januar 1912, Bd. 60 S. 420.

Über die Nichtigkeit eines Jagdpachtvertrages kann im Verwaltungsstreitverfahren gemäß § 24 Abs. 2 JO. nicht mehr gestritten werden, wenn die Zeit, für die der Vertrag abgeschlossen war, abgelaufen ist. OG. vom 3. Januar 1916, Bd. 71 S. 398.

Nach § 24 Abs. 2 JO. ist das Verwaltungsstreitverfahren nur gegeben, wenn der abgeschlossene Vertrag selbst gegen die Vorschriften der JO. (z. B. §§ 21 bis 23) verstößt, nicht aber dann, wenn der Pächter gegen die gesetzlichen oder vertraglichen Bestimmungen über die Weiterverpachtung gehandelt hat und der Verpächter aus diesem Grunde sich zur einseitigen Auflösung des Pachtvertrages für berechtigt hält. Die Entscheidung der letzteren Frage gehört zur Zuständigkeit der ordentlichen Gerichte. OG. vom 9. Juni 1921, Bd. 76 S. 407; vom 4. Juli 1921, Bd. 76 S. 416.

Streitigkeiten zwischen dem Jagdvorsteher und dem Jagdpächter über die Gültigkeit des von dem letzteren mit einem Unterpächter geschlossenen Vertrages (Weiterverpachtung) unterliegen nicht der Entscheidung im Verwaltungsstreitverfahren, weil die Berechtigung zur Ausübung der Jagd sich nicht auf öffentliches

Recht, sondern auf den privatrechtlichen Vertrag der Weiterverpachtung begründet. Unter Jagdpächter im Sinne des § 24 Abs. 2 können nur diese, nicht auch Unterpächter verstanden werden. Das Gesetz unterwirft nur Streitigkeiten zwischen den Vertragsparteien über die Rechtsgültigkeit eines zwischen ihnen abgeschlossenen Vertrages der Vorschrift des § 24. Bei der Weiterverpachtung ist aber der Jagdvorsteher nicht Vertragspartei. OG. vom 25. März 1920, Bd. 75 S. 377.

Ein Jagdvorsteher, dessen persönliches Interesse von dem Fortbestande des Jagdpachtvertrags wesentlich betroffen wird, ist als verhindert zur Erhebung der Klage aus § 24 Abs. 2 anzusehen. An seiner Stelle ist sein Stellvertreter (§ 16 Abs. 4 JO.) dazu berechtigt. OG. vom 7. Mai 1923, Bd. 78 S. 381.

2. Zuständig zur Entscheidung ist in erster Instanz der Kreisausschuß, in Stadtkreisen der Bezirksausschuß. Berufungsinstanz ist, soweit es sich um Entscheidungen des Kreisausschusses handelt, der Bezirksausschuß (§ 82 LVG.). Berufungsfrist: zwei Wochen (§ 85 LVG.). Gegen die Entscheidung des Bezirksausschusses ist das Oberverwaltungsgericht Revisionsinstanz. Die Revision kann aber nur darauf gestützt werden, daß eine gesetzliche Vorschrift verletzt oder nicht richtig angewendet worden ist (§ 93 LVG.). Revisionsfrist: zwei Wochen (§ 95 LVG.).

Hat der Bezirksausschuß in erster Instanz entschieden, so steht gegen dessen Entscheidung die Berufung an das Oberverwaltungsgericht offen (§ 83 LVG.). Berufungsfrist: zwei Wochen (§ 85 LVG.).

3. Abs. 4. Die Jagdaufsichtsbehörde ist nur berechtigt (nicht verpflichtet), nach Abs. 4 vorzugehen, wenn ein Verwaltungsstreitverfahren über die Frage der Nichtigkeit schwebt (vgl. OG. Bd. 54 S. 474); ebenso ist der Jagdaufsichtsbehörde dieses Recht zuzusprechen, wenn ein Streit über die Grenzen des Jagdbezirks besteht. OG. in der Deutschen Juristenzeitung, Jahrg. 15 S. 374. Siehe auch vorstehend Anm. 1.

Übt ein Jagdpächter auf Grund eines nichtigen Vertrages die Jagd aus, so ist der Landrat als Jagdaufsichtsbehörde befugt, die Jagdausübung zu untersagen. OG. vom 21. Dezember 1905, Bd. 48 S. 282.

Die Anordnung ist keine polizeiliche Verfügung im Sinne der §§ 127 ff. LVG.; es finden daher auch nicht die Rechtsmittel gegen polizeiliche Verfügungen statt. Die Anordnung hat ihre Begründung in dem Aufsichtsrecht; gegen sie steht nur die Beschwerde bei der Aufsichtsbehörde zu (§ 70 JO.). Andererseits ist der Pächter berechtigt, wegen unbegründeter Untersagung der Jagdausübung (Abs. 4) Schadensersatzanspruch zu erheben. Wegen Jagdvergehens durch den Pächter siehe RGSt. vom 2. November 1914, Bd. 49 S. 83.

4. Siehe im Anhang Ausführungsanweisung Ziffer 19.

§ 25. Der Jagdvorsteher erhebt die Pachtgelder und sonstige Einnahmen aus der Jagdnutzung und verteilt sie nach Abzug der der Genossenschaft zur Last fallenden Ausgaben unter die Jagdgenossen des Bezirkes nach dem Verhältnisse des Flächeninhalts der beteiligten Grundstücke.

Der Verteilungsplan, welcher eine Berechnung der Einnahmen und Ausgaben enthalten muß, ist zur Einsicht der Jagdgenossen zwei Wochen lang öffentlich auszulegen. Ort und Zeit der Auslegung sind vorher vom Jagdvorsteher in ortsüblicher Weise bekanntzumachen.

Gegen den Verteilungsplan ist binnen zwei Wochen nach Beendigung der Auslegung Einspruch bei dem Jagdvorsteher zulässig.

Gegen dessen Bescheid findet innerhalb zwei Wochen die Klage beim Kreisausschuß, in Stadtkreisen beim Bezirksausschuß statt.

Vorstehende Bestimmungen gelten auch beim Anschluß von Grundflächen an einen Eigenjagdbezirk (§ 4 Abs. 1 Ziffer 2 Abs. 1, § 7 Abs. 5, §§ 8, 9) mit der Maßgabe, daß die zu zahlende Entschädigung nach Abzug der Ausgaben nur unter die Eigentümer der angeschlossenen Grundflächen zu verteilen ist.

Sind die Erträge der Jagd bisher herkömmlich für gemeinnützige Zwecke verwendet worden, kann es hierbei verbleiben; es ist aber jeder Grundeigentümer befugt, die Auszahlung seines Anteils zu verlangen.

Die Kassengeschäfte der Jagdgenossenschaft sind durch die Gemeindekasse zu führen; hierfür kann eine vom Kreisausschuß, in Stadtkreisen vom Bezirksausschuß, festzusetzende angemessene Vergütung gewährt werden.

1. Die Verwaltung durch den Jagdvorsteher ist eine unentgeltliche; nur für die Führung der Kassengeschäfte durch die Gemeindekasse kann eine Entschädigung verlangt und gewährt werden (Abs. 7). Der Jagdvorsteher erhebt die Pachtgelder. Die Zahlungsverbindlichkeit des Pächters wird also nur durch die Zahlung der Pachtgelder an den Jagdvorsteher erfüllt, der sie der Gemeindekasse überweist; die Quittung über die Zahlung hat der Jagdvorsteher, d. h. der Gemeindevorsteher als Jagdvorsteher, auszustellen. Die Gemeindekasse hat alle Einnahmen und Ausgaben nachzuweisen und entsprechend Rechnung zu legen.

Zu den Jagdgenossen gehören nur die Eigentümer und Nießbraucher (vgl. § 5 Abs. 3). Ist ein Gemeindebezirk in mehrere Jagdbezirke geteilt worden, so gelten die Bestimmungen des § 25 für jeden der Jagdbezirke. Die Einnahmen werden nach Abzug der der Genossenschaft als solcher zur Last fallenden Ausgaben (z. B. Entschädigung für Wildschaden) nach dem Verhältnisse des Flächeninhalts der zum gemeinschaftlichen Jagdbezirke gehörenden Grundstücke verteilt, nicht nach der Ertragsfähigkeit der Jagd auf ihnen. Der Ausschluß jagdertragsloser oder jagdertragsarmer Grundflächen ist unzulässig; ebenso dürfen die zu dem gemeinschaftlichen Jagdbezirk gehörenden Grundflächen, auf welchen die Jagd ruhen zu lassen durch rechtsgültigen Beschluß bestimmt worden ist, von der Anteilnahme an dem Reinertrage nicht ausgeschlossen werden.

Das Verteilungsverhältnis muß auch Geltung haben und Anwendung finden, wenn die Ausgaben die Einnahmen übersteigen sollten und demgemäß der die letzteren übersteigende Betrag an Ausgaben von der Genossenschaft gedeckt werden muß. In diesem Falle ist der Fehlbetrag auf die Genossen in demselben Verhältnis umzulegen. Die JO. enthält darüber zwar keine ausdrückliche Vorschrift; es ergibt sich diese Verpflichtung aber folgemäßig aus Abs. 1.

Die Klage gegen den Bescheid des Jagdvorstehers, betreffend den Verteilungsplan der Reineinnahmen der gemeinschaftlichen Jagdnutzung, hat zur Voraussetzung, daß der Kläger als Eigentümer (Nießbraucher) eines dem gemeinschaftlichen Jagdbezirke angehörenden Grundstücks auftritt. Vgl. OG. vom 14. März 1887, Bd. 14 S. 309. Die Erklärung des Jagdvorstehers, es seien zu verteilende Jagdpachtgelder nicht vorhanden, ist keine Berechnung der Einnahmen und Ausgaben, kein Nachweis derselben und darum kein Verteilungsplan in dem Sinne von Abs. 1 und 2. Die Erklärung ist daher als eine nur im Wege der Beschwerde bei der Aufsichtsbehörde anfechtbare Ablehnung einer Verteilung anzusehen. Vgl. OG. vom 6. Januar 1887, Bd. 14 S. 312.

Der Grundsatz der Einheitlichkeit des gemeinschaftlichen Jagdbezirks steht dem Ausschlusse jagdertragsloser oder ertragsarmer Flächen von der Jagdnutzung entgegen. Aus der Zugehörigkeit zu dem gemeinschaftlichen Jagdbezirk folgt die Anteilnahme an seiner Nutzung. Nach dem nicht veröffentlichten Urteil vom 27. November 1911 ist es unzulässig, jagdertragslose Flächen von der Verteilung an den aufkommenden Pachtgeldern auszuschließen. In dem Urteil vom 19. Februar 1912, Bd. 61 S. 305, ist dargelegt, daß auch die bebauten Grundflächen in der Ortslage bei der Aufstellung des Verteilungsplanes mit zu berücksichtigen seien. Eine unterschiedliche Beteiligung der einzelnen Grundflächen an dem Ertrage je nach ihrer Bedeutung für die Höhe des Pachtaufkommens wird durch § 25 Abs. 1 JO. ausgeschlossen, da dieser die Verteilung der Einnahmen aus der Jagdnutzung lediglich nach dem Verhältnis des Flächeninhalts der beteiligten Grundstücke vorschreibt. Der Beschluß, daß die Jagd auf einzelnen Grundflächen des gemeinschaftlichen Jagdbezirks ruhen solle, und daß einzelne Grundflächen nicht verpachtet werden sollen, ist auf die Berechtigung an den Einnahmen aus der Jagdnutzung ohne Einfluß. Wenn in dem erwähnten, nicht veröffentlichten Urteil vom 27. November 1911 als „beteiligte Grundstücke" im Sinne des § 25 Abs. 1 diejenigen bezeichnet werden, welche mitverpachtet sind, nicht bloß diejenigen, auf denen die Jagd tatsächlich ausgeübt werden kann, so hat damit nicht gesagt werden sollen, daß durch den besonders festgesetzten Ausschluß einzelner Flächen von der Mitverpachtung die Teilnahme an den Pachterträgen aufgehoben werde. OG. vom 23. Februar 1914, Bd. 67 S. 354.

Der Reichseisenbahnfiskus ist als Eigentümer von Grundstücken des gemeinschaftlichen Jagdbezirks berechtigt, an der Verteilung der Jagdpachtgelder teilzunehmen. Die bei der Beratung der JO. im Parlament abgegebene Erklärung eines Regierungsvertreters, daß der Eisenbahnfiskus im allgemeinen auf den ihm zukommenden Anteil aus den Pachtgeldern verzichtet, hat keine rechtsverbindliche Wirkung. Es war durch Allerhöchste Verordnung vom 12. Februar 1896 der Minister der öffentlichen Arbeiten ermächtigt worden, von der Einziehung der auf die eisenbahnfiskalischen Grundstücke entfallenden Anteile an den Jagdpachtgeldern „im einzelnen Falle nach Prüfung der Sachlage" abzusehen (vgl. Abs. 1 und 6 des § 25 JO.). Hätte der Eisenbahnfiskus von der entsprechenden Verteilung der Erträge ausgeschlossen werden sollen, so hätte dies ausdrücklich in dem Gesetz gesagt werden müssen. OG. vom 11. Januar 1923, Bd. 78 S. 362.

2. Abs. 2. Der Verteilungsplan muß eine Berechnung der Einnahmen und Ausgaben enthalten, der letzteren Nachweis (durch Quittung) erbringen. Er ist zwei Wochen lang öffentlich zur Einsicht der Jagdgenossen auszulegen. Ort und Zeit der Auslegung sind vom Jagdvorsteher vorher in ortsüblicher Weise bekanntzumachen. Über „Ortsüblichkeit" siehe Anm. zu § 17 Abs. 3

3. Abs. 3 und 4. Gegen den Verteilungsplan ist binnen zwei Wochen nach Beendigung der Auslegung Einspruch bei dem Jagdvorsteher zulässig. Die zweiwöchige Frist beginnt, nimmt ihren Lauf nach der Beendigung der Auslegung des Planes. Vor der Beendigung der Auslegung desselben ist die Einlegung des Einspruchs unzulässig. Gegen den auf den Einspruch ergangenen Bescheid des Jagdvorstehers steht die Verwaltungsklage beim Kreis- (Bezirks-) Ausschuß nach Abs. 4 offen.

Die Zuständigkeit der Verwaltungsgerichte erstreckt sich für Streitigkeiten über die Verteilung der Erträge nur darauf, ob der Jagdvorsteher bei Ausführung der Verteilung richtig verfahren ist, oder ob sie den Besitzer, der von der Klage nach Ablehnung seines Einspruchs Gebrauch macht, zu Unrecht übergangen oder ihn nicht nach Gebühr, d. h. nach dem richtigen Flächeninhalt, berücksichtigt hat, nicht auch darauf, was der Jagdvorsteher an Erträgen der Jagd hätte verteilen können und müssen. OG. vom 9. Februar 1903, Bd. 43 S. 296; OG. vom 15. Mai 1911, Bd. 59 S. 351. Den Erfordernissen eines Einspruchs gegen den Verteilungsplan ist genügt, wenn Grund und Zweck des Einspruchs erkennbar sind. Bei der Aufstellung des Verteilungsplanes sind bebaute Grundflächen der Ortslage, insoweit sie nicht Eigenjagdbezirke sind, mit zu berücksichtigen. OG. vom 19. Februar 1912, Bd. 61 S. 305. Im Verwaltungsstreitverfahren kann nur die Gesetzmäßigkeit der Verteilung der Jagdpachtgelder, nicht aber die Richtigkeit des Ansatzes an Einnahmen und Abzügen geprüft werden. OG. vom 25. April 1912, Bd. 61 S. 310.

Die Frist zur Einlegung des Einspruchs gegen einen Verteilungsplan läuft nicht, wenn die Auslegung dieses Planes nicht stattgefunden hat. In diesem Falle ist der Einspruch zeitlich unbeschränkt zulässig. Die Frist für die Erhebung des Einspruchs läuft von der Beendigung der Auslegung (Abs. 2) des Verteilungsplans. Hat keine Auslegung stattgefunden, wird die Einspruchsfrist nicht in Lauf gesetzt. OG. vom 13. April 1916, Bd. 71 S. 381.

Ein Jagdvorsteher, der als solcher in einem Verwaltungsstreitverfahren Partei ist, kann diese Parteirolle nicht weiterführen, wenn er im Laufe des Streitverfahrens aufhört, Gemeinde- und damit Jagdvorsteher zu sein. An seine Stelle tritt der gesetzliche Stellvertreter des Vorstehers der Gemeinde (§ 16 Abs. 4). OG. vom 20. Oktober 1913, Bd. 65 S. 332.

Der Einspruch kann also nur gegen die Art der Verteilung erhoben werden.

Klage auf Zahlung des auf ihn entfallenden Teiles kann der Jagdgenosse nur bei dem ordentlichen Gericht erheben, auch im Falle des Abs. 6. Sie ist an keine Frist gebunden; für sie gelten die privatrechtlichen Bestimmungen über Verjährung des Anspruchs. In dem durch Abs. 1 bis 4 geregelten, die Verteilung der Jagdpachtgelder betreffenden Verfahren kann nicht auch ein Streit über die Person des Empfangsberechtigten zum Austrag gebracht werden. OG. vom 15. Mai 1911, Bd. 59 S. 351.

4. Abs. 5. Auch in diesem Falle ist der Reinertrag, d. h. das Pachtgeld, welches der Inhaber des Eigenjagdbezirks für die angeschlossenen Grundflächen als Pachtzins zahlt, nach dem Verhältnisse der angeschlossenen Grundflächen, wenn diese verschiedenen Eigentümern gehören, an letztere zu verteilen.

5. Abs. 7. Angemessen ist die Vergütung, die dem Umfang der durch die Kassengeschäfte der Jagdgenossenschaft verursachten Tätigkeit entspricht. Dem Jagdvorsteher steht nach § 26 gegen die Festsetzung der Vergütung durch den Kreis- (Bezirks-) Ausschuß die Beschwerde zu.

6. Siehe im Anhang Ausführungsanweisung Ziffer 20 sowie auch den Erlaß des LMin. vom 29. Juni 1919, LMBl. S. 231, bei § 10 der Hannov. JO., Anm. a. E. angeführt.

§ 26. Der Beschluß in den Fällen des § 17 Abs. 4, 5, §§ 18, 19, 20 Abs. 2, 4, § 21 Abs. 4, § 22 Ziffer 2, 3, 4, § 23, § 25 Abs. 7, § 52 Abs. 2 ist endgültig, jedoch steht dem Jagdvorsteher und beim Anschluß an einen Eigenjagdbezirk (§§ 8 und 9) auch den Eigentümern der anzuschließenden Grundflächen innerhalb zwei

Wochen gegen den Beschluß des Kreisausschusses die Beschwerde an den Bezirksausschuß, gegen den in erster Instanz ergehenden Beschluß des Bezirksausschusses die Beschwerde an den Provinzialrat, ferner in gleicher Frist, soweit es sich um die Höhe der Pachtentschädigung handelt (§ 17 Abs. 2 und § 19), dem Jagdvorsteher und den Eigentümern der anzuschließenden Grundflächen und im Fall des § 19 auch dem Inhaber des Eigenjagdbezirks der Antrag auf mündliche Verhandlung im Verwaltungsstreitverfahren zu. Wenn der Antrag auf mündliche Verhandlung von mehreren hierzu Berechtigten gestellt wird, ist das Verfahren zu verbinden. Die ergehende Entscheidung hat Geltung für alle Beteiligten.

1. Siehe die im § 26 genannten einzelnen Paragraphen und die Anmerkungen dazu.

2. Neben dem Antrag auf mündliche Verhandlung im Verwaltungsstreitverfahren über die Höhe der Pachtentschädigung steht auch die Beschwerde offen.

Gegen den Beschluß des Kreisausschusses über einen Einspruch gegen einen von dem Jagdvorsteher abgeschlossenen Jagdpachtvertrag (§ 23) ist nach § 26 nur dem Jagdvorsteher, nicht dem Jagdpächter die Beschwerde an den Bezirksausschuß gegeben. Die Klage im Verwaltungsstreitverfahren ist dagegen nicht zulässig. Die Klage gegen den Landrat würde nur insoweit gegeben sein, als es sich um Anfechtung eines von ihm als Jagdpolizeibehörde an den Kläger erlassenen Verbots handelt, die Jagd auf dem Gemeindebezirke auszuüben, weil Kläger dazu nicht berechtigt sei, nachdem der Kreisausschuß durch Anerkennung der Berechtigung des Einspruchs eines Dritten den abgeschlossenen Jagdpachtvertrag für ungültig erklärt habe. OG. vom 3. Mai 1917, Bd. 73 S. 388.

Der Beschluß des Kreisausschusses muß den Grundstückseigentümern zugestellt werden. Die Eigentümer müssen zugezogen werden, ebenso der Inhaber des Eigenjagdbezirks, also alle diejenigen Personen, deren Interessen durch den Gegenstand des Verwaltungsstreitverfahrens berührt werden. Der Antrag ist bei dem Kreisausschuß, in Stadtkreisen beim Bezirksausschuß zu stellen. Zuständig ist der Kreis- (Bezirks-) Ausschuß, in dessen Bezirk die Grundflächen liegen.

Falls eine Enklave sich im Eigentum mehrerer Personen befindet und nur eine von ihnen Einspruch erhoben hat, trifft die Entscheidung alle Miteigentümer.

3. Siehe im Anhang Ausführungsanweisung Ziffer 21.

4. Durch die allgemeine Verwaltungsgebührenordnung sind für das Beschlußverfahren besondere Gebühren festgesetzt, die auch bei den nach den Vorschriften der JO. zu erteilenden Genehmigungen usw. (z. B. bei der Genehmigung der Verpachtung einer Jagd an mehr als drei Pächter und bei Genehmigung der Weiterverpachtung gemäß § 22 JO.) zu erheben sind. MinErl. vom 7. März 1925, LMBl. S. 133. (Siehe im Anhang die Verwaltungsgebührenordnung.) Vgl. Ausführungsbestimmungen des Ministers des Innern, des Finanzministers, des Ministers für Handel und Gewerbe usw., betreffend Festsetzung, Einziehung und Verrechnung der Gebühren (Kostenpauschsatz) und baren Auslagen des Verwaltungsstreitverfahrens, vom 26. Juli 1927, MBl. f. d. i. Verw. S. 781.

§ 27. Sowohl den Pächtern gemeinschaftlicher Jagdbezirke als auch den Inhabern von Eigenjagdbezirken ist die Anstellung von Jägern für ihre Reviere gestattet.

Als Jäger dürfen im Fall des § 6 Abs. 2 und des § 20 Abs. 2 nur solche großjährigen Männer angestellt werden, gegen welche keine Tatsachen vorliegen, die nach den §§ 34 und 35 die Versagung des Jagdscheins rechtfertigen.

1. Die Zahl der Jäger ist gesetzlich nicht beschränkt. Vgl. dagegen die Anstellung von Jägern nach § 6 Abs. 2, falls juristische Personen usw. Inhaber von Eigenjagdbezirken sind, und die

Anstellung von Jägern für gemeinschaftliche Jagdbezirke nach § 20 Abs. 2; in diesen Fällen ist die Anstellung auf drei Jäger beschränkt. Anstellung erfolgt nach den Bestimmungen des BGB. über Dienstvertrag (§§ 611 ff. BGB.).

2. Zur Großjährigkeit ist in der Regel die Vollendung des 21. Lebensjahres erforderlich (§§ 2 ff. BGB.).

3. Siehe im Anhang Ausführungsanweisung Ziffer 22.

§ 28. In allen Festungswerken ist allein die Militärverwaltung befugt, die Jagd durch besonders dazu ermächtigte Personen ausüben zu lassen.

Außerhalb dieser Werke, desgleichen um die Pulvermagazine und ähnliche Anstalten werden auf Kosten der Militärverwaltung Umkreise oder Rayons von zusammenhängender Fläche gebildet und bezeichnet, innerhalb welcher die Jagd mit Feuergewehren nicht ausgeübt werden darf, bei Vermeidung einer Geldstrafe von 15 bis 60 Reichsmark.

Die weiteste Entfernung der Außenlinie von den ausspringenden Winkeln des Glacis, der Pulvermagazine und ähnlicher Anstalten wird auf dreihundert Schritte festgesetzt. Die Abgrenzung erfolgt gemeinschaftlich von der Festungsbehörde, einem Deputierten des Gemeinde- (Guts-) Vorstandes und einem der Kreisverwaltung.

1. Abs. 1. Innerhalb der Festungswerke ist die Militärverwaltung jagdberechtigt. Das Erfordernis des Jagdscheins für die ermächtigten Personen wird bestritten. Vgl. § 30 Ziffer 3. Er ist aber gemäß § 29 erforderlich.

2. Abs. 2. Vgl. das Rayongesetz vom 21. Dezember 1871 (RGBl. S. 459). Siehe §§ 38, 72 Ziffer 2. Regelt Abs. 1 die Ausübung der Jagd innerhalb aller Festungswerke, so regelt Abs. 2 sie außerhalb dieser in einem bestimmten Umkreise, ebenso für Pulver-

magazine und ähnliche — Munitions- — Anstalten (außerhalb der Festungswerke). Es werden für diese Sicherheitsmaßnahme Umkreise oder Rayons von zusammenhängender Fläche auf Kosten der Militärverwaltung gebildet und bezeichnet, innerhalb deren die Jagd mit Feuergewehren — nicht aber mit anderen zulässigen Jagdmitteln — nicht ausgeübt werden darf. Die weiteste Entfernung der Außenlinie wird in Abs. 3 bestimmt.

Die Geldstrafe ist im Unvermögensfalle in entsprechende Haft umzuwandeln.

Eine Entschädigung für die Beschränkung der Ausübung der Jagd ist nicht ausgesprochen.

3. Siehe im Anhang Ausführungsanweisung Ziffer 23.

Dritter Abschnitt.

Jagdscheine.

§ 29. Wer die Jagd ausübt, muß einen auf seinen Namen lautenden Jagdschein bei sich führen. Zuständig für die Erteilung des Jagdscheins ist der Landrat, in Stadtkreisen die Ortspolizeibehörde desjenigen Kreises, in welchem der den Jagdschein Nachsuchende einen Wohnsitz hat oder zur Ausübung der Jagd berechtigt ist.

Personen, welche weder Angehörige eines deutschen Bundesstaates sind, noch in Preußen einen Wohnsitz haben, kann der Jagdschein gegen die Bürgschaft einer Person, welche in Preußen einen Wohnsitz hat, erteilt werden. Die Erteilung erfolgt durch die für den Bürgen gemäß Abs. 1 zuständige Behörde. Der Bürge haftet für die Geldstrafen, welche auf Grund dieses Gesetzes oder wegen Übertretung sonstiger jagdpolizeilicher Vorschriften gegen den Jagdscheinempfänger verhängt werden, sowie für die Untersuchungskosten.

1. Der Besitz des Jagdscheins begründet nicht mehr als eine Beweis a n z e i g e dafür, daß der Inhaber und die Person, auf welche die Karte lautet, dieselben sind. Der Jagdkarte kommt die Eigenschaft einer öffentlichen Urkunde im Sinne des § 270 RStGB. nicht zu. RGSt. vom 15. Oktober 1908, Bd. 42 S. 14.

Ausübung der Jagd ist die auf die Aneignung des Wildes gerichtete Tätigkeit. Vgl. RGSt. vom 17. September 1915, Bd. 49 S. 272. Wer dem jagdbaren Wild nachstellt, um es in Besitz zu nehmen, übt die Jagd aus. RGSt. vom 17. Februar 1910, Bd. 39 S. C. 37.

Der Jagdschein ist ein Ausweisschein, daß gegen die Ausübung der Jagd durch die im Jagdschein bezeichnete Person keine polizeilichen Bedenken bestehen. Seine Erteilung ist nicht von der Jagdberechtigung abhängig und darf nur aus den in der JO. (§§ 34, 35) angegebenen Gründen versagt werden. Vgl. aber § 27 Abs. 2. Einen Jagdschein muß auch derjenige haben, welcher die Jagd auf jagdfreiem Gebiet ausübt. Wer die Jagd ausübt, muß 1. einen Jagdschein haben und 2. ihn bei Ausübung der Jagd bei sich führen. Wer nach Ausübung der Jagd außerhalb des Jagdgebietes, zur Jagd ausgerüstet, die Jagdbeute fortschafft, macht sich durch den Nichtbesitz des Jagdscheins nicht strafbar. KG. vom 13. Mai 1897, Bd. 18 S. 280. Auch derjenige, welcher bei einer Treibjagd, wenn auch ohne Gewehr, als Flügelmann bei der Schützenkette tätig ist und sich von seinem Hunde einen geschossenen Hasen in der Absicht, dieses Wild sich anzueignen, apportieren läßt, übt die Jagd aus und bedarf eines Jagdscheins. KG. vom 7. Juli 1890, Bd. 1 S. 283. Vgl. KG. vom 18. Oktober 1888, Bd. 9 S. 265.

In Stadtkreisen ist für die Erteilnng des Jagdscheins zuständig die Behörde, welche die örtliche Polizei verwaltet (der Bürgermeister, in Städten mit staatlicher Polizeiverwaltung der Polizeipräsident). Es können mehrere Behörden zuständig sein, so z. B. auch, wenn der Nachsuchende mehrere Wohnsitze hat oder in mehreren Kreisen zur Ausübung der Jagd berechtigt ist. Die örtliche Unzuständigkeit macht den Jagdschein nicht ungültig, wohl aber die sachliche. Ein minderjähriger Sohn, der in väterlicher Gewalt steht, und der die österreichische Staatsangehörigkeit erlangt, teilt den Wohnsitz des Vaters (OG. vom 26. Januar 1898, Bd. 33 S. 333).

Zur Ausübung der Jagd ist sowohl der Eigenjagdbesitzer als auch der Jagdpächter berechtigt, ebenso auch der, welcher die Jagderlaubnis erhalten hat, also alle Personen, welche auf Grund eigenen oder abgeleiteten Rechtes zur Ausübung der Jagd berechtigt sind. Voraussetzung ist, daß demjenigen, von welchem das Recht abgeleitet wird, die Berechtigung zur Ausübung der Jagd zusteht. Ruht es (vgl. § 6 Abs. 2, § 20 Abs. 2), so ist der Inhaber des Jagdausübungsrechtes nicht jagdberechtigt. Dasselbe gilt, wenn ein Jagdpachtvertrag nicht gültig ist.

Da derjenige Grundbesitzer und Nutzungsberechtigte, welcher auf seinem Grundstück dem Schwarzwild nachstellt, die Jagd ausübt, so bedarf er auch nach § 29 JO. eines Jagdscheins, den er während der Jagdausübung bei sich führen muß. KGSt. vom 17. Februar 1910, Bd. 39 S. C. 37.

2. Die Bürgschaft muß schriftlich sein; vgl. §§ 765 ff. BGB.; sie ist stempelpflichtig. Bürge kann jede Person sein, welche in Preußen einen Wohnsitz hat.

Vgl. darüber die Anm. zu § 97 FG. in „Das preußische Fischereigesetz" von A. Born; vgl. auch daselbst § 92 FG. und das über die rechtliche Natur usw. des Fischereischeins in den Anmerkungen Gesagte. Der Fischereischein entspricht dem Jagdschein.

Die Haftung des Bürgen erstreckt sich nicht auf Geldstrafen, die auf Grund der §§ 292, 293 RGSt. (Jagdvergehen) oder des § 303 (Sachbeschädigung) verwirkt sind.

Der einem Ausländer ohne Bürgschaft erteilte Jagdschein ist ungültig. Dem Ausländer kann ein Jagdschein erteilt werden — die Erteilung ist in das freie Ermessen der Behörde gestellt —, aber nur gegen die Bürgschaft einer Person, welche in Preußen einen Wohnsitz hat. Die Forderung der Bürgschaft einer solchen Person ist der Behörde zur Pflicht gemacht (zwingend), sofern die Behörde den Jagdschein an einen Ausländer zu erteilen beabsichtigt. Das Wort „kann“ bezieht sich nur auf die Erteilung des Jagdscheins, nicht auf die Forderung der Bürgschaftsstellung. Behördliche Zuständigkeit regelt Abs. 2 Satz 2 in Verbindung mit Abs. 1.

3. Das Verwaltungsstreitverfahren findet nicht bloß bei der gänzlichen Versagung eines Jagdscheins, sondern auch dann statt, wenn die Erteilung an die Bedingung der Bürgschaftsstellung oder die Zahlung einer erhöhten Jagdscheinabgabe geknüpft oder die Erteilung eines unentgeltlichen Jagdscheins abgelehnt wird. OG. vom 26. Januar 1898, Bd. 33 S. 333.

4. Strafvorschriften: § 72 Ziffer 1, §§ 73, 74 JO. Siehe auch RGSt. Bd. 42 S. 14 wegen Fälschung eines Jagdscheins.

5. Über Kosten der Vordrucke für Jagdscheine siehe RdErl. des LMin. vom 10. Februar 1926, LMBl. S. 147.

6. Siehe im Anhang Ausführungsanweisung Ziffer 24, 25.

§ 30. Eines Jagdscheines bedarf es nicht:

1. zum Ausnehmen von Kiebitz- und Möweneiern,
2. zu Treiber- und ähnlichen bei der Jagdausübung geleisteten Hilfsdiensten,
3. zur Ausübung der Jagd im Auftrage oder auf Ermächtigung der Jagdpolizeibehörde in den gesetzlich vorgesehenen Fällen.

Der Auftrag oder die Ermächtigung vertritt die Stelle des Jagdscheins.

1. Ziffer 1. Vgl. § 42.

2. Treiberdienste sind Dienste bei der Jagdausübung zum Zwecke der Aufscheuchung und des Zujagens von Wild in der Richtung zu den Personen, welche die Jagd ausüben. Es sind also Hilfsdienste zur Erleichterung des Jagderfolges, d. h. des Erlegens und Aneignens des Wildes.

Ähnliche Hilfsdienste bei der Jagdausübung sind z. B. Dienste, welche bezwecken, das erlegte Wild zu sammeln. Die Hilfsdienste können verschiedenartig sein; immer darf es sich nur um solche Dienste handeln, welche bei, d. h. während der Jagdausübung des zur Ausübung der Jagd Berechtigten geleistet werden.

Niemals darf es sich um Dienste handeln, welche als eine Ausübung der Jagd anzusehen sind, wenn auch die Aneignung von jagdbaren Tieren für den Jagdberechtigten erfolgt. In solchem Falle ist ein Jagdschein und seine Beisichführung erforderlich.

3. Ziffer 3. Solche gesetzlich vorgesehenen Fälle, in welchen die Jagdpolizeibehörde (§ 69 Abs. 1) zur Ausübung der Jagd einen Auftrag zu erteilen oder die Ermächtigung zu geben berechtigt ist, siehe § 64 Abs. 4, §§ 61, 63, 66, 67. In all diesen Fällen tritt an Stelle des Jagdscheins der Auftrag oder die Ermächtigung. Derjenige, welchem der Auftrag erteilt ist oder der die Ermächtigung erhalten hat, ist verpflichtet, denselben während der Ausübung der Jagd bei sich zu führen. Der Auftrag oder die Ermächtigung der Jagdpolizeibehörde muß also schriftlich erteilt sein und den Umfang des Auftrags usw. genau angeben. Wer den Auftrag usw. nicht bei sich führt, macht sich nach § 72 Ziffer 1 JO. strafbar.

§ 31. Der Jagdschein gilt für den ganzen Umfang des Staates. Er wird in der Regel auf ein Jahr ausgestellt (Jahresjagdschein). Personen, welche die Jagd nur vorübergehend ausüben wollen, kann jedoch ein auf drei aufeinanderfolgende Tage gültiger Jagdschein (Tagesjagdschein) ausgestellt werden.

Der Jagdschein gilt auch in der Provinz Hannover und in den Hohenzollernschen Landen, nicht aber in Helgoland. Der Tag der Ausstellung wird bei der Berechnung der Frist mitgerechnet (§ 187 Abs. 2 BGB.). Eine nach Tagen bestimmte Frist (Tagesjagdschein) endigt mit dem Ablaufe des letzten Tages der Frist (§ 188 Abs. 1 BGB.). Im übrigen siehe § 188 Abs. 2 BGB. Siehe auch im Anhang Ausführungsanweisung Ziffer 25 I, auch Abs. 3, 5 und 6 sowie auch Ziffer 26 daselbst.

§ 32. Für den Jahresjagdschein ist eine Abgabe von 15 Reichsmark, für den Tagesjagdschein von 3 Reichsmark zu entrichten. Personen, welche weder Angehörige eines deutschen Bundesstaates sind, noch in Preußen einen Wohnsitz oder einen Grundbesitz mit einem Grundsteuerreinertrag von 150 Reichsmark haben, müssen eine erhöhte Abgabe für den Jahresjagdschein von 100 Reichsmark, für den Tagesjagdschein von 20 Reichsmark entrichten.

Insoweit durch völkerrechtliche Verträge den Angehörigen gewisser Staaten eine inländergleiche Behandlung zugesichert ist, behält es hierbei sein Bewenden.

Neben der Jagdscheinabgabe werden [Ausfertigungs- oder] Stempelgebühren nicht erhoben.

Gegen Entrichtung von 1 Reichsmark kann eine Doppelausfertigung des Jagdscheins gewährt werden.

Die Jagdscheinabgabe fließt zur Kreiskommunalkasse, in den Stadtkreisen zur Gemeindekasse. Über die Verwendung der eingegangenen Beträge hat die Vertretung des betreffenden Kommunalverbandes zu beschließen.

1. Art. 2 Abs. 2 des Gesetzes vom 19. Oktober 1922 sowie Art. I des Gesetzes vom 15. April 1923 und Abs. 3 der Verordnung vom 12. November 1923, welche gleichlautend besagen: „Die vor dem Inkrafttreten dieses Gesetzes (dieser Verordnung) ausgestellten Jagdscheine behalten ihre Gültigkeit für die Zeit, für die sie ausgestellt sind", sind in § 32, welcher durch die eben genannten Gesetze und Verordnung wiederholt geändert worden ist, nicht wiedergegeben; diese Bestimmung stimmt inhaltlich mit dem § 85 JO. überein. § 32 entspricht im übrigen der durch die besagten Gesetze (Verordnung) und Art. II des Gesetzes vom 15. Juli 1924 (GS. S. 577) sowie die Verwaltungsgebührenordnung vom

30. Dezember 1926 (GS. S. 327) gegebenen Änderung (siehe auch Jagdscheingesetz unter Nr. 5 der für die Provinz Hannover geltenden Gesetze). Die im § 32 ursprünglich vorgeschriebenen Abgabenbeträge sind als Reichsmarkbeträge (Verordnung vom 2. Juli 1926, GS. S. 192) wieder gesetzlich eingestellt. Abs. 2 ist neu.

Die Abgabe (Jagdabgabe) für den Jahresjagdschein und Tagesjagdschein ist bestehen geblieben. Die Höhe der Abgabe ist durch das Gesetz zur Änderung der Jagdordnung vom 15. Juli 1924 (GS. S. 577), für einen Inländer-Jahresjagdschein von 5 Goldmark auf 15 Goldmark und für den Inländer-Tagesschein von 1 Goldmark auf 3 Goldmark festgesetzt worden. An Stelle Goldmark ist Reichsmark getreten (Reichsmünzgesetz vom 30. August 1924, RGBl. II S. 254, in Verbindung mit der preuß. Verordnung vom 2. Juli 1926, GS. S. 192). Wie die Verf. des LMin. vom 2. August 1924, betreffend Erhöhung der Jagdscheinabgabe (LMBl. S. 443), hervorhebt, sind die durch die Verordnung vom 12. November 1923 (GS. S. 532) festgesetzten Beträge für Ausländerjagdscheine und für Doppelausfertigungen sowie die neben den Abgaben zu entrichtenden Verwaltungsgebühren unberührt geblieben. Vgl. MBl. f. d. i. V., Jahrg. 1925, S. 327: Die Vorschriften über die Jagdscheinabgabe aus § 32 JO. in Verbindung mit der Verordnung vom 12. November 1923 (GS. S. 532) und Art. II des Gesetzes zur Änderung der JO. vom 15. Juli 1924 (GS. S. 577) bleiben unberührt. Die Abgabe von 15 Reichsmark usw. sowie die Abgabe von 1 Reichsmark für eine Doppelausfertigung bleiben danach bestehen.

2. Abs. 3 ist durch die Gebührenordnung geändert. Maßgebend ist jetzt die Gebührenordnung vom 30. Dezember 1926 (GS. S. 327). Danach (Gebührentarif Nr. 44) wird für einen Inländer-Jahresjagdschein eine Gebühr von 10 Reichsmark, für einen Inländer-Tagesjagdschein eine Gebühr von 2 Reichsmark erhoben, für einen Jahresjagdschein für Personen, welche weder Angehörige eines deutschen Landes sind, noch in Preußen einen Wohnsitz oder einen Grundbesitz mit einem Grundsteuerreinertrage von 150 Reichsmark haben, 100 Reichsmark, für

einen Tagesjagdschein für solche Personen 20 Reichsmark. (Vgl. LMinErl. vom 11. Juni 1924, LMBl. S. 349.) Ein Stempelbetrag wird nicht mehr erhoben; an seine Stelle ist die Gebühr getreten.

3. Was die Jagdscheine für Ausländer anlangt, so kann nach näherer Anweisung des LMin. die Gebühr bis auf den Satz für Inländer ermäßigt werden. Nach dem RdErl. des LMin. vom 4. Februar 1926, LMBl. S. 139, ist den Angehörigen der Staaten Danzig, Schweden, Niederlande, Luxemburg, Österreich, Türkei, Argentinien, Chile, Mexiko und Paraguay die Ermäßigung des Verwaltungsgebührensatzes bis auf den Satz der Inländer zugebilligt worden. Diese Bestimmung gilt nach dem RdErl. vom 5. November 1927 (LMBl. S. 845) auch für die Angehörigen des Staates Belgien. Für die Angehörigen der Schweiz ist die im Abs. 5 der Nr. 65 der zum Stempelsteuergesetz vom 26./30. Juni 1909 erlassenen AusfAnw. vom 16. August 1910 zugebilligte Vergünstigung der Inlandssätze durch MinErl. vom 11. Juni 1914 (LMBl. S. 226) aufgehoben worden. Die Ermäßigung zieht — wie früher die Ermäßigung des Stempels, an dessen Stelle die Verwaltungsgebühr getreten ist — eine Ermäßigung der Jagdabgabe nach sich (vgl. Ziffer 25 IV der AusfAnw. zu JO.). Die Stellung eines Bürgen gemäß § 29 Abs. 2 JO. wird hierdurch nicht berührt.

Für Doppelausfertigung eines Jagdscheins sind als Gebühr 0,50 Reichsmark zu entrichten. (Vgl. LMBl. vom 11. Juni 1924, S. 349.)

4. Gebührenfrei sind Jagdscheine für die auf Grund des § 23 des Forstdiebstahlgesetzes vom 15. April 1878 (GS. S. 222) beeidigten sowie diejenigen Personen, welche sich in der für den Staatsforstdienst vorgeschriebenen Ausbildung befinden (vgl. § 33).

Über die Kosten der Vordrucke für Jagdscheine siehe RdErl. des LMin. vom 15. Juli 1926, LMBl. S. 380.

5. Der Inhaber eines Jagdscheines ist zur Führung einer Waffe berechtigt und bedarf keines besonderen Waffenscheins (MinErl. vom 31. August 1914, MBl. f. d. i. V. S. 262.) Aber nur für

Jagdwaffen bedarf der Inhaber eines Jagdscheins zur Führung einer Waffe keines besonderen Waffenscheins für die Dauer der Gültigkeit des Jagdscheins (MinErl. vom 3. Dezember 1924, MBl. f. d. i. V. S. 1157). RdErl. vom 4. August 1925 (LMBl. S. 386) besagt, daß der RdErl. vom 3. Dezember 1924 auf Forstbeamte keine Anwendung findet, da sie zu jenen Beamten gehören, welche — wie die Polizeibeamten — kraft ihres Amtes zur Führung von Waffen berechtigt sind und somit eines Waffenscheins zu deren unbeschränkter Führung nicht bedürfen. Zu den Forstbeamten im obigen Sinne gehören alle diejenigen, die das Waffengebrauchsrecht haben und sich als Forstbeamte ausweisen können. Die Frage, ob Pistole oder Revolver unter die für Forstbeamte zulässigen Waffen fallen, ist zu bejahen, und zwar ohne Rücksicht darauf, ob sie sichtbar oder unsichtbar getragen werden.

6. Wenn die Behörde auch für befugt erachtet werden muß, die Aushändigung des Legitimationspapiers zu verweigern, solange die für die Erteilung des Jagdscheins gesetzlich bestimmte Abgabe nicht entrichtet ist, so bringt das Jagdscheingesetz — jetzt die JO. — die Entrichtung der Abgabe mit der Erteilung der polizeilichen Erlaubnis doch nicht derartig in Verbindung, daß, wenn die Abgabe kreditiert oder irrtümlich nicht bezahlt worden ist, die Erlaubnis zum Jagen hinfällig und das ausgehändigte Legitimationspapier ungültig (nichtig) wird! OG. vom 8. November 1896, Bd. 31 S. 242.

7. Siehe im Anhang Ausführungsanweisung Ziffer 24, 25.

8. Vgl. auch allgemeine Verf. des Min. d. J. und des FinMin., betreffend kommunale Jagdsteuerordnung, vom 24. März 1922 und vom 9. Dezember 1922, MBl. f. d. i. V. S. 370 und S. 1235, auch vom 24. Juni 1922 (MBl. f. d. i. V. S. 654); über Beseitigung von Härten MErl. vom 8. Juni 1924 (MBl. f. d. i. V. S. 619); die Erhebung einer kommunalen Jagdsteuer von Eigenjagdbezirken ist zulässig; siehe MErl. vom 6. Januar 1925 (MBl. f. d. i. V. S. 19); über Herabsetzung der Steuer siehe MErl. vom 4. Dezember 1924 (MBl. f. d. i. V. S. 1155), MErl. vom 7. Januar 1925 (MBl. f. d. i. V. S. 20), MErl. vom 14. Januar 1926 (MBl.

f. d. i. V. S. 43) und vom 26. März 1927 (MBl. f. d. i. V. S. 345) (Höchstsatz fortan 10 v. H.); über die Erhebung einer Jagdsteuer durch Kreise und Gemeinden: MErl. vom 29. April 1926 (MBl. f. d. i. V. S. 427); vgl. auch OG. vom 20. April 1926 über Ungültigerklärung einer Jagdsteuerordnung (MBl. f. d. i. V. S. 685); und OG. vom 9. März 1926, Bd. 81 S. 85, wonach die Vorschrift einer Steuerordnung ungültig ist, nach welcher jeder steuerpflichtig ist, der auf im Kreise belegenen Grundstücken das Recht zur Ausübung der Jagd hat; endlich Besteuerung von Hoch- und Tiefsitzen und Jagdkanzeln MErl. vom 30. Juli 1926 (MBl. f. d. i. V. S. 718). Kreisabgaben (Jagdsteuer): Die Bestimmung einer Steuerordnung, welche die in einem Jagdbezirke vorhandenen Hochsitze und Tiefsitze der Besteuerung unterwirft, ist ungültig. OG. vom 11. Mai 1926, Bd. 81 S. 88. Siehe ferner OG. vom 4. Mai 1926, Bd. 81 S. 86, vom 29. Juni 1926, Bd. 81 S. 90.

§ 33. Von der Entrichtung der Jagdscheinabgabe sind befreit:

die auf Grund des Forstdiebstahlgesetzes vom 15. April 1878 (GS. S. 222) beeidigten sowie diejenigen Personen, welche sich in der für den Staatsforstdienst vorgeschriebenen Ausbildung befinden.

Der unentgeltlich erteilte Jagdschein genügt nicht, um die Jagd auf eigenem oder gepachtetem Grund und Boden oder auf solchen Grundstücken auszuüben, auf welchen von dem Jagdscheininhaber außerhalb seines Dienstbezirks die Jagd gepachtet worden ist.

Die Unentgeltlichkeit ist auf dem Jagdschein zu vermerken.

1. Die Befreiung von der Jagdscheinabgabe nach § 33 JO. steht den auf Grund des § 23 des Forstdiebstahlgesetzes vom 15. April 1878 beeideten Personen zu; nach letzterer Gesetzesstelle dürfen aber nur solche Personen vereidigt werden, welche mit dem

Forstschutz betraut sind. Als notwendige Voraussetzung für die Befreiung ist daher die Betrauung mit dem Forstschutz anzusehen. Wie in der Ausführungsanweisung zur JO. unter Nr. 25 Ziffer III ausgesprochen ist, erlischt die Befugnis zur Führung eines unentgeltlichen Jagdscheins, sobald die Voraussetzungen der Befreiung aufhören. Hiermit steht nicht in Widerspruch mein, des mitunterzeichneten LMin., an die Regierungspräsidenten gerichteter Erlaß vom 5. Februar 1896 — III 17336/I B 745 —, nach welchem Personen, auch wenn sie als Mitglied der Regierung in eine höhere Dienststellung als diejenige eines Forstschutzbeamten oder Oberförsters gelangen, im Genusse der Berechtigung auf Erlangung eines unentgeltlichen Jagdscheins bleiben, da die Wahrnehmung des Forstschutzes zum Geschäftsbereich der Regierung gehört und auch die Forsträte und Oberforstmeister in die Lage kommen können, den Forstschutz praktisch auszuüben. (MErl., betreffend Befreiung von der Entrichtung der Jagdscheinabgabe, vom 18. Januar 1910, LMBl. S. 240.)

2. Ein unrichtigerweise erteilter unentgeltlicher Jagdschein ist ungültig.

3. Der unentgeltlich erteilte Jagdschein gilt nur für den Dienstbezirk des Jagdscheininhabers in Ausübung des Forstschutzes. Für Ausübung der Jagd auf eigenem Grund und Boden oder auf außerhalb seines Dienstbezirks jagdgepachteten Grundstücken ist ein Jagdschein erforderlich, welcher den Vorschriften der §§ 29, 31, 32 JO. unterliegt. Vgl. MErl. vom 15. und 17. Oktober 1895 (MBl. f. d. i. V. S. 236 und 253).

4. Auch den unentgeltlich erteilten Jagdschein muß der Inhaber bei sich führen.

5. § 33 gilt nur für die mit dem Forstschutz betrauten Personen, nicht für solche Personen, welchen nur der Jagdschutz obliegt. Vgl. OG. vom 4. Juli 1910, Bd. 58 S. 358.

6. Gegen die Versagung des unentgeltlichen Jagdscheins stehen die im § 37 vorgesehenen Rechtsmittel offen.

Vgl. auch Anm. 3 zu § 29.

7. Den unter § 33 fallenden Personen steht ein gesetzlicher Anspruch auf Erteilung eines unentgeltlichen Jagdscheins zu („sind" befreit).

8. Siehe im Anhang Ausführungsanweisung Ziffer 25.

§ 34. Der Jagdschein muß versagt werden:

1. Personen, von denen eine unvorsichtige Führung des Schießgewehrs oder eine Gefährdung der öffentlichen Sicherheit zu besorgen ist;

2. Personen, welche sich nicht im Besitze der bürgerlichen Ehrenrechte befinden oder welche unter polizeilicher Aufsicht stehen;

3. Personen, welche in den letzten zehn Jahren

   a) wegen Diebstahl, Unterschlagung oder Hehlerei wiederholt, oder

   b) wegen Zuwiderhandlung gegen die §§ 117 bis 119 und 294 des Reichsstrafgesetzbuchs mit mindestens drei Monaten Gefängnis bestraft sind.

1. Liegt eine der in Ziffer 1 bis 3 enthaltenen Voraussetzungen vor, so **muß** der Jagdschein versagt werden; die zuständige Behörde ist zur Versagung verpflichtet. Werden an die Erteilung eines Jagdscheins Bedingungen geknüpft, so gilt dies als Versagung (vgl. Anm. 3 zu § 29). Um die Erteilung eines Jagdscheins zu versagen, müssen bestimmte Tatsachen gegen den die Erteilung des Jagdscheins Nachsuchenden vorliegen, welche die Verpflichtung zur Versagung nach Ziff. 1 bis 3 begründen. Rechtsmittel gegen die Versagungsverfügung siehe § 37.

Ziffer 1. Die unvorsichtige Führung des Schießgewehrs darf nicht bloß eine zufällige sein, sondern sie muß eine dem den Jagdschein Nachsuchenden dauernd anhaftende, eine gewohnheitsmäßige sein.

„Der Begriff der öffentlichen Sicherheit umfaßt alles, was nach der Sprache des gewöhnlichen Lebens und der Gesetze selbst darunter verstanden wird, insbesondere also das Gesichertsein der Staatsangehörigen vor gewaltsamen und widerrechtlichen Angriffen in Ansehung ihrer Person, ihrer Ehre, ihrer Rechte und ihres Vermögens. Das Gesetz hat nicht bloß einer von der Unerfahrenheit oder dem Leichtsinn zu befürchtenden Gefährdung der öffentlichen Sicherheit vorbeugen, sondern vor allem diejenigen von der Ausübung der Jagd und von der berechtigten Führung des Jagdgewehres ausschließen wollen und ausgeschlossen, von denen eine Durchbrechung des geordneten Rechtszustandes, eine Kränkung der unter dem Schutze der öffentlichen Sicherheit stehenden Rechte anderer — insbesondere auch auf dem Gebiete des Lebens, der Gesundheit oder des Eigentums — zu besorgen ist; es hat aber, wie aus dem Zusammenhang klar hervorgeht, keineswegs jede Verletzung irgendwelcher staatsbürgerlicher Pflichten, jeder, sei es strafbare, sei es nicht strafbare Verstoß gegen die öffentliche Ordnung auf irgendeinem Lebensgebiete als „Durchbrechung des geordneten Rechtszustandes" unter den Begriff der Gefährdung der öffentlichen Sicherheit im Sinne des Jagdgesetzes gebracht werden sollen. Eine so weitgehende Auffassung des Versagungsgrundes würde nicht allein mit dem Sprachgebrauch des gewöhnlichen Lebens und der Gesetze, sondern auch mit dem sonstigen Inhalt des § 15, insbesondere dem Abs. 2, des Jagdpolizeigesetzes vom 7. März 1850 — dem § 35 JO. entspricht — unvereinbar sein, da nach diesem selbst den wegen verübter Forst- oder Jagdfrevel bestraften Personen der Jagdschein nicht versagt werden muß, sondern nur versagt werden kann, und auch dies nur innerhalb fünf Jahren nach verbüßter Strafe." OG. vom 10. Oktober 1889, Bd. 18 S. 298 (vgl. OG. vom 18. September 1884, Bd. 11 S. 293).

Schwerhörigkeit, Blindheit, geistige Beschränktheit sind Versagungsgründe nach Ziffer 1.

2. Ziffer 2. Siehe §§ 32 bis 37 RStGB., was die Aberkennung der bürgerlichen Ehrenrechte anlangt. Ihre Wirkung tritt mit

der Rechtskraft des Urteils ein. Die Zeitdauer wird von dem Tage berechnet, an dem die Freiheitsstrafe, neben welcher die Aberkennung ausgesprochen wurde, verbüßt, verjährt oder erlassen ist. Hinsichtlich der polizeilichen Aufsicht siehe §§ 38 und 39 RStGB. Für die Berechnung der Zeit gilt das eben Gesagte.

3. Ziffer 3. Siehe §§ 242 ff. (Diebstahl), §§ 246 ff. (Unterschlagung), §§ 258 ff. (Hehlerei). „Wiederholt" bedeutet wenigstens zweimal bestraft sein. §§ 117 bis 119 (Widerstand gegen einen Forst- oder Jagdbeamten, einen Waldeigentümer, Forst- oder Jagdberechtigten oder einen von diesen bestellten Aufseher), § 294 (gewerbsmäßiges Betreiben unberechtigten Jagens). Die rechtskräftige Bestrafung muß in den Fällen der Ziffer 3 b mindestens drei Monate Gefängnis betragen. Die Bestrafung muß in den letzten zehn Jahren erfolgt sein. Fristberechnung in den Fällen der Ziffer 3 siehe § 74. Bei einer Bestrafung, wegen der zehn Jahre hindurch der Jagdschein versagt werden muß, kann auch noch nach dem Ablauf dieser zehn Jahre aus der Straftat selbst die Besorgnis der Gefährdung der öffentlichen Sicherheit gefolgert werden (OG. vom 21. Februar 1900, Bd. 37 S. 314). Die Strafen müssen rechtskräftig geworden sein.

4. Siehe § 27 Abs. 2 sowie § 36 JO. Strafvorschrift § 73.

§ 35. Der Jagdschein kann versagt werden:

1. Personen, welche in den letzten fünf Jahren
   a) wegen Diebstahls, Unterschlagung oder Hehlerei einmal, oder
   b) wegen Zuwiderhandlung gegen die §§ 117 bis 119 des Reichsstrafgesetzbuchs mit weniger als drei Monaten Gefängnis bestraft sind;
2. Personen, welche in den letzten fünf Jahren wegen eines Forstdiebstahls, wegen eines Jagdvergehens, wegen einer Zuwiderhandlung gegen den § 113 des Reichsstrafgesetzbuchs, wegen der

Übertretung einer jagdpolizeilichen Vorschrift oder wegen unbefugten Schießens (§§ 367 Ziffer 8 und 368 Nr. 7 des Reichsstrafgesetzbuchs) bestraft sind.

1. Die Versagung des Jagdscheins ist in das pflichtmäßige Ermessen der Jagdpolizeibehörde gestellt („kann"). Die Versagung eines Jagdscheins ist nur dann zu Unrecht geschehen, wenn die Jagdpolizeibehörde von dem ihr zustehenden Ermessen einen pflichtwidrigen Gebrauch gemacht hat.

2. Ziffer 1. Die Strafe muß rechtskräftig geworden sein. Berechnung der fünfjährigen Frist siehe § 74 JO. Die Bestrafung nach Ziffer a braucht, im Unterschied zu § 34, nur einmal erfolgt zu sein. § 294 RStGB. kommt hier nicht in Betracht, da hier die geringste Strafe wenigstens drei Monate beträgt.

3. Ziffer 2. Die Bestrafung muß, wie in Ziffer 1, in den letzten fünf Jahren erfolgt sein. Berechnung der fünf Jahre siehe § 74; die Strafe muß rechtskräftig sein.

In Betracht kommen in Ziffer 2 Forstdiebstahl (§ 1 des Forstdiebstahlgesetzes vom 15. April 1878), Jagdvergehen (§§ 292 ff. RStGB., Widerstand gegen die Staatsgewalt (§ 113 RStGB.), Übertretung einer jagdpolizeilichen Vorschrift. Unter der jagdpolizeilichen Vorschrift ist jede in Beziehung auf die Jagd und deren Ausübung gegebene zu verstehen. Als eine solche stellt sich der § 368 Nr. 10 RStGB. dar. OG. vom 2. Mai 1901, Bd. 39 S. 288. Vgl. OG. vom 3. November 1890, Bd. 20 S. 333. Auf eine Bestrafung, ungeachtet welcher der Jagdschein erteilt worden ist, obwohl er deshalb hätte versagt werden dürfen, kann später nicht als Versagungsgrund zurückgegriffen werden, auch nicht beim Vorhandensein weiterer Bestrafungen, die keine gesetzlichen Versagungsgründe bilden (OG. vom 3. März 1900, Bd. 37 S. 306). Entziehung des Jagdscheins „auf die Dauer von fünf Jahren" ist unzulässig. Bei der unmittelbar aus dem Gesetz sich ergebenden zeitlichen Beschränkung der Gültigkeit eines jeden Jagdscheins kann auch die Befugnis zur Versagung des Jagdscheins sich nur auf eben dasjenige eine Jahr beziehen, für welches der

Jagdschein nachgesucht ist und zu erteilen sein würde. OG. vom 1. Dezember 1879, Bd. 6 S. 203. Die Versagung oder Entziehung des Jagdscheins hat nur da zu erfolgen, wo das öffentliche Interesse dieselbe erheischt. OG. vom 12. Dezember 1877, Bd. 3 S. 164. Nach dem Wortlaut der Vorschrift des § 35 genügt die Bestrafung wegen einer der angeführten strafbaren Handlungen, um der Behörde die Freiheit der Versagung zu eröffnen. Sind seit den Strafen noch nicht fünf Jahre verflossen, dann läuft die Frist noch. Denn nach § 74 JO. beginnt diese mit dem Tage der Verbüßung, d. h. bei Geldstrafen der Bezahlung. Eine Nachprüfung der Gründe und Ziele des Ermessens der den Jagdschein versagenden Behörde, namentlich zur Beantwortung der Frage, ob sie die Versagung hätte unterlassen sollen, weil eine Störung der öffentlichen Ordnung infolge der Erteilung nicht zu befürchten war, hätte zwar im Beschwerdeverfahren stattfinden können, dem Verwaltungsrichter ist sie aber verwehrt. OG. vom 21. Oktober 1926, PrVerwltgsbl., Jahrg. 48 Nr. 30 S. 359/60.

Auch Zuwiderhandlungen gegen §§ 72 ff. JO. fallen unter die jagdpolizeilichen Vorschriften im Sinne der Ziffer 2; ebenso Zuwiderhandlungen gegen Polizeiverordnungen, welche in Beziehung auf die Jagd und deren Ausübung erlassen sind, z. B. gegen eine Polizeiverordnung, welche Treib- und Hetzjagden an Sonn- und Feiertagen verbietet.

Ein **Belassen** des Jagdscheins trotz Bestrafung nach Ziffer 1 oder 2 ist für die Versagung eines neuen Jagdscheins ohne Belang.

§ 367 Nr. 8 RStGB.: Schießen an bewohnten oder von Menschen besuchten Orten ohne polizeiliche Erlaubnis.

§ 368 Nr. 7: Schießen in gefährlicher Nähe von Gebäuden oder feuerfangenden Sachen.

Eine Bestrafung ist auch erfolgt, wenn sie durch amtsrichterlichen Strafbefehl rechtskräftig verhängt worden ist.

4. Siehe § 27 Abs. 2 sowie §§ 36 und 74 JO.

5. Rechtsmittel gegen die Versagungsverfügung siehe § 37. Strafvorschrift § 73.

§ 36. Wenn Tatsachen, welche die Versagung des Jagdscheins rechtfertigen, erst nach Erteilung des Jagdscheins eintreten oder zur Kenntnis der Behörde gelangen, so muß in den Fällen des § 34 und kann in den Fällen des § 35 der Jagdschein von der für die Erteilung zuständigen Behörde für ungültig erklärt und dem Empfänger wieder abgenommen werden. Eine Rückvergütung der Jagdscheinabgabe oder eines Teilbetrages findet nicht statt.

1. Die Voraussetzungen für die Entziehung eines Jagdscheins sind dieselben wie für die Versagung. Er muß entzogen werden, wenn die Voraussetzungen für die Versagung nach § 34 erst nach Erteilung des Jagdscheins eintreten oder zur Kenntnis der Behörde gelangen; er kann entzogen werden, wenn es sich um Fälle des § 35 handelt und diese erst nach Erteilung eintreten oder zur Kenntnis der Behörde gelangen.

Über Wiederabnahme des Jagdscheins im Gegensatz zur Versagung vgl. OG. vom 16. Juni 1877, Bd. 2 S. 223.

Ein Jagdschein kann wieder abgenommen werden, wenn es sich um die Zuwiderhandlung gegen eine auf die Förderung der Sonntagsheiligung abzielende Beschränkung der Jagdausübung handelt. OG. vom 25. September 1879, Bd. 5 S. 200. Vgl. ferner OG. vom 18. Januar 1886, Bd. 12 S. 329.

Zur Entziehung eines Jagdscheins ist nicht jede für die Erteilung als zuständig bezeichnete Behörde zuständig, sondern nur diejenige Jagdpolizeibehörde, welche den zu entziehenden Jagdschein ausgestellt hat. OG. vom 2. Februar 1901, Bd. 39 S. 283.

Die Ungültigkeit des Jagdscheins tritt erst mit der Endgültigkeit der Verfügung, die ihn für ungültig erklärt, ein.

Dem Empfänger muß der Jagdschein behördlich abgenommen werden, d. h. durch entsprechende Zwangsverfügung die Herausgabe des Jagdscheins aufgegeben sein, falls er ihn nicht auf amtliches Erfordern freiwillig herausgibt (§ 132 LVG., gegebenenfalls unter Begründung aus § 53 daselbst schon vor Rechtskraft der Zwangsverfügung; gegen die Abnahme vor Rechtskraft auf Grund des § 58 LVG. ist nur die Beschwerde im Aufsichtswege zulässig).

Der Jäger, der seinen für ungültig erklärten Jagdschein bei der Jagdausübung bei sich führt, kann deswegen nicht bestraft werden. Die Strafbarkeit tritt erst dann ein, wenn er von dem Schein Gebrauch macht, wenn er ihn zur Einsicht vorlegt. KG. vom 26. Juni 1905, Bd. 30 S. C. 20. Bis zur Abnahme durch amtliche Zurückforderung des Jagdscheins ist der Inhaber des Jagdscheins noch im rechtmäßigen Besitz.

2. Die Entziehung des Jagdscheins setzt sich nach § 36 zusammen aus der Ungültigkeitserklärung des Jagdscheins und der Verfügung, wonach der für ungültig erklärte Jagdschein abgenommen wird.

Vgl. noch Anm. zu §§ 34 und 35.

3. Rechtsmittel gegen die Verfügung der Entziehung siehe § 37. Strafvorschrift § 73.

4. Über die Verordnung, betreffend das Verwaltungszwangsverfahren, vom 15. November 1899 und die Abänderungsverordnungen siehe Anm. 3 zu § 58 FG. in „Das preuß. Fischereigesetz" von A. Born, S. 172.

§ 37. Gegen Verfügungen, durch welche der Jagdschein versagt oder entzogen wird, finden diejenigen Rechtsmittel statt, welche in den §§ 127 bis 129 des Gesetzes über die allgemeine Landesverwaltung vom 30. Juli 1883 (GS. S. 195) gegen polizeiliche Verfügungen gegeben sind.

Vgl. OG. vom 17. November 1910, Bd. 57 S. 417. Vgl. auch die Anm. 3 zu §§ 29, 33 Anm. 6, § 34 Anm. 1, § 35 Anm. 5.

Die Prüfung hat sich, was die Bestrafung anlangt, darauf zu beschränken, ob die gerichtliche Bestrafung erfolgt und die Frist noch nicht abgelaufen ist (zehnjährige oder fünfjährige Frist

— §§ 34, 35 —). Die Gründe der Versagung müssen dem davon Betroffenen in dieser angegeben sein, damit er in der Lage ist, bei Gebrauchmachung des Rechtsmittels die Tatsachen, die zur Begründung gedient haben, zu widerlegen.

§ 38. Wer die Jagd innerhalb der abgesteckten Festungsrayons (§§ 8, 24 des Reichsrayongesetzes vom 31. Dezember 1871 — RGBl. S. 459 —) ausüben will, muß vorher seinen Jagdschein von der Festungsbehörde mit einem Einsichtsvermerke versehen lassen.

Vgl. § 28. Strafvorschrift § 72 Ziffer 2.

Gegen die Verweigerung des Vermerks, ohne welchen die Jagd nicht ausgeübt werden darf, steht nur die Beschwerde an die vorgesetzte Dienstbehörde zu.

Vierter Abschnitt.

Schonvorschriften.

§ 39. Mit der Jagd zu verschonen sind:

1. männliches Elchwild vom 1. Oktober bis 31. August,
2. weibliches Elchwild und Elchkälber das ganze Jahr hindurch,
3. männliches Rot- und Damwild vom 1. März bis 31. Juli,
4. weibliches Rotwild, weibliches Damwild sowie Kälber von Rot- und Damwild vom 1. Februar bis 15. Oktober,
5. Rehböcke vom 1. Januar bis 15. Mai,
6. weibliches Rehwild und Rehkälber vom 1. Januar bis 31. Oktober,

7. Dachse vom 1. Januar bis 31. August,
8. Biber vom 1. Dezember bis 30. September,
9. Hasen vom 16. Januar bis 30. September,
10. Auerhähne vom 1. Juni bis 30. November,
11. Auerhennen vom 1. Februar bis 30. November,
12. Birk-, Hasel- und Fasanenhähne vom 1. Juni bis 15. September,
13. Birk-, Hasel- und Fasanenhennen vom 1. Februar bis 15. September,
14. Rebhühner, Wachteln und schottische Moorhühner vom 1. Dezember bis 31. August,
15. wilde Enten vom 1. März bis 30. Juni,
16. Schnepfen vom 16. April bis 31. Juli,
17. Trappen vom 1. April bis 31. August,
18. wilde Schwäne, Kraniche, Brachvögel, Wachtelkönige und alle anderen jagdbaren Sumpf- und Wasservögel, mit Ausnahme der wilden Gänse, vom 1. Mai bis 30. Juni,
19. Drosseln (Krammetsvögel) vom 1. Januar bis 20. September,
20. Truthähne vom 15. Mai bis 15. Oktober (Verordnung wegen Jagdbarkeit der Bronzeputer oder wilden Truthühner [Trutwild] vom 9. August 1910 — GS. S. 257 —),
21. Truthennen vom 1. Januar bis 15. Oktober (Verordnung wie zu 20),
22. männliches Muffelwild vom 1. Februar bis 31. August (Verordnung wegen Jagdbarkeit des Muffelwildes [Ovis musimon] vom 22. Januar 1912 — GS. S. 11 —),
23. weibliches Muffelwild vom 16. Dezember bis 15. September (Verordnung wie zu 22).

Die im vorstehenden als Anfangs- und Endtermine der Schonzeiten bezeichneten Tage gehören zur Schonzeit.

Beim Elch-, Rot-, Dam- und Rehwild gilt das Jungwild als Kalb bis einschließlich zum letzten Tage des auf die Geburt folgenden Februars.

Vorstehende Vorschriften über Schonzeiten finden auf das Fangen oder Erlegen von Wild in eingefriedigten Wildgärten keine Anwendung.

1. Die nicht in § 39 genannten nach § 1 jagdbaren Tiere haben keine Schonzeit, also Schwarzwild, Ottern, Füchse, wilde Katzen, Edelmarder, Schneehühner, wilde Tauben, Adler und wilde Gänse, gegebenenfalls — siehe § 40 Abs. 2 c — Dachse und wilde Enten. Über Erlaubnis zum Erlegen von Wild während der Schonzeit siehe §§ 61, 62, 63, 64, 66, 67; vgl. auch § 105 FG. sowie § 1 daselbst über Schonzeit für Robben. Siehe auch § 30 FG. und Vogelschutzgesetz.

2. Zu Ziffer 2 siehe § 40 Abs. 1; zu Ziffer 5 siehe § 40 Abs. 2 a; zu Ziffer 6: § 40 Abs. 2 c; zu Ziffer 12 bis 14 siehe § 40 Abs. 2 a; zu Ziffer 15 siehe § 40 Abs. 2 c; zu Ziffer 19 siehe § 40 Abs. 2 b.

3. Abs. 4. „Der Begriff des „Wildgartens" ist ein weiterer als der des „Tiergartens". Die Worte „Wildpark" und „Wildgarten" sind in ihrer Bedeutung unsicher. Namentlich bezeichnet der Ausdruck „Wildgarten" in der Verkehrssprache, welche nur Flächen geringeren Umfanges „Gärten" nennt, regelmäßig kleinere mit Wild besetzte Gebiete; in den neueren Gesetzen dagegen wird er entweder ausschließlich für eingehegte Jagdreviere gebraucht oder umfaßt er doch solche mit (§ 39 Abs. 4 JO.). Dagegen hat der Ausdruck „Tiergarten" seinen ganz bestimmten Sinn; er bedeutet ein Gelände von geringerem Umfange, in welchem Tiere, besonders Wild, zu anderen als Jagdzwecken, also insbesondere zur Schau und Zierde, daneben auch zu wissenschaftlichen und Zuchtzwecken (welchen letzteren allerdings auch die eingehegten Jagdreviere zum Teil dienen), gehalten werden. Solche Anlagen,

welche regelmäßig nicht von öffentlichen Wegen durchschnitten und dem Publikum gar nicht oder nur vergünstigungsweise offenstehen, gibt es in Deutschland eine ganze Anzahl; sie werden sowohl von den Eigentümern als auch vom Publikum „Tiergärten" genannt. Daß das Bürgerliche Gesetzbuch dieses Wort im gleichen Sinne gebraucht, ergeben die Protokolle zu § 905 des Entwurfs (3 S. 254). Die gleiche Ansicht hat bei Beratung des Wildschongesetzes die preußische Staatsregierung vertreten (in der Herrenhauskommission; siehe HerrHVerhandl. 1904/05, Drucks. Nr. 44 S. 4; vgl. Art. 71 Nr. 2 EG.BGB.). „Unter Tiergarten im Sinne des § 960 BGB. sind nicht große, eingehegte Reviere zu verstehen, in denen das Wild Jagdzwecken dient und regelmäßig nur durch Jagd in den Besitz des Berechtigten übergeht. Diese Ansicht wird auch von der großen Mehrheit der Schriftsteller über bürgerliches Recht geteilt. In solchen Jagdrevieren sind die Tiere herrenlos." RGSt. vom 8. Februar 1916, Bd. 49 S. 355.

5. Wegen Schonung des Baummarders siehe Verf. des Landwirtschaftsministers vom 9. Mai 1913 (LMBl. S. 230) und wegen Schonung der Wildkatze Verf. des Landwirtschaftsministers vom 5. April 1914 (LMBl. S. 112), durch welche die Ermächtigung vom 9. Mai 1913 hinsichtlich der Baummarder auf die Wildkatzen ausgedehnt wird. Durch diese Ermächtigung haben die Regierungen die Befugnis erhalten, den Forstbeamten das Fangen und die Erlegung des Baummarders in den Staatsforsten ihres Bezirks für eine bestimmte Zeitdauer zu untersagen. Hierfür werden in erster Linie größere Waldgebiete in Frage kommen. Zweck der Verfügung ist, die Ausrottung des Baummarders zu verhüten.

6. Siehe Ausführungsanweisung Ziffer 27 (im Anhang). Strafvorschrift: § 76.

§ 40. (1) Aus Rücksichten der Landeskultur oder der Jagdpflege kann der Minister für Landwirtschaft, Domänen und Forsten den Abschuß weiblichen Elchwildes für die Zeit vom 16. bis 30. September gestatten.

(2) Aus denselben Gründen können durch Beschluß des Bezirksausschusses

a) der Anfang und der Schluß der Schonzeiten für die in § 39 unter 12 bis 14 genannten Wildarten und der Schluß der Schonzeit für Rehböcke anderweit, jedoch nicht über vierzehn Tage vor oder nach den dort bestimmten Zeitpunkten, festgesetzt,

b) das Ende der Schonzeit für Drosseln (Krammetsvögel) bis 30. September einschließlich hinausgeschoben,

c) die Schonzeiten für Dachse und wilde Enten eingeschränkt oder gänzlich aufgehoben sowie für Rehkälber und Biber verlängert oder auf das ganze Jahr ausgedehnt werden.

d) Aus Rücksichten der Jagdpflege können durch Beschluß des Bezirksausschusses die Schonzeiten für Truthähne und Truthennen sowie des Muffelwildes verlängert oder auf das ganze Jahr ausgedehnt werden (§ 2 Abs. 1 der Verordnung wegen Jagdbarkeit der Bronzeputer oder wilden Truthühner [Trutwild] vom 9. August 1910 — GS. S. 257 — und § 2 Abs. 1 der Verordnung wegen Jagdbarkeit des Muffelwildes [Ovis musimon] vom 22. Januar 1912 — GS. S. 11 —).

(3) Die hiernach zulässige Abänderung oder Aufhebung der Schonzeiten — für Trutwild und Muffelwild gelten die Worte „oder Aufhebung" nicht (§ 2 Abs. 2 der vorstehend genannten Verordnungen) — darf für den ganzen Umfang oder nur für einzelne Teile des Regierungsbezirks, die Abänderung für die einzelnen Teile des Regierungsbezirks in verschiedener Weise erfolgen.

(4) Der Beschluß zu a kann nur für die Dauer eines Jahres gefaßt werden.

1. Befugnisse des Bezirksausschusses bei Festsetzung von Schonzeiten. Bei Verlängerung der Schonzeiten für Rehkälber auf Grund des § 40 Abs. 2 und 3 JO. darf der Bezirksausschuß die Schonzeiten für männliche und weibliche Rehkälber verschieden festsetzen, da das Gesetz das freie Ermessen in der gedachten Hinsicht nicht eingeschränkt hat, wenn auch die JO. selbst bei Festsetzung der normalen Schonzeiten hinsichtlich des Geschlechts der Rehkälber keinen Unterschied macht.

Ein solcher Beschluß hat nicht den Charakter einer Polizeiverordnung. Für die Gültigkeit seiner Bekanntmachung sind daher nicht die Formvorschriften maßgebend, von deren Beachtung die Gültigkeit von Polizeiverordnungen abhängt. Der Abs. 3 bestimmt nur einige Modalitäten in der Ausübung der Befugnis des Bezirksausschusses nach Abs. 2. KG. vom 6. April 1908, Bd. 36 S. C. 41.

Ein Irrtum über die durch das Wildschongesetz — jetzt §§ 39 ff. JO. — für eine Wildart festgesetzte Schonzeit stellt einen Irrtum über Normen des Strafrechts dar und schützt nicht vor Bestrafung. Wird aber von einem Bezirksausschuß gemäß § 3 des Wildschongesetzes (jetzt § 40 JO.) die Schonzeit anderweit festgesetzt, so bildet dies einen zum gesetzlichen Tatbestand gehörigen Tatumstand. Es findet dann der § 59 RStGB. Anwendung. Die Beschlußfassung stellt etwas Neues und Besonderes dar, dessen Vorhandensein zum gesetzlichen Tatbestand gehört. Eine Bestrafung ist gemäß § 59 StGB. nur möglich, wenn der Täter den Erlaß des Beschlusses gekannt oder, da es sich um Übertretung handelt, infolge von Fahrlässigkeit nicht gekannt hat. KG. vom 6. Juni 1907, Bd. 34 S. C. 31.

Der Beschluß des Bezirksausschusses muß bekanntgemacht werden. In welchen Blättern die Bekanntmachung erfolgen soll, ist dem Bezirksausschuß überlassen. In der Regel geschieht sie im Amtsblatt der Regierung und in den Kreisblättern. Der Beschluß ist endgültig (§ 49).

2. Strafvorschrift § 76.

3. Siehe im Anhang Ausführungsanweisung Ziffer 28.

§ 41. Das Aufstellen von Schlingen, in denen sich jagdbare Tiere oder Kaninchen fangen können, ist verboten.

Unter dieses Verbot fällt nicht die Ausübung des Dohnenstieges mittels hochhängender Dohnen. Die Art der Ausübung des Dohnenstieges kann durch den Regierungspräsidenten im Wege der Polizeiverordnung geregelt werden.

1. In Preußen gehört das wilde Kaninchen nicht zu den jagdbaren Tieren, das Fangen derselben fällt daher nicht unter den Begriff der Jagdausübung. Nur die Anwendung von Schlingen ist gesetzlich verboten. Indessen wird auch dadurch, daß jemand in einem fremden Jagdgebiet ohne Erlaubnis des Jagdberechtigten wilden Kaninchen nachstellt, das Jagdrecht beeinträchtigt, seine ausschließliche und ungestörte Ausübung gefährdet. Deshalb machen Polizeiverordnungen den Kaninchenfang von einer Erlaubnis nicht nur des Grundeigentümers, sondern auch des Jagdberechtigten abhängig. Vgl. RGSt. vom 15. November 1892, Bd. 46 S. 348. Solche Polizeiverordnung ist rechtsgültig; vgl. RGSt. Bd. 26 S. 266; auch solche, die den nicht jagdberechtigten Eigentümern (siehe §§ 1 ff. Hannov. JO.) das Fangen bei Nacht verbietet; vgl. KG. vom 28. September 1923, Ring, Bd. 1 S. 152. Vgl. auch KG. vom 16. September 1901, Bd. 22 S. C. 109; vom 21. Mai 1908, Bd. 36 S. C. 34: Seitengräben öffentlicher Wege fallen unter solche Polizeiverordnung, nicht aber die öffentlichen Wege selbst.

§ 41 verbietet nur das Fangen mit Schlingen. Fangnetze und Schlingen sind nicht gleiche Rechtsbegriffe. Fangnetze sind sprachgebräuchlich und jagdrechtlich keine Schlingen; es sind keine sich deckende Begriffe. Die Vorschrift in Abs. 2 läßt erkennen, daß der sogenannte Dohnenstieg nach der Auffassung des Gesetzgebers an sich unter das Schlingenverbot des Abs. 1 fallen würde und daß im Verhältnis zu ihm eine Ausnahme zugunsten des Dohnenstiegs gemacht werden solle. Dohnen sind hochhängende Schlingen im eigentlichen Sinne.

Durch das Reichsvogelschutzgesetz vom 30. Mai 1908 §§ 2, 8 ist das Fangen von Vögeln mittels Schlingen verboten.

Demgemäß ist seit Inkrafttreten des Vogelschutzgesetzes auch die Ausübung des Dohnenstiegs mittels hochhängender Dohnen verboten. Strafvorschrift nach § 6 daselbst. Geldstrafe bis zu 150 Reichsmark oder Haft (siehe im Anhang Vogelschutzgesetz).

Vgl. auch MErl. vom 29. Juli 1919 (LMBl. S. 309), betreffend Verbot des Fanges mit hochhängenden Dohnen.

In Schlingen fangen sich auch die verschiedensten jagdbaren Tiere; deshalb das Verbot. Netze, die vor einem Kaninchenbau gespannt werden, um das aus dem Bau herausgetriebene Kaninchen zu fangen, fallen nicht unter den Begriff der Schlingen und daher auch nicht unter das Verbot des § 41. Vgl. RGSt. vom 28. Dezember 1909, Bd. 43 S. 163. Die Ausübung der Jagd auf wilde Kaninchen auf fremdem Boden fällt nicht unter die Strafbestimmungen der §§ 292, 293 bezw. des § 368 Nr. 10 StGB., auch wenn ihnen mit der Schlinge nachgestellt wird. RG. vom 23. Januar 1893, Bd. 13 S. 351.

Vgl. auch § 29 des Feld- und Forstpolizeigesetzes vom 1. April 1880 in der Fassung der Bekanntmachung vom 21. Januar 1926 (GS. S. 83) und KGSt. vom 14. Juni 1927 — siehe LMBl. 1927 S. 765 —, welche im Gegensatz zu dem Urteil vom 5./19. Mai 1926 unter Fangen im Sinne des § 29 nur das Kaninchenfangen, welches zu einer Besitzerlangung führt, versteht. Nur dieses Fangen ist von § 29 aaO. bedroht. Das Kammergericht hat also die Rechtsanschauung verlassen, daß unter Fangen im Sinne des § 29 aaO. jede auf das Fangen gerichtete Tätigkeit, also auch das „Nachstellen“ zu verstehen sei, gleichviel ob es von Erfolg begleitet sei oder nicht. (§ 29 aaO. bedroht u. a. denjenigen mit Strafe, der auf fremden Grundstücken unbefugt Kaninchen, Hamster oder Maulwürfe fängt.)

2. Strafvorschrift siehe § 77; vgl. §§ 50 und 76.

3. Siehe im Anhang Ausführungsanweisung Ziffer 29.

§ 42. Kiebitz- und Möveneier dürfen nur bis 30. April einschließlich eingesammelt werden.

Durch Beschluß des Bezirksausschusses kann dieser Termin bis zum 10. April einschließlich zurückverlegt oder für Möveneier bis zum 15. Juni einschließlich verlängert werden.

Das Sammeln der Kiebitz- und Möveneier darf von anderen Personen als dem Jagdberechtigten nur in dessen Begleitung oder mit dessen schriftlich erteilter Erlaubnis, welche der Sammelnde bei sich zu führen hat, vorgenommen werden.

Eier oder Junge von anderem jagdbaren Federwild auszunehmen ist auch der Jagdberechtigte nicht befugt, mit Ausnahme derjenigen Eier, welche ausgebrütet werden sollen.

Zum Ausnehmen von Eiern, welche zu wissenschaftlichen oder zu Lehrzwecken benutzt werden sollen, bedarf es der Genehmigung der Jagdpolizeibehörde.

1. Über den Beschluß des Bezirksausschusses siehe Anm. 1 zu § 40. Der Beschluß ist nach § 49 endgültig. Jagdpolizeibehörde ist der Landrat, in Stadtkreisen die Ortspolizeibehörde (§ 69).

Das Sammeln der Kiebitz- oder Möveneier steht nur dem Jagdberechtigten, d. h. dem zur Ausübung der Jagd Berechtigten, zu (Abs. 3), anderen Personen nur in Begleitung des Jagdberechtigten oder mit dessen schriftlich erteilter Erlaubnis (vgl. § 75 JO.). Eier oder Junge von anderem jagdbaren Federvieh auszunehmen, ist im Interesse einer ordnungsmäßigen Jagdpflege auch dem Jagdberechtigten verboten, wenn es sich nicht um Eier handelt, welche ausgebrütet werden sollen. Zu wissenschaftlichen oder zu Lehrzwecken Eier auszunehmen, muß die Genehmigung der Jagdpolizeibehörde eingeholt werden; außerdem ist dazu noch die schriftliche Erlaubnis des Jagdberechtigten erforderlich, wenn andere Personen als dieser die Eier zu gedachten Zwecken ausnehmen wollen, wenn dieses Erfordernis auch im Gesetz nicht ausdrücklich vorgeschrieben ist. Die Eier und die Jungen sind Gegenstand der Ausübung des Jagdrechts, wozu auch das Recht gehört, die Jagd zu hegen. Das Ausnehmen von Eiern oder Jungen durch Dritte ist ein Eingriff in das Hegerecht, das nicht ohne Erlaubnis des Jagdberechtigten zulässig ist.

2. Strafvorschrift: § 78 JO. wegen Inverkehrbringens von Kiebitz- und Möveneiern während der Schonzeit; § 368 Ziffer 11 RStGB. wegen unbefugten Ausnehmens von Eiern oder Jungen von jagdbarem Federwild.

3. Siehe im Anhang Ausführungsanweisung Ziffer 30.

§ 43. Vom Beginn des fünfzehnten Tages der für eine Wildart festgesetzten Schonzeit bis zu deren Ablauf ist es verboten, derartiges Wild in ganzen Stücken oder zerlegt, aber nicht zum Genusse fertig zubereitet, in demjenigen Bezirk, für welchen die Schonzeit gilt, zu versenden, zum Verkauf herumzutragen oder auszustellen oder feilzubieten, zu verkaufen, anzukaufen oder den Verkauf von solchem Wild zu vermitteln.

Vorstehenden Beschränkungen unterliegt nicht der Vertrieb einzelner Arten von Wild aus Kühlhäusern, wenn er unter Kontrolle nach Maßgabe der von den zuständigen Ministern zu erlassenden Bestimmungen stattfindet. Die Kosten der Kontrolle fallen den Inhabern der Kühlhäuser zur Last und können in Form einer Gebühr nach Tarifen erhoben werden.

Ferner dürfen Ausnahmen, wenn es sich um die Versendung, den Verkauf, den Ankauf und die Verkaufsvermittelung von lebendem Wild zum Zwecke der

Blutauffrischung oder Einführung einer Wildart handelt, durch den für den Empfangsort zuständigen Regierungspräsidenten gestattet werden.

Die Bestimmungen des ersten Absatzes finden auf Kiebitz- und Möveneier entsprechende Anwendung.

1. Das Verbot nimmt seinen Anfang mit dem fünfzehnten Tage nach Beginn der Schonzeit und endigt mit dem Tage derselben. Das Verbot betrifft auch lebendes Wild. Erlegtes, getötetes Wild darf, wenn es nicht zum Genuß fertig zubereitet ist, weder in ganzen Stücken noch zerlegt durch eine der in Abs. 1 genannten Tätigkeiten in Verkehr gebracht werden; überhaupt ist jede darauf gerichtete Tätigkeit verboten. Vgl. KG. vom 2. Juli 1906, Bd. 33 S. C. 33. „Der Gesetzgeber hat behufs Vermeidung von Unzuträglichkeiten und zwecks Durchführung der Ziele des Gesetzes durch die Wahl der Worte (versenden, feilbieten, ankaufen, verkaufen u. dgl.) in den angeführten Vorschriften alle diejenigen Tätigkeiten treffen wolle, die im Verkehrsleben beim Vertreiben von Wild in Betracht kommen können."

Vgl. § 107 FG. und Anm. 1 dazu in „Das preuß. Fischereigesetz" von A. Born.

Der Tatbestand der §§ 6 und 16 des Wildschongesetzes (= § 43 und § 78 JO.) kann auch dann in Frage stehen, wenn eine Wildart zunächst während einer bestimmten Zeit erlegt werden durfte und wenn erst später bestimmt wurde, daß die Wildart das ganze Jahr hindurch mit der Jagd zu verschonen sei. KG. vom 6. Juni 1907, Bd. 34 S. C. 31.

Abs. 2 und 3 enthalten die Ausnahmen von dem Verbot nach Abs. 1. Letzteres gilt auch für Kiebitz- und Möveneier während der Schonzeit. Für den Versand usw. ist nach Abs. 1 eine zweiwöchige Frist nach Beginn der Schonzeit zugelassen.

Notwendige Voraussetzung für das Verbot ist, daß in dem Bezirk, in welchem das Wild in Verkehr gebracht werden soll, für diese Wildart die Schonzeit gilt. Der Zweck des Verbots ist der, die Sicherung der Hege- und Schonzeiten zu bewirken.

Das Wort „ankaufen" ist nicht im streng zivilrechtlichen Sinne aufzufassen, sondern will nur sagen, daß es verboten ist, zur Schonzeit im Schonbezirke Wild durch Ankauf zu erlangen. Wann und wo der Kaufvertrag abgeschlossen ist, kommt nicht in Betracht, wenn die Lieferung des Wildes in der Schonzeit erfolgt. KG. vom 30. März 1905, Bd. 29 S. C. 75. Ein strafbares Versenden von Wild in einem Schonbezirk nach § 43 liegt nur vor, wenn das Wild innerhalb eines im Geltungsgebiete der JO. liegenden Schonbezirks „versandt", d. h. zur Versendung gebracht wird. Der Begriff des „Versendens" im Sinne des § 43 stellt keine Dauertätigkeit dar, sondern erschöpft sich in einem einmaligen Betätigungsakte. KG. vom 19. Januar 1923, Ring Bd. 1 S. 154.

Das Versenden als solches ist verboten. Der Zweck des Versendens ist ohne Einfluß (z. B. als Geschenk). Jede Tätigkeit ist mit Versenden, Zum-Verkauf-Herumtragen, Ausstellen usw. gemeint, welche bezweckt, Wild zur Schonzeit in dem Schonbezirk in Verkehr zu bringen. Vgl. KG. Bd. 29 S. C. 75. Auch die Vermittelung des Verkaufs ist verboten.

Das Versenden erlegten Wildes seitens des Jagdberechtigten zum kommissionsweisen Verkauf an einen Wildhändler ist weder eine Verkaufsvermittelung noch ein Feilbieten im Sinne des § 43. Der Ausdruck „vermitteln" weist auf eine in der Mitte liegende Handlung hin. Es ist darunter eine den Absatz des Wildes fördernde Zwischentätigkeit zwischen demjenigen, der das Wild zum Kaufobjekt schafft, und dem Konsumenten zu verstehen. Der Jagdberechtigte, welcher das ihm gehörende Wild einem Kommissionär zum Weiterverkauf sendet, vermittelt keinen Verkauf, sondern will selbst durch einen Vermittler verkaufen. Was die Feilbietung anlangt, so deckt sich eine solche nicht mit dem Begriff der Offerte; sie erheischt nur eine Bereitstellung und Zugänglichmachung der Ware zum Verkauf unter positiven, zum Kauf anregenden Handlungen, und da die Gesetzesvorschrift keine öffentliche Feilbietung verlangt, genügt es, wenn das Feilbieten des Wildes einer Person gegenüber geschieht. Das Feilbieten charakterisiert sich also nur als eine Aufforderung, Offerte zu machen. KG. vom 12. April 1900, Bd. 20 S. C. 77.

Der Verkauf erlegten Wildes während der gesetzlichen Schonzeiten fällt auch dann unter die Schonvorschriften (§ 43 JO.), wenn das Wild aus einem außerpreußischen Lande bezogen wird (KG. vom 25. Februar 1895, Bd. 16 S. 410). Vgl. MinErl. vom 6. Februar 1908 (LMBl. S. 113) und vom 30. November 1914 (LMBl. 1915 S. 10).

2. Abs. 2. Der Vertrieb einzelner Arten von Wild, wenn er aus Kühlhäusern und unter Kontrolle nach Maßgabe der von den zuständigen Ministern zu erlassenden Bestimmungen erfolgt, ist von dem Verbot des Abs. 1 ausgenommen. Vgl. über die Kontrollmaßnahmen die Ausführungsanweisung Ziffer 31. Für die zu erhebende Gebühr gilt die Gebührenordnung vom 30. Dezember 1926 (siehe im Anhang). Unter Vertrieb sind die in Abs. 1 genannten Arten der Tätigkeit, Wild in den Verkehr zu bringen, zu verstehen. Eine Kontrolle für das in Kühlhäusern lediglich aufbewahrte Wild darf durch Polizeiverordnung nicht vorgeschrieben werden. KG. vom 17. Juni 1912, Bd. 43 S. 414. Siehe § 46 Anm. 1.

3. Abs. 3 behandelt die zweite Ausnahme von Abs. 1. Handelt es sich um lebendes Wild zu den beiden im Abs. 3 bezeichneten Zwecken, so kann der für den Empfangsort zuständige Regierungspräsident Ausnahmen von dem Verbot des Abs. 1 a) für die Versendung, b) für den Verkauf, c) für den Ankauf und d) für die Verkaufsvermittelung gestatten.

4. Strafvorschrift: § 78.

5. Siehe §§ 45, 47 und im Anhang Ausführungsanweisung Ziffer 31, 32.

§ 44. Vom Beginne des fünfzehnten Tages der für das weibliche Elch-, Rot-, Dam- und Rehwild festgesetzten Schonzeiten bis zu deren Ablauf ist es verboten, unzerlegtes Elch-, Rot-, Dam- und Rehwild, bei welchem das Geschlecht nicht mehr mit Sicherheit zu erkennen ist, zu versenden, zum Verkauf herumzutragen oder auszustellen oder feilzubieten, zu verkaufen, anzukaufen oder den Verkauf von solchem Wild zu vermitteln.

1. Durch das Verbot soll dem Wilddiebstahl entgegengetreten werden, indem bei den längeren Schonzeiten für das weibliche Wild weibliches Wild als männliches in den Verkehr gebracht wird.

2. Über Versenden usw. siehe § 43 und Anm. 1 dazu.

3. Strafvorschrift: § 78.

4. Vgl. §§ 45, 47 und im Anhang Ausführungsanweisung Ziffer 32.

§ 45. Die Vorschriften der §§ 43 und 44 finden auf Wild keine Anwendung, welches im Strafverfahren in Beschlag genommen oder eingezogen oder welches mit Genehmigung oder auf Anordnung der zuständigen Behörde oder in Fällen erlegt ist, in denen besondere gesetzliche Vorschriften es gestatten.

Wer jedoch solches Wild in ganzen Stücken oder zerlegt versendet, zum Verkauf herumträgt oder ausstellt oder feilbietet, verkauft oder den Verkauf von solchem Wild vermittelt, muß mit einer befristeten Bescheinigung der Ortspolizeibehörde oder des von ihr mit Genehmigung des Landrats zur Ausstellung einer solchen ermächtigten Gemeinde- (Guts-) Vorstehers versehen sein.

Der Käufer muß sich die Bescheinigung vorzeigen lassen.

1. § 45 enthält die Ausnahmen von §§ 43 und 44. Voraussetzung ist, daß das Wild a) wegen Zuwiderhandlung gegen eine Strafbestimmung im Strafverfahren in Beschlag genommen oder eingezogen oder b) mit Genehmigung oder auf

Anordnung der zuständigen Behörde oder c) in Fällen erlegt ist, in denen besondere gesetzliche Vorschriften es gestatten. Zu a siehe §§ 94 ff. StPO. sowie — „eingezogen" — § 78 Abs. 3 JO.; zu b und c siehe §§ 61, 62, 63, 64 Abs. 2, 66, 67 JO.

Hat die Jagdpolizeibehörde eine Aufforderung zum Abschuß von Wild während der Schonzeit ergehen lassen, ohne daß die Voraussetzungen des § 61 JO. gegeben waren, so kann der Jagdpächter, der dieser Aufforderung Folge leistet, wegen Übertretung der Schonvorschriften jedenfalls dann nicht bestraft werden, wenn er gutgläubig und ohne Fahrlässigkeit handelt. KG. vom 20. November 1911, Bd. 42 S. 410. Wild, das vom Beginn des fünfzehnten Tages der für eine Wildart festgesetzten Schonzeit versendet oder zum Verkauf ausgestellt oder feilgeboten wird, für welches die Schonzeit gilt, darf durch gerichtliches Urteil nur dann eingezogen werden, wenn gleichzeitig auf Geldstrafe erkannt wird. Eine Einziehung ohne solche Strafe ist unzulässig. KG. vom 8. Oktober 1906, Bd. 33 S. C. 36.

2, Abs. 2. Die für die Versendung von Wild nach Abs. 1, in ganzen Stücken oder zerlegt, vorgeschriebene Bescheinigung der Ortspolizeibehörde, z. B. des Amtsvorstehers, des Amtmanns in Westfalen usw., — nicht der Jagdpolizeibehörde — kann auch vom Gemeinde- (Guts-) Vorsteher erteilt werden, wenn die Genehmigung hierzu vom Landrat — und nur von diesem — dem Gemeinde- (Guts-) Vorsteher erteilt worden ist.

Die Bescheinigung muß befristet sein, d. h. einen Endtermin haben, mit dessen Ablauf die Bescheinigung ihre Gültigkeit verliert. Zu vgl. hierzu allgemeine Verfügung, betr. Ausstellung befristeter Bescheinigungen, vom 9. Juni 1905; LMBl. S. 190.

Die bei der Versendung usw. von Wild, das auf Anordnung der zuständigen Behörde erlegt ist, erforderliche befristete Bescheinigung braucht nicht an dem Wild befestigt zu sein. Auch genügt eine einzige Bescheinigung für mehrere Stücke Wild. Durch Polizeiverordnung kann daran nichts geändert werden. Für die befristete Bescheinigung ist der Erlaß einer Polizeiverordnung nicht vorgesehen. Die von der befristeten Bescheinigung handelnden Vorschriften einer Polizeiverordnung dürfen keinesfalls im Widerspruch mit § 45 JO. stehen. Es genügt z. B., wenn der Versender die Bescheinigung bei der Versendung mit sich führt. KG. vom 20. November 1911, Bd. 42 S. 410. Eine befristete Bescheinigung, die ein Amtsvorsteher in seiner Eigenschaft als Ortspolizeibehörde ausstellt, wird dadurch nicht unwirksam, daß der Amtsvorsteher bei der Verwertung des Wildes, für welches die Bescheinigung ausgestellt ist, persönlich beteiligt ist; er verstößt dadurch aber gegen § 57 Abs. 5 der Kreisordnung vom 13. Dezember 1872 / 19. März 1881. KG. vom 10. November 1913, Bd. 45 S. 438.

3. Abs. 3 legt dem Käufer die Verpflichtung auf, sich die nach Abs. 2 vorgeschriebene Bescheinigung beim Ankauf vorzeigen zu lassen. Strafvorschrift: § 78 JO.

4. Siehe § 47 sowie § 78 JO.

5. Vgl. im Anhang Ausführungsanweisung Ziffer 32.

§ 46. Die Versendung von Wild darf nur unter Beifügung eines Ursprungsscheins erfolgen.

Die näheren Vorschriften werden von dem Oberpräsidenten oder dem Regierungspräsidenten im Wege der Polizeiverordnung erlassen; hierbei können von dem Erfordernis des Ursprungsscheins bezüglich einzelner kleiner Wildarten Ausnahmen gestattet werden.

1. Der Ursprungschein ist eine Urkunde. Er ist allgemein für die Versendung von Wild, auch wenn keine Schonzeit vorgeschrieben ist oder besteht, vorgeschrieben.

Die vor dem Inkrafttreten des Wildschongesetzes erlassenen Polizeiverordnungen über die Wildlegitimationskontrolle, insbesondere den Transport von Wild, sind durch dieses Gesetz nicht beseitigt (KG. Bd. 30 S. C. 21; vgl. Bd. 26 S. C. 30), und ebenso sind die auf Grund des Wildschongesetzes erlassenen Polizeiverordnungen, welche die Beifügung von Ursprungsscheinen bei der Versendung von Wild zum Gegenstande haben, auch nach Erlaß der JO. in Kraft geblieben. Die Frage aber, welche Polizeivorschriften über die Wildlegitimationskontrolle nach dem Inkrafttreten der JO. erlassen werden dürfen, ist durch dieses Gesetz in § 46 geregelt. Eine anderweite Ermächtigung zum Erlasse von Polizeiverordnungen über Wildlegitimationskontrolle enthält das Gesetz nicht. Wird für das in Kühlhäusern lediglich aufbewahrte Wild, also für Wild, das weder an einen anderen Ort überführt wird noch den Inhaber wechselt, eine Wildlegitimationskontrolle eingeführt, so fehlt es zum Erlaß derartiger Polizeivorschriften im Gesetz an jeder Ermächtigung. Von den Kühlhäusern spricht nur der § 43 Abs. 2 JO., wonach der Vertrieb von Wild aus Kühlhäusern, wenn er unter Kontrolle nach Maßgabe der von den zuständigen Ministern zu erlassenden Bestimmungen stattfindet, den Beschränkungen des § 43 Abs. 1 nicht unterliegt. Bestimmungen über die Kontrolle der Aufbewahrung sind weder hier noch in Ziffer 3 der Ausführungsanweisung vorgesehen. KG. vom 17. Juni 1912, Bd. 43 S. 414. Durch Polizeiverordnung kann wohl für die Versendung, nicht aber für das sonstige Inverkehrbringen, insbesondere das Feilbieten von Wild die Beifügung eines Ursprungsscheins vorgeschrieben werden. Der Vergleich zwischen den Schutzvorschriften in den §§ 43 bis 45 auf der einen und in § 46 auf der anderen Seite ergibt klar: Bei der Versendung von Wild, sei es innerhalb oder außerhalb der Schonzeit, ist stets ein Ursprungsschein beizufügen, aber auch nur bei der Versendung, nicht auch bei dem sonstigen Inverkehrbringen, und auch nur für die Versendung können nach § 46 Abs. 2 polizeiliche Vorschriften getroffen werden. Die älteren Polizeiverordnungen bleiben auch nur insoweit in Kraft, als sie für die Versendung von Wild polizeiliche Vorschriften zur sogenannten Wildlegitimationskontrolle enthalten. Wenn daher in der Ausführungsanweisung der JO. zu §§ 43 bis 46 unter Ziffer 32 in Abs. 2 bemerkt wird, die Polizeiverordnungen könnten auch Bestimmungen treffen für den Verkehr mit Wild an einem und demselben Orte, und wenn dies die Kommentare zur JO. § 46 von Dalcke-Delius (Anm. 2), Ebner (Anm. 8), Bauer (Anm. 2 Satz 2) billigen, so kann dem nicht zugestimmt werden. KG. vom 31. Oktober 1912, Bd. 43 S. 417. Vgl. KG. vom 13. Juli 1908, Bd. 36 S. C. 37, und vom 22. Juni 1905, Bd. 30 S. C. 21/22. Die in § 45 Abs. 2 JO. vorgeschriebene befristete Bescheinigung tritt nicht an die Stelle des Ursprungsscheines. KG. vom 20. November 1911, Bd. 42 S. 410.

Auch die Postanstalten und die Eisenbahnbehörden haben die Beifügung des Ursprungszeugnisses zu kontrollieren. Vgl. die Anweisung vom 9. August 1873 sowie vom 30. August 1873 und vom 20. August 1897.

2. Siehe § 47 und im Anhang die Ausführungsanweisung Ziffer 32.

§ 47. Die Vorschriften der §§ 43 bis 46 finden auch auf Wild, welches in eingefriedigten Wildgärten erlegt oder gefangen ist, Anwendung.

Vgl. KG. Bd. 33 S. C. 33.

§ 48. Der Bezirksausschuß ist befugt, für den Umfang des ganzen Regierungsbezirks oder einzelne Teile des letzteren diejenigen nicht jagdbaren Vögel zu bezeichnen, auf welche die Ausnahmebestimmung des § 5 Abs. 1 des Reichsgesetzes, betreffend den Schutz von Vögeln (RGBl. S. 111), dauernd oder vorübergehend Anwendungfinden darf.

1. An Stelle des Reichsgesetzes von 1888 ist das Vogelschutzgesetz vom 30. Mai 1908 (RGBl. S. 314) getreten. Vgl. auch § 30 des Feld- und Forstpolizeigesetzes (siehe Anhang, auch Reichsvogelschutzgesetz daselbst).

2. Siehe § 49 sowie im Anhang die Ziffer 33 der Ausführungsanweisung.

§ 49. Der Beschluß des Bezirksausschusses ist in den Fällen der §§ 40, 42 und 48 endgültig.

Ein Rechtsmittel gegen solchen Beschluß ist nicht gegeben.

§ 50. Bei Einführung oder Einwanderung bisher nicht einheimischer Wildarten kann durch Königliche Verordnung Bestimmung getroffen worden über ihre Jagdbarkeit, die Festsetzung von Schonzeiten und die Androhung von Strafen bei Verletzung der festgesetzten Schonzeiten.

1. An Stelle des Königs ist für den Erlaß der Verordnung das Staatsministerium getreten.

2. Es muß sich um nicht einheimische Wildarten handeln, die eingeführt werden oder einwandern.

3. Siehe im Anhang Ausführungsanweisung Ziffer 34.

Fünfter Abschnitt.

Wildschadenersatz.

§ 51. Für den nach § 835 BGB. zu ersetzenden, durch Schwarz-, Rot-, Elch-, Dam- oder Rehwild oder durch Fasanen angerichteten Schaden gelten folgende Bestimmungen:

1. Über Schaden und Schadensersatz siehe §§ 249 ff. BGB. „Wird durch Schwarz-, Rot-, Elch-, Dam- oder Rehwild oder durch Fasanen ein Grundstück beschädigt, an welchem dem Eigentümer das Jagdrecht nicht zusteht, so ist nach § 835 Abs. 1 BGB. der Jagdberechtigte verpflichtet, dem Verletzten den Schaden zu ersetzen. Die Ersatzpflicht erstreckt sich auf den Schaden, den die Tiere an den getrennten, aber noch nicht eingeernteten Erzeugnissen des Grundstücks anrichten."

Wildschaden ist der von bestimmten jagdbaren Tieren auf und an Grundstücken und an deren noch nicht eingeernteten Erzeugnissen verursachte Schaden.

„Ist dem Eigentümer die Ausübung des ihm zustehenden Jagdrechts durch das Gesetz entzogen, so hat derjenige den Schaden zu ersetzen, welcher zur Ausübung des Jagdrechts nach dem Gesetze berechtigt ist. Hat der Eigentümer eines Grundstücks, auf dem das Jagdrecht wegen der Lage des Grundstücks nur gemeinschaftlich mit dem Jagdrecht auf einem anderen Grundstück ausgeübt werden darf, das Jagdrecht dem Eigentümer dieses Grundstücks verpachtet, so ist der letztere für den Schaden verantwortlich." (§ 835 Abs. 2 BGB.)

„Sind die Eigentümer der Grundstücke eines Bezirkes zum Zwecke der gemeinschaftlichen Ausübung des Jagdrechts durch das Gesetz zu einem Verbande vereinigt, der nicht als solcher haftet, so sind sie nach dem Verhältnisse der Größe ihrer Grundstücke ersatzpflichtig." (§ 835 Abs. 3 BGB.)

Der Wildschaden, der von den bezeichneten Tieren verursacht worden ist, ist demgemäß vom Jagdherrn zu ersetzen. Auf Verschulden — Absicht oder Fahrlässigkeit — kommt es nicht an. Wer die Vorteile der Jagd hat, muß auch deren Nachteile tragen. Auch wenn das Wild aus fremden Revieren den Schaden angerichtet hat, muß der Jagdherr des beschädigten Grundstücks Entschädigung in Geld leisten.

Der zu ersetzende Schaden umfaßt auch den entgangenen Gewinn (§ 252 BGB.). Es muß voller Ersatz des angerichteten Schadens geleistet werden.

„Der Grundsatz des § 254 BGB. findet auch dann Anwendung, wenn es sich um eine Ersatzpflicht handelt, die nicht ein Verschulden des Ersatzpflichtigen zur Voraussetzung hat, sondern ihm kraft Gesetzes obliegt, also insbesondere auch in den Fällen der Verpflichtung zum Ersatz von Wildschaden. Die materiellen Vorschriften über den Ersatz des Wildschadens sind durch Art. 69 EG.BGB. der landesrechtlichen Regelung nicht vorbehalten, wie dies durch Art. 70 daselbst für die Grundsätze ausgesprochen ist, nach denen der Wildschaden festzustellen ist; daher hat der Gerichtshof in ständiger Rechtsprechung (vgl. OG. vom 17. November 1902, Bd. 42 S. 269) daran festgehalten, daß für die Anwendung des § 835 BGB. die allgemeinen Grundsätze des BGB. über Schadensersatz, also dessen § 254, auch dann maßgebend sind, wenn der Wildschaden im Verwaltungsstreitverfahren festzustellen ist."

„Bei einem Verschulden nach § 254 BGB. handelt es sich nicht um ein Verschulden im gewöhnlichen Sinne, nämlich um ein solches gegenüber einem anderen, sondern um ein Verschulden in eigener Angelegenheit, das in der Außerachtlassung derjenigen Aufmerksamkeit und Sorgfalt besteht, die nach Lage der Sache zur Wahrnehmung der eigenen Angelegenheit geboten war."

„Solange ein zur Ausübung der Jagd Berechtigter hinsichtlich eines bestimmten Grundstücks nicht vorhanden ist, kann auch für den in dieser Zeit auf dem Grundstück angerichteten Wildschaden vom Eigentümer ein Anspruch auf Wildschadenersatz auf Grund des § 835 BGB. und in dem Verfahren des § 59 JO. nicht geltend gemacht werden. Nach Abs. 1 des § 835 BGB. kann der Grundstückseigentümer nur dann, wenn ihm das Jagdrecht an dem beschädigten Grundstücke nicht zusteht, von dem Jagdberechtigten Ersatz des Schadens verlangen; nach preußischem, durch das BGB. nicht berührtem Jagdrecht (Art. 69 EG.BGB.) ist der Eigentümer selbst der Jagdberechtigte (§ 2 JO.). Nach Abs. 2 des § 835 BGB. hat, wenn dem Eigentümer die Ausübung des ihm zustehenden Jagdrechts durch das Gesetz entzogen ist, derjenige den Wildschaden zu ersetzen, welcher zur Ausübung des Jagdrechts nach dem Gesetz berechtigt ist." OG. vom 27. Februar 1918, Bd. 74 S. 436.

Schaden, der durch andere als die im § 835 BGB. bezeichneten jagdbaren wilden Tiere verursacht worden ist, z. B. durch Hasen, ist nicht zu ersetzen. Ersatz dieses Schadens kann nur durch Vertrag ausbedungen werden. Auch Schaden, der von dem Wild durch Lagern, Zertreten, Zerwühlen u. dgl. verursacht ist, muß ersetzt werden. Es muß aller Schaden ersetzt werden, welcher an den Grundstücken selbst sowie an deren Bestandteilen (§§ 93 ff. BGB.) und Früchten — Erzeugnissen — (§§ 99 ff. BGB.) angerichtet worden ist.

Als eingeerntet gelten Feldfrüchte, welche in Mieten, Staken oder dgl. aufbewahrt werden.

Kein Schaden am Grundstück ist die Tötung von Hühnern, Tauben u. dgl. durch einen Marder.

Die §§ 52, 54 bis 60 JO. haben nur für gemeinschaftliche Jagdbezirke Geltung, § 53 daselbst betrifft Grundflächen, welche einem Eigenjagdbezirk angeschlossen sind. In beiden Fällen finden für Wildschadenersatzforderungen die formellen Vorschriften der §§ 53 ff. Anwendung. Hat der Inhaber eines Eigenjagdbezirks die Ausübung der Jagd verpachtet, so kann er seinen Schadensersatzanspruch auch nur im ordentlichen Rechtswege auf Grund des Jagdpachtvertrages verfolgen. Ersatzansprüche, die sich nicht auf § 835 BGB. stützen können, sondern auf einen anderen Grund des Ersatzanspruches stützen, sind vor dem ordentlichen Gericht geltend zu machen.

Die Ersatzpflicht ist nicht auf die landwirtschaftlich benutzten Grundstücke und deren Erzeugnisse beschränkt; sie erstreckt sich auch auf die Schäden an und in Forsten. Der Berechnung des Schadens der letzteren ist der Ertrag zugrunde zu legen, der aus der Forst erzielbar gewesen wäre, wenn die Bäume in ihrem Wuchs bis zum Eintritt der normalen Abtriebszeit nicht gestört worden wären. Als ersatzpflichtiger Schaden soll der Unterschied ausgeglichen werden, der zwischen der Vermögenslage zur Zeit des verursachten Schadens und derjenigen Vermögenslage stattfindet, in welcher der Geschädigte sich befinden würde, wenn der Wildschaden nicht eingetreten wäre. Der Beschädigte hat demnach Anspruch darauf, daß der Schaden nicht nach dem Werte der Bäume zur Zeit der Beschädigung, sondern nach dem bei Eintritt der normalen Abtriebszeit erzielbaren Werte bestimmt wird. OG. vom 3. Dezember 1896, Bd. 31 S. 245.

„Die Ersatzpflicht für die Beschädigung eines Grundstücks, gleichviel ob das Grundstück einer land- oder einer forstwirtschaftlichen Nutzung dient, regelt sich, wenn seinem Eigentümer das Jagdrecht nicht zusteht, nach § 835 BGB., soweit nicht landesgesetzlich innerhalb der durch Art. 70 ff. EG.BGB. begründeten Zuständigkeiten eine weitergehende oder einschränkende Regelung getroffen worden ist. Insbesondere darf nach Art. 71 Nr. 4 landesgesetzlich die Ersatzpflicht für Wildschaden an Gärten, Obstgärten, Weinbergen, Baumschulen und einzelnstehenden Bäumen ausgeschlossen werden, wenn die Herstellung von Schutzvorrichtungen unterblieben ist, die unter gewöhnlichen Umständen zur Abwendung des Schadens ausreichen. Die reichsgesetzliche Regelung ergibt aber, daß mit einer allgemein begründeten Pflicht zur Herstellung von Schutzvorrichtungen behufs Verhütung von Wildschaden bei Anlagen, die nicht unter die Gärten usw. fallen, überhaupt nicht und bei Gärten usw. so lange nicht zu rechnen ist, als ein entsprechendes Landesgesetz nicht ergangen ist. Soll gleichwohl im Sinne des § 254 BGB. auf die unterlassene Herstellung von Schutzvorrichtungen ein Verschulden des Ersatzberechtigten bei Entstehung des Wildschadens gegründet werden, so kann sich dies doch nur unter der Voraussetzung rechtfertigen, daß die Geltendmachung des Ersatzanspruches trotz unterlassener Herstellung von Schutzvorrichtungen nach den besonderen Umständen des einzelnen Falles wider Treu und Glauben verstoßen würde (vgl. RGZ. vom 24. Oktober 1902, Bd. 52 S. 349 ff., unten unter Nr. 4 der für die Provinz Hannover geltenden Jagdgesetze bei § 18 angeführt). Das trifft zu, sobald die Unterlassung von Schutzvorrichtungen auf die Absicht, Schadensersatz zu erzielen, zurückzuführen ist."

„Wie ein Forstgrundstück auszunutzen ist, hängt vom Ermessen des Eigentümers ab. Auch für solche Fichten, die als Zier- oder Weihnachtsbäume anzusprechen sind, gelten die vorstehenden in OG. Bd. 31 S. 245, 250 ff. aufgestellten Grundsätze für Schadensermittelungen. Der Geschädigte hat deshalb auch einen Anspruch darauf, daß bei der Schadensermittelung von dem Wert ausgegangen wird, welchen die betreffenden Bäume zur Zeit ihrer Verwertung als Zier- oder Weihnachtsbäume auf dem Standort im Walde voraussichtlich haben würden. Dieser Wert ist sodann nach der dafür forsttechnisch gegebenen Berechnung auf den Wert zur Zeit der Beschädigung zurückzuführen und für die Festsetzung der Entschädigung dabei noch der Wert zu berücksichtigen, d. h. abzuziehen, welchen die betreffenden Bäumchen mit Rücksicht auf ihre sonstige, nach Lage der Verhältnisse demnächst mögliche und übliche Verwendbarkeit, und zwar auch zur Zeit der Beschädigung, haben. Bei solchen Bäumchen, die sich auch ohne die Beschädigung zu Zier- oder Weihnachtsbäumen offenbar nicht eignen oder bei denen eine solche Verwertung nach Lage der Verhältnisse ausgeschlossen ist, kann bei der Schadensberechnung überhaupt nur von diesem letzteren Werte, also nicht von demjenigen für Zier- oder Weihnachtsbäume, ausgegangen werden." OG. vom 17. November 1902, Bd. 42 S. 269.

Der Grundeigentümer braucht Kosten nicht aufzuwenden, die er selbst dann scheuen würde, wenn ihm niemand ersatzpflichtig wäre, er darf aber die mit geringen Kosten verbundene Ausbesserung eines Zauns nicht unterlassen (RGZ. Bd. 52 S. 349 und Schultz Bd. 1 S. 71). Ähnlich verhält es sich, was die Anwendbarkeit des § 254 BGB. anlangt, mit Roggen mitten im Walde, Obstpflanzungen, Gemüseanbau auf an einen Wald angrenzenden Grundflächen u. dgl. Zum Schadensersatzanspruch ist der Eignetümer oder der Nutznießer des beschädigten Grundstücks berechtigt. Auch die Unterlassung der durch die §§ 61 ff. zur Wildschadenverhütung gegebenen Befugnisse kann ein mitwirkendes Verschulden des Beschädigten (§ 254 BGB.) ergeben.

Der Anspruch auf Ersatz des Wildschadens ist an sich ein privatrechtlicher und wird auch vom BGB. in § 835 als solcher anerkannt. An sich wären daher auch die ordentlichen Gerichte für eine Entscheidung der Ansprüche aus dem Wildschadengesetz bezw. der JO. (5. Abschnitt: Wildschadenersatz) zuständig. Es ist aber vom Gesetzgeber das Verwaltungsstreitverfahren zur Durchführung dieser Ansprüche als das geeignetere vorgeschrieben worden. Das Gesetz hat aber das Verwaltungsstreitverfahren auf den eigentlichen Wildschaden beschränkt. Vgl. dazu RGZ. vom 19. Februar 1909, Bd. 70 S. 306.

2. § 51 ist aus dem bis zum Inkrafttreten der JO. in Geltung gewesenen Wildschadengesetz vom 11. Juli 1891 (GS. S. 307) entnommen und entspricht dessen § 1.

3. Siehe § 81 und im Anhang Ausführungsanweisung Ziffer 35.

§ 52. Ersatzpflichtig sind in einem gemeinschaftlichen Jagdbezirk die Grundbesitzer des Jagdbezirks nach Verhältnis der Größe der beteiligten Fläche. Dieselben werden durch den Jagdvorsteher vertreten.

Hat bei Verpachtung der Jagd in gemeinschaftlichen Jagdbezirken der Jagdvorsteher die vollständige Wiedererstattung der zu zahlenden Wildschadenbeträge durch den Jagdpächter nicht ausbedungen, so müssen solche Jagdpachtverträge nach ortsüblicher Bekanntmachung zwei Wochen öffentlich ausgelegt werden (§ 23). Sie bedürfen zu ihrer Gültigkeit der Genehmigung des Kreisausschusses, in Stadtkreisen des Bezirksausschusses, wenn seitens auch nur eines Nutzungsberechtigten während der Auslegungsfrist Einspruch erhoben wird.

1. Siehe §§ 7 ff. Bei Teilung des Gemeindebezirks in mehrere selbständige gemeinschaftliche Jagdbezirke sind die Grundbesitzer jedes derartigen Jagdbezirks für sich ersatzpflichtig. Die Ersatzpflicht richtet sich nach dem Verhältnis der Größe der zum Jagdbezirk gehörenden Fläche der einzelnen Genossen. Die Ersatzpflicht beginnt mit der Eintragung des Grundbesitzers im Grundbuch als Eigentümer. Nur die Größe der beteiligten Fläche gilt als Maßstab für den Anteil an dem Schadensersatz ohne Rücksicht auf den Ertrag, die Benutzungsart usw. des Grundstücks. Die Grundbesitzer werden hinsichtlich der Schadensersatzpflicht gegenüber dem Berechtigten durch den Jagdvorsteher vertreten; vgl. § 16.

Das in den §§ 51 bis 60 JO. geregelte Verfahren findet, abgesehen von dem Falle des Anschlusses von Grundstücken an einen Eigenjagdbezirk — § 53 JO. —, nur zur Ermittelung des in einem gemeinschaftlichen Jagdbezirk entstandenen Wildschadens statt. Das Verfahren ist allein zur Feststellung desjenigen Schadens eröffnet, welcher durch die in § 835 BGB. und § 51 JO. genannten Wildarten selbst angerichtet ist. Nachdem für den vollständigen Verlust der innerhalb einer Wirtschaftsperiode von einem Grundstück zu erwartenden Ernte Ersatz geleistet ist, darf für die Beschädigung neuer Bodenerzeugnisse desselben Grundstücks in derselben Wirtschaftsperiode Ersatz nicht mehr verlangt werden. Schwierigkeiten in der Ermittelung des Schadens infolge gleichzeitiger Beschädigung durch die im § 51 JO. genannten und durch andere Tiere können nicht zur Versagung der Ersatzleistung führen. Der Beschädigte hat Anspruch auf Ersatz des Schadens in Höhe des Reinertrages, der von der Frucht bei der Ernte zu normaler Zeit zu erreichen gewesen wäre, wenn die Frucht durch das Wild nicht beschädigt worden wäre, indes unter Anrechnung der erzielbaren Zinsen, wenn der Schadensbetrag vor Eintritt der Ernte zur Auszahlung gelangt. OG. vom 3. Dezember 1896, Bd. 31 S. 250/251. Es könnte noch § 254 BGB. Abs. 2 daselbst in Frage kommen. Hat er diese Minderung des Schadens vorgenommen, dann sind die Kosten der zur Minderung oder Ausgleichung des Schadens geschehenen Aufwendungen jedenfalls von dem Ersatzpflichtigen zu übernehmen. Der Vorteil einer nochmaligen Ernte kann nicht verlangt werden, dagegen Ersatz des nochmaligen Zerwühlens des Feldes; letzteres sind Aufwendungen zur Herstellung des früheren Zustandes. Es ist Aufgabe der Polizeibehörde und der Verwaltungsgerichte, den unter § 51 fallenden Schaden zu ermitteln, ihn also soweit als nötig zuvor von anderem Schaden auszusondern. OG. vom 24. November 1910, vom 16. März 1911, 16. Februar 1911, 9. März 1911, 2. März 1911, Bd. 59 S. 355 ff.

2. Für gewöhnlich wird in dem Pachtvertrage die vollständige Wiedererstattung der während der Pachtdauer eintretenden, durch das Wild verursachten Schäden, d. h. der dafür zu entrichtenden Geldbeträge, von dem Jagdvorsteher dem Pächter

auferlegt werden. Geschieht dies aus besonderen Gründen nicht, so müssen solche Verträge nicht bloß gemäß § 23 zwei Wochen hindurch nach ortsüblicher Bekanntmachung von Ort und Zeit der Auslegung öffentlich ausgelegt, sondern auch vom Kreisausschuß, in Stadtkreisen vom Bezirksausschuß, genehmigt werden, letzteres aber nur, w e n n seitens auch nur e i n e s Nutzungsberechtigten während der Auslegungsfrist Einspruch erhoben wird. Unterbleibt die öffentliche Auslegung, ist der Vertrag nichtig. Die Nichtigkeitsklage kann innerhalb des Zeitraums, für welchen der Vertrag abgeschlossen ist, jederzeit erhoben werden, nach Ablauf der Vertragsdauer aber nicht mehr. Der Einspruch dagegen, auf Grund dessen die Genehmigung des Kreisausschusses (Bezirksausschusses) zur Gültigkeit des Vertrages erforderlich wird, muß innerhalb der zweiwöchigen Auslegungsfrist (Präklusivfrist) erhoben werden. Ohne diese Genehmigung ist im Falle des rechtzeitigen Einspruchs der Vertrag ungültig, selbstverständlich auch dann, wenn im Falle des Einspruchs die Genehmigung versagt wird. Ist kein Einspruch erhoben, bedarf es der Genehmigung durch den Kreis- (Bezirks-) Ausschuß nicht. Rechtsmittel gegen die Entscheidung des Kreis- (Bezirks-) Ausschusses siehe § 26.

3. § 52 entspricht dem § 2 des Wildschadengesetzes, der in die JO. übernommen worden ist.

4. Siehe § 81 und in Anhang Ausführungsanweisung Ziffer 36.

§ 53. Für Wildschaden ist bei Grundflächen, die einem Eigenjagdbezirk angeschlossen sind (§ 4 Abs. 1 Ziffer 2 Abs. 1, § 7 Abs. 5, §§ 8, 9), der Inhaber des letzteren als Pächter ersatzpflichtig.

Ersatzpflichtig ist im Falle des § 10 der Inhaber des umschließenden Eigenjagdbezirks auch dann, wenn er den angebotenen Anschluß abgelehnt hat und ein selbständiger Jagdbezirk gebildet ist. Auf das Verfahren finden die Vorschriften über Wildschadenersatz Anwendung.

1. Da der Anschluß an einen Eigenjagdbezirk nach § 12 Abs. 2 pachtweise erfolgt und in der Regel der Pächter im Pachtvertrage verpflichtet wird (vgl. § 52 Abs. 2 als Ausnahme von dieser Regel), den Wildschadenersatz zu tragen, so ist dementsprechend der Inhaber des Eigenjagdbezirks für die an letzteren angeschlossenen Grundflächen vom Gesetzgeber in Übereinstimmung mit § 835 Abs. 2 Satz 2 BGB. für wildschadenersatzpflichtig (§ 51 JO.) erklärt worden.

2. Ersatzpflichtig ist der Inhaber eines Eigenjagdbezirks, der zugleich Besitzer eines über 750 ha im Zusammenhange großen Waldes ist, welcher zu dem Eigenjagdbezirk gehört, auch dann, wenn er den Anschluß der Waldenklave abgelehnt hat und infolgedessen aus deren Grundflächen ein selbständiger Jagdbezirk gebildet ist. Die Ermittelung des Schadensersatzes erfolgt in dem durch die Vorschriften über Wildschadenersatz festgelegten Verfahren (§§ 55 ff.). Die Bestimmung in Satz 1 des 2. Abs. steht in Übereinstimmung mit Art. 71 Ziffer 3 EG.BGB.

Zu Abs. 2 wies ein Regierungsvertreter in der Beratung der Herrenhauskommission für Agrarverhältnisse (Session 1907, S. 489, Aktenstück Nr. 122) darauf hin, daß der Wert der Pachtentschädigung auch nach der Höhe des Wildschadens sich richten müsse.

Ein Ruhenlassen der Jagd auf der Waldenklave, wie es nach dem früheren Jagdpolizeigesetz angängig war, ist nicht mehr zulässig.

3. Siehe §§ 55, 81 und im Anhang die Ausführungsanweisung Ziffer 37.

§ 54. Sofern Bodenerzeugnisse, deren voller Wert sich erst zur Zeit der Ernte bemessen läßt, vor diesem Zeitpunkte beschädigt werden (§ 51), so ist der Schaden in demselben Umfange zu erstatten, in welchem er sich zur Zeit der Ernte darstellt.

1. Dieser Paragraph hat nur Feldfrüchte zum Gegenstande. Bezüglich des Wildschadens an Bäumen vgl. Anm. 1 zu § 51:

OG. vom 17. November 1902 und auch die daselbst angeführte OG. Bd. 31 S. 251, sowie Anm. 1 zu § 52 und OG. Bd. 59 S. 355 ff. daselbst.

2. Siehe § 81. § 54 entspricht dem § 5 des früheren Wildschadengesetzes.

§ 55. Der Beschädigte, welcher auf Grund der §§ 51 bis 53 Ersatz für Wildschaden fordern will, hat diesen Anspruch bei der für das geschädigte Grundstück zuständigen Ortspolizeibehörde binnen drei Tagen, nachdem er von der Beschädigung Kenntnis erhalten hat, schriftlich oder zu Protokoll anzumelden. Bei Versäumung dieser Anmeldung findet ein Ersatzanspruch nicht statt.

1. Das in §§ 55 bis 60 vorgeschriebene Verfahren ist nur für Wildschadenersatz vorgesehen, der sich auf den in §§ 51 bis 53 bezeichneten Schaden gründet. In allen anderen Wildschadensfällen ist das ordentliche Gericht um Entscheidung anzugehen. Vgl. hierzu §§ 51, 52 und die Erläuterungen bezw. die daselbst angeführten Entscheidungen.

Die Anmeldung muß bei der Ortspolizeibehörde, nicht dem Jagdvorsteher, d. i. in den Landgemeinden bei dem Amtsvorsteher, in Westfalen beim Amtmann, in der Rheinprovinz beim Landbürgermeister, der sich vom Gemeindevorsteher vertreten lassen kann, in den Städten bei der Polizeiverwaltung, in den Städten mit staatlicher Polizeiverwaltung beim Polizeipräsidenten (Polizeidirektor), erfolgen. Die Anmeldung muß binnen drei Tagen erfolgen. Fristberechnung siehe §§ 187, 188 BGB. Die Frist läuft von dem Tage, an dem der Beschädigte von der Beschädigung Kenntnis erhalten hat. Der Tag, an welchem der Wildschaden zur Kenntnis gelangt ist, bleibt außer Berechnung (vgl. auch § 52 LVG. und § 222 ZPO.). Vgl. auch OG. Bd. 31 S. 245. Die Anmeldung muß schriftlich oder zu amtlichem Protokoll geschehen; eine mündlich abgegebene, nicht zu Protokoll gegebene

Anmeldung genügt nicht. Die Nichteinhaltung der dreitägigen Frist zieht den Verlust des Rechtes auf Schadensersatz nach sich. Eine Wiedereinsetzung in den vorigen Stand gibt es nicht.

Zur Wahrung der Frist genügt es, daß das die Anmeldung enthaltende Schriftstück innerhalb der Anmeldungsfrist tatsächlich in die Gewalt der Ortspolizeibehörde gelangt ist. OG. Bd. 36 S. 360. Die Beweislast für die rechtzeitige Anmeldung des Schadens bei der Ortspolizeibehörde trägt nicht der Beschädigte, sondern der den Ersatzanspruch wegen Versäumung der Frist ablehnende Ersatzpflichtige.

„Wenn § 56 „nach rechtzeitiger Anmeldung" besagt, so ist damit die Ortspolizeibehörde nicht ausschließlich zur Entscheidung über die Rechtzeitigkeit der Anmeldung berufen, vielmehr ist, weil das Gesetz nicht ausdrücklich abweichend verfügt, selbstverständlich, daß sie hierüber nur vorbehaltlich der den Beteiligten zustehenden Rechtsbehelfe und also auch vorbehaltlich der Nachprüfung des Verwaltungsrichters in dem sich etwa anschließenden Verwaltungsstreitverfahren zu befinden hat. Die Einführung der Anmeldefrist hat auch nicht die Bedeutung, daß die Entstehung des Ersatzanspruches von der Wahrung der Frist abhängig ist, sondern die, daß die Versäumung der Frist den Verlust des Rechts nach sich zieht. Es ist zulässig, den Ersatzanspruch auf den in der Zeit zwischen der Anmeldung und der Ortsbesichtigung zugefügten neuen Wildschaden auszudehnen, und daß die Ortspolizeibehörde die Ortsbesichtigung auch auf den neuen Wildschaden erstreckt, sofern nicht erhellt, daß diese Schäden mehr als drei Tage vor der Ortsbesichtigung bekanntgeworden waren." OG. vom 3. Dezember 1896, Bd. 31 S. 245.

Nach § 55 ist der Anspruch auf Ersatz für Wildschaden bei der Ortspolizeibehörde anzumelden; durch die Anmeldung an einer anderen Stelle wird dem Gesetze nicht genügt. Diese Regel gilt jedoch nicht ausnahmslos. Beauftragt ein Landbürgermeister (Ortspolizeibehörde in den Landgemeinden der Rheinprovinz) einen Gemeindevorsteher seiner Bürgermeisterei ein für allemal, solche Anmeldungen entgegenzunehmen, so ist der Gemeindevorsteher diejenige Stelle, bei welcher Anmeldungen angebracht werden können. Dem ausdrücklich erteilten Auftrag ist es gleichzustellen, wenn innerhalb der Bürgermeisterei in einer Gemeinde die tatsächliche Übung besteht, daß die Anmeldungen bei dem Gemeindevorsteher angebracht werden, und der Bürgermeister in Kenntnis davon die Anmeldung als formgerecht angebracht behandelt hat. Die Abhaltung des durch § 56 angeordneten Termins an Ort und Stelle durch den Gemeindevorsteher ist ungesetzlich; die in einem solchen Termine erfolgte Schätzung des Schadens kann der Festsetzung des Ersatzes nicht zugrunde gelegt werden. OG. vom 17. Januar 1918, Bd. 74 S. 428.

Es genügt, die Ersatzforderung darauf zu stützen, daß Wildschaden im Sinne der §§ 51 ff. vorliegt; von welcher Art (Gattung) des im § 51 bezeichneten Wildes der Schaden angerichtet worden ist, braucht in der Anmeldung nicht angezeigt zu sein.

2. Siehe § 81.

3. § 55 entpricht dem § 6 des früheren Wildschadengesetzes.

§ 56. Nach rechtzeitig erfolgter Anmeldung hat die Ortspolizeibehörde zur Ermittelung und Schätzung des behaupteten Schadens und zur Herbeiführung einer gütlichen Einigung unverzüglich einen Termin an Ort und Stelle anzuberaumen und zu demselben die Beteiligten unter der Verwarnung zu laden, daß im Falle des Nichterscheinens mit der Ermittelung und Schätzung des Schadens dennoch vorgegangen wird. Der Jagdpächter ist zu diesem Termin zu laden.

1. Über rechtzeitig erfolgte Anmeldung siehe § 55 und Anm. 1 dazu (OG. Bd. 31 S. 245).

Der von der Ortspolizeibehörde anberaumte Ortstermin dient a) der Ermittelung und b) der Schätzung des angemeldeten (behaupteten) Schadens und danach c) zur Herbeiführung einer gütlichen Einigung zwischen dem Beschädigten und dem Jagdvorsteher, im Falle des § 53 zwischen dem Beschädigten und dem Inhaber des Eigenjagdbezirks. Über Schaden siehe § 51 und Anm. dazu, ebenso § 52. Eine gütliche Einigung im Sinne des § 56 liegt nur dann vor, wenn beide Parteien eine entsprechende bindende Willenserklärung abgegeben haben. Schriftform ist hierfür nicht notwendig. Der Termin ist nach Eigang der Ersatzanmeldung ohne Verzug mit kürzester Frist anzuberaumen. Zu dem Ortstermin sind die Beteiligten zu laden, zu denen der zu ladende Pächter nicht gehört, wie schon aus der Fassung des § 56 hervorgeht, indem hier ein Unterschied gemacht ist zwischen Beteiligten und Pächter.

„Die mangelhafte Ladung kann nicht die Wirkung haben, daß nunmehr die Entscheidung des Verwaltungsrichters erst nach vorgängiger Wiederholung des Verfahrens vor der Ortspolizeibehörde ergehen und daß der Beschädigte gar seines Ersatzanspruches verlustig gehen könnte. Es genügt, daß dem für den Wildschadenersatz in Anspruch Genommenen die Anfechtung des Vorbescheides und damit die Wahrung seiner Rechte im Verwaltungsstreitverfahren ermöglicht worden ist." OG. vom 3. Dezember 1896, Bd. 31 S. 245.

2. Siehe § 81. Siehe auch OG. Bd. 74 S. 428, bei § 55 in Anm. 1 a. E. angeführt.

3. § 56 entspricht dem § 7 des früher geltend gewesenen Wildschadengesetzes.

§ 57. Jedem Beteiligten steht das Recht zu, in dem Termin zu beantragen, daß die Schätzung des Schadens erst in einem zweiten, kurz vor der Ernte abzuhaltenden Termin erfolge. Diesem Antrag muß stattgegeben werden.

1. Zu den Beteiligten gehört der Jagdpächter nicht, wohl aber der Eigenjagdbesitzer (vgl. § 53). Vgl. § 52 und die in Anm. 1 daselbst angeführten OG. Bd. 59 S. 355 ff. Die Ortspolizeibehörde ist verpflichtet, dem Antrage stattzugeben.

2. Siehe § 81.

3. § 57 = § 8 des früher geltend gewesenen Wildschadengesetzes.

§ 58. Auf Grund des Ergebnisses der Vorverhandlungen hat die Ortspolizeibehörde einen Vorbescheid über den Schadenersatzanspruch und die entstandenen Kosten zu erlassen und den Beteiligten in schriftlicher Ausfertigung zuzustellen.

Die Zustellung erfolgt nach Maßgabe der für Zustellungen des Kreisausschusses geltenden Bestimmungen.

1. Der Vorbescheid der Ortspolizeibehörde über den erhobenen Ersatzanspruch muß den für begründet erachteten Schadensersatz vollständig nach Grund und Höhe angeben. Ist die Schätzung der Höhe des Schadens ausdrücklich einer späteren Feststellung vorbehalten worden, so liegt ein im Verwaltungsstreitverfahren angreifbarer Vorbescheid in einem Protokoll über den von der Ortspolizeibehörde gemäß § 56 der JO. abgehaltenen ersten Ortstermin noch nicht vor. Demgemäß sind auch die Voraussetzungen des Verwaltungsstreitverfahrens nicht gegeben. OG. vom 25. Mai 1914, Bd. 67 S. 362. In dem Vorbescheide muß der Ersatzpflichtige angegeben sein. Der Vorbescheid ist Rechtsprechung; das ergibt sich auch aus Abs. 2, wonach er nach Maßgabe der für Zustellungen des Kreisausschusses geltenden Bestimmungen zugestellt werden muß; er kann nur durch die Verwaltungsklage angefochten werden; er ist keine polizeiliche Verfügung im Sinne der §§ 127 ff. LVG.; er schafft nur Recht, wenn er nicht angefochten wird, Recht zwischen den B e t e i l i g t e n, nicht also gegenüber dem Jagdpächter. Von diesem kann gegen einen Vorbescheid der Ortspolizeibehörde, der ihm Wildschadenersatz und Kosten auferlegt, nur auf Grund der §§ 127 ff. LVG. angegangen werden.

2. § 58 = § 9 des früher in Geltung gewesenen Wildschadengesetzes.

3. Vgl. § 81.

§ 59. Gegen den Vorbescheid findet innerhalb zwei Wochen die Klage bei dem Kreisausschuß, in Stadtkreisen bei dem Bezirksausschuß, statt.

Die Entscheidungen des Kreisausschusses und des Bezirksausschusses sind vorläufig vollstreckbar.

Wird innerhalb der zwei Wochen die Klage nicht erhoben, so wird der Vorbescheid endgültig und vollstreckbar.

1. Die Klage im Verwaltungsstreitverfahren ist auch gegen einen Vorbescheid gegeben, durch den die Ermittelung und Schätzung eines behaupteten Wildschadens wegen Versäumnis der Anmeldungsfrist abgelehnt wird. In dem Streitverfahren kann die Sache nicht an die Ortspolizeibehörde zurückverwiesen werden, sondern das Verwaltungsgericht hat die für erforderlich erachteten Ermittelungen selbst anzustellen. OG. vom 3. März 1900, Bd. 37 S. 306. Zur Herabsetzung der von der Ortspolizeibehörde für die Abschätzung von Wildschaden erforderten Kosten steht dem Ersatzpflichtigen das Verwaltungsstreitverfahren nicht zu. Mit dieser Klage, die beim Nichtvorliegen einer polizeilichen Verfügung auch nur gegen den durch Wildschaden geschädigten Grundbesitzer gegeben sein würde, kann der Kläger aber bloß geltend machen, daß er zum Ersatz des Wildschadens oder der entstandenen Kosten (§ 58 Abs. 1 JO.) nicht verpflichtet sei. Wird nur die Höhe der Kosten bestritten, so ist nur die Anrufung der Aufsichtsbehörde gegeben. OG. vom 6. Februar 1913, Bd. 63 S. 380.

Die Vorschriften der §§ 55 bis 60 sind zwingender Natur. Es muß daher wegen eines späteren Wildschadens ein besonderer, neuer Vorbescheid ergehen. Über einen nicht angemeldeten Wildschaden, vorausgesetzt, daß er dem Beschädigten bekanntgeworden war, kann kein Streitverfahren stattfinden. Die Klage kann erst erhoben werden, wenn die nach § 58 Abs. 2 vorgeschriebene Zustellung erfolgt ist. Die Klage kann nicht gegen die Ortspolizeibehörde, sondern nur gegen den Gegner erhoben werden, und zwar sind hierzu nur die Beteiligten berechtigt, also der Jagdvorsteher, der die Jagdgenossen mit ihren von dem Wildschaden betroffenen Grundstücken zu vertreten hat, oder die nach § 53 Beteiligten, und der Geschädigte (Ersatzberechtigte). Dem Jagdpächter steht nach §§ 127 ff. LVG. die Klage gegen die Ortspolizeibehörde zu. Ersatzpflichtig sind in einem gemeinschaftlichen Jagdbezirk dem Geschädigten die Grundbesitzer des Jagdbezirks (§ 52). Gegen die Entscheidung des Kreisausschusses steht die Berufung an den Bezirksausschuß, gegen dessen Entscheidung die Revisionsklage an das Oberverwaltungsgericht zu, aber nur wegen Rechtsverletzung oder Nichtrichtiganwendung des bestehenden Rechts, insbesondere auch der von den Behörden innerhalb ihrer Zuständigkeit erlassenen Anordnungen, oder wegen wesentlicher Mängel des Verfahrens; gegen die in erster Instanz ergangenen Entscheidungen des Bezirksausschusses die Berufungsklage an das Oberverwaltungsgericht.

2. Siehe § 81.

3. § 59 = § 10 des früher in Geltung gewesenen Wildschadengesetzes.

§ 60. Als Kosten des Verfahrens kommen nur bare Auslagen, insbesondere Reisekosten und Gebühren der Sachverständigen, Botenlöhne und Portokosten, in Ansatz. Die Kosten des Vorverfahrens werden als Teil der Kosten des Verwaltungsstreitverfahrens behandelt.

1. In § 60 handelt es sich nur um die Kosten des Vorverfahrens. In Wildschadensstreitsachen sind die allgemeinen Bestimmungen über die Kosten im Verwaltungsstreitverfahren auch für das sich an das kostenfreie polizeiliche Vorverfahren anschließende Verwaltungsstreitverfahren maßgebend und sind die Kosten des Vorverfahrens ohne weiteres demjenigen mitauferlegt, dem im nachfolgenden Verwaltungsstreitverfahren dessen Kosten zur Last fallen. OG. vom 31. Mai 1883 / 9. April 1894, Bd. 26 S. 272 ff.

2. Siehe § 81.

3. § 60 = § 11 des früher in Geltung gewesenen Wildschadengesetzes.

Sechster Abschnitt.

Wildschadenverhütung.

§ 61. Wenn die in der Nähe von Forsten belegenen Grundstücke, welche Teile eines gemeinschaftlichen Jagdbezirks bilden, oder solche Waldenklaven, auf welchen die Jagdausübung dem Eigentümer des sie umschließenden Waldes überlassen ist (§ 7 Abs. 5, §§ 8 und 10), erheblichem Wildschaden durch das aus der Forst übertretende Wild ausgesetzt sind, so ist die Jagdpolizeibehörde befugt, auf Antrag der geschädigten Grundbesitzer nach vorhergegangener Prüfung des Bedürfnisses und für die Dauer desselben den Jagdpächter selbst während der Schonzeit zum Abschusse des Wildes aufzufordern. Schützt der Jagdpächter, dieser Aufforderung ungeachtet, die beschädigten Grundstücke nicht genügend, so kann die Jagdpolizeibehörde den Grundbesitzern selbst die Genehmigung erteilen, das auf diese Grundstücke übertretende Wild auf jede erlaubte Weise zu fangen, namentlich auch mit Anwendung des Schießgewehres zu töten.

Das nämliche gilt rücksichtlich der Besitzer solcher Grundstücke, auf welchen sich die Kaninchen bis zu einer der Feld- und Gartenkultur schädlichen Menge vermehren, in betreff dieser Tiergattung. Wird gegen die Verfügung der Jagdpolizeibehörde die Beschwerde eingelegt, so bleibt erstere bis zur eingehenden höheren Entscheidung einstweilen gültig.

Das von den Grundbesitzern infolge einer solchen Genehmigung der Jagdpolizeibehörde erlegte oder gefangene Wild muß aber gegen Bezahlung des in der

Gegend üblichen Schußgeldes dem Jagdpächter überlassen und die desfallsige Anzeige binnen vierundzwanzig Stunden erstattet werden.

1. § 61 hat den Zweck, a) Teile eines gemeinschaftlichen Jagdbezirks bildende Grundstücke, die in der Nähe von Forsten belegen sind, und b) Waldenklaven, auf welchen die Jagdausübung dem Eigentümer des sie umschließenden Waldes überlassen ist (§ 7 Abs. 5, §§ 8 und 10) — vgl. Ziffer 39 der AusfAnw. —, vor weiterem Wildschaden zu schützen, weiteren Wildschaden zu verhüten. Es handelt sich also um vorbeugende Maßregeln. Dazu ist der Nachweis erforderlich, daß der Wildschaden, welcher durch das aus der Forst übertretende Wild angerichtet worden ist, ein erheblicher ist. Die Jagdpolizeibehörde schreitet aber nur auf Antrag der geschädigten Grundbesitzer ein, nachdem sie das Bedürfnis, die Notwendigkeit des Abschusses des Wildes und die Dauer dieses Bedürfnisses festgestellt hat. Ergibt die infolge des Antrags stattgehabte Prüfung, die Feststellung der Jagdpolizeibehörde, daß diese Voraussetzungen zur Berechtigung des Einschreitens vorliegen, so ist sie befugt, den Jagdpächter des gemeinschaftlichen Jagdbezirks bezw. den Inhaber des Eigenjagdbezirks zum Abschusse des Wildes aufzufordern.

Schützt der Jagdpächter trotz dieser Aufforderung die beschädigten Grundstücke nicht genügend, so ist die Jagdpolizeibehörde, wenn der Beweis des mangelhaften Schutzes erbracht ist, befugt, den Grundbesitzern selbst die Genehmigung zu erteilen, das auf deren vorstehend bezeichneten Grundstücken aus den Forsten übertretende Wild auf jede erlaubte Weise zu fangen, namentlich auch mit Schießgewehren zu töten. Nicht erlaubt ist das Fangen mit Schlingen (vgl. §§ 41, 77, ferner § 367 Ziff. 8 und § 368 Ziff. 7 RStGB.).

Jagdpolizeibehörde siehe § 69.

§ 61 Abs. 1 betrifft jagdbares Wild.

Der Abschuß des Wildes kann auch während der Schonzeit vorgenommen werden.

Vgl. MinErl. vom 19. Juni 1924, betreffend Erteilung von Abschußgenehmigungen während der Schonzeit (LMBl. S. 365): Danach sollen, wenn auch von einer amtlichen Bekanntmachung der erteilten Genehmigungen Abstand zu nehmen ist, die Jagdpolizeibehörden die mit der Ausübung der Jagdpolizei betrauten Beamten von der Erteilung von Abschußgenehmigungen laufend (z. B. bei den Landjägerversammlungen) unterrichten.

Vgl. ferner MinErl., betreffend Maßnahmen gegen Wildaustritt: LMBl. 1911 S. 262.

2. Das gleiche gilt auch, um den von Kaninchen angerichteten Schaden fernerhin zu verhüten. Voraussetzung ist dabei aber, daß die Kaninchen sich auf den beschädigten Grundstücken bis zu einer der Feld- und Gartenkultur schädlichen Menge vermehren. Die durch Kaninchen gefährdeten Grundstücke genießen den Schutz auch dann, wenn sie nicht in der Nähe von Forsten liegen. Unter den Grundbesitzern, denen die Jagdpolizeibehörde auf Grund des § 61 die Genehmigung zum Fangen oder zum Abschusse von Kaninchen erteilen kann, ist weder der Eigentümer der zu einem Eigenjagdbezirk gehörenden Grundstücke noch der Pächter dieser Grundstücke zu verstehen. Die im § 61 Abs. 1 gegebene Beschränkung auf solche Grundstücke, die in der Nähe von Forsten liegen, also eine Beschränkung aus der Lage der Grundstücke entnommen, ist für die in Abs. 2 behandelten Wildschadensfälle nicht wiederholt und nicht aus den Worten „das nämliche gilt ...“ zu entnehmen, weil damit hat nur gesagt werden sollen, daß der Jagdpolizeibehörde die in Abs. 1 genannten Befugnisse auch in den Fällen des Abs. 2 zustehen. Der Abs. 1 beschränkt seine zur Verhütung von Wildschaden gegebenen Vorschriften ferner auf Grundstücke, die Teile eines gemeinschaftlichen Jagdbezirks bilden oder Waldenklaven sind, auf denen die Jagdausübung dem Eigentümer des sie umschließenden Waldes überlassen ist (§ 7 Abs. 5, §§ 8 und 10). Er gilt also nicht für Grundstücke eines Eigenjagdbezirks. Diese Beschränkung gilt auch für Abs. 2.

„Hiernach ist unter den Grundbesitzern, denen die Jagdpolizeibehörde die in § 61 vorgeschriebene Genehmigung zum Fang oder zum Abschuß von Kaninchen erteilen kann, weder der Eigentümer der zu einem Eigenjagdbezirk gehörenden Grundstücke noch der Pächter dieser Grundstücke zu verstehen." OG. vom 29. Juni 1922, Bd. 77 S. 407. Was unter Fangen wilder Kaninchen im Sinne des Feld- und Forstpolizeigesetzes (§ 29) zu verstehen ist, siehe Anm. 1 zu § 41. Die Ermächtigung vertritt die Stelle des Jagdscheins (§ 30 Ziffer 3).

3. Die Beschwerde gegen die Verfügung der Jagdpolizeibehörde (Abs. 1, 2) ist binnen zwei Wochen beim Bezirksausschuß einzulegen; der Beschluß des letzteren ist endgültig (§ 69).

4. Abs. 3. Unter Wild sind Kaninchen nicht zu verstehen. Kommt der Grundbesitzer der Verpflichtung zur Überlassung des gefangenen oder erlegten Wildes überhaupt nicht nach — nicht bloß nicht binnen der vierundzwanzigstündigen Frist —, so kann der Jagdpächter Ersatz des Wertes des Wildes, gegebenenfalls im ordentlichen Rechtswege, verlangen (unter Abzug des üblichen Schußgeldes). Eine Strafe wegen Unterlassung der Verpflichtung nach Abs. 3 ist nicht vorgesehen.

5. Siehe § 81; siehe auch im Anhang Ausführungsanweisung Ziffer 38 und 39.

6. Vgl. § 63.

§ 62. Ist während des Kalenderjahres wiederholt durch Rot-, Elch- oder Damwild verursachter Wildschaden durch die Ortspolizeibehörde festgestellt worden, so muß auf Antrag des Ersatzpflichtigen oder der Jagdberechtigten die Jagdpolizeibehörde sowohl für den betroffenen als auch nach Bedürfnis für benachbarte Jagdbezirke die Schonzeit der schädigenden Wildgattung für einen bestimmten Zeitraum aufheben und die Jagdberechtigten zum Abschuß auffordern und anhalten.

1. § 62 bezieht sich nicht auf Wildschadenverhütung durch Wild im allgemeinen, sondern durch bestimmte Wildgattungen, nämlich durch Rot-, Elch- oder Damwild. Die Feststellung muß während des Kalenderjahres, d. i. vom 1. Januar bis 31. Dezember, erfolgt sein, der Schaden wiederholt geschehen sein. Die Feststellung muß „durch die Ortspolizeibehörde gemacht sein. Eine „Anmeldung" des Wildschadens bei dieser Behörde, damit sie die Feststellung vornimmt, ist nicht erforderlich, ebensowenig eine Feststellung nach Maßgabe der Vorschriften der §§ 55 ff.; sonst hätte der Gesetzgeber dies vorgeschrieben, zum mindesten aber auf die §§ 55 ff. Bezug genommen oder hingewiesen, wenn auch nur durch Beifügung der §§ 55 ff. in Klammern. Vgl. dazu OG. vom 6. März 1893, Bd. 24 S. 294. Die Feststellung muß die schädigende Wildgattung angeben; es darf aber innerhalb derselben keine Beschränkung, etwa auf gewisse Arten der schädigenden Wildgattung, in der Aufforderung oder Anhaltung durch die Jagdpolizeibehörde vorgenommen sein, ebensowenig in der Art der Jagd oder dgl.

Die Feststellung durch die Ortspolizeibehörde ist an eine Form nicht gebunden. Die ersatzpflichtige Person geben §§ 52 und 53 an. Der Antrag, der sowohl von dem Ersatzpflichtigen als auch den Jagdberechtigten gestellt werden kann, muß bei der Jagdpolizeibehörde gestellt werden, die der Ortspolizeibehörde den Auftrag gibt, die erforderlichen Feststellungen vorzunehmen.

Der Auftrag an die Ortspolizeibehörde ist keine mit einem Rechtsmittel anzufechtende Verfügung; es ist daher nur die Beschwerde bei der Aufsichtsbehörde der Jagdpolizeibehörde zulässig. Die Aufforderung der Jagdpolizeibehörde muß für den vom Wildschaden betroffenen Jagdbezirk, nach Bedürfnis — welches festzustellen ist — auch für benachbarte Jagdbezirke ergehen unter gleichzeitiger Aufhebung der Schonzeit der schädigenden (nur dieser) Wildgattung für einen bestimmten Zeitraum. Die Aufforderung und gegebenenfalls die Anhaltung zum Abschuß muß an die Jagdberechtigten ergehen. Hat die Feststellung des verursachten Wildschadens die Notwendigkeit der

Abschußanordnung ergeben, so ist die Jagdpolizeibehörde hierzu verpflichtet. Lehnt sie sie ab, so steht gemäß § 69 Abs. 2 den Antragsberechtigten die Beschwerde beim Bezirksausschuß zu, dessen Beschluß endgültig ist. Über Schonzeit siehe §§ 39, 40.

Für das Anhalten zum Abschuß dient die Verfügung nach §§ 132, 133 LVG. Was den Verkauf usw., überhaupt den Handel mit solchem abgeschossenen Wild anlangt, siehe § 45.

Lehnt die Ortspolizeibehörde im Falle des § 12 des Wildschadengesetzes — § 62 JO. — die beantragte Feststellung von Wildschäden ab, oder erklärt sie, daß kein Schaden vorliege, so kann ihre Verfügung nicht mit den Rechtsmitteln des § 127 LVG., sondern nur durch die Beschwerde im Aufsichtswege angefochten werden. OG. vom 2. Juli 1908, Bd. 53 S. 355.

2. Siehe § 63 sowie § 81; siehe auch im Anhang Ausführungsanweisung Ziffer 40. Jagdpolizeibehörde siehe § 69.

3. § 62 = § 12 des vor dem Inkrafttreten der JO. in Geltung gewesenen Wildschadengesetzes.

§ 63. Genügen diese Maßregeln (§ 62) nicht, so hat die Jagdpolizeibehörde den Grundbesitzern und sonstigen Nutzungsberechtigten selbst nach Maßgabe des § 61 die Genehmigung zu erteilen, das auf ihre Grundstücke übertretende Elch-, Rot- und Damwild auf jede erlaubte Weise zu fangen, namentlich auch mit Anwendung des Schießgewehrs zu erlegen.

1. Jagdpolizeibehörde siehe § 69.

Die Feststellung, ob die Maßregeln nach § 62 nicht genügen, hat die Jagdpolizeibehörde zu treffen. Sie kann sich dabei der Feststellungstätigkeit der Ortspolizeibehörde bedienen, hat aber selbst zu prüfen und festzustellen, ob diese Maßregeln (§ 62) genügen oder nicht. Im letzteren Falle muß sie den Grundbesitzern und sonstigen Nutzungsberechtigten nach Maßgabe des § 61 die Genehmigung erteilen. Lehnt sie den Antrag auf Erteilung der

Genehmigung ab, so steht dem Antragsteller die Beschwerde an den Bezirksausschuß zu (§ 69 Abs. 2). Die Ermächtigung vertritt die Stelle des Jagdscheins (§ 30 Ziffer 3). Über den Handel mit derartig erlegtem oder gefangenem Wild siehe § 45 Abs. 1. Im übrigen siehe § 61 und die Anm. dazu.

Auch im § 63 handelt es sich um Verhütung von Wildschaden durch Rot-, Elch- oder Damwild.

Über Nutzungsberechtigte siehe § 5 Abs. 3.

2. Siehe § 81.

3. § 63 = § 13 des früher in Geltung gewesenen Wildschadengesetzes.

§ 64. Schwarzwild darf nur in solchen Einfriedigungen gehegt werden, aus denen es nicht ausbrechen kann. Der Jagdberechtigte, aus dessen Gehege Schwarzwild austritt, haftet für den durch das ausgetretene Schwarzwild verursachten Schaden.

Außer dem Jagdberechtigten darf jeder Grundbesitzer oder Nutzungsberechtigte innerhalb seiner Grundstücke Schwarzwild auf jede erlaubte Art fangen, töten und behalten.

Die Jagdpolizeibehörde kann die Benutzung von Schußwaffen für eine bestimmte Zeit gestatten.

Die Jagdpolizeibehörde hat außerdem zur Vertilgung uneingefriedigten Schwarzwildes alles Erforderliche anzuordnen, sei es durch Polizeijagden, sei es durch andere geeignete Maßregeln oder Auflagen an die Jagdberechtigten des Bezirks und der Nachbarforsten.

1. Hegen von Schwarzwild bedeutet das Halten, die Erhaltung, Ergänzung, Pflege sowie Unterhaltung desselben, die Versorgung mit Futtermitteln. Es darf nur auf solchen eingefriedigten Grundstücken gehegt werden, aus denen es nicht ausbrechen kann. Die Haftung des Jagdberechtigten, aus dessen

Gehege Schwarzwild trotz der Einfriedigung austritt, für den durch das ausgetretene Schwarzwild verursachten Schaden wird rechtlich in der Beantwortung der Frage, ob der Jagdberechtigte nur für Verschulden, also unter Anwendung von §§ 823 ff. BGB. oder auch ohne dessen Vorliegen haftet, ob er als Tierhalter nach § 833 BGB. anzusehen sei (also Haftung für den Schaden, ohne daß Verschulden erforderlich ist) oder nach dem Wildschadengesetz (indem der Schaden als Wildschaden im Sinne dieses Gesetzes anzusehen sei) schadenersatzpflichtig sei, verschiedenfach beurteilt. Vgl. RGZ. vom 19. Februar 1909, Bd. 70 S. 306, welche die Entscheidung über den Schadenersatzanspruch aus § 64 JO. dem ordentlichen Gericht zuspricht, da der Schaden, wie er aus § 64 ersetzt verlangt werden kann, kein Wildschaden im engeren Sinne, sondern ein durch Verschulden des Jagdberechtigten verursachter Schaden sei. Eine besondere Vorschrift, durch welche die Entscheidung hierüber den Verwaltungsbehörden übertragen ist, sei nicht ergangen, und deshalb gehöre der hier in Frage stehende zivilrechtliche Anspruch nach § 13 GVG. vor die ordentlichen Gerichte. Das Oberverwaltungsgericht hat sich auf den Standpunkt gestellt, daß der Schwarzwildschaden sowohl nach den §§ 51 ff. als auch nach § 64 geltend gemacht werden kann. Wird der Schaden als solcher angesehen, der unter §§ 51 ff. fällt, d. h. als Wildschaden im Sinne des § 835 BGB., dann ist für die Entscheidung über den Ersatzanspruch das Verwaltungsgericht zuständig. Wird aber jagdrechtlich hinsichtlich des vom Schwarzwild verursachten Schadens ein Unterschied gemacht zwischen Schwarzwild, das auf eingefriedigten Grundflächen gehegt wird, und solchem, welches nicht eingefriedigt, d. h. in seiner Freiheit nicht beschränkt ist, das also in des Wortes weitester Bedeutung als „herrenlos" anzusehen ist, dann muß auch ein Unterschied in der jagdrechtlichen Haftung des Jagdberechtigten bestehen, so daß für das in Einfriedigungen, aus denen es nicht ausbrechen kann, gehegte Schwarzwild der Jagdberechtigte nur haftet, wenn ihn ein Verschulden trifft (§§ 823 ff. BGB.), ein Verschulden in der Beschaffenheit der Einfriedigung, so daß das Schwarzwild die Möglichkeit hatte, aus seinem Gehege auszutreten und Schaden anzurichten. Die §§ 51 ff. JO. haben in Übereinstimmung mit § 835 BGB. nur das darin bezeichnete Wild, wozu auch das Schwarzwild gehört, und den von ihm angerichteten Schaden zum Gegenstande, das sich in seinen natürlichen Lebensverhältnissen befindet; dazu gehört auch die uneingeschränkte Freiheit. Deshalb ist der Jagdberechtigte naturgemäß für den durch dieses Wild verursachten Schaden, ohne daß es eines Verschuldens bedarf — wenigstens keines unmittelbaren —, schadenersatzpflichtig. Im Unterschied dazu befaßt sich § 64 mit in Einfriedigungen gehegtem Schwarzwild. Schwarzwild darf an sich überhaupt nicht gehegt werden. Das ergibt sich aus der Fassung des § 64, der nur eine Ausnahme von dieser Regel gestattet: die Hege in solchen Einfriedigungen, aus denen es nicht ausbrechen kann. Solche Einfriedigungen sind die Voraussetzungen für die im § 64 bewilligte Ausnahme. Befinden sie sich nicht in dem vorgeschriebenen Zustande, dann trifft den Inhaber des Geheges die Schuld, und er haftet für den Schaden nach § 823 BGB. Treten die Wildschweine aus dem Gehege, dann spricht die Vermutung, daß die Einfriedigung nicht in der vorgeschriebenen Beschaffenheit gewesen ist, gegen den Jagdberechtigten, und es liegt ihm die Beweislast ob, daß ihn kein Verschulden trifft. Denn der Heger von Schwarzwild ist verpflichtet, besondere Sorgfalt auf die vorgeschriebene Sicherheit der Einfriedigung gegen das Austreten von Schwarzwild zu verwenden.

2. Abs. 2 und 3. Den Grundbesitzern oder Nutzungsberechtigten steht nach Abs. 2 ein beschränktes Jagdausübungsrecht auf Schwarzwild zu.

„Da zu den erlaubten Arten, die Jagd auszuüben, auch die Benutzung der Schußwaffe gehört und ein ausdrückliches Verbot, sich des Schießgewehrs zu bedienen, nicht ausgesprochen ist, andererseits aber die JO. in § 63 a. E. ausdrücklich zu den erlaubten Fangarten das Erlegen mit Anwendung des Schießgewehrs zählt, so ist anzunehmen, daß dem Grundbesitzer bezw. Nutzungsberechtigten durch § 64 Abs. 2 allgemein auch das Recht, Schwarzwild mit der Schußwaffe zu erlegen, erteilt ist. Diese positiv gewährte Befugnis ist durch die Worte des Abs. 3 nicht aufgehoben. Der Abs. 3 muß vielmehr dahin ausgelegt werden, daß auch insoweit, als gemeinhin die Benutzung der Schießwaffen nicht erlaubt ist, d. h. in den Fällen des § 367 Nr. 8 und des § 368 Nr. 7 RStGB., den durch Schwarzwild gefährdeten Grundbesitzern usw. die behördliche Erlaubnis zum Gebrauche der Schußwaffen erteilt werden kann. Es liegt nahe, daß gerade kostbare Anpflanzungen u. dgl. in unmittelbarer Nähe von Gebäuden bezw. bewohnten Orten dieses besonderen Schutzes bedürfen können. Ein weiter gehendes Anwendungsgebiet kann dem Abs. 3 nach der oben entwickelten, dem Abs. 2 zukommenden Bedeutung nicht zugestanden werden. Die JO. enthält eine besondere Strafvorschrift hinsichtlich des aus dem Wildschadengesetz übernommenen § 64 nicht. Daß der nach § 64 Abs. 2 und 3 JO. Berechtigte bezw. sein Beauftragter durch die Ausübung dieser Befugnis ein Vergehen gegen die §§ 292 ff. StGB. nicht begehen kann, bedarf nicht der Ausführung. Weder liegt ein Eingriff in ein ausschließlich fremdes Aneignungsrecht vor, noch mangelt es dem Täter an einer materiellen Berechtigung, auf dem betreffenden Grundstück zu jagen. Ebensowenig kann aber eine Verletzung des § 368 Nr. 10 StGB. in Frage kommen, wenn der nach § 64 Berechtigte auf seinem Grundstück dem Schwarzwild nachstellt. Denn da der Grundbesitzer bezw. Nutzungsberechtigte befugt ist, auf seinem Grundstücke, mag es auch im Sinne des § 368 Ziffer 10 StGB. ein für ihn fremdes Jagdgebiet sein, auf Schwarzwild zu jagen, so ist er naturgemäß nicht minder befugt, zu diesem Zwecke das Grundstück in Jagdausrüstung zu betreten. Die Frage, ob der Grundbesitzer die Ausübung seiner Befugnis aus § 64 Abs. 2 und 3 JO. auf andere übertragen kann, ist nach allgemeinen Grundsätzen zu bejahen." KG. vom 17. Februar 1910, Bd. 39 S. C. 37. Vgl. § 75 JO.

Es ist also Erlaubnisschein oder Begleitung des Jagdberechtigten erforderlich.

Zur Ausübung der Befugnis aus § 64 Abs. 2 und 3 ist ein Jagdschein erforderlich. Vgl. § 75 JO.

3. Abs. 4 betrifft uneingefriedigtes Schwarzwild. Die Jagdpolizeibehörde ist verpflichtet, 'alles, was zur Vertilgung uneingefriedigten Schwarzwildes erforderlich ist, anzuordnen. Vgl. MinErl. vom 17. Januar 1918 (LMBl. S. 200), betreffend Polizeijagden auf Schwarzwild:

„Nach der Entstehungsgeschichte des § 64 JO. kann es nicht zweifelhaft sein, daß die Kosten der Polizeijagden als Kosten der Landespolizei der Staatskasse zur Last fallen. Andererseits ergeben die Materien zu § 64, daß der Staat berechtigt ist, den Erlös des auf Polizeijagden erlegten Schwarzwildes zur Deckung der Kosten zu verwenden. Diese Berechtigung ergibt sich ferner aus der besonderen Stellung, die das Schwarzwild auf dem Gebiete des Jagdrechts einnimmt. Durch § 64 JO. ist dem Jagdberechtigten jede Hege des Schwarzwildes in freier Wildbahn untersagt, er haftet sogar für jeden Schaden, den aus dem Wildgatter ausbrechendes Schwarzwild verursacht. Nimmt somit das genannte, auch durch keine gesetzliche Schonzeit geschützte Wild auf dem Gebiete des Jagdrechts insofern eine besondere Stellung ein, als der Jagdberechtigte auf seinem Jagdgebiete wenigstens in freier Wildbahn grundsätzlich nichts unternehmen darf, um sich die Nachhaltigkeit der Jagd auf diese Wildgattung zu sichern, so hat er rechtlich auch keinen Anspruch auf Überlassung der durch polizeiliche Maßnahmen ohne sein Zutun zufällig auf seinem Jagdgebiete zur Strecke gebrachten Stücke. Folgerichtig erlaubt das Gesetz neben dem Jagdberechtigten auch jedem Grundbesitzer und Nutzungsberechtigten, innerhalb seiner Grundstücke Schwarzwild auf jede erlaubte Art zu fangen, zu töten und im Gegensatz zu anderem gemäß § 61 aaO. erlegten Wild, das dem Jagdberechtigten abzuliefern ist, zu behalten (§ 64 Abs. 2 aaO.). Vgl. KomBer. vom 10. Februar 1889 (Nr. 190 der Drucksachen) über den im Abgeordnetenhause seinerzeit ausgearbeiteten Entwurf zum Wildschadengesetz zu § 3 desselben. ..."

„Wie sich aus dem Wortlaut des Gesetzes ohne weiteres ergibt, kann die Jagdpolizeibehörde neben der Anordnung von Polizeijagden oder „anderer geeigneter Maßnahmen" auch Auflagen an die Jagdberechtigten selbst richten, deren Kosten naturgemäß von diesen selbst zu tragen sind. Derartige Auflagen werden namentlich dort am Platze sein, wo es die Jagdberechtigten offensichtlich am guten Willen, zur Schwarzwildvertilgung beizutragen, mangeln lassen, oder wo sie der Abhaltung von Polizeijagden und der Inanspruchnahme des Erlöses des gestreckten Schwarzwildes zur Kostendeckung unberechtigten Widerstand entgegensetzen. ..."

Beschwerde: § 69 Abs. 2.

4. § 64 = § 14 des früher in Geltung gewesenen Wildschadengesetzes.

§ 65. Durch Klappern, aufgestellte Schreckbilder sowie durch Zäune kann ein jeder das Wild von seinen Besitzungen abhalten, auch wenn er auf diesen zur Ausübung des Jagdrechts nicht befugt ist. Zur Abwehr des Rot-, Dam- und Schwarzwildes kann er sich auch kleiner oder gemeiner Hunde bedienen.

Der Jagdberechtigte ist nicht berechtigt, gegen die Maßnahmen des § 65 Widerspruch zu erheben, ebensowenig wie darin, etwa in der Umzäunung eines zum Jagdbezirk gehörenden Grundstücks, ein Grund zur Aufhebung des Jagdpachtvertrages liegt. Der Gebrauch von Jagdhunden zur Abwehr des Rot- usw. Wildes ist nicht gestattet.

§ 66. Die Jagdpolizeibehörde kann die Besitzer von Obst-, Gemüse-, Blumen- und Baumschulanlagen ermächtigen, Vögel und Wild, welche in den genannten Anlagen Schaden anrichten, zu jeder Zeit mittels Schußwaffen zu erlegen. Der Jagdberechtigte kann verlangen, daß ihm die erlegten Tiere, soweit sie seinem Jagdrecht unterliegen, gegen das übliche Schußgeld überlassen werden.

Die Ermächtigung darf Personen, welchen der Jagdschein versagt werden muß, nicht erteilt werden und ist widerruflich.

1. Obstanlage ist ein mit Obstbäumen bepflanztes Grundstück, welches sich schon äußerlich als eine in sich abgeschlossene Anlage darstellt und deshalb in der Regel eingefriedigt sein wird (Min.-Verf. vom 6. April 1898), doch ist eine jeden Wildwechsel ausschließende Umwehrung nicht zu verlangen (MinVerf. vom 24. Juli 1899 und 31. August 1901). Weinberge kommen nicht in Betracht. Unter Vögel und Wild sind jagdbares Federwild (§ 1 b) und jagdbares Wild zu verstehen. Vgl. § 5 Abs. 2 des Vogelschutzgesetzes sowie § 30 des Feld- und Forstpolizeigesetzes vom 1. April 1880 in der Fassung der Bekanntmachung vom 21. Januar 1926 (siehe § 48).

Die Ermächtigung vertritt die Stelle des Jagdscheins. Eine Anzeige an den Jagdberechtigten ist im § 66 nicht vorgeschrieben, soweit die erlegten Tiere seinem Jagdrechte unterliegen. Vgl. § 61 Anm. 1.

Vgl. auch § 63 Abs. 3 und Anm. 2 dazu. Siehe auch § 51 und die Anm. dazu bezüglich Anbringung von Schutzvorrichtungen.

2. Abs. 2. Die Ermächtigung darf nicht erteilt werden an Personen, denen der Jagdschein versagt werden muß (§ 34). Beschwerde: § 68.

Handel mit solchem Wild während der Schonzeit: § 45 Abs. 1.

3. § 66 = § 16 des früher in Geltung gewesenen Wildschadengesetzes.

4. Siehe § 61.

§ 67. Die Jagdpolizeibehörde kann die Eigentümer und Pächter solcher zur Fischerei dienenden Seen und Teiche, die nicht zu einem Eigenjagdbezirk gehören (§ 13 Abs. 1), selbst wenn die Jagd auf ihnen ruht, ermächtigen, jagdbare und nicht jagdbare Tiere, welche der Fischerei Schaden zufügen, zu jeder Zeit auf jede erlaubte Weise zu fangen, namentlich auch mit Anwendung von Schußwaffen zu erlegen. Mit Zustimmung der Jagdpolizeibehörde kann diese Ermächtigung auf bestimmt zu bezeichnende Beauftragte des Eigentümers oder Pächters übertragen werden. Der Jagdberechtigte kann verlangen, daß ihm die erlegten Tiere, soweit sie seinem Jagdrecht unterliegen, gegen das übliche Schußgeld überlassen werden.

Die Ermächtigung darf Personen, welchen der Jagdschein versagt werden muß, nicht erteilt werden und ist widerruflich. In ihr sind die Tierarten, zu deren Erlegung die Befugnis erteilt wird, bestimmt zu bezeichnen.

Die weiter gehenden Bestimmungen der Fischereigesetze werden hierdurch nicht berührt.

1. Jagdpolizeibehörde siehe § 69 Abs. 1. Wegen des Ruhens der Jagd siehe § 13 Abs. 4. Nicht erlaubt ist das Fangen mit Schlingen (§ 41); siehe auch § 77; zu vergleichen § 367 Ziffer 8 und § 368 Ziffer 7 RStGB.; siehe auch zu § 64 Abs. 3 Anm. 2 und die KG. vom 17. Februar 1910 daselbst.

Zur Übertragung der Ermächtigung ist die Zustimmung der Jagdpolizeibehörde erforderlich; ohne diese Zustimmung ist die Übertragung unzulässig. Eine Anzeige über die Erlegung von Tieren an den Jagdberechtigten ist nicht nötig. Der Jagdberechtigte ist aber berechtigt, wie gemäß § 66, zu verlangen, daß sie ihm, soweit sie seinem Jagdrecht unterliegen, gegen das übliche Schußgeld überlassen werden.

Die Ermächtigung vertritt die Stelle des Jagdscheins (§ 30 Abs. 3).

2. Abs. 2. Wem der Jagdschein versagt werden muß, besagt § 34. Beschwerde: § 68, auch hinsichtlich der Tierarten (Satz 2 des Abs. 2).

3. Abs. 3. Siehe § 105 FG.; vgl. auch § 30 des Feld- und Forstpolizeigesetzes in der Fassung der Bekanntmachung vom 21. Januar 1926 (siehe Anhang).

4. Siehe im Anhang Ausführungsanweisung Ziffer 41.

§ 68. Gegen die Anordnung oder Versagung obiger Maßregeln (§§ 66 und 67) seitens der Jagdpolizeibehörde ist nur die Beschwerde an den Bezirksausschuß und gegen dessen Entscheidung die Beschwerde zulässig, welche an den Minister des Innern und den Minister für Landwirtschaft, Domänen und Forsten geht.

1. Jagdpolizeibehörde siehe § 69 Abs. 1. Beschwerdefrist: zwei Wochen (§ 51 LVG.). Beide Minister befinden über die Beschwerde gegen die Entscheidung des Bezirksausschusses in einer gemeinschaftlichen Entscheidung.

2. Siehe im Anhang Ausführungsanweisung Ziffer 42.

3. § 68 = § 17 des früher in Geltung gewesenen Wildschadengesetzes.

Siebenter Abschnitt.

Behörden.

§ 69. Jagdpolizeibehörde ist der Landrat, in Stadtkreisen die Ortspolizeibehörde.

Gegen Beschlüsse der Jagdpolizeibehörde, durch welche Anordnungen wegen Abminderung des Wildstandes getroffen oder Anträge auf Anordnung oder Gestattung solcher Abminderungen abgelehnt werden, findet innerhalb zwei Wochen die Beschwerde an den Bezirksausschuß statt; der Beschluß des Bezirksausschusses ist endgültig.

1. Vgl. §§ 61 ff. Siehe im Anhang Ausführungsanweisung Ziffer 43.

§ 70. Die Aufsicht über die Verwaltung der Angelegenheiten der gemeinschaftlichen Jagdbezirke wird, soweit in diesem Gesetze nicht etwas anderes bestimmt ist, in Landkreisen von dem Landrat, in höherer und letzter Instanz von dem Regierungspräsidenten, in Stadtkreisen von dem Regierungspräsidenten, in höherer und letzter Instanz von dem Oberpräsidenten geübt. Beschwerden bei den Aufsichtsbehörden sind in allen Instanzen innerhalb zwei Wochen anzubringen.

1. Gegen Verfügungen der Jagdaufsichtsbehörde ist das Verwaltungsstreitverfahren unzulässig. OG. vom 3. Mai 1917, Bd. 73 S. 388.

Die Jagdaufsichtsbehörde kann nicht das Recht für sich in Anspruch nehmen, Jagdpachtverträge zu bestätigen oder aufzuheben oder Anweisungen zu erteilen über die Art der Verpachtung usw. OG. vom 16. März 1887, Bd. 14 S. 415 (siehe diese in Anm. zu § 21); OG. vom 9. Januar 1905, Bd. 47 S. 307.

2. Siehe im Anhang Ausführungsanweisung Ziffer 44.

3. § 70 = § 10 des früher in Geltung gewesenen Jagdverwaltungsgesetzes vom 4. Juli 1905.

4. Vgl. § 16, § 24 Abs. 4.

§ 71. Streitigkeiten der Beteiligten über ihre in den öffentlichen Rechten begründeten Berechtigungen und Verpflichtungen hinsichtlich der Ausübung der Jagd unterliegen, soweit dieses Gesetz nicht etwas anderes bestimmt, der Entscheidung im Verwaltungsstreitverfahren. Zuständig im Verwaltungsstreitverfahren ist in erster Instanz der Kreisausschuß, in Stadtkreisen der Bezirksausschuß.

1. Die Bestimmung, welche das Verwaltungsstreitverfahren vorschreibt, ist allgemein gehalten. Sie überweist ihm alle Streitigkeiten über Berechtigungen und Verpflichtungen hinsichtlich der Jagdausübung, welche *in den öffentlichen Rechten*

begründet sind. Ausgenommen sind solche Streitigkeiten, deren Entscheidung das Gesetz, d. h. die JO., in anderer Weise geregelt hat.

Beteiligter im Sinne des § 71 ist derjenige, dessen Recht durch den Streit betroffen wird und der zur Wahrung seiner Rechte auf Grund des öffentlichen Rechts hinsichtlich der Jagdausübung oder gegen die von ihm in dieser Beziehung geforderten Verpflichtungen die Entscheidung des Verwaltungsgerichts anruft oder gegen den letzteres durch seine Gegner angerufen wird.

An einem auf § 71 beruhenden Verwaltungsstreitverfahren über die Zugehörigkeit einer Grundfläche zu einem Jagdbezirk sind auch die Inhaber oder Vertreter angrenzender Jagdbezirke beteiligt, welche für den Fall, daß die Grundfläche einem Jagdbezirk überhaupt nicht angehört, auf Grund des § 8 deren Anschluß verlangen dürfen. OG. vom 17. November 1910, Bd. 58 S. 362. Es sind nicht immer die Eigentümer. Das Verwaltungsstreitverfahren ist nicht gegeben, um den Jagdvorsteher zu einer ihm in der JO. zugewiesenen Tätigkeit zu nötigen, auch nicht, um das Ergebnis des Ermessens nachzuprüfen, welches ihm in bezug auf das Anschließen von Grundflächen an Jagdbezirke eingeräumt ist, wohl aber darüber, ob das Anschließen gefordert werden darf. Die Zuständigkeit des Verwaltungsrichters in dem Verfahren nach § 71 ist auf die Feststellung beschränkt, welche Rechte den Beteiligten nach der JO. zustehen. OG. vom 21. November 1910, Bd. 58 S. 369. Vgl. OG. vom 25. März 1920, Bd. 75 S. 377. Der Jagdpächter ist im Verwaltungsstreitverfahren über öffentlich-rechtliche Ansprüche auf dem Gebiete des Jagdrechts nicht „Beteiligter" im Sinne des § 71 und demgemäß nicht als Partei legitimiert. OG. vom 9. Juli 1925, Bd. 80 S. 304. Die Ablehnung des Anschlusses aus § 7 Abs. 5 berechtigt den Waldbesitzer zur Klage aus § 71, die an keine Frist gebunden ist. OG. vom 2. November 1922, Bd. 78 S. 356. Wer Grundflächen eines Gemeindebezirks als Bestandteil seines Eigenjagdbezirks in Anspruch nimmt, gilt gegenüber der widersprechenden Jagdgenossenschaft auch ohne Nachweis seines Eigentums als „Beteiligter" im Sinne des § 71. In dem Streite darüber, ob eine Grundfläche einem Jagdbezirk auf Grund öffentlichen Rechts anzuschließen sei, sind die Verwaltungsgerichte gemäß § 71 zur Entscheidung unter den Beteiligten berufen. Als „Beteiligte" kommen diejenigen in Betracht, die den Anschluß begehren, ferner die Besitzer der anzuschließenden Grundstücke, endlich die Jagdvorsteher, deren Gemeindebezirken die anzuschließenden Grundstücke zugehören. Die Zuständigkeit erstreckt sich auch nicht bloß auf Grundflächen, deren Anschluß gemäß § 7 Abs. 5 JO. begehrt wird, sondern auch auf solche, für welche ein Recht auf den Anschluß gemäß § 8 Abs. 2 behauptet wird. Vgl. OG. Bd. 58 S. 371. Für Streitigkeiten dieser Art kommen die Jagdvorsteher und die Besitzer der Grundstücke, deren Anschluß begehrt wird, als Streitgenossen in Betracht. Die Zuständigkeit der Verwaltungsgerichte erstreckt sich jedoch im Falle des § 7 Abs. 5 nicht darauf, ob der Waldbesitzer von dem etwa begründeten Anschlußrecht bis zum Ablauf der Frist für die Auslegung der Pachtbedingungen Gebrauch gemacht oder wegen unterlassener rechtzeitiger Anmeldung sein Anschlußrecht für die laufende Pachtperiode verloren hat, sondern nur darauf, ob das behauptete Anschlußrecht nach den in Betracht kommenden Tatumständen gesetzlich besteht. Bis zu welchem Zeitpunkt aber der Nachweis der tatsächlichen Voraussetzungen gestattet ist, bestimmt sich nach den das Verwaltungsstreitverfahren regelnden Vorschriften.

Die nach Erhebung der Klage eintretenden Veränderungen im Besitzstand und im Umfange des Waldes sind von Amts wegen zu berücksichtigen, insoweit sie in der ersten und in der Berufungsinstanz zur Kenntnis des Verwaltungsrichters gelangten. OG. vom 12. Oktober 1911, Bd. 60 S. 411.

Voraussetzung für die Klage im Verwaltungsstreitverfahren ist, daß es sich um ein öffentlich-rechtliches Verhältnis, um die Existenz einer mit der geltend gemachten Verpflichtung sich inhaltlich deckenden, im öffentlichen Recht begründeten Berechtigung handele, wozu der Nachweis, es stehe dem Beklagten ein Jagdrecht auf seinem Grund und Boden nicht zu, nicht genüge.

Das Jagdrecht ist ein privates Vermögensrecht. RGZ. vom 4. Mai 1889, Bd. 44 S. 195. Durch einen zeitweiligen Verzicht auf die Ausübung der Jagd wird die Klage auf Feststellung der Jagdberechtigung nicht ausgeschlossen. § 71 bestimmt im weitesten Umfange die Möglichkeit, die Rechte der Beteiligten auf die Ausübung der Jagd festzustellen.

Vgl. MinErl. vom 5. April 1922 (JMBl. S. 157) und MinErl. vom 22. Oktober 1925 (MBl. f. d. i. V. S. 1139).

3. Bis zur endgültigen Entscheidung der Streitigkeiten kann die Jagdpolizeibehörde im Interesse der jagdlichen Rechtsordnung einstweilige Verfügung erlassen. OG. vom 21. April 1900, Bd. 37 S. 298.

Achter Abschnitt.

Strafvorschriften.

Vorausgeschickt seien hier die Bestimmungen des Reichsstrafgesetzbuchs, die sich auf die Ausübung des Jagdrechts beziehen oder für dieses in Betracht kommen können, unter Berücksichtigung der Verordnung über Vermögensstrafen und Bußen vom 6. Februar 1924 (RGBl. I S. 44).

§ 117 RStGB. Wer einem Forst- oder Jagdbeamten, einem Waldeigentümer, Forst- oder Jagdberechtigten, oder einem von diesen bestellten Aufseher in der rechtmäßigen Ausübung seines Amtes oder Rechtes durch Gewalt oder durch Bedrohung mit Gewalt Widerstand leistet, oder wer eine dieser Personen während der Ausübung ihres Amtes oder Rechtes tätlich angreift, wird mit Gefängnis von vierzehn Tagen bis zu drei Jahren bestraft.

Ist der Widerstand oder der Angriff unter Drohung mit Schießgewehr, Äxten oder anderen gefährlichen Werkzeugen erfolgt, oder mit Gewalt an der Person begangen worden, so tritt Gefängnisstrafe nicht unter drei Monaten ein.

Sind mildernde Umstände vorhanden, so tritt in den Fällen des Abs. 1 Gefängnisstrafe bis zu einem Jahre, in den Fällen des Abs. 2 Gefängnisstrafe nicht unter einem Monat ein.

§ 118 RStGB. Ist durch den Widerstand oder den Angriff eine Körperverletzung dessen, gegen welchen die Handlung begangen ist, verursacht worden, so ist auf Zuchthaus bis zu zehn Jahren zu erkennen.

Sind mildernde Umstände vorhanden, so tritt Gefängnisstrafe nicht unter drei Monaten ein.

§ 119 RStGB. Wenn eine der in den §§ 117 und 118 bezeichneten Handlungen von mehreren gemeinschaftlich begangen worden ist, so kann die Strafe bis um die Hälfte des angedrohten Höchstbetrages, die Gefängnisstrafe jedoch nicht über fünf Jahre erhöht werden.

[Entwurf eines Allgemeinen Deutschen Strafgesetzbuchs:

§ 151. Wer einen Waldeigentümer oder einen anderen Waldberechtigten oder einen Jagd- oder Fischereiberechtigten mit Gewalt oder durch Drohung mit Gewalt an der rechtmäßigen Ausübung des Wald-, Jagd- oder Fischereischutzes hindert, wird mit Gefängnis bestraft. Der Versuch ist strafbar.

Ebenso wird bestraft, wer den Berechtigten während der rechtmäßigen Ausübung des Schutzes tätlich angreift.

Dem Berechtigten steht gleich, wer von ihm mit der Wahrnehmung des Schutzes beauftragt worden ist.

§ 152. Hat der Täter bei einem nach den §§ 149 bis 151 strafbaren Widerstand einen anderen durch eine Gewalttat in eine ernste Gefahr für Leib oder Leben gebracht, so ist die Strafe Gefängnis nicht unter einem Monat, in besonders schweren Fällen Zuchthaus bis zu fünf Jahren.]

1. „Es gehören hierher zwei Fälle: 1. der durch Gewalt oder durch Bedrohung mit Gewalt geleistete Widerstand gegen die im § 117 genannten Personen, wenn sie in der rechtmäßigen Ausübung ihres Amtes oder Rechtes begriffen sind, und 2. der tätliche Angriff gegen sie während der (rechtmäßigen) Ausübung ihres Amtes oder Rechts. Der Vorsatz muß auch hier das Bewußtsein umfassen, daß der Gegner in rechtmäßiger Ausübung handle. Daß die rechtswidrige Handlung innerhalb oder zwar außerhalb des Reviers, aber in unmittelbarem Zusammenhange mit einer innerhalb des Reviers vorgenommenen Amtshandlung oder Rechtsausübung stattgefunden habe, ist zum Tatbestande des Vergehens nicht erforderlich; es genügt die Richtung der Handlung gegen die im § 117 genannten Personen. Ebensowenig läßt sich bei dem klaren Wortlaute des Gesetzes die Ansicht rechtfertigen, daß nicht die Ausübung des Jagdrechts oder anderer den angeführten Privatpersonen zustehenden Rechte, sondern nur die zum Schutze der Waldungen und Jagden in Ausübung der Forst- und Jagdpolizei gegen Forst- und Jagdfrevler vorgenommenen Handlungen in § 117 gemeint seien" (v. Liszt, Lehrbuch des deutschen Strafrechts, zu §§ 117—119). Anderer Ansicht ist das Reichsgericht (siehe unten RGSt. vom 17. Oktober 1922 und vom 21. Oktober 1920). Als Forstberechtigter im Sinne des § 117 StGB. ist anzusehen, wer in formloser Vereinbarung mit einem Waldeigentümer die persönliche Nutzung eines Waldteiles hat (vgl. RGSt. vom 27. Mai 1908 — I 340/08 —), auch wenn keine Gegenleistung hierfür ausbedungen ist. RGSt. vom 17. Oktober 1922, Bd. 57 S. 79.

In Preußen genügt es, daß die Person, gegen die sich der Widerstand richtet, von dem Jagdberechtigten zum Aufseher bestellt ist und daß der Täter dies weiß, oder damit rechnet; auf welche Weise er die Kenntnis erlangt hat, ist gleichgültig (vgl. RGSt. vom 5. Februar 1889 — Rep. 167/89 —, JurWoch. 1889 S. 94). RGSt. vom 15. November 1912, Bd. 46 S. 348.

Der § 117 StGB. gewährt in Ergänzung des in § 113 aaO. vorgesehenen Tatbestandes des gewaltsamen Widerstandes gegen die daselbst bezeichneten Vollstreckungsbeamten nicht allein den Forst- und Jagdbeamten als Organen der Staatsgewalt, sondern auch den Waldeigentümern, Forst- und Jagdberechtigten ohne amtliche Qualifikation einen erhöhten und besonderen Strafschutz gegen gewaltsamen Widerstand und tätlichen Angriff bei der Ausübung ihres Amtes und Rechts. Es soll aber nur der Widerstand strafbar sein, welcher, sei es den Beamten oder Privaten, bei dem Schutze der Waldungen und Jagden von Forst- und Jagdfrevlern entgegengesetzt wird. Dieser Schutz ist auch auf die zur Ausübung ihrer Rechte von ihnen bestellten Aufseher ausgedehnt worden. RGSt. Bd. 1 S. 28. Vgl. RGSt. vom 17. Oktober 1922, Bd. 57 S. 79; RGSt. vom 21. Oktober 1920, Bd. 55 S. 167.

Zu den Forst- oder Jagdbeamten gehören auch die von einer Gemeinde oder Korporation dauernd oder vorübergehend angestellten derartigen Beamten, auch wenn sie nicht vereidigt sind, ebenso ein nach dem Forstdiebstahlsgesetz vom 15. April 1878 vereideter Privatförster; seine Vereidigung schließt das Recht des Jagdschutzes ein. Waldaufseher, vom Förster mit der Waldaufsicht beauftragt, ist kein Forstschutzbeamter (vgl. RGSt. vom 11. Juni 1926, Bd. 60 S. 273). Die Bestellung eines Aufsehers bedarf keiner bestimmten Form (RGSt. Bd. 10 S. 383, Bd. 11 S. 421, Bd. 36 S. 393, Bd. 57 S. 79). Der Jagdschutzbeamte hat das Recht zur körperlichen Untersuchung des Jagdfrevlers nach Überführungsstücken (RGSt. Bd. 3 S. 336). Amtsausübung eines Forstbeamten ist eine dem öffentlichen Interesse dienende amtliche Tätigkeit zur Wahrung des Forst- und Waldschutzes behufs Verhinderung oder Verfolgung von Forst- usw. Freveln oder auch sonstiger Beschädigung des Waldes (RGSt. Bd. 5 S. 413). Die von Privateigentümern angestellten, auf Grund der Voraussetzungen in § 32 Ziffer 2 und letzten Absatz gemäß § 33 des Holzdiebstahlgesetzes vom 2. Juni 1852 vereidigten, mit dem Forstschutz beauftragten Personen müssen im Sinne des § 359 StGB. als im Dienste des Preußischen Staates für die Ausübung forstpolizeilicher Funktionen angestellt betrachtet werden (RGSt. vom 3. Juni 1881, Bd. 4 S. 214).

Unter rechtmäßiger Ausübung des Amtes oder Rechts ist die Ausübung des Forst- und Jagdschutzes zu verstehen. Mit diesem müssen die Beamten usw. beauftragt sein, entweder kraft ihres Amtes oder auf Grund besonderer Übertragung des Forst- und Jagdschutzes (z. B. nach dem Forstdiebstahlsgesetz vereidigt) oder besonderen Auftrags. Unter die Forst- und Jagdberechtigten sind auch Nutznießer zu rechnen; Pächter, Forst- und Jagdberechtigte jedoch nur, wenn sie die Forst- und Jagdpolizei gegen Frevler ausüben (RGSt. Bd. 2 S. 170); der Waldeigentümer auch bei Streitigkeiten privatrechtlicher Natur, sofern sie nur mit dem Walde in Zusammenhang stehen (RGSt. Bd. 20 S. 156). In der Ausübung seines Amtes befindet sich nur der Beamte (z. B. Staats- oder Kommunalforst- oder -jagdbeamte) oder der zum Zwecke des Forst- oder Jagdschutzes vereidigte Privatförster usw. oder Aufseher.

Ausübung des Rechtes, z. B. des Rechtes der vorläufigen Festnahme, soweit es jedem zusteht (Ergreifen auf frischer Tat).

Der Jagdberechtigte ist zur Wegnahme des Gewehrs befugt gemäß § 227 BGB., ebenso dessen Privatförster (RGSt. Bd. 35 S. 413). Der Jagdberechtigte ist berechtigt, die Person des Wilderers festzustellen, ihn zu entwaffnen; im Falle der Weigerung oder des Widerstandes ist der Jagdberechtigte befugt, Gewalt anzuwenden, auch nach Verfolgung „auf frischer Tat". Eine solche Verfolgung liegt vor, wenn die Tat unmittelbar nach ihrer Verübung entdeckt und auf Grund der hierbei gemachten, auf den Täter hinweisenden Wahrnehmungen die Verfolgung unverzüglich begonnen wird (RGSt. Bd. 29 S. 49/50).

§ 292 RStGB. Wer an Orten, an denen zu jagen er nicht berechtigt ist, die Jagd ausübt, wird mit Geldstrafe oder mit Gefängnis bis zu drei Monaten bestraft.

Ist der Täter ein Angehöriger des Jagdberechtigten, so

tritt die Verfolgung nur auf Antrag ein. Die Zurücknahme des Antrages ist zulässig.

[Entwurf eines Allgemeinen Deutschen Strafgesetzbuchs:

§ 361. Wer unter Verletzung fremden Jagdrechts dem Wild nachstellt oder sich eine Sache aneignet, die dem Jagdrecht unterliegt, wird mit Gefängnis bestraft.

Wer die Tat gewerbsmäßig begeht, wird mit Gefängnis nicht unter drei Monaten bestraft.

§ 363. In den Fällen des § 361 Abs. 1 und des § 362 Abs. 1 — betrifft unberechtigtes Fischen — wird die Tat nur auf Verlangen des Verletzten verfolgt, wenn sie von einem Angehörigen oder an einem Orte begangen worden ist, wo der Täter die Jagd oder die Fischerei in beschränktem Umfange ausüben durfte.

§ 365. Wer bei unberechtigtem Jagen oder Fischen (§§ 361, 362) auf frischer Tat betroffen Gewalt gegen eine Person anwendet oder mit gegenwärtiger Gefahr für Leib oder Leben droht, um sich oder einem anderen die Beute oder eine nach § 364 der Einziehung unterliegende Sache zu erhalten oder sich oder einen anderen der Bestrafung zu entziehen, wird mit Zuchthaus bestraft.]

Die Jagdvergehen nach §§ 292 ff. StGB. sind Verletzungen des ausschließlichen Rechts des Jagdberechtigten zur Okkupation der in seinem Revier umherwechselnden jagdbaren Tiere (RGSt. Bd. 8 S. 273). Vgl. RGSt. Bd. 5 S. 277.

Ausübung der Jagd umfaßt einerseits schon das Aufsuchen und Verfolgen des Wildes, also das Nachstellen, Anschleichen, den Anstand, das Schlingenlegen und Fallenlegen, als vollendetes Vergehen — Aneignungsabsicht ist nicht erforderlich —, andererseits die wirkliche Zueignung jagbarer Tiere, mag diese auf weidmännische Art erfolgen oder nicht (Vergiftung). Hierher gehört auch das Ansichbringen von Fallwild (auch wenn es erst tot in das Revier gebracht worden ist). Ob auch die Zueignung von Hirschstangen usw., richtet sich nach dem geltenden Landesrechte. Verletzt ist in allen Fällen der Jagdberechtigte. Ist die Verletzung des Jagdrechts die Ausübung der Jagd an solchen Orten, an welchen zu jagen der Täter nicht berechtigt ist, wobei der Standort des Wildes, nicht derjenige des Jägers maßgebend ist, so ist danach die Verfolgung des angeschossenen Wildes auf fremdes Jagdgebiet rechtswidrige und strafbare Jagdfolge (v. Liszt, Lehrbuch des deutschen Strafrechts, zu § 292). Vgl. dazu RGSt. Bd. 11 S. 249: „Es genügt also auch eine auf die Aneignung abzielende Tätigkeit, welche zur wirklichen Ergreifung des Wildes noch eines weiteren Abschusses bedarf". Derjenige, der in unbefugter Jagdausübung betroffen wird, befindet sich in einem rechtswidrigen Angriff auf das Vermögen (Jagdrecht) des Jagdberechtigten (RGSt. Bd. 55 S. 167). Zum Tatbestande der unberechtigten Jagdausübung im Sinne des § 292 StGB. gehört eine Handlung, welche die Okkupation jagdbarer Tiere bezweckt. Der Edel- oder Baummarder, nicht aber der Haus- oder Steinmarder, ist jagdbar. KGSt. vom 26. November 1926, Ring Bd. 6 S. 299.

Vgl. ferner noch KGSt. vom 16. Februar 1927, Ring Bd. 6 S. 307, in Anm. 1 a. E. zu § 4 angeführt.

Der Begriff der Jagdausübung ist gegeben, wenn ein anderer die dem Jagdberechtigten zustehenden Befugnisse in bezug auf die Aneignung des Wildes (vgl. §§ 958 Abs. 2, 960 Abs. 1 BGB.) unberechtigt ausübt. Der Jagdberechtigte ist aber ausschließlich befugt, in seinem Jagdbezirk nicht bloß das lebende, sondern auch das tote Wild — Fallwild — sich anzueignen (RGSt. Bd. 3 S. 226). § 292 unterläßt selbst die nähere Bestimmung seines Schutzgegenstandes, des Umfanges der Jagdbefugnis; es behält EG.BGB. Art. 69 diese der Regelung des Landesrechts vor, das den Umfang des durch die strafrechtliche Norm geschützten Rechtsgutes bestimmt (RGZ. Bd. 46 S. 108). Das Gehen nach dem fremden Jagdbezirk stellt nur eine Vorbereitung für die unberechtigte Jagdausübung dar, mit deren Ausführung erst durch die auf Aneignung des Wildes gerichtete Tätigkeit der Anfang gemacht wird. Diese Zuwiderhandlung setzt sich fort, solange der Betreffende auf dem fremden Jagdgebiete dem Wilde nachstellt. Damit wird der Tatbestand des Jagdvergehens erfüllt (RGSt. Bd. 49 S. 272). Derjenige, welcher die Beschränkungen der Jagderlaubnis (nach Zeit, Gegenstand, Ort u. dgl.) nicht einhält, übt die Jagd unberechtigt aus (RGSt. Bd. 43 S. 439). Dem Begriff der Jagdausübung wird nicht erst durch die Besitznahme des Wildes genügt; vielmehr reichen dazu schon solche Handlungen aus, durch welche dem Wild nachgestellt wird, um es einzufangen oder in Besitz zu nehmen. Deshalb kann auch das Aufstellen von Schlingen eine Ausübung der Jagd darstellen (RGSt. Bd. 22 S. 115). Zur Annahme einer Jagdausübung von seiten des zur Jagd ausgerüstet auf dem Anstande Betroffenen ist es nicht erforderlich, daß dessen Gewehr geladen gewesen ist (RGSt. Bd. 20 S. 4). Unberechtigte Ausübung der Jagd kann dadurch begangen werden, daß der Täter zwar auf seinem Jagdgebiete sich aufstellt, aber durch seinen Hund das benachbarte Jagdgebiet absuchen und von dort das Wild sich zutreiben läßt, um es sodann auf seinem eigenen Jagdgebiet zu erlegen. Er hat sich des Hundes als eines Werkzeuges zur Aufspürung und Verfolgung des Wildes in dem fremden Jagdgebiet bedient und hierdurch eine Handlung vorgenommen, welche unter den Begriff der J a g d a u s ü b u n g fällt und zu welcher nur der Jagdberechtigte befugt ist (RGSt. Bd. 20 S. 98). Das Behalten und Verwerten des Wildes gehört nicht zu dem Begriff des Jagdvergehens. Auch derjenige, welcher nur aus Freude an der Jagd das Wild erlegt und sodann liegen läßt, und derjenige, welcher Wild tötet oder zu töten versucht, um Wildschaden von sich abzuwenden, fällt, wenn er bewußt rechtswidrig handelt, d. h. an Orten jagt, wo er, wie ihm bekannt, zu jagen nicht berechtigt ist, unter die Strafbestimmungen des § 292 StGB. (RGSt. Bd. 14 S. 419). Demjenigen, welcher sich über der Grenze lediglich in d e r Absicht auf den Anstand stellt, das auf s e i n Jagdgebiet übertretende Wild dort zu erlegen, fällt eine unbefugte Jagdausübung nicht zur Last (RGSt. Bd. 6 S. 375).

Auch die abgeworfenen Hirschstangen können Gegenstand der Jagdausübung sein (vgl. RGSt. Bd. 60 S. 273); ebenso Fallwild im engeren und weiteren Sinne (infolge natürlicher Vorgänge eingegangenes Wild bezw. alles tote Wild, namentlich erlegtes, infolge unbefugter Jagdausübung eines Dritten eingegangenes Wild). RGSt. Bd. 3 S. 226, Bd. 5 S. 277, Bd. 13 S. 84, Bd. 9 S. 127, Bd. 23 S. 89. Letztere hebt dabei hervor, daß die von dem Wilderer erlangte Beute herrenlos bleibt, bis sie an den Jagdberechtigten oder an einen gutgläubigen Erwerber kommt.

Abgeworfene Hirschstangen sind in den Bezirken, wo sie dem Jagdrecht unterworfen sind, Gegenstand der Jagdausübung. Die Vorschrift des § 1 Titel XXXV der Kur- und Neumärkischen Holz-, Mast- und Jagdordnung vom 20. Juli 1720, welche die Ablieferung gefundener Hirschstangen an die Jagdbedienten anordnet, ist noch in Gültigkeit. KG. vom 23. Dezember 1897, Bd. 18 S. 282.

§ 293 RStGB. Die Strafe kann auf Geldstrafe oder auf Gefängnis bis zu sechs Monaten erhöht werden, wenn dem Wilde nicht mit Schießgewehr oder Hunden, sondern mit Schlingen, Netzen, Fallen oder anderen Vorrichtungen nachgestellt oder wenn das Vergehen während der gesetzlichen Schonzeit, in Wäldern, zur Nachtzeit oder gemeinschaftlich von mehreren begangen wird.

Es kann das insofern von Bedeutung sein, ob das Wild im Walde oder außerhalb desselben erlegt wird, als der unberechtigte Jäger, wenn er die Jagd im Walde ausübt, sich leichter der Entdeckung entziehen, das im Walde erlegte Wild leichter verborgen werden kann. Diese Erwägung trifft jedoch auch dann zu, wenn sich der Jäger im Walde, das zu erlegende Wild sich aber außerhalb desselben befindet oder auch das Umgekehrte der Fall ist. Wald ist jede zur Forstnutzung verwendete Fläche, welche den Wilderer und das Wild deckt (RGSt. Bd. 25 S. 120). Bei § 293 StGB. kann es sich nur um eine einheitliche Tat handeln, welche die mehreren sämtlich als die ihrige gewollt und welche sie unter gemeinsamem Wirken miteinander zur Ausführung gebracht haben. Der Erschwerungsgrund gemeinschaftlichen Begehens des Jagdvergehens im Sinne des § 293 StGB. ist durch die Merkmale der Mittäterschaft zu begründen (RGSt. Bd. 4 S. 261). Mittäterschaft liegt vor, wenn z. B. einer dem anderen das Wild zutreibt, damit dieser es erlegt. Bei § 293 ist kein Strafantrag erforderlich (RGSt. Bd. 4 S. 330). Nachtzeit ist die Zeit von der Dunkelheit bis zur Dämmerung (von Sonnenuntergang bis Sonnenaufgang mit Einschluß der Dämmerung).

§ 294 RStGB. Wer unberechtigtes Jagen gewerbsmäßig betreibt, wird mit Gefängnis nicht unter drei Monaten bestraft; auch kann auf Verlust der bürgerlichen Ehrenrechte sowie auf Zulässigkeit von Polizeiaufsicht erkannt werden.

Gewerbsmäßig betreibt derjenige die Jagd, der sie in dem Entschlusse der öfteren Wiederholung in der Absicht ausübt, sich durch diese öftere Wiederholung eine, wenn auch nicht regelmäßig oder dauernd fließende Einnahmequelle zu verschaffen, d. h. sie zum Zwecke des Erwerbs ausübt (vgl. v. Liszt, Lehrbuch des deutschen Strafrechts, „Handlungsmehrheit und Verbrechenseinheit").

§ 294 umfaßt die Fälle des § 292 und des § 293 StGB. gleichmäßig. Das gewerbsmäßige Jagen kann auch gemeinschaftlich ausgeübt werden. Die Strafverfolgung erfolgt von Amts wegen.

§ 295 RStGB. Neben der durch das Jagdvergehen verwirkten Strafe ist auf Einziehung des Gewehrs, des Jagdgeräts und der Hunde, welche der Täter bei dem unberechtigten Jagen bei sich geführt hat, ingleichen der Schlingen, Netze, Fallen und anderen Vorrichtungen zu erkennen, ohne Unterschied, ob sie dem Verurteilten gehören oder nicht.

[Entwurf eines Allgemeinen Deutschen Strafgesetzbuchs:

§ 364. Die Jagdgeräte, Hunde oder anderen Tiere oder Fischereigeräte, die der Täter oder Teilnehmer zur Jagd oder Fischerei bei sich geführt oder verwendet hat, sind einzuziehen, auch wenn sie keinem von ihnen gehören.

In besonders leichten Fällen kann von der Einziehung abgesehen werden. Dasselbe gilt, wenn die rechtswidrige Benutzung der Sache ohne Schuld des Eigentümers geschehen ist.]

1. Auf Einziehung muß erkannt werden. Zu vergleichen §§ 40, 42 StGB. Vgl. RGSt. Bd. 42 S. 315 über Einziehung von Jagdgerät, das zum gewerbsmäßigen unberechtigten Jagen bestimmt, aber nicht gebraucht worden ist, auf Grund des § 40 StGB. Jagdgerät ist nicht einziehbar gemäß § 295 StGB. im selbständigen Verfahren nach §§ 477 ff. StPO. (RGSt. vom 30. Juni 1919, Bd. 53 S. 124).

„Der Einziehung unterliegen unter Umständen auch Fahrzeuge, Pferde oder andere Tiere, Ferngläser usw., nicht aber das Wild, auch nicht das Gehörn, Hirschstangen."

„Im § 295 ist unter Jagdgerät ein in sich abgeschlossener Begriff zu verstehen, der jenen Gegenständen andere anreiht. Es handelt sich um Geräte zur Jagd, also um solche leblose Gerätschaften, welche nach ihrer Beschaffenheit an sich zur Verwendung bei der Jagd geeignet und dazu auch dauernd bestimmt sind" (RGSt. Bd. 22 S. 15).

Der Ausspruch auf Einziehung des Gewehrs usw. ist zulässig, auch wenn dessen vorgängige Beschlagnahme nicht erfolgt oder die spätere Vollstreckbarkeit zweifelhaft ist und ein Antrag der Staatsanwaltschaft nicht vorliegt. Der § 295 StGB. enthält die gebietende Vorschrift, daß neben der Strafe auf Einziehung zu erkennen sei (RGSt. Bd. 10 S. 139). Einziehung der Jagdutensilien aus § 295 StGB., auch wenn sie nicht zum Zwecke der Jagd mitgeführt wurden: Nach dem Wortlaut des § 295 kommt es auf den Umstand, ob jene Gegenstände in der Absicht, mit denselben unberechtigt die Jagd auszuüben, mitgenommen oder mit sich geführt sind, nicht, sondern nur darauf an, ob ein Jagdvergehen begangen ist, und sodann, ob die Täter die fraglichen Gegenstände zur Zeit der Verübung desselben bei sich geführt haben (RGSt. Bd. 1 S. 28). Vgl. auch RGSt. Bd. 4 S. 262, Bd. 22 S. 22. Sind die Gewehre bei gemeinschaftlicher unberechtigter Jagdausübung mitgeführt worden, so ist auch ihre Einziehung dem Gesetze entsprechend anzuordnen ohne Rücksicht darauf, wer sie bei sich geführt hat, gleich als wenn alle Täter sie gemeinschaftlich bei sich geführt haben; es genügt, wenn ein Teilnehmer oder Gehilfe das Gewehr getragen hat; auch braucht das Gewehr nicht in das fremde Jagdgebiet hineingebracht zu sein (RGSt. Bd. 4 S. 261).

Auf Einziehung der Schlingen usw. ist zu erkennen, auch wenn der Täter sie nicht bei sich geführt hat.

2. Die eingezogenen Sachen verfallen dem Fiskus. Die Einziehung geschieht durch die Vollstreckungsbehörde. Die Vollstreckung des auf Einziehung lautenden Urteils hat nach den Vorschriften über die Vollstreckung der Urteile der Zivilgerichte zu erfolgen, also im ordentlichen Wege der Zwangsvollstreckung nach den Bestimmungen der ZPO. Vor der Rechtskraft der auf Einziehung lautenden Urteile geht das Eigentum auf den Fiskus nicht über (RGSt. Bd. 15 S. 164). Über die Ablieferung und die Verwertung oder Vernichtung der eingezogenen Sachen:

Allgemeine Verfügung des JMin. vom 19. März 1924 (MBl. f. d. i. Verw. S. 767) über die Verwertung eingezogener Waffen: Schußwaffen — einschließlich der Jagdwaffen und der Munition —, Dolchmesser, Schlagringe und andere Waffen sowie Jagdgerätschaften, auf deren Einziehung im Gerichtsverfahren rechtskräftig erkannt worden ist, sind von der Verwertung durch öffentliche Versteigerung ausgeschlossen. Sie sind kostenfrei an den Regierungspräsidenten zu übersenden.

Eine Ausnahme gilt: a) für Jagdwaffen und -gerätschaften, falls das Vergehen auf einem staatlichen oder auf einem zum ehemaligen preußischen Krongut oder Königlichen Hausfideikommiß gehörigen Jagdrevier stattgefunden hat; b) für Vollstreckungsbehörden am Orte mit staatlicher Polizeiverwaltung; c) für Vollstreckungsbehörden am Sitze eines Landratsamtes, der nicht zugleich Sitz des Regierungspräsidenten ist. Die Übersendung erfolgt im Falle zu a an den zuständigen Revieroberförster, im Falle zu b an die staatliche Polizeiverwaltung, im Falle zu c an das Landratsamt. Von der Übersendung ist in jedem Falle der Regierungspräsident zu benachrichtigen.

Die Übersendung erfolgt in der Regel von Fall zu Fall nach Eintritt der Rechtskraft. Bei solchen Vollstreckungsbehörden, bei denen erfahrungsgemäß öfters Waffen zur Einziehung gelangen, wird mit der zuständigen Stelle die Übersendung in Sammelsendungen zu bestimmten Zeitpunkten zu vereinbaren sein.

Befinden sich unter den Waffen solche, die auf Grund des Gesetzes, betreffend die Prüfung der Läufe und Verschlüsse der Handfeuerwaffen, vom 19. Mai 1891 (RGBl. S. 109) eingezogen sind, ist dies bei der Übersendung der Waffen ersichtlich zu machen.

Die unter der Überschrift angeführten AllgVerf. und RdVerf. — von 1854, 1868, 1883, 1912, RdVerf. vom 18. September 1883 — werden aufgehoben. Für die in Fischereistrafsachen eingezogenen Waffen und Gerätschaften verbleibt es bei den Vorschriften der AllgVerf. vom 12. März 1923 (JMBl. S. 214). Die Vorschriften, betreffend Überweisung von Überführungsstücken an ein Kriminalmuseum oder zu Lehrzwecken an eine Gendarmerie- oder Polizeischule (RdVerf. vom 19. Oktober 1899 — I 5835 —, 25. Mai 1903 — I 3694 —, 17. April 1906 — I 2471 —, 31. Juli 1909 — I 5026 —, 14. Juni 1913 — I 4855 —, 10. Mai 1921 — I 4818 —, 16. September 1922 — I 5109 —), bleiben unberührt. Soweit nach den RdVerf. vom 26. Juli 1910 — I 8058 —, 16. Dezember 1913 — I 8475 — und 7. Februar 1920 — I 11127 — die mit dem Sitzungswachtdienst in Strafsachen beauftragten Justizwachtmeister und gemäß § 44 der Dienst- und Vollzugsordnung für die Gefangenenanstalten der Justizverwaltung vom 1. August 1923 die Aufsichtsbeamten der Gefangenenanstalten mit Waffen zu versehen sind, können dazu eingezogene Waffen Verwendung finden.

Dazu siehe Verf. des Min. des Innern vom 9. Juli 1924 (MBl. f. d. i. Verw. S. 767), betreffend Verwertung eingezogener Waffen, welche vorstehenden JMErl. zur Kenntnis bringt:

Mein RdErl. vom 1. Juni 1912 — IIa 1198 — (MBl. f. d. i. Verw. S. 171) zu der durch die erwähnte Verf. aufgehobenen allgemeinen Verf. des JMin. vom 1. Mai 1912 (MBl. f. d. i. V. S. 172) behält mit der in Ziffer 2b des RdErl. vom 29. Januar 1924 — II E 337/23 — (nicht veröffentlicht) enthaltenen Maßgabe und mit der Abänderung seine Gültigkeit, daß der vierteljährige Nachweis der den Landräten und staatlichen Polizeiverwaltungen gerichtsseitig überwiesenen eingezogenen Waffen nicht mehr erforderlich erscheint, da die Regierungspräsidenten von jeder Überweisung eingezogener Waffen an die Landräte und staatlichen Polizeiverwaltungen bereits von den betreffenden Strafvollstreckungsbehörden benachrichtigt werden. Für unbedingt sichere Aufbewahrung der Waffen ist Sorge zu tragen. Sollte bei einzelnen Landratsämtern diese Sicherheit nicht gewährleistet sein, so haben die Regierungspräsidenten Anordnung zu treffen, daß die Waffen an eine andere Sammelstelle weitergeleitet werden.

Die Verfügung über die von den Strafvollstreckungsbehörden an die zuständigen Revieroberförster überwiesenen Jagdwaffen und -gerätschaften liegt, wie ich zur Vermeidung von Mißverständnissen bemerke, wie bisher der staatlichen Forstverwaltung ob.

Die Bestimmungen der RdErl. vom 26. Juni 1854 (MBl. f. d. i. Verw. S. 146) und 19. Mai 1868 (MBl. f. d. i. V., S. 186) werden, soweit sie die Verwertung der bei Jagdstrafsachen eingezogenen Waffen betreffen, durch diese Verfügung ersetzt und deshalb aufgehoben, bezüglich der Verwertung der übrigen eingezogenen Jagdgerätschaften bleiben sie bestehen.

§ 361 Ziffer 9 RStGB. Mit Haft wird bestraft: wer Kinder oder andere unter seiner Gewalt stehende Personen, welche seiner Aufsicht untergeben sind und zu seiner Hausgenossenschaft gehören, von der Begehung von Diebstählen sowie von der Begehung strafbarer Verletzungen der Zoll- oder Steuergesetze oder der Gesetze zum Schutze der Forsten, der Feldfrüchte, der Jagd oder der Fischerei abzuhalten unterläßt. Die Vorschriften dieser Gesetze über die Haftbarkeit für die den Täter treffenden Geldstrafen oder anderen Geldleistungen werden hierdurch nicht berührt.

Statt der Haft kann auf Geldstrafe erkannt werden.

Es muß sich um Personen handeln, die unter der Gewalt der straffälligen Person stehen, z. B. Kinder, die ferner deren Aufsicht unterstellt sind und endlich zu deren Hausgenossenschaft gehören. Kinder, auch die eigenen, die nicht der Aufsicht untergeben sind, fallen nicht darunter, ebensowenig eigene großjährige Kinder, da sie nicht mehr unter der Gewalt eines anderen stehen. Wer solche Personen unter sich und bei sich (in seiner Hausgenossenschaft) hat, ist verpflichtet, sie von der Begehung strafbarer Verletzung der Gesetze zum Schutze der Forsten und der Jagd abzuhalten. Wer dies unterläßt, macht sich nach § 361 Ziffer 9 strafbar.

§ 366 Ziffer 1 RStGB. Mit Geldstrafe oder mit Haft bis zu vierzehn Tagen wird bestraft: wer den gegen die Störung der Feier der Sonn- und Festtage erlassenen Anordnungen zuwiderhandelt.

[Entwurf eines Allgemeinen Deutschen Strafgesetzbuchs:

§ 396. Wer eine Vorschrift übertritt, die gegen die Störung der Sonn- und Festtagsfeier erlassen ist, wird mit Geldstrafe bestraft.]

Durch Kabinettsorder vom 7. Februar 1837 (GS. S. 19) sind die Regierungspräsidenten befugt, durch Polizeiverordnung die Heilighaltung der Sonn- und Feiertage zu bewahren, durch Gesetz vom 9. Mai 1892 (GS. S. 107) die Regierungs- und Oberpräsidenten für die neuen Provinzen und Hohenzollern.

Eine Polizeiverordnung, welche die Ausübung der Jagd an Sonn- und Feiertagen allgemein verbietet, ist rechtsungültig, und zwar in ihrem vollen Umfange. Der § 38 der Hannoverschen JO. vom 11. März 1859 ist aufgehoben. RG. vom 13. Juni 1904, Bd. 28 S. C. 24. Eine Polizeiverordnung, die das Jagen an Sonn- und Feiertagen während der Stunden des Hauptgottesdienstes verbietet, ist rechtsgültig. Hetz- und Treibjagden können an Sonn- und Feiertagen unbedingt verboten werden. Ein Verbot jedoch, das die Ausübung der Jagd an Sonn- und Feiertagen überhaupt untersagt, kann als rechtsgültig nicht anerkannt werden, da es Arten der Jagdausübung gibt, die nicht geeignet sind, die Sonntagsfeier im allgemeinen zu stören und das religiöse Gefühl zu verletzen (vgl. Jahrbücher Bd. 19 S. 325). RGSt. vom 28. September 1903, Bd. 26 S. C. 76. Vgl. RGSt. Bd. 7 S. 272 sowie RGSt. Bd. 22 S. C. 78.

§ 367 Ziffer 8 RStGB. Mit Geldstrafe oder mit Haft wird bestraft: wer ohne polizeiliche Erlaubnis an bewohnten oder von Menschen besuchten Orten Selbstgeschosse, Schlageisen oder Fußangeln legt oder an solchen Orten mit Feuergewehr oder anderem Schießwerkzeuge schießt oder Feuerwerkskörper abbrennt.

In den Fällen der Nr. 7 bis 9 kann neben der Geldstrafe oder der Haft auf die Einziehung der ... Selbstgeschosse, Schlageisen oder Fußangeln ... erkannt werden, ohne Unterschied, ob sie dem Verurteilten gehören oder nicht.

[Entwurf eines Allgemeinen Deutschen Strafgesetzbuchs:

§ 408 Ziffer 3. Mit Geldstrafe wird bestraft: wer an Orten, wo Menschen verkehren, ohne polizeiliche Erlaubnis schießt oder Feuerwerk abbrennt oder Selbstschüsse, Schlageisen, Fußangeln oder ähnliche Vorrichtungen anbringt oder unterhält.

In den Fällen der Nr. 3 können die Schußwaffen und Vorrichtungen eingezogen werden, auch wenn sie nicht dem Täter gehören.]

Danach ist die Voraussetzung, daß das Legen von Selbstangeln usw. sowie das Schießen von einer polizeilichen Erlaubnis abhängig gemacht ist, ohne deren Vorliegen es strafbar ist. Zum Schießen im Sinne des § 367 Nr. 8 gehört die Absicht, den Schuß zur Entladung zu bringen. Ist durch das Legen von Selbstgeschossen usw. oder das Schießen jemand zu Schaden gekommen, nicht bloß an Leib und Leben, sondern auch an Sachen, so ist der, welcher die Selbstgeschosse usw. gelegt oder geschossen hat usw., schadensersatzpflichtig. Auf Einziehung des Gewehrs kann nicht erkannt werden.

§ 368 Ziffer 7 RStGB. Mit Geldstrafe oder mit Haft bis zu vierzehn Tagen wird bestraft: wer in gefährlicher Nähe von Gebäuden oder feuerfangenden Sachen mit Feuergewehr schießt oder Feuerwerke abbrennt;

Ziffer 9: wer unbefugt über Gärten oder Weinberge oder vor beendeter Ernte über Wiesen oder bestellte Äcker oder über solche Äcker, Wiesen, Weiden oder Schonungen, welche mit einer Einfriedigung versehen sind oder deren Betreten durch Warnungszeichen untersagt ist, oder auf einem durch Warnungszeichen geschlossenen Privatwege geht, fährt, reitet oder Vieh treibt;

Ziffer 10: wer ohne Genehmigung des Jagdberechtigten oder ohne sonstige Befugnis auf einem fremden Jagdgebiete außerhalb des öffentlichen, zum gemeinen Gebrauche bestimmten Weges, wenn auch nicht jagend, doch zur Jagd ausgerüstet, betroffen wird;

Ziffer 11: wer unbefugt Eier oder Junge von jagdbarem Federwild oder von Singvögeln ausnimmt.

[Entwurf eines Allgemeinen Deutschen Strafgesetzbuchs:

§ 417 Abs. 1. Wer zur Jagd ausgerüstet unbefugt ein fremdes Jagdgebiet außerhalb der zum allgemeinen Gebrauch bestimmten Wege betritt, wird mit Geldstrafe bestraft.

Abs. 2. Die Tat wird nur auf Verlangen des Verletzten verfolgt.]

1. Zu Ziffer 7. Ob scharf geschossen wird oder nicht, ist unerheblich.

Zu Ziffer 9. Vgl. Feld- und Forstpolizeigesetz.

Zu Ziffer 10. Zum öffentlichen Wege im Sinne der Ziffer 10 gehört nur derjenige Teil, welcher zum gemeinen Gebrauche bestimmt ist, also nicht der Straßen-, Chausseegraben. Für die Anwendung des § 368 Ziffer 10 StGB. genügt der Nachweis, daß das fremde Revier unter den dortigen Erfordernissen betreten ist. RGSt. Bd. 13 S. 57; vgl. Bd. 7 S. 594.

Zur Jagd ausgerüstet bedeutet, daß jemand ein zur Jagdausübung geeignetes Werkzeug, insbesondere ein Schießgewehr, in solchem Zustande bei sich führt, daß er davon ohne besondere Vorbereitung sofort Gebrauch machen kann. RGSt. vom 7. Januar 1884, Bd. 9 S. 412. Der Jagdschutzbeamte ist befugt, auch nicht jagende, aber zur Jagd ausgerüstete Personen nach dem Jagdschein zu fragen. RGSt. vom 8. Dezember 1882, Bd. 7 S. 272.

2. Ziffer 11 gilt auch gegen Jagdberechtigte. Gegen Nichtjagdberechtigte findet sie auch da Anwendung, wo Eier und Junge von jagdbarem Federwild in den jagdrechtlichen Bestimmungen nicht geschützt sind. Vgl. § 42 JO.

Was Singvögel anlangt, siehe das Reichsvogelschutzgesetz vom 30. Mai 1908 (RGBl. S. 314), insbesondere § 6 daselbst. Vgl. auch das Feld- und Forstpolizeigesetz (§ 29).

Art. VIII der Verordnung über Vermögensstrafen und Bußen vom 6. Februar 1924 (RGBl. I S. 44) besagt: „Die Vorschriften der Art. I bis VII gelten für das gesamte Reichs- und Landesrecht. Hinsichtlich der landesrechtlichen Geldstrafen, Ermächtigungen und Bußen kann durch Landesrecht Abweichendes bestimmt werden.“ Bei der Wiedergabe der vorstehenden Strafbestimmung hat die Verordnung Berücksichtigung gefunden.

§ 72. Mit Geldstrafe bis zu 20 Reichsmark wird bestraft:

1. wer bei Ausübung der Jagd seinen Jagdschein oder die nach § 30 Nr. 3 an dessen Stelle tretende Bescheinigung nicht bei sich führt;
2. wer die Jagd innerhalb der abgesteckten Festungsrayons ausübt, ohne einen von der Festungsbehörde mit dem Einsichtsvermerke versehenen Jagdschein bei sich zu führen (§ 38).

1. Strafverfolgung durch die Polizeibehörden [siehe Gesetz vom 23. April 1883 (GS. S. 65), in Pyrmont eingeführt durch Art. 2 I Nr. 6 der Verordnung vom 31. März 1922 (GS. S. 70), und die es ergänzenden und ändernden gesetzlichen Bestimmungen: Gesetz vom 26. Juli 1897 (GS. S. 387) bezüglich § 2; Gesetz vom 22. Juni 1907 (GS. S. 145) bezüglich § 11; §§ 1, 40 des Jugendgerichtsgesetzes vom 16. Februar 1923 (RGBl. I S. 135) bezüglich §§ 1, 3; § 1 des Gesetzes vom 13. Mai 1923 (GS. S. 271) bezüglich § 1; Art. I (§ 29 Abs. 2 RStGB.), III und XIV Abs. 2 Nr. 4 der Reichsverordnung über Vermögensstrafen und Bußen vom 6. Februar 1924 (RGBl. I S. 44) bezüglich § 1; § 413 Abs. 2 StPO. (RGBl. I für 1924 S. 322); AusfAnw. vom 8. Juni 1888 und AllgVerf. vom 2. Juli 1883 (MBl. f. d. i. Verw. S. 152, JMBl. S. 223); Verf. vom 27. April 1906 (MBl. f. d. i. Verw. S. 179); Verf. vom 14. September 1907 mit AusfAnw. vom 17. Juli 1907 (MBl. f. d. i. Verw. S. 354, JMBl. S. 601); Verf. vom 12. Januar 1923 (MBl. f. d. i. Verw. Spalte 45); Verf. vom 30. Juni 1925 (MBl. f. d. i. Verw. Spalte 747)].

Die festzusetzende Geldstrafe beträgt 1 bis 150 RM.; die an Stelle der Geldstrafe festzusetzende Haftstrafe kann bis zu 14 Tagen bemessen werden, soweit die Jagdgesetze nicht eine niedrigere Höchststrafe bestimmen. Es fällt für die Ortspolizeibehörde daher der in Nr. 4 Abs. 1 der AusfAnw. vom 12. Mai 1880 erörterte Anlaß fort, die Akten an den Amtsanwalt abzugeben, weil sie eine ihre Zuständigkeit übersteigende Strafe für angemessen halte. Gegen Personen, die zur Zeit der Tat das 14. Lebensjahr noch nicht vollendet hatten, können Strafverfügungen nicht erlassen werden. Nach § 40 des Jugendgerichtsgesetzes darf in einer Strafverfügung gegen einen Beschuldigten, der zur Zeit des Erlasses der Strafverfügung das 18. Lebensjahr noch nicht vollendet hat, nur Geldstrafe und Einziehung festgesetzt werden. Darüber, wie die Geldstrafe in Haft verwandelt werden soll, entscheidet auf Antrag der Polizeibehörde der Jugendrichter, in dessen Bezirk ein Gerichtsstand für die Übertretung begründet gewesen wäre. Durch das Gesetz über staatliche Verwaltungsgebühren vom 29. September 1923 (GS. S. 455) und die es ergänzenden Bestimmungen ist die Vorschrift des § 6 des Gesetzes vom 23. April 1883 über die Gebührenfreiheit aufgehoben. Nach § 434 StPO. findet auch der allein noch stehengebliebene erste Satz des § 11 des Gesetzes vom 23. April 1883 nur noch in Kriegszeiten und gegen die Angehörigen der Reichsmarine, die an Bord von in Dienst gestellten Kriegsschiffen eingeschifft sind, Anwendung. Vgl. Anweisung zur Ausführung des FJG. vom 5. Mai 1926 (LMBl. 1926 S. 279).

Sofortige Vorzeigung des Jagdscheins auf Erfordern des Jagdschutzbeamten ist Vorschrift und darum geboten. Dem Nichtbeisichführen des Jagdscheins steht die Verweigerung der Vorzeigung des Scheins gleich. Die Vorzeigung ist nicht zu einem dem die Jagd Ausübenden genehmen Zeitpunkt zu bewirken. Ebenso darf die Vorzeigung nicht an irgendwelche Bedingungen, insbesondere an solche geknüpft werden, die vorerst von dem Beamten zu erfüllen seien, soweit es sich nicht etwa beispielsweise um dessen Berechtigung oder Ausweis (Legitimation) handelt. RGSt. vom 4. Juli 1911, Bd. 45 S. 126. Vgl. auch RGSt. vom 19. Juni 1894, Bd. 25 S. 429. Vgl. auch § 92 FG. und die Anm. dazu über „Beisichführen" in „Das preußische Fischereigesetz", mit Erläuterungen versehen von A. Born. Die Vorzeigung des Jagdscheins muß so erfolgen, daß der kontrollierende Beamte ihn, d. h. den Inhalt, prüfen kann. Vgl. KG. vom 1. September 1892, Bd. 13 S. 347.

Es wird derjenige bestraft, der bei Ausübung der Jagd seinen Jagdschein nicht bei sich führt. Es muß also festgestellt sein, daß die betreffenden Personen in der fraglichen Zeit der Jagdscheinkontrolle jagdbaren Tieren nachgestellt hatten. Der Privatförster hat durch seine Beeidigung auf das Forstdiebstahlsgesetz bezüglich der Ausübung des Forst- und Jagdschutzes die Stellung eines öffentlichen Beamten erlangt (vgl. RGSt. Bd. 2 S. 306, Bd. 4 S. 214, Bd. 10 S. 106; siehe oben § 117 RStGB. und die Anm. dazu). Doch hatte er dadurch keineswegs mehr Befugnisse wie die staatlichen Forstbeamten. Das Kammergericht hat mehrfach im Widerspruch mit dem Reichsgericht den Grundsatz vertreten, daß die staatlichen Forstbeamten nicht befugt sind, in einem ihrem Schutz nicht ausdrücklich überwiesenen Privatjagdbezirke jagdpolizeiliche Funktionen wahrzunehmen, insbesondere die Jagdscheinkontrolle auszuüben (vgl. KGSt. Bd. 19 S. 284). Von den zu seiner Wahrnehmung oder Kenntnis gelangenden Zuwiderhandlungen gegen die Forst- und Jagdpolizeigesetze in nichtstaatlichen Forst- und Jagdbezirken hat er seinem vorgesetzten Oberförster Anzeige zu machen, wie in der Dienstinstruktion für die staatlichen Förster in der Fassung vom 12. Januar 1900 (MBl. f. d. i. Verw. S. 128) zum Ausdruck gebracht ist. KG. vom 18. November 1907, Bd. 35 S. C. 20. Vgl. KGSt. vom 1. Mai 1900, Bd. 20 S. C. 25, die auch hervorhebt, daß einen Jagdschein nicht derjenige braucht, der nicht jagdbare Tiere erlegen will. Der Pflicht, den Jagdschein dem zuständigen Beamten vorzuzeigen, sind auch die staatlichen Forstbeamten, wenn sie die Jagd ausüben, nicht enthoben. Der Jagdschein braucht aber nur während der Jagd vorgezeigt zu werden, nicht vorher oder nachher. Treibjagden beginnen erst mit dem Einnehmen der Plätze, nicht schon mit dem Ausgeben der Platznummern. Die bloße Absicht, demnächst die Jagd auszuüben, ist keine Ausübung der Jagd. KG. vom 29. Mai 1902, Bd. 24 S. C. 85. Die Jagdausübung endigt auch mit der tatsächlich erreichten Gewalt über das Wild.

Zuständig, den Jagdschein sich vorzeigen zu lassen, sind die Organe der Jagdpolizeibehörde, also Landjäger, Beamte der Schutzpolizei, Polizeiexekutivbeamte (Polizeisergeanten) usw. innerhalb ihres Amtsbezirks, ferner die Beamten des Polizei- und Sicherheitsdienstes, welche Hilfsbeamte der Staatsanwaltschaft sind (vgl. § 161 StPO. in der Fassung der Bekanntmachung vom 22. März 1924 in Verbindung mit §§ 98, 102, 105, 127 daselbst), und die Forst- und Jagdschutzbeamten für den Bereich ihres Schutzbezirks.

Allgemeine Voraussetzung ist, daß der Jagdausübende jagdberechtigt — ist er dies nicht, tritt Bestrafung aus § 292 StGB. ein (vgl. § 73 StGB.) — und Inhaber des erforderlichen Jagdscheins ist, ihn aber nur nicht bei sich führt.

Vgl. noch § 80.

2. Siehe noch oben § 292 StGB. und die Anm. dazu sowie § 29 und die Anm. daselbst.

3. Siehe im Anhang Ausführungsanweisung Ziffer 45.

4. An die Stelle der „Mark" ist „Reichsmark" getreten auf Grund des Reichsmünzgesetzes vom 30. August 1924 in Verbindung mit der preußischen Verordnung vom 2. Juli 1926 (siehe Anm. 1 zu § 32).

§ 73. Mit Geldstrafe von 15 bis 100 Reichsmark wird bestraft:

wer ohne den vorgeschriebenen Jagdschein zu besitzen, die Jagd ausübt oder wer von einem gemäß § 36 für ungültig erklärten Jagdscheine Gebrauch macht.

Ist der Täter in den letzten fünf Jahren wegen der gleichen Übertretung vorbestraft, so können neben der Geldstrafe die Jagdgeräte sowie die Hunde, welche er bei der Zuwiderhandlung bei sich geführt hat, eingezogen werden, ohne Unterschied, ob der Schuldige Eigentümer ist oder nicht.

1. Voraussetzung für die Anwendbarkeit des § 73 ist, daß der Schuldige jagdberechtigt ist, sonst tritt Bestrafung aus § 292 StGB. ein (siehe § 72 Anm. 1 a. E.). Unter dieser Voraussetzung wird aus § 73 bestraft, wer die Jagd ausübt und a) überhaupt keinen Jagdschein besitzt oder b) nicht den vorgeschriebenen

Jagdschein besitzt, also auch wer z. B. einen von vornherein ungültigen Jagdschein besitzt und davon Gebrauch macht (vgl. § 38), oder von einem infolge Zeitablaufs ungültigen Jagdscheine Gebrauch macht (§§ 29, 31) oder c) von einem gemäß § 36 für ungültig erklärten Jagdscheine Gebrauch macht.

Vgl. § 29 und die Anm. dazu. Über Ausübung der Jagd siehe oben § 292 RStGB. Anm. dazu.

2. Abs. 2. Über Einziehung siehe oben § 295 RStGB. und Anm. dazu.

§ 74 gibt die Fristenberechnung an.

§ 74. Die Fristen im § 34 Ziffer 3, § 35 Ziffer 1 und 2, § 73 Abs. 2 beginnen mit dem Ablaufe desjenigen Tages, an welchem die Strafe verbüßt, verjährt oder erlassen ist.

Der Verbüßung steht die Bezahlung der Strafe gleich.

§ 75. Wer zwar mit einem Jagdschein versehen, aber ohne Begleitung des Jagdberechtigten oder ohne dessen schriftlich erteilte Erlaubnis bei sich zu führen, die Jagd auf fremdem Jagdbezirke ausübt, wird mit einer Geldstrafe von sechs bis fünfzehn Reichsmark belegt.

1. Wer auf fremdem Jagdbezirke, also auf solchem, wo ihm selbst nicht die Ausübung der Jagd zusteht, trotzdem die Jagd ausübt, bedarf a) eines Jagdscheins und b) der Begleitung des Jagdberechtigten ohne Rücksicht, in welchem Verhältnis er zum Jagdberechtigten steht. Die Stelle der Begleitung seitens des Jagdberechtigten ersetzt nur eine schriftlich erteilte Erlaubnis, die der Jagdausübende während der Jagdausübung bei sich führen muß. Über „Beisichführen" siehe § 72, § 29 sowie § 92 FG. und die Anm. dazu in „Das preußische Fischereigesetz", mit Erläuterungen versehen von A. Born. Ohne Erfüllung dieser Erfordernisse macht

sich der die Jagd Ausübende strafbar. Führt er keinen vorschriftsmäßigen Jagdschein bei sich oder besitzt er überhaupt keinen, ermangelt er außerdem der Begleitung des Jagdberechtigten oder dessen schriftlich erteilter Erlaubnis, so macht er sich in Tateinheit strafbar nach § 72 oder § 73 in Verbindung mit § 75. Ist er im Besitz des erforderlichen vorschriftsmäßigen Jagdscheins, führt ihn auch bei sich, übt aber die Jagd ohne Begleitung des Jagdberechtigten oder dessen schriftliche, bei sich zu führende Erlaubnis aus, so ist er nach § 73 strafbar. Vgl. RGSt. vom 16. Februar 1927, Ring Bd. 6 S. 307, in Anm. 1 a. E. zu § 4 angeführt.

„Das Strafverbot des § 75 bezieht sich nicht nur auf die berechtigte, sondern auch auf die unberechtigte Jagdausübung. Danach ist, was nach der Wortfassung des § 75 vielleicht zweifelhaft sein könnte, nicht nur derjenige strafbar, der zwar eine schriftliche Erlaubnis des Jagdberechtigten besitzt, sie aber nicht bei sich führt, sondern auch derjenige, der eine schriftliche Erlaubnis von dem Jagdberechtigten überhaupt nicht erhalten hat. Die Vorschrift bezieht sich auch nicht nur auf denjenigen, der berechtigterweise, also etwa mit mündlich erteilter Erlaubnis des Berechtigten, die Jagd ausübt, sondern auch auf denjenigen, der es unberechtigt tut. Das hat der Senat in Abweichung von seiner früheren Rechtsprechung, insbesondere mit Bezug auf die rechtlich gleich gearteten Fälle des Fischereischeins und des Fischereierlaubnisscheins gemäß §§ 92 ff., 98 ff. FG. vom 11. Mai 1916, bereits wiederholt ausgesprochen. Das Reichsgericht hat zwar in einem Urteile vom 19. Dezember 1913 (Recht, Jahrg. 18 Nr. 576) die Auffassung vertreten, daß der § 75 JO. gegen denjenigen nicht anwendbar sei, der unberechtigt jage, da diese Vorschrift voraussetze, daß die Jagd mit Erlaubnis des Berechtigten ausgeübt werde, diese Erlaubnis aber nicht sofort durch eine schriftliche Bescheinigung nachgewiesen werden kann. Dieser Auffassung vermag sich der Senat nicht anzuschließen. Der § 75 knüpft lediglich die Bestrafung bei einer Jagdausübung auf fremdem Jagdbezirk formell an das Fehlen einer schriftlichen Erlaubnis des Jagdberechtigten. Das Einverständnis des Jagdberechtigten mit der Jagdausübung wird nirgends vorausgesetzt. Allerdings kann bei Erfüllung des Tatbestandes des § 292 StGB. ein tateinheitliches Zusammentreffen mit der Strafvorschrift des § 75 JO. im Sinne des § 73 StGB. nicht in Frage kommen. Die Jagdausübung ohne schriftliche Erlaubnis des Berechtigten bildet eine begriffliche Voraussetzung des Jagdvergehens im Sinne des § 292 StGB. Der Tatbestand dieses Vergehens ist ohne das Vorliegen der Voraussetzungen des § 75 JO. nicht denkbar. Der Tatbestand der letztgenannten Übertretung geht daher in dem Tatbestand des Jagdvergehens auf; zwischen beiden besteht Gesetzeseinheit. Kann aber der Tatbestand des § 292 StGB., wenn auch nur wegen Fehlens des inneren Tatbestandes, nicht nachgewiesen werden, so stehen der Aburteilung aus § 75 JO., obwohl eine objektiv unberechtigte Jagdausübung vorliegt, keine Bedenken entgegen. Die gegenteilige Auffassung würde zu dem von dem Gesetzgeber sicherlich nicht gewollten Ergebnisse führen, daß derjenige, der ohne schriftliche Erlaubnis des Jagdberechtigten auf fremdem Jagdbezirke die Jagd ausübt, nur dann bestraft werden könnte, wenn die Jagdausübung mit Genehmigung des Berechtigten erfolgt, während er straflos bleiben würde, wenn eine solche Genehmigung nicht besteht, er sie aber irrtümlich als bestehend angenommen hat. (Entscheidung des Berufungsgerichts ging dahin, daß es die Schutzbehauptung der Angeklagten, daß sie sich zur Ausübung der Jagd auf dem Jagdbezirk in der Annahme eines Einverständnisses des Jagdberechtigten für berechtigt gehalten hätten, nicht für widerlegt erachtet hatte. Auf Grund dieser Erwägung ist die Schuldfrage aus §§ 292 ff. StGB. ohne Rechtsirrtum verneint worden.)" KG. vom 30. September 1924, Ring (JFG.Erg.) Bd. 3 S. 316.

Der Erlaubnisschein ist ein Ausweispapier (Legitimationsschein) gegenüber der Jagdpolizeibehörde zum Nachweis der Berechtigung zur Ausübung der Jagd. Vgl. § 98 FG. Anm. 1 S. 229 und § 28 FG. Anm. 2 S. 114 in „Das preußische Fischereigesetz" von A. Born. § 98 FG., der vom Fischereierlaubnisschein handelt, ist an § 75 JO. angelehnt.

Unter „Jagdgästen“ sind solche Personen zu verstehen, welche auf Einladung des Jagdberechtigten, d. h. als Gäste, gelegentlich zu den Jagden zugezogen werden. Die Jagd ist unbefugt dann, wenn sie ohne eigenes Recht und ohne Erlaubnis des Jagdberechtigten stattfindet. „Gegen die Vorschriften dieses Gesetzes“ verstößt die Jagd nur dann, wenn bei dieser selbst gesetzwidrig verfahren wird. KG. vom 5. Dezember 1901, Bd. 23 S. C. 45. Auch wenn mehrere Mitpächter das gepachtete Jagdgebiet unter sich räumlich geteilt haben, muß die Erlaubnis zur Jagdausübung auf einem bestimmten Teile des Jagdgebiets von allen Mitpächtern erteilt werden; die Erlaubnis eines Mitpächters, auf dessen Anteil die Jagd auszuüben, genügt nicht (vgl. KGJ. Bd. 8 S. 213; Groschuff, Pr. StG.[2] S. 389). Die Bestimmung des § 75 JO. ist der Absicht entsprungen, im Interesse der Erhaltung der Jagd das Jagen zu erschweren, die Zahl der Jäger zu vermindern und namentlich Unberufene von der Jagdausübung fernzuhalten (§ 75 entspricht Abs. 1 des § 17 des früheren Jagdpolizeigesetzes vom 7. März 1850). Vgl. KG. vom 28. März 1889, Bd. 9 S. 263. Diese Absicht ist auch in der im Gesetze vorgesehenen Beschränkung der Zahl der Mitpächter (§ 22) zum Ausdruck gelangt. Es handelt sich um eine jagdpolizeiliche Vorschrift mit dem Zwecke, den Jagdpolizeiorganen die sofortige und unanfechtbare Feststellung der Jagdberechtigung zu ermöglichen.

In öffentlich-rechtlicher Beziehung bleiben die durch den Pachtvertrag legitimierten Mitpächter nur in ihrer Gesamtheit als Jagdberechtigte bezüglich des ganzen gepachteten Jagdbezirks legitimiert. KG. vom 4. Februar 1909, Bd. 37 S. C. 46; OG. vom 10. April 1919, Bd. 75 S. 431.

Wer vom Jagdberechtigten die schriftliche Erlaubnis, die Jagd auszuüben, erlangt hat, erhält dadurch nicht das Recht, die Jagderlaubnis auf andere zu übertragen; seine Jagdgenossen bedürfen eines vom Jagdberechtigten für sie ausgestellten Erlaubnisscheins. Als „Jagdberechtigter“ ist nur der Inhaber oder der Pächter einer Jagd zu verstehen, nicht aber derjenige, welcher von dem Jagdpächter eine schriftliche Erlaubnis zur Jagdausübung erhalten hat. KG. vom 7. Mai 1906, Bd. 32 S. C. 28/29. Vgl. KG. Bd. 8 S. 213. Das Recht zur Erteilung der Jagderlaubnis ist nicht übertragbar. Einem angestellten Jäger steht die Befugnis nicht zu. Der Erlaubnisschein muß auf den Namen desjenigen lauten, für welchen er ausgestellt ist. Ein gegen Entgelt erteilter Erlaubnisschein mit der Berechtigung, das erlegte Wild zu behalten, ist Weiterverpachtung, wie das KG. entschieden hat (siehe „Das Recht", Jahrg. 13 S. 718); ebenso ein Erlaubnisschein, in welchem dafür als Gegenleistung — Entgelt — ausbedungen ist, den Wildschaden zu tragen (KG. in Jagdr.Zeit. Jahrg. 1 S. 54). Eine Polizeiverordnung, welche die Ausstellung von Erlaubnisscheinen gegen Entgelt bei Strafe verbietet, ist rechtsgültig. Die Übertretung der Polizeiverordnung ist kein Dauerdelikt. Die Verjährung beginnt mit der Ausstellung des Erlaubnisscheins. KG. vom 25. Mai 1905, Bd. 29 S. 1905.

Auch ein mit Generalvollmacht versehener Gutsverwalter macht sich strafbar, wenn er auf diesem Gute ohne Begleitung des jagdberechtigten Eigentümers und Vollmachtgebers oder ohne dessen schriftliche Erlaubnis bei sich zu führen, die Jagd ausübt. KG. vom 22. September 1890, Bd. 11 S. 282.

Angestellte Jäger brauchen für sich keine Erlaubnis.

2. Begleitung des Jagdberechtigten. Ausübung der Jagd ohne Begleitung des Jagdberechtigten kann infolge großer räumlicher Entfernung des letzteren von dem Jagdausübenden angenommen werden. Der Begriff der „Begleitung" erfordert nach dem gewöhnlichen Sprachgebrauch ein räumliches Beisammensein und eine äußerlich erkennbare Zusammengehörigkeit zwischen dem Begleiter und dem Begleiteten. Beide dürfen sich deshalb, um in diesem Zusammengehörigkeitsverhältnisse zu bleiben, jedenfalls nicht so weit voneinander trennen, daß der eine den anderen aus den Augen verliert und jeder seiner selbständigen Tätigkeit allein überlassen wird. KG. vom 1. Dezember 1890, Bd. 1 S. 284. Vgl. auch § 98 Abs. 3 Ziffer 1 FG. und die Anm. dazu in „Das preußische Fischereigesetz" von A. Born. Sind mehrere jagdberechtigt, so muß der die Jagd auf

fremdem Jagdbezirk Ausübende von allen Jagdberechtigten begleitet sein. Wird er nur von einem der Jagdberechtigten begleitet, dann muß er den von den übrigen Jagdberechtigten ausgestellten schriftlichen Erlaubnisschein bei sich führen. Der Irrtum, daß die Begleitung eines der Jagdberechtigten genüge, befreit nicht von Strafe.

3. Der Besitz des Erlaubnisscheins schützt vor Strafe nicht: den Schein muß der die Jagd Ausübende bei sich führen. Es kann auch ein Schein für mehrere Personen ausgestellt werden, in welchem jede einzelne Person namentlich genannt ist; sie müssen aber in solcher gegenseitigen Nähe die Jagd ausüben, daß der Schein sofort zur Feststellung der Jagdbefugnis aller Jäger, für welche der Schein ausgestellt ist, von dem Verwahrer desselben vorgezeigt werden kann. Die Kontrolle des Jagderlaubnisscheins steht allen denjenigen zu, welche die Vorzeigung des Jagdscheins zu verlangen berechtigt sind.

4. Ist die Erlaubnis von einem dazu Unberechtigten ausgestellt worden, so tritt Straffreiheit ein, wenn der Inhaber des Erlaubnisscheins davon keine Kenntnis hatte; die Unkenntnis darf aber nicht auf Fahrlässigkeit beruhen. Vgl. KG. vom 28. März 1889, Bd. 9 S. 263.

§ 76. Mit den nachstehenden Geldstrafen wird bestraft, wer während der Schonzeit erlegt oder einfängt:

	Reichsmark
1. ein Stück Elchwild	150
2. ein Stück Rotwild	150
3. ein Stück Damwild	100
4. einen Biber	100
5. ein Stück Rehwild	60
6. ein Stück Auerwild, eine Trappe, einen Schwan	30
7. einen Dachs, einen Hasen, ein Stück Birk- oder Haselwild, eine Schnepfe oder einen Fasan	10

Reichsmark

8. ein Rebhuhn, ein schottisches Moorhuhn, eine Wachtel, eine wilde Ente, einen Kranich, einen Brachvogel, einen Wachtelkönig oder einen sonstigen jagdbaren Sumpf- oder Wasservogel 5
9. eine Drossel (Krammetsvogel) 2

Sind mildernde Umstände vorhanden, so kann die Geldstrafe in den Fällen 1 bis 4 auf 15 Reichsmark, 5 und 6 auf 5 Reichsmark, in den Fällen 7 bis 9 auf 1 Reichsmark für jedes Stück ermäßigt werden.

10. (Verordnung wegen Jagdbarkeit des Muffelwildes — ovis musimon — siehe § 1)
ein Stück Muffelwild 100

Sind mildernde Umstände vorhanden, so kann die Geldstrafe bis auf 15 Reichsmark für jedes Stück ermäßigt werden.

11. (Verordnung wegen Jagdbarkeit der Bronzeputer oder wilden Truthühner — Trutwild — siehe § 1)
ein Stück Trutwild 30

Sind mildernde Umstände vorhanden, so kann die Geldstrafe bis auf 5 Reichsmark für jedes Stück ermäßigt werden.

1. Über die Schonzeiten siehe §§ 39, 40.

Zur Strafbarkeit genügt es, wenn der Täter bewußt das getan oder unterlassen hat, was den Tod des Wildes herbeigeführt hat. RG. vom 19. November 1892, Bd. 13 S. 350.

In § 13 des Wildschongesetzes vom 14. Juli 1904, aus welchem er als § 76 JO. in diese übernommen worden ist, heißt es „bis" auf 15 Mark usw. Da an den in die JO. übernommenen Vorschriften eine Änderung nicht vorgenommen worden ist, auch, wie die Verhandlungen über den Gesetzentwurf der JO. ergeben, nicht vorgenommen werden sollte, so bedeuten 15 Reichsmark usw. die Mindeststrafsätze, bis zu welchen eine Ermäßigung der Strafe eintreten kann. Vgl. KG. vom 24. Februar 1910, Bd. 39 S. C. 43.

2. Das Verbot des § 76 — § 13 des Wildschongesetzes — hat nicht nur das in Ausübung der Jagd mit der Absicht der Aneignung erfolgte jagdgemäße Töten des Wildes, also nicht nur den Jäger treffen wollen. Das ergibt sich auch daraus, daß in § 13 des Wildschongesetzes das Einfangen von Wild dem Erlegen gleichgestellt ist. Auch aus dem § 15 (= § 77 JO.), der die erfolglose Jagdausübung während der Schonzeit unter Strafe stellt, folgt nicht mit Notwendigkeit, daß durch den § 13 nur das in Ausübung der Jagd erfolgte Töten des Wildes während der Schonzeit verboten sein sollte. Der Ausdruck „Erlegen" bedeutet, Wild zur Strecke und in einen Zustand bringen, in dem es liegt. In diesen Zustand kann ein Tier, das infolge von Krankheit bereits liegt oder dessen Aufkommen ausgeschlossen ist, nicht mehr versetzt werden. Wer also ein infolge von Krankheit oder Verletzung bereits daniederliegendes Stück Wild abschießt oder dem nicht mehr lebensfähigen Tiere auf andere Weise ein Ende macht, tötet zwar das Wild, erlegt es aber nicht. Die Frage, wann ein Stück Wild sich in einem solchen kranken, seine Lebensfähigkeit ausschließenden Zustand befindet, ist eine Tatfrage. (Vgl. KG. vom 17. Oktober 1895 S. 803/95 und vom 19. März 1903 S. 23/03.) KG. vom 21. März 1907, Bd. 34 S. C. 28. Wer ein Stück Wild durch einen Schuß derart verletzt, daß es an der Verletzung eingehen mußte, hat das Wild erlegt, auch wenn ein anderer ihm den Gnadenstoß versetzt hat. KG. vom 1. Juni 1917, Bd. 50 S. 311.

Das Einfangen von Wild zur gesetzlichen Schonzeit ist nur strafbar, wenn es in der Absicht geschieht, dasselbe für sich oder andere in Besitz zu nehmen. Das Einfangen kranken Wildes in der Absicht dasselbe zu heilen und demnächst ihm wieder die Freiheit zu geben, ist straflos. KG. vom 22. Februar 1894, Bd. 15 S. 330. Straflos nach § 76 ist auch die Aneignung von Fallwild während der Schonzeit RGSt. Bd. 15 S. 268.

Ein Irrtum über das Strafrecht liegt vor und der § 59 StGB. ist daher nicht anwendbar, wenn die Erlegung und Versendung des Wildes innerhalb der vom Wildschongesetze selbst verbotenen Zeit erfolgt, weil der Täter geglaubt hat, die Schonzeit sei gesetzlich anders festgesetzt und daher sowohl das Erlegen als auch das Versenden gestattet (vgl. KGJ. vom 23. November 1905, Bd. 1 S. 864/05, und vom 31. Mai 1906, Bd. 1 S. 381/06). Weiß aber der Täter nicht, daß ein die Schonzeit des in Frage stehenden Wildes anderweit regelnder Beschluß des Bezirksausschusses ergangen ist, so ist ihm ein Tatbestand unbekannt. Die Beschlußfassung stellt etwas Neues und Besonderes dar, dessen Vorhandensein zum gesetzlichen Tatbestand gehört. Eine Bestrafung aus den angeführten Vorschriften des Wildschongesetzes — § 76 JO. — ist gemäß § 59 StGB. nur möglich, wenn der Täter den Erlaß des Beschlusses gekannt hat oder, da es sich um Übertretungen handelt, infolge von Fahrlässigkeit nicht gekannt hat. KG. vom 21. März 1907, Bd. 34 S. C. 28.

Durch die Verlängerung der Schonzeit seitens des Bezirksausschusses wird auch das Verbot, das betreffende Wild zu erlegen oder einzufangen, wie es § 76 enthält, verlängert.

3. Die Strafe wird für jedes Stück Wild festgesetzt. Bei mehreren Jägern, die auf ein Rudel Wild geschossen haben, kommt es nicht darauf an, wieviel Tiere von den einzelnen erlegt sind. KG. in der Deutsch. JurZeitung, Jahrg. 5 S. 362.

4. Vgl. § 77 sowie § 79.

§ 77. Mit Geldstrafe bis zu 150 Reichsmark wird bestraft, wer:

1. innerhalb der Schonzeit auf die durch diese geschützten Tiere die Jagd ausübt, ohne sie zu erlegen oder einzufangen,
2. den Vorschriften des § 41 zuwider Schlingen stellt, in denen jagdbare Tiere oder Kaninchen sich fangen können.

Ist in den Schlingen Wild gefangen worden, für welches eine Schonzeit vorgeschrieben ist, so darf eine niedrigere Strafe, als wie sie nach §§ 50 und 76 angedroht ist, nicht verhängt werden. Das gleiche findet Anwendung auf Wild, für welches die Schonzeiten deshalb nicht gelten, weil es sich in eingefriedigten Wildgärten befindet.

Bei einer Zuwiderhandlung gegen den § 41 ist neben der Geldstrafe die Einziehung der Schlingen auszusprechen, ohne Unterschied, ob sie dem Schuldigen gehören oder nicht.

1. Abs. 1 Ziffer 1. Über den Begriff der Jagdausübung siehe oben § 292 StGB. und die Anm. dazu. Über „Erlegen" siehe § 76 Anm. 2. Schonzeit: §§ 39, 40. Es fällt unter § 77 das Nachstellen, das Aufsuchen von Schonwild, ohne daß es zum Erlegen oder Einfangen gekommen ist. Die Strafbestimmung der Ziffer 1 kommt auch in Anwendung, wenn von mehreren Jägern derjenige nicht festgestellt werden konnte, welcher ein Stück Wild (während der Schonzeit) erlegt hat.

2. Ziffer 2 bedroht das Schlingenstellen mit Strafe ohne Rücksicht, ob Schonzeit ist oder nicht, sowie auch das Einfangen von Kaninchen mittels Schlingen. Vgl. § 41 und die Anm. dazu. Das Recht, Kaninchen oder anderen nicht jagdbaren wilden Tieren nachzustellen, darf nur insoweit ausgeübt werden, als nicht andere Gesetze oder rechtsgültige sonstige Anordnungen die Vornahme der Okkupationshandlungen einschränken oder untersagen. Vgl. RGSt. Bd. 43 S. 163; KG. Bd. 22 S. C. 109. Eine Polizeivorschrift, welche denjenigen mit Strafe bedroht, der fremde Grundstücke zum Zwecke des Fangens wilder Kaninchen ohne schriftliche, auf bestimmte Zeit erteilte Erlaubnis des Eigentümers oder Nutznießers des betreffenden Grundstücks betritt, ist rechtsgültig. KG. vom 22. April 1897, Bd. 18 S. 179.

3. Abs. 2. Über eingefriedigte Wildgärten siehe § 39 und Anm. dazu.

4. Abs. 3. Vgl. oben § 295 StGB. Die Wegnahme der für den Kaninchenfang bestimmten Netze und Frettchen ist als eine für Jagdaufseher nach § 227 BGB. erlaubte Verteidigungsmaßregel, ebenso als eine Angriffshandlung zur zweckdienlichen Abwehr eines unzulässigen Eingriffs in die Vermögensrechte des Jagdberechtigten zulässig, wenn die nach einer Polizeiverordnung vorgeschriebene Genehmigung des Grundeigentümers und des Jagdberechtigten zum Kaninchenfang bezw. zum Betreten des betreffenden Grundstücks zu diesem Zwecke nicht erteilt ist und die Wegnahme der Fanggeräte, deren Besitz die Gefährdung vornehmlich verursacht, geeignet und erforderlich erscheint. RGSt. vom 15. November 1912, Bd. 46 S. 348. Vgl. auch KG. vom 21. Mai 1908, Bd. 36 S. C. 34.

§ 78. Mit Geldstrafe bis zu 150 Reichsmark wird bestraft:

wer den Vorschriften der §§ 43, 44 und 45 zuwider Wild oder Kiebitz- oder Möveneier versendet, zum Verkaufe, herumträgt oder ausstellt oder feilbietet, verkauft, ankauft oder den Verkauf von solchem Wild (Eiern) vermittelt.

Hat der Täter gewerbs- oder gewohnheitsmäßig gehandelt, so ist eine Geldstrafe von nicht unter 30 Reichsmark zu verhängen.

Neben der Geldstrafe ist das den Gegenstand der Zuwiderhandlung bildende Wild (die Kiebitz- und Möveneier) einzuziehen ohne Unterschied, ob der Schuldige Eigentümer ist oder nicht; von der Einziehung kann abgesehen werden, wenn der Ankauf nur zum eigenen Verbrauch geschehen ist.

1. Vgl. § 42, betreffend Einsammeln von Kiebitz- und Möveneier. Das Feilbieten erfordert im Gegensatz zum Feilhalten ein Anbieten zum Verkauf, also neben dem Bereitstellen und Zu-

gänglichmachen der Ware positive, zum Verkauf anregende Handlungen. RG. vom 23. Mai 1901, Bd. 22 S. C. 51.

Siehe §§ 43, 44 und 45 sowie die Anm. dazu; vgl. auch § 76, insbesondere Anm. 2.

Das Verbot bezieht sich auch auf das Wild, das aus schonzeitfreien Bezirken in einen der Schonzeit unterliegenden Bezirk kommt. Vgl. RG. vom 19. Mai 1880, Bd. 1 S. 217. Versenden und Absenden sind nicht gleiche Begriffe. Ersteres findet, wenn die Absendung von einem außerpreußischen Orte erfolgt, auch noch auf preußischem Gebiet statt (Deutsche JurZeit. Jahrg. 1905 S. 917). Der Zwischenhändler, welcher Wild von Jägern zu dem betätigten Zwecke der Weiterveräußerung an einen Wildhändler kauft, vermittelt im Sinne des § 78 Abs. 1 JO. den Verkauf und ist unter den sonstigen Voraussetzungen strafbar. Vgl. RG. vom 5. Mai 1881, Bd. 2 S. 274.

2. Abs. 2. Gewerbs- oder gewohnheitsmäßig bedeutet gewerbs- oder gewohnheitsmäßig Wild oder Kiebitz- oder Möveneier versenden usw. welche während der Schonzeit für die zum Versand usw. gelangten Wildgattungen (Kiebitz- oder Möveneier) erlegt oder eingefangen bezw. gesammelt worden sind. Vgl. § 294 StGB. (oben) und Anm. dazu über „gewohnheitsmäßig". Gewohnheit im strafrechtlichen Sinne ist der durch wiederholte Begehung einer bestimmten Handlung hervorgerufene Hang zu deren weiteren Begehung (v. Liszt, Lehrbuch des deutschen Strafrechts, in dem Kapitel über „Handlungsmehrheit und Verbrechenseinheit") Vgl. dazu RGSt. Bd. 25 S. 266, Bd. 32 S. 397.

3. Das Wild selbst ist einzuziehen, nicht der Erlös aus ihm. Vgl. § 77 Abs. 3 und oben § 295 StGB., auch die Anm. dazu.

§ 79. Auf die Zahlung und Beitreibung einer nach Maßgabe der vorstehenden Bestimmungen verhängten Geldstrafe finden die §§ 28, 28 a, 28 b des Reichsstrafgesetzbuchs in der Fassung der Verordnung über Vermögensstrafen und Bußen vom 6. Februar 1924

(RGBl. I S. 44) Anwendung; an die Stelle einer uneinbringlichen Geldstrafe tritt Haftstrafe nach Maßgabe des § 29 des Reichsstrafgesetzbuchs in der Fassung der gleichen Verordnung.

Der vorstehende Gesetzestext ist an Stelle des bisherigen durch das Gesetz vom 15. Juli 1924 (GS. S. 577) zur Änderung der JO. gesetzt worden, veranlaßt durch die im Gesetzestext genannte Verordnung vom 6. Februar 1924.

§ 80. Für die Geldstrafe und die Kosten, zu denen Personen verurteilt werden, welche unter der Gewalt, der Aufsicht oder im Dienste eines anderen stehen und zu dessen Hausgenossenschaft gehören, ist letzterer im Falle des Unvermögens der Verurteilten für haftbar zu erklären, und zwar unabhängig von der etwaigen Strafe, zu welcher er selbst auf Grund dieses Gesetzes oder des § 361 zu 9 des Strafgesetzbuches verurteilt wird.

Wird festgestellt, daß die Tat nicht mit seinem Wissen verübt ist oder daß er sie nicht verhindern konnte, so wird die Haftbarkeit nicht ausgesprochen.

Hat der Täter noch nicht das [zwölfte] vierzehnte Lebensjahr vollendet, so wird derjenige, welcher in Gemäßheit der vorstehenden Bestimmungen haftet, zur Zahlung der Geldstrafe und der Kosten als unmittelbar haftbar verurteilt. Dasselbe gilt, wenn der Täter zwar das [zwölfte] vierzehnte, aber noch nicht das achtzehnte Lebensjahr vollendet hatte und [wegen Mangels der zur Erkenntnis der Strafbarkeit seiner Tat erforderlichen Einsicht freizusprechen ist] deshalb nicht strafbar ist, weil er zur Zeit der Tat nach seiner geistigen und sittlichen Entwicklung unfähig war, das Ungesetzliche der Tat einzusehen oder seinen Willen dieser Einsicht gemäß zu bestimmen, oder wenn derselbe wegen eines seine freie Willensbestimmung ausschließenden Zustandes straflos bleibt.

Gegen die in Gemäßheit der vorstehenden Bestimmungen als haftbar Erklärten tritt an die Stelle der Geldstrafe eine Freiheitsstrafe nicht ein.

1. Die in Abs. 2 in Klammern stehenden Worte geben den bisherigen Text der JO. wieder, an deren Stelle der neue, durch das Gesetz zur Abänderung der JO. vom 15. Juli 1924 erlassene Gesetzestext getreten ist, der durch § 47 des Jugendgerichtshofgesetzes vom 16. Februar 1923 veranlaßt worden ist. Dessen § 47 ist an Stelle der §§ 55 bis 57 RStGB. getreten, die durch § 47 des Jugendgerichtshofgesetzes aufgehoben sind.

2. In § 80 wird hinsichtlich der Haftung unterschieden zwischen unter der Gewalt, der Aufsicht oder im Dienst eines anderen stehenden und zu dessen Hausgenossenschaft gehörenden Personen ohne Rücksicht auf ihr Alter (Abs. 1) — in diesem Falle haftet der andere für die Geldstrafe und die Kosten neben dem Verurteilten im Falle dessen Unvermögens, also subsidiär, und auch nur dann, wenn nicht ausdrücklich festgestellt ist, daß die Tat nicht mit seinem Wissen verübt ist oder daß er sie nicht verhindern konnte — und solchen Personen, welche noch nicht das vierzehnte, im Falle des Abs. 3 Satz 2 noch nicht das achtzehnte Lebensjahr vollendet haben (Abs. 3); im letzteren Falle haftet nicht der Täter, sondern der Vorsteher der Hausgenossenschaft unmittelbar an Stelle des Täters.

Die Haftbarkeit im Falle des Abs. 1 muß neben der Verurteilung des Täters ausdrücklich in dem Urteil gegen den oder die Täter ausgesprochen werden, wie sich aus Abs. 1 letzter Satz ergibt.

3. Vgl. im Anhang Ausführungsanweisung Ziffer 45.

Neunter Abschnitt.

Übergangs- und Schlußbestimmungen.

§ 81. An Stelle der §§ 51 bis 66 gelten im ehemaligen Kurfürstentum Hessen die Vorschriften des Kurhessischen Wildschadengesetzes vom 26. Januar 1854 (Kurhessische GS. S. 9) und die §§ 26, 28, 34 bis 37, 40 des Kurhessischen Jagdgesetzes vom 7. September 1865 (Kurhessische GS. S. 571).

An die Stelle des § 28 des Kurhessischen Gesetzes vom 7. September 1865, das Jagdrecht und dessen Ausübung betreffend, tritt, soweit er sich auf Schwarzwild bezieht, § 64.

Abs. 2 ist in entsprechender Abänderung des § 81 JO. letzterem durch das Gesetz vom 19. Oktober 1922 (GS. S. 308), betreffend Änderung einiger Vorschriften der JO. vom 15. Juli 1907 (GS. S. 207), angefügt worden.

§ 82. Der Bezirksausschuß beschließt über die Erneuerung der auf den Schleswigschen Westseeinseln bestehenden Konzessionen zur Errichtung von Vogelkojen sowie über die Erteilung neuer Konzessionen (§ 6 des Gesetzes vom 1. März 1873, GS. S. 27).

Siehe § 86 Anm. 4. — § 6 des Gesetzes vom 1. März 1873 lautet: Die zum Schutze der auf den Schleswigschen Westseeinseln landesherrlich konzessionierten Vogelkojen zu treffenden Maßregeln, die Erneuerung der bestehenden und die Erteilung neuer Konzessionen bleiben der Verordnung der Bezirksregierung vorbehalten.

Siehe KG. vom 15. November 1909, in Anm. zu § 86 angeführt.

§ 83. In denjenigen Landesteilen, in denen das Recht, Kiebitz- und Möveneier einzusammeln, anderen Personen als den Jagdberechtigten vor dem Inkrafttreten des Wildschongesetzes vom 14. Juli 1904 (GS. S. 159) zustand, bleibt dieses Recht bis zum Ablauf der Jagdpachtverträge, die bei dem Inkrafttreten des letzteren Gesetzes bestanden haben, unberührt.

Für die Bestimmung des § 83 kommt nur die Provinz Hannover in Betracht, wo die Kiebitze und Möven bisher nicht jagdbar waren. Die Preuß. JO. gilt aber für Hannover nicht.

§ 84. Die vor dem 1. Mai 1907 abgeschlossenen Verträge über die Verpachtung eines Jagdbezirks bleiben bis zu ihrem Ablauf in Kraft. Im Regierungsbezirk Kassel sollen die nach dem 1. Mai 1907 bis zum Inkrafttreten dieses Gesetzes abgeschlossenen Verträge nicht über den 1. April 1914 hinaus Gültigkeit haben.

Während der Dauer dieser Pachtverträge können die in dem betreffenden Gemeinde- (Guts-) Bezirk belegenen, nach den bisher geltenden Vorschriften zu Recht gebildeten Eigenjagdbezirke auch dann bestehen bleiben, wenn sie nicht einen land- oder forstwirtschaftlich benutzten Flächenraum von wenigstens 75 ha einnehmen. Während der gleichen Zeit kann aus Grundflächen, die zwar den Erfordernissen des § 4 Ziffer 2 genügen, nicht aber einen nach den bisher geltenden Vorschriften zur Bildung eines Eigenjagdbezirks erforderlichen Flächenraum umfassen, ein Eigenjagdbezirk nicht gebildet werden.

Liegen solche Grundflächen in verschiedenen Gemeinde- (Guts-) Bezirken, für die mehrere Pachtverträge in Betracht kommen, so gilt als Zeitpunkt, bis zu dem die bisherigen Eigenjagdbezirke fort-

bestehen oder von dem ab Eigenjagdbezirke gebildet werden können (Abs. 2), der Ablauf des zuerst beendeten Pachtvertrages.

Siehe im Anhang Ausführungsanweisung Ziffer 46.

§ 85. Die vor dem Inkrafttreten dieses Gesetzes ausgestellten Jagdscheine behalten ihre Gültigkeit für die Zeit, auf welche sie ausgestellt sind.

Siehe § 32, sowie im Anhang Ziff. 47 der Ausführungsanweisung.

§ 86. Die nachstehend aufgeführten Gesetze werden, soweit sie nicht bereits anderweit aufgehoben sind, für den Geltungsbereich dieses Gesetzes hierdurch aufgehoben:

1. **das Gesetz, betreffend die Aufhebung des Jagdrechts auf fremdem Grund und Boden und die Ausübung der Jagd, vom 31. Oktober 1848 (GS. S. 343),**
2. **das Jagdpolizeigesetz vom 7. März 1850 (GS. S. 165),**
3. **das Wildschadengesetz vom 11. Juli 1891 (GS. S. 307),**
4. **das Jagdscheingesetz vom 31. Juli 1895 (GS. S. 304),**
5. **das Gesetz, betreffend die Ergänzung einiger jagdrechtlicher Bestimmungen, vom 29. April 1897 (GS. S. 117),**
6. **das Gesetz, betreffend Ergänzung der gesetzlichen Vorschriften über die Ausübung der Jagd auf eigenem Grundbesitz, vom 7. August 1899 (GS. S. 151),**

7. das Wildschongesetz vom 14. Juli 1904 (GS. S. 159),
8. das Gesetz, betreffend die Verwaltung gemeinschaftlicher Jagdbezirke, vom 4. Juli 1905 (GS. S. 271),
9. die Verordnung, betreffend das Jagdrecht und die Jagdpolizei im ehemaligen Herzogtum Nassau, vom 30. März 1867 (GS. S. 426),
10. die §§ 1 bis 5, 7 und 8 des Gesetzes, betreffend die Aufhebung des Jagdrechts auf fremdem Grund und Boden in den vormals Kurfürstlich Hessischen Landesteilen und in der Provinz Schleswig-Holstein, vom 1. März 1873 (GS. S. 27),
11. das Gesetz, betreffend das Jagdrecht und die Jagdpolizei im Herzogtum Lauenburg, vom 17. Juli 1872 (Offizielles Wochenblatt für das Herzogtum Lauenburg S. 215),
12. das Kurhessische Gesetz, betreffend die Aufhebung der Jagdgerechtsame und die Verhütung des Wildschadens, vom 1. Juli 1848 (Kurhessische GS. S. 47),
13. die §§ 1 bis 4, 8 bis 25, 27, 29, 30 Ziffer 1 bis 5, §§ 31, 33, 38, 39 des Kurhessischen Gesetzes, das Jagdrecht und dessen Ausübung betreffend, vom 7. September 1865 (Kurhessische GS. S. 571); die §§ 5 bis 7 desselben Gesetzes, soweit sie nicht durch das vorliegende Gesetz aufrechterhalten werden,
14. das Frankfurter Gesetz, die Ausübung der Jagd betreffend, vom 20. August 1850 (Gesetz- und Statutensammlung der freien Stadt Frankfurt, 10. Bd. S. 323),

15. die Art. 1 bis 16 des Großherzoglich Hessischen Gesetzes, die Ausübung der Jagd und der Fischerei in den Provinzen Starkenburg und Oberhessen betreffend, vom 26. Juli 1848 (Regierungsblatt S. 209),

16. das Großherzoglich Hessische Gesetz, die Jagdberechtigungen in den Provinzen Starkenburg und Oberhessen betreffend, vom 2. August 1858 (Regierungsblatt S. 257),

17. das Großherzoglich Hessische Strafgesetz vom 19. Juli 1858 (Regierungsblatt S. 345),

18. die Art. 1 bis 18 des Hessen-Homburgischen Gesetzes, die Jagd und Fischerei im Amte Homburg betreffend, vom 8. Oktober 1849 nebst Verordnung, die Verpachtung der Gemeindejagden im Amte Homburg betreffend, vom 8. Oktober 1849 (Regierungsblatt vom 14. Oktober 1849 Nr. 8),

19. das Bayerische Gesetz, die Ausübung der Jagd betreffend, vom 30. März 1850 (Bayerisches Gesetzblatt S. 117),

20. die §§ 1 bis 16, 18 bis 21 der Bayerischen Verordnung, polizeiliche Vorschriften über Ausübung und Behandlung der Jagden betreffend, vom 5. Oktober 1863 (Bayerisches Regierungsblatt S. 1657),

21. die §§ 104, 105 Abs. 1 Ziffer 2 und 3, 106 des Gesetzes über die Zuständigkeit der Verwaltungs- und Verwaltungsgerichtsbehörden vom 1. August 1883 (GS. S. 237).

Urkundlich usw.

1. In der Provinz Hannover sind das Jagdscheingesetz, das Wildschongesetz und das Zuständigkeitsgesetz in Geltung geblieben.

2. Im ehemaligen Kurfürstentum Hessen gilt noch § 28 des Kurhessischen Jagdgesetzes vom 7. September 1865, welcher die Jagdberechtigten verpflichtet, Rotwild nur in Parken und sicher eingefriedigten Revieren zu unterhalten oder dasselbe ohne Rücksicht auf Schonzeiten abzuschießen. Vgl. KG. Bd. 6 S. 69.

3. Die §§ 139, 140 I 9 ALR. über die Pflicht des Jagenden zur Benachrichtigung vom Entkommen angeschossenen hohen Wildes an den Inhaber des Nachbarreviers sind seit dem Inkrafttreten der JO. vom 15. Juli 1907 als Polizeistrafgesetzbuch für beseitigt zu erachten, wenn sie auch im § 86 JO. nicht ausdrücklich als für aufgehoben erklärt worden sind. KG. vom 4. Juni 1908, Bd. 36 S. C. 32. KG. vom 26. Juli 1905, Bd. 31 S. C. 22. Das Recht der Jagdfolge ist aufgehoben, wie in letztgenannter Entscheidung dargelegt ist. Allerdings hat der Art. 89 des preuß. AG.BGB. vom 20. September 1899 die §§ 139, 140 I 9 ALR. unter den Vorschriften desselben aufgeführt, die von der Aufhebung ausgenommen sind; diese Bestimmung bezieht sich aber nur auf die privatrechtlichen Wirkungen der Vorschrift, da es nicht in der Absicht des Gesetzgebers gelegen hat, in öffentliche Verhältnisse einzugreifen (vgl. Motive des preuß. AG.BGB. S. 271, 275). KG. vom 4. Juni 1908, Bd. 36 S. C. 32.

4. „Eine Polizeiverordnung, welche die Betreibung der Jagd am Strande — Strandstrecke der Ostsee — verbietet, steht mit der JO. in Widerspruch und ist ungültig. Soweit sie die Sicherheit des Verkehrs auf öffentlichen Wegen und Ufern, wozu auch die Meeresufer gehören (OG. Bd. 33 S. 452), aufrechtzuerhalten sucht, findet die Polizeiverordnung an sich in § 6 zu b der Kgl. Verordnung vom 20. September 1867 ihre rechtliche Grundlage (Verordnung über die Polizeiverwaltung in den neuerworbenen Landesteilen). Gegen ihre Gültigkeit würde ein Bedenken auch daraus nicht hergeleitet werden können, daß in Schleswig-Holstein die Jagd am Strande ebenso wie auf dem Meere freisteht (Goltd.

Archiv 15 S. 77). Denn die Polizeibehörde ist zweifellos befugt, wie das Privateigentum (RG. 4 S. 108) so auch den Gemeingebrauch nach Maßgabe der genannten Verordnung im Interesse der allgemeinen Verkehrssicherheit gewissen Beschränkungen zu unterwerfen. Nach § 13 der Verordnung dürfen jedoch in die polizeilichen Vorschriften keine Bestimmungen aufgenommen werden, welche mit den Gesetzen oder den Verordnungen einer höheren Instanz in Widerspruch stehen. Ein solcher Widerspruch würde obwalten, wenn angenommen werden muß, daß der in der Polizeiverordnung behandelte Gegenstand durch die JO. erschöpfend geregelt ist. Das ist aber der Fall."

„Die JO. gilt auch in Schleswig-Holstein. Für diese Provinz ist nur in § 82 wegen der Konzession zur Errichtung von Vogelkojen, d. h. Einrichtungen zum Massenfange von wilden Enten, eine besondere Bestimmung getroffen. Wie in der Ministerialanweisung zur Ausführung der JO. vom 29. Juli 1907 ausgesprochen ist, enthält die JO. für das bezeichnete Rechtsgebiet ein einheitliches Jagdrecht (für den ganzen Umfang des Preußischen Staates mit Ausschluß von Hannover usw.) Sie gibt im wesentlichen das Recht wieder, welches im Geltungsbereiche des Gesetzes, betreffend die Aufhebung des Jagdrechtes auf fremdem Grund und Boden und die Ausübung der Jagd, vom 31. Oktober 1848 bisher gegolten hat, und stellt somit eine Kodifikation dieses Rechts dar. Der Begriff des einheitlichen Jagdrechts umfaßt sowohl das Jagdrecht im engeren Sinne (§ 2 JO.) wie auch die Jagdausübung (§ 3 daselbst). Vorschriften, welche, wie die hier in Rede stehende, die Jagdausübung in örtlicher Hinsicht beschränken, bilden den Gegenstand der Jagdpolizei. Daß die JO. auch diese Materie erschöpfend geregelt hat, ergibt sich daraus, daß in § 86 verschiedene Gesetze oder Verordnungen jagdpolizeilicher Natur ausdrücklich aufgehoben sind und daß sie, wie auch das Fischereigesetz, Polizeiverordnungen nur in besonderen Fällen (§ 46 Abs. 2) zuläßt. Dem Interesse der öffentlichen Sicherheit dienen namentlich ihre Vorschriften über Erteilung und Versagung des Jagdscheins (§ 34). Auch in § 13 Abs. 2, § 28 Abs. 2, 3 trifft die JO. sicherheitspolizeiliche Anordnungen. Allgemeinsicherheitspolizeiliche Vorschriften, denen jedermann unterworfen ist, binden auch den Jagdberechtigten (OG. vom 13. November 1902, PrVerwltgsbl. 24 S. 489). Die vorliegende Polizeiverordnung richtet sich aber ausschließlich gegen die Jäger und hat daher wesentlich einen jagdpolizeilichen Charakter. Daher entbehrt sie der Gültigkeit. Hiermit übereinstimmend hat das Kammergericht die Polizeiverordnungen über das Betreten fremder Grundstücke zum Zwecke des Kaninchenfanges nur deshalb für fortdauernd rechtsgültig erachtet, weil diese in das Jagdrecht nicht eingreifen (KGJ. 22 S. C. 109; 36 S. C. 36). KG. vom 15. November 1909, Bd. 38 S. C. 34.

II.

Die jagdgesetzlichen Bestimmungen für die Provinz Hannover.

1. Gesetz, betreffend Aufhebung des Jagdrechts auf fremdem Grund und Boden und Ausübung der Jagd.

Vom 29. Juli 1850. (Hannov. GS. I S. 103.)

I.

Aufhebung des Jagdrechts auf fremdem Grund und Boden.

§ 1. Das Jagdrecht auf fremdem Grund und Boden, soweit dasselbe als dingliches Recht besteht, ist aufgehoben und kann als solches nicht ferner erworben werden.

Es kann also ein Grundstück mit dem Recht eines andern auf die Jagd daselbst nicht mehr belastet werden.

§ 2. Das Jagdrecht, welches erweislich durch einen mit dem Eigentümer des belasteten Grundstücks abgeschlossenen lästigen Vertrag erworben ist, kann jedoch nur durch Ablösung nach den Bestimmungen des § 17 aufgehoben werden.

Das bei Übertragung des Grundeigentums vorbehaltene Jagdrecht fällt nicht unter diese Bestimmung.

§ 2 Abs. 1 hat insofern keine praktische Bedeutung mehr, als die entsprechenden Ablösungs- und Entschädigungsverhandlungen längst beendigt sind. Vgl. aber §§ 12 und 15 der Hannov. JO. vom 11. März 1859.

§ 3. Jedem Grundeigentümer — auch dem mit erblichem Nutzungsrechte versehenen Besitzer (dominus utilis) unter Ausschluß des Obereigentümers (dominus directus) — steht das Jagdrecht auf eigenem Grund und Boden zu.

Die Ausübung desselben richtet sich nach den folgenden Bestimmungen:

Vgl. OG. vom 22. Dezember 1921, Bd. 77 S. 397.

Vgl. § 2 der Preuß. JO.

II.

Ausübung der Jagd wird in den §§ 4 bis 16 behandelt. An ihre Stelle ist die JO. vom 11. März 1859 getreten.

III.

Entschädigung der Jagdberechtigten für das aufgehobene Jagdrecht (§§ 17 bis 25). Diese Bestimmungen sind überholt, da die Entschädigungsverhandlungen bereits ihre Erledigung gefunden haben.

IV.

Schlußbestimmungen (§§ 26 bis 31). An Stelle des § 30 (Jagd auf Wasservögel in Ostfriesland) ist § 13 Hannov. JO. getreten.

2. Gesetz vom 11. März 1859, die Jagdordnung für Hannover betreffend.

(Hannov. GS. I S. 159), in der geltenden Fassung.

§ 1. Die Ausübung der Jagd richtet sich vom 1. September dieses Jahres ab nach folgenden Bestimmungen. Dieselben treten an die Stelle der mit jenem Zeitpunkte wegfallenden §§ 4 bis 16 inkl. und § 30 des Jagdgesetzes vom 29. Juli 1850.

1. Welche Tiere als jagdbare, also als Objekt des Rechtes der Jagdausübung, in Betracht kommen, bestimmt § 1 des Wildschongesetzes vom 14. Juli 1904, das für die Provinz Hannover seine Geltung behalten hat. § 1 dieses Gesetzes ist wörtlich in den § 1 Preuß. JO. übernommen. Dazu sind noch gekommen das Muffelwild und das Trutwild, die für den Geltungsbereich der preußischen JO. und ebenso für die Provinz Hannover erst später — 1912 bezw. 1910 — zu jagdbaren Tieren erklärt worden sind. Siehe § 1 der Preuß. JO.

Durch Polizeiverordnung kann den nichtjagdberechtigten Eigentümern das Fangen von wilden Kaninchen für die Nachtstunden verboten werden. Die Polizeiverordnung ist zum Schutze des Eigentums, und zwar als Schutz des einen Teil des Grundstückseigentums bildenden Rechts zur Ausübung der Jagd, erlassen. Diese Beziehung des Jagdrechts zum Grundeigentum besteht auch nach §§ 1, 2 ff. der Hannov. JO. Die Rechtslage in dieser Beziehung wird dadurch nicht geändert, daß der Jagdberechtigte im Einzelfalle nicht zugleich der Grundeigentümer ist. Die JO. will ganz allgemein den Jagdberechtigten gegen Eingriffe Nichtjagdberechtigter schützen. Auch auf seinem eigenen Grundstück ist der Nichtjagdberechtigte an bestimmten Handlungen behindert, sobald sie der Ausübung der Jagd durch den Jagdberechtigten schädlich sind oder sein können. RG. vom 28. September 1923, Ring Bd. 1 S. 152.

§ 2. Der Grundeigentümer, welcher eine zusammenhängende Fläche von mindestens 300 hannoverschen Morgen besitzt, ist auf derselben zur Ausübung der Jagd berechtigt. Die Trennung, welche Wege oder Gewässer bilden, ist als eine Unterbrechung des Zusammenhangs einer solchen Fläche nicht anzusehen. Zu den Wegen im vorstehenden Sinne sind auch Schienenwege und Eisenbahnkörper zu rechnen.

Mehrere Miteigentümer einer solchen Fläche müssen sich über einen einigen, der die Jagd üben soll, falls sie selbige nicht gemeinsam entweder verpachten oder sonst einem Dritten zur Ausübung überlassen oder durch einen Jäger nutzen. Besteht eine solche Fläche aus einer ungeteilten Gemeinheit, so ist dieselbe, wenn sie einer Gemeinde angehört und mit dem Feldmarksjagdbezirk dieser Gemeinde zusammenhängt, als Teil dieses Jagdbezirks, sonst aber, sofern sie nicht mit angrenzenden Jagdbezirken verbunden wird, als eigene Feldmark nach den Regeln der §§ 4 und 5 ff. zu behandeln. An der Beschlußfassung über solche Verbindung sowie der Verwaltung der Jagd und an der Verteilung der Jagdaufkünfte nehmen in Beziehung auf diese Gemeinheit die Interessenten nach Verhältnis ihrer Nutzungsrechte teil.

Wenn ein Grundeigentümer das ihm hiernach zustehende Jagdrecht durch Verpachtung nutzt, so kommen hierbei die im § 6 vorletzter und letzter Absatz und im § 7 enthaltenen Vorschriften analog zur Anwendung.

Die Bildung eines eigenen Jagdbezirks ist auch dann zulässig, wenn die dafür in Betracht kommenden Grundstücke in mehreren Landesteilen liegen, in denen die gesetzlichen Vorschriften über die Bildung eines eigenen Jagdbezirks voneinander abweichen. In diesem Falle kommen die für den größeren Teil der Grundstücke geltenden gesetzlichen Vorschriften zur Anwendung. Bei gleicher Größe ist dasjenige Gesetz maßgebend, welches den größeren Flächeninhalt für die Bildung eines eigenen Jagdbezirks erfordert.

1. Abs. 1 letzter Satz ist eine durch das Gesetz vom 29. April 1897 (GS. S. 117), betreffend die Ergänzung einiger jagdrechtlichen Bestimmungen, gegebene Ergänzung, Abs. 5 eine solche, welche durch das Gesetz vom 7. August 1899 (GS. S. 151), betreffend Ergänzung der gesetzlichen Vorschriften über die Ausübung der Jagd auf eigenem Grundbesitz, erfolgt ist. Vgl. § 4 Abs. 1 Ziffer 2 Satz 2 und Abs. 4 Preuß. JO.

Über Eigentümer, Miteigentümer siehe § 4 der Preuß. JO., insbesondere auch Anm. 1. Flächen, die teils im Allein-, teils im Miteigentum stehen, kommen nicht in Frage, sondern nur solche Grundflächen, welche demselben Eigentümer oder bei Miteigentum denselben Miteigentümern gehören. 300 hannov. Morgen sind gleich 76,63 Hektar. Erwirbt der Eigentümer einer Eigenjagd einen Teil einer Feldmarkjagd, so kann er auf dem erworbenen Teil die Jagd sofort ausüben ohne Rücksicht auf den über die Feldmarkjagd bestehenden Pachtvertrag. OG. im PrVerwltgsbl. Jahrg. 25 S. 149.

Die Feldmarkbezirke und die Einzeljagdbezirke sind jagdrechtliche Gebilde des öffentlichen Rechts. Sie sind örtliche Bezirke, innerhalb derer das — gesetzlich dem Grundeigentümer zustehende — Jagdrecht ausgeübt werden darf (§ 3 des Hannov. Jagdgesetzes vom 29. Juli 1850, §§ 1 ff. der Hannov. JO.). Ihr Bestehen tritt — von Ausnahmefällen abgesehen (vgl. § 4 Abs. 3 JO.) — kraft Gesetzes ein; insbesondere bedarf es nicht einer obrigkeitlichen Feststellung, welche den rechtlichen Bestand der Jagdbezirke begründet oder ihren räumlichen Umfang bestimmt (vgl. OG. vom 5. Februar 1891, Bd. 20 S. 322 bezw. 326). Dies gilt auch von den Einzeljagdbezirken. Sie entstehen, sobald ein Grundeigentümer eine zusammenhängende Fläche von 300 hannov. Morgen — auch durch Zukauf von Grundstücken, wenn die Mindestgröße erst mit Hilfe der erworbenen Grundstücke erreicht wird, sofort mit ihrem Erwerbe und nicht erst nach Ablauf des für den Feldmarkjagdbezirk abgeschlossenen Jagdpachtvertrages — besitzt (§§ 2 und 4 Ziff. 1 JO.), so daß er berechtigt ist, die Jagd auf seinen Grundflächen, einschließlich der neuerworbenen, sofort auszuüben. Einer Erklärung des Eigentümers, daß er auf seinem Grundeigentum das Jagdrecht ausüben und aus ihm einen Einzeljagdbezirk bilden wolle, bedarf es nicht. Vielmehr scheiden die eine zusammenhängende Fläche von 300 Morgen bildenden Grundstücke aus dem an und für sich die ganze Feldmark der Gemeinde umfassenden Feldmarkjagdbezirk ohne weiteres — sofort — kraft Gesetzes aus; es bestehen in der Gemeinde die beiden Jagdbezirke kraft Gesetzes nebeneinander (vgl. für den Geltungsbereich der Preuß. JO. OG. vom 21. November 1910, Bd. 58 S. 369, besonders S. 374). Jeder der beiden Jagdbezirke hat seine jagdrechtliche Selbständigkeit. Als Einrichtungen des öffentlichen Rechts sind sie in ihrem Bestande der Abänderung durch Willensakte der beteiligten Grundeigentümer nicht unterworfen. Das ist nur dann und nur insoweit der Fall, als es gesetzlich ausdrücklich zugelassen ist (vgl. OG. vom 20. April 1898, Bd. 33 S. 336). Soll das nicht auch für die Einzeljagdbezirke gelten, so muß verlangt werden, daß in dem Jagdgesetze für die Provinz Hannover Bestimmungen enthalten sind, die eine unterschiedliche Behandlung rechtfertigen. Der Gerichtshof konnte an dem OG. vom 5. Februar 1891, Bd. 20 S. 322, für das hannoversche Jagdrecht ausgesprochenen Grundsatz, daß der Eigentümer eines Einzeljagdbezirks befugt ist, auf die eigene Ausübung der Jagd mit der Wirkung zu verzichten, daß die Grundstücke seines Einzeljagdbezirks dem Feldmarkjagdbezirk zufallen, ohne daß es einer Zustimmung der Feldmarkgenossen bedürfe, nicht festhalten. OG. vom 22. Dezember 1921, Bd. 77 S. 397. Vgl. auch OG. vom 6. Januar 1921, Bd. 76 S. 401.

Abs. 1 betrifft nicht bloß öffentliche Gewässer, sondern auch private. Für die Frage, ob ein Gewässer im Sinne des § 2 der Hannov. JO. vorhanden ist, kommt es nur auf das tatsächliche Bestehen des Gewässers an und nicht auf seinen Ursprung, seine Zweckbestimmung oder darauf, ob der Eigentümer es beseitigen kann oder darf. Landflächen sind einem Gewässer nur insoweit zuzurechnen, als sie zu seinem Bestand gehören, nicht schon deshalb, weil sie seiner Benutzung oder Instandhaltung dienen. Für die Frage, ob ein Geländestreifen als Weg anzusprechen ist, kommt es wesentlich auf dessen rechtliche Eigenschaft als Weg an, und ob ein Geländestück sich als Gewässer darstellt, ist allein eine tatsächliche Frage. OG. vom 30. Juni 1913, Bd. 65 S. 334. Der in Abs. 1 ausgesprochene Grundsatz, daß die Trennung, welche Wege oder Gewässer bilden, als eine Unterbrechung des Zusammenhanges einer solchen Jagdfläche nicht anzusehen ist, hat nur Bedeutung für Einzeljagdbezirke, nicht aber für Feldmarkjagdbezirke. OG. vom 18. November 1907, Bd. 51 S. 299.

2. Abs. 2. Nach hannoverschem Recht fallen die Grenzen des gemeinschaftlichen Jagdbezirks mit den jeweiligen Grenzen des Gemeindebezirks zusammen und ist weder eine Vereinigung mehrerer gemeinschaftlicher Jagdbezirke noch der Anschluß ein- und ausspringender Grundstücke durch Aufnahme der Eigentümer in den Verband der Feldmarkgenossen einer fremden Feldmark zulässig. OG. vom 20. April 1898, Bd. 33 S. 336: Die Feldmark deckt sich nach der JO. in der Regel mit dem Bezirke der politischen Gemeinde. Indessen ist davon auszugehen, daß der Gemeindebezirk gewöhnlich nur die Dorffeldmark umfaßt, d. h. die Feldmark, welche die Bauernhöfe mit den dazugehörigen Feldern enthält. In OG. Bd. 39 S. 103 ist dargelegt: „Die Begrenzung der Gemeindebezirke auf die Dorffeldmark schloß allerdings nicht aus, daß außerhalb der Gemeindebezirke auch Gehöfte, Marken, Forsten und Moore beständen, die ungeteilt verschiedenen Gemeinden gehörten (§ 23 des Hannov. Gesetzes vom 28. Juli 1851 über Gemeindewege und Land-

straßen) und entweder kommunalfrei waren oder selbständige Kommunalbezirke (Güter) bildeten." OG. vom 17. Juni 1926 — C. 12/26 —, PrVerwltgsbl. Jahrg. 48 S. 69/70.

Über den Begriff der ungeteilten Gemeinheit siehe OG. in Jagdr.-Z. Jahrg. 2 S. 295.

§ 3. Insofern die Ausübung der Jagd nach den vorstehenden Bestimmungen nicht den einzelnen Grundeigentümern zusteht, wird sie, vorbehaltlich der im § 4 bestimmten Ausnahmen, von der Gesamtheit der beteiligten Grundeigentümer jeder Feldmark (Feldmarksgenossen) verwaltet.

Jedoch soll jedem Grundeigentümer die Befugnis zustehen:

1. auf seinen Grundstücken in hochhängenden Dohnen den Dohnenstrich (Dohnenstieg) auszuüben;
2. in den mit seinen Wohngebäuden zusammenhängenden Höfen und Gärten Raubtiere, Kaninchen, Eichhörnchen und Vögel — mit Ausnahme folgender jagdbarer Vögel: Feld- und Birkhühner, Fasanen, Enten, Schnepfen und Wachteln — bei Tage vermittels der Schußwaffe unter Beobachtung der polizeilichen Vorschriften zu erlegen. Diese Höfe und Gärten werden im übrigen der Feldmarksjagd angeschlossen, falls nicht der Eigentümer erklärt, die Jagd in denselben beruhen lassen zu wollen. Diese Erklärung kann sowohl vor als nach der Verpachtung erfolgen;
3. seine sonstigen mit einer Mauer oder mit einer anderen hochstehenden, wehrbaren Befriedigung umgebenen und mit verschließbaren Türen versehenen Grundstücke von der gemeinsamen Jagdausübung auszunehmen und die Jagd darauf

beruhen zu lassen, vorbehaltlich jedoch des Rechts der Erlegung nicht jagdbarer Vögel bei Tage.

Als wehrbar sind nur solche hochstehenden Befriedigungen anzusehen, welche einen anderen Zugang als den vermittels der geschlossenen Türen nicht gestatten.

Er hat seine Absicht, die Jagd auf solchen Grundstücken beruhen zu lassen, der Obrigkeit (Amt beziehungsweise Magistrat der selbständigen Städte) anzuzeigen, bevor die Gesamtheit der Feldmarksgenossen über die Verwaltung der Jagd beschlossen hat;

4. in seinen Gebäuden und Höfen Raubtiere in Fallen zu fangen.

1. § 3 gibt Bestimmungen über die Ausübung der Jagd auf Grundstücken, die nicht einen Einzeljagdbezirk bilden, indem sie zu einem gemeinschaftlichen Feldmarkjagdbezirk zusammengeschlossen werden, welcher von der Gesamtheit der beteiligten Grundeigentümer der Feldmark, der Feldmarkgenossen, verwaltet wird. Die rechtliche Existenz der Jagdbezirke ist von einer obrigkeitlichen Feststellung nicht abhängig. OG. vom 5. Februar 1891, Bd. 20 S. 322.

Vgl. im Anhang Ausführungsbestimmung vom 11. März 1859 § 3. Vgl. auch über den räumlichen Umfang eines Feldmarkjagdbezirks § 2 Anm. 2.

Abgesehen von den Ausnahmen in Abs. 2 Ziffer 1 bis 4 wird das Recht zur Jagdausübung durch die Feldmarkgenossen bestimmt. Die Jagdgenossen sind befugt, sich bei Beratung und Beschlußfassung über die Art der Jagdnutzung auf der Feldmarkjagd durch Bevollmächtigte vertreten zu lassen. OG. vom 25. März 1920, Bd. 75 S. 374.

„Das Eigentum der Feldmarkgenossen an ihrer Feldmark enthält zugleich das Jagdrecht auf dieser; wenn sie es auch nicht selbst ausüben dürfen, so können sie doch gemäß dem Gesetze darüber verfügen; dazu gehört die Verpachtung der Feldmarkjagd (§§ 3, 5, 6). Der Pächter übt mit der Jagd einen Teilinhalt des Grundeigentums aus. Daß er darin geschützt wird, liegt nicht nur in seinem Interesse und in dem der Grundeigentümer, sondern auch im allgemeinen Interesse, insofern der ordnungsmäßige und wirtschaftliche Betrieb der Jagd auch der Allgemeinheit zugute kommt." Vgl. KG. vom 28. September 1923, Ring Bd. 1 S. 152.

2. Abs. 2. Den Grundeigentümern stehen ungeachtet des ihnen entzogenen Jagdausübungsrechts die in Ziffer 1 bis 4 bezeichneten Befugnisse zu.

Ziffer 1 ist überholt, indem durch § 8 des Reichsvogelschutzgesetzes vom 30. Mai 1908 die Anwendung von Schlingen verboten ist. „Hochhängende Dohnen" sind Schlingen.

Ziffer 2. Die Höfe und Gärten müssen mit den Wohngebäuden zusammenhängen, in räumlicher Verbindung stehen. Das Erlegen darf nur bei Tage erfolgen und muß mit der Schußwaffe geschehen. Gegenstand der Erlegungsbefugnis sind Raubtiere, wilde Kaninchen, Eichhörnchen und jagdbare wie nicht jagdbare Vögel (vgl. jedoch das genannte Reichsvogelschutzgesetz §§ 3 ff.); ausgenommen hiervon sind Feld- und Birkhühner, Fasanen, Enten, Schnepfen und Wachteln. Bei der Ausübung der Befugnis, mit der Schußwaffe Raubtiere usw. zu erlegen, sind die polizeilichen Vorschriften zu beobachten. Im übrigen gehören die bezeichneten Höfe und Gärten dem gemeinschaftlichen Feldmarkjagdbezirk an. Der Eigentümer ist aber befugt, die Jagd in ihnen — Höfen und Gärten — ruhen zu lassen. Die entsprechende Erklärung kann vor und auch nach der Verpachtung wirksam abgegeben werden.

Ziffer 3 gibt das Recht, die mit der daselbst vorausgesetzten Umfriedigung versehenen Grundstücke von der gemeinsamen Jagdausübung auszunehmen, vorausgesetzt, daß dieses Recht zu dem Zwecke in Anspruch genommen wird, die Jagd darauf ruhen zu lassen. Ungeachtet des Ruhens der Jagd unter den in Ziffer 3 genannten Voraussetzungen ist der Grundeigentümer berechtigt, nichtjagdbare Vögel zu erlegen, aber nur bei Tage. Vgl. aber Reichsvogelschutzgesetz.

Die Absicht, die Jagd auf den so, wie in Ziffer 3 angegeben, umfriedigten Grundstücken ruhen zu lassen, muß der Obrigkeit angezeigt sein, bevor die Gesamtheit der Feldmarkgenossen über die Verwaltung der Jagd beschlossen hat. Siehe auch im Anhang Ausführungsanweisung vom 11. März 1859 § 2. Obrigkeit ist der Landrat, in den selbständigen Städten der Magistrat. Vgl. Kreisordnung für die Provinz Hannover vom 6. Mai 1884 [GS. S. 181] § 24 Abs. 1 und § 27 Abs. 1 daselbst. Der Landrat, der an die Stelle des Kreishauptmanns und des Amthauptmanns getreten ist (§ 26 aaO.), führt als Organ der Staatsregierung in der Provinz Hannover vorbehaltlich der Vorschriften in den §§ 27 bis 30, die Geschäfte der allgemeinen Landesverwaltung und die örtliche Polizeiverwaltung im Kreise bezw. die Aufsicht über die letztere, soweit dieselbe anderen Behörden oder Beamten übertragen ist (§ 24 aaO.). Der Gemeindevorsteher ist das Organ des Landrats für die Polizeiverwaltung (§ 34 Abs. 1 aaO.).

Ziffer 4 gibt den Grundeigentümern die Befugnis, in seinen Gebäuden und Höfen Raubtiere, jagdbare wie nichtjagdbare, in Fallen zu fangen.

Mit den Worten „jedoch soll jedem Grundeigentümer die Befugnis zustehen" usw. ist ihm, dem einzelnen Feldmarkgenossen, neben dem die Jagd auf dem gemeinschaftlichen Feldmarkjagdbezirk Ausübenden durch die JO. die Befugnis zugesprochen, die Jagd nach Maßgabe der Ziffer 2 bis 4 auszuüben, so daß z. B. der Pächter ebenso wie der Grundeigentümer, letzterer in dem daselbst genau angegebenen örtlichen und sachlichen Umfange, zur Jagdausübung berechtigt sind.

Ziffer 2 bis 4 — Ziffer 1 hat seine Geltung durch das Verbot des § 8 des Reichsvogelschutzgesetzes verloren — sind Ausnahmen von der Ausschließung der Ausübung des Jagdrechts durch den Grundeigentümer von weniger als 300 hannov. Morgen selbst und der Übertragung des Jagdausübungsrechts auf die Feldmarkgenossenschaft. Diese Ausnahme gibt aber als solche nur dem Grundeigentümer, niemandem sonst, das bezeichnete Jagdausübungsrecht. Dieses Recht ist also nicht übertragbar; es kann weder im einzelnen Falle noch für alle Fälle, etwa durch Pacht, auf einen anderen übertragen werden, weil es als Ausnahme ein ganz persönliches, nicht übertragbares, nicht verpachtbares Recht des Grundeigentümers ist; vgl. § 7 Abs. 1 sowie § 14; letztere Bestimmung gilt nur für die Inhaber von Eigenjagdbezirken (§ 2), nicht für die Genossen einer Feldmarkjagd (§ 3 Abs. 2). Letztere können keinem Dritten das Alleinjagen gestatten; auch ihre Begleiter dürfen nicht mitjagen. Vgl. auch KG. vom 30. März 1905, Bd. 29 S. C. 79.

Die Hannov. MinVerf. vom 2. Juli 1862, wonach das Auslegen von Gift außerhalb der Wohn- und Wirtschaftsgebäude zur Vertilgung u. a. von sonstigem Ungeziefer strafbar ist, ist nach KG. vom 8. Mai 1893, Bd. 14 S. 345, noch gültig; sie trifft auch die Vertilgung von Füchsen mittels Gifts, weil, wie die genannte Entscheidung besagt, auch Füchse unter „das sonstige Ungeziefer" fallen.

§ 4. Wenn

1. Feldmarken an und für sich oder nach Ausscheidung der darin belegenen Einzeljagdbezirke (§ 2) und ausgenommenen Grundstücke (§ 3 Nr. 3) oder
2. einzelne Grundstücke, welche von dem Jagdbezirke der Feldmark, zu der sie gehören, durch zwischenliegende Jagdbezirke (Einzeljagdbezirke § 2, oder Feldmarkjagdbezirke, § 3) getrennt sind oder
3. Grundstücke, welche einer Feldmark nicht angehören,

eine zusammenhängende Fläche von 300 Morgen (§ 2) nicht bilden, so sind dieselben den sie umschließenden oder begrenzenden Jagdbezirken gegen einen entsprechenden Pachtpreis anzuschließen und nur wenn von dem Eigentümer oder Interessenten der letzteren der Anschluß abgelehnt wird, als selbständige Jagdbezirke oder im Falle der vorstehenden Ziffer 2 als Zubehörungen der Feldmarksjagd zuzulassen.

Der vorerwähnte Pachtpreis wird in Ermangelung der Vereinbarung durch die Obrigkeit nach Vernehmung beider Teile festgestellt. Es steht jedoch jedem Beteiligten zu, gegen diese Feststellung auf Ermittelung des Pachtpreises durch Schätzung zu provozieren. Die Kosten der letzteren trägt der Provokant, wenn das Ergebnis nicht mindestens 5 v. H. günstiger als die obrigkeitliche Feststellung für ihn ausfällt. Ist der Jagdbezirk, mit welchem die unter 1 bis 3 erwähnten Grundstücke verbunden werden sollen, eine Feldmarksjagd (§ 3), so können die Eigentümer der ersteren statt pachtweiser Entschädigung auch verlangen, in den Verband der Feldmarksgenossen dieser Feldmark hinsichtlich der Jagd aufgenommen zu werden.

Werden die unter 1 bis 3 bezeichneten Grundstücke von verschiedenen Jagdbezirken begrenzt, und sind die Eigentümer oder Interessenten von mehr als einem dieser Jagdbezirke zur Übernahme bereit, so steht den Eigentümern jener Grundstücke die Wahl zu. Besteht die anzuschließende Fläche aus örtlich zusammenhängenden Grundstücken mehrerer Eigentümer, so haben diese nach Stimmenmehrheit, die Stimmen nach der Größe der Grundstücke berechnet, über die Wahl zu beschließen. Wird von dem Wahlrechte binnen zu bestimmender Zeit kein Gebrauch gemacht, so verfügt die Obrigkeit über den Anschluß.

a) „Der jagdrechtliche Zusammenhang mehrerer Teile einer Gemeindefeldmark im Sinne des § 4 ist nicht vorhanden, wenn er nur durch einen zur Feldmark gehörigen Gemeindeweg gebildet wird, der lediglich seiner Länge nach die verschiedenen Feldmarkteile verbindet. Der im § 2 der Hannov. JO. ausgesprochene Grundsatz, daß die Trennung, welche Wege und Gewässer bilden, als eine Unterbrechung des Zusammenhanges eines Jagdbezirks nicht anzusehen ist, bezieht sich auch auf das Verhältnis des Feldmarkjagdbezirks zu den zu der betreffenden Feldmark gehörenden Wegen."

b) In einem Streitverfahren darüber, ob ein Teil der Gemeindefeldmark als jagdrechtliche Enklave einem Eigenjagdbezirk zuzuschlagen ist (§ 4 aaO.), müssen die Eigentümer sämtlicher zu der Enklave gehöriger Grundstücke als Partei hinzugezogen werden. An dem Rechtsstreit ist zunächst auch die ganze Feldmarkgenossenschaft beteiligt, der das Grundstück jagdrechtlich zugehören würde, wenn es nicht rechtsgültig dem Eigenjagdbezirk zugeschlagen ist. Daher muß der Jagdvorstand hinzugezogen werden."

„Wie die OG. in der Begründung ausführt, hängt die Entscheidung — siehe vorstehend zu a — von der Beantwortung der Frage ab, ob der mit § 2 Abs. 1 Buchstabe b Satz 2 des Preuß. Jagdpolizeigesetzes vom 7. März 1850 (GS. S. 150) übereinstimmende Abs. 1 Satz 2 des § 2 der Hannov. JO., dessen Inhalt man dahin zusammenzufassen pflegt, daß Wege nicht trennen, aber auch nicht verbinden, auch auf den Fall Anwendung finden muß, in welchem es sich darum handelt, ob zwei Teile eines Feldmarkjagdbezirks im Sinne des § 4 Abs. 1 der Hannov. JO. „zusammenhängen", wenn der Zusammenhang nur durch einen öffentlichen, zur Gemeindefeldmark gehörigen Weg gebildet wird, der nicht zwischen den beiden Teilen dergestalt hindurchführt, daß sie, wenn man ihn hinwegdenkt, zusammenhängen würden, sondern der sie nur seiner Länge nach verbindet. Diese Frage ist abweichend von dem Urteile vom 26. Februar 1903, Bd. 43 S. 28, in dem Urteile vom 18. November 1907, Bd. 51 S. 299, und noch in mehreren späteren Entscheidungen, z. B. in dem OG. vom 24. Oktober 1910 (Schultz, Jahrb. für Entscheidungen, 1911

S. 77), verneint worden. Die öffentlichen Wege sind Teile der Feldmark. Die Hannov. JO. enthält aber, insbesondere in ihrem § 3, nicht wie § 7 Abs. 1 der Preuß. JO., eine allgemeine Vorschrift des Inhalts, daß alle Grundflächen eines Gemeindebezirks, welche nicht zu einem Eigenjagdbezirk gehören und im Zusammenhang 75 ha umfassen, den gemeinschaftlichen Jagdbezirk bilden. Es ist auch nicht ausdrücklich bestimmt, daß die öffentlichen Gemeindewege als Teile der Feldmark unter allen Umständen so wie alle anderen Feldmarkgrundstücke Teile des Feldmarkjagdbezirks seien. Die tatsächliche Übung und weitverbreitete Rechtsauffassung in der ganzen Provinz Hannover ging dahin, öffentliche Gemeindewege, die nicht wenigstens an einer Seite an andere Teile des Jagdbezirks der Gemeindefeldmark anstoßen, nicht als zu diesem Jagdbezirk gehörig zu rechnen, sie vielmehr ebenso zu behandeln wie die bei Bildung eines Eigenjagdbezirks in Betracht kommenden fremden Wege im Sinne des § 2 Abs. 1 und sie deshalb nicht für geeignet anzusehen, zwei Teile des Gemeindejagdbezirks, die nicht von den Wegen durchschnitten sind, zu verbinden."

„Eine Verfügung der vormals Königlich Hannoverschen Berghauptmannschaft zu Clausthal vom 14. Juni 1859 hat dahin entschieden, „daß ein Weg die Teile eines Jagdbezirks nicht trennt, wenn man von einem zum anderen Teile durch Überschreiten des Weges der Breite nach gelangen kann, daß er dagegen trennt, wenn man, um aus dem einen Teil der Feldmark, in den anderen zu gelangen, über die Straße der Länge nach gehen muß"."

„Der Gerichtshof ist zu der Ansicht gelangt, daß die gesetzgebenden Stellen bei Erlaß der Hannov. JO., insbesondere des § 4 derselben und bei der in diesem enthaltenen Bezugnahme auf § 2, die Absicht hatten, bei Feststellung der Größe und des Zusammenhanges des Feldmarkjagdbezirks die Gemeindewege, auch wenn sie selbst zur Feldmark gehörten, aber nicht mit ihren Seitenlinien an andere Feldmarkgrundstücke anstießen, so behandelt zu sehen, wie dies hinsichtlich der für den Zusammenhang der Eigenjagdbezirke in Betracht kommenden Wege in § 2 Abs. 3

aaO. geregelt ist. Der Gerichtshof hat an der im OG. Bd. 51 S. 299 enthaltenen Auffassung nicht festgehalten, sondern ist zu der in OG. Bd. 43 S. 281 angedeuteten Auslegung zurückgekehrt. OG. vom 25. Mai 1916, Bd. 71 S. 386.

§ 4 faßt drei Fälle, in denen Grundflächen von weniger als 300 Morgen (§ 2) an die sie umschließenden oder begrenzenden Jagdbezirke — ohne Unterschied, ob diese einen Eigenjagdbezirk oder einen Feldmarkjagdbezirk bilden — angeschlossen werden müssen, und zwar gegen einen entsprechenden Pachtpreis für das Recht der Jagdausübung auf die angeschlossenen Feldmarken bezw. Grundstücke, wenn der Eigentümer oder die Interessenten der Jagdbezirke den Anschluß nicht ablehnen. Lehnen sie ab, so muß aus den in Betracht kommenden Grundstücken, soweit es sich um solche nach Ziffer 1 oder 3 handelt, einen selbständigen Jagdbezirk zu bilden zugelassen werden; im Falle der Ziffer 2 muß auch zugelassen werden, daß sie an Stelle der Bildung eines selbständigen Jagdbezirks aus ihnen Teile, Zubehörungen der Feldmarkjagd werden. In letzterem Falle haben die Eigentümer die Rechte der Feldmarkgenossen, sonst nicht. Diese Vorschriften sind zwingender Natur. Vgl. OG. vom 22. Dezember 1921, oben bei § 2 angeführt.

Ist der Gegenstand des Rechtsstreites die Anschlußpflicht, so ist dieser Streit gemäß § 105 ZG. vom 1. August 1883 im Verwaltungsstreitverfahren auszutragen. Denn die streitige Pflicht beruht auf dem öffentlichen Rechte, dem § 4 der Hannov. JO. Nach Ziffer 1 des ersten Absatzes daselbst sind einzelne Grundstücke unter 300 Morgen, welche von dem zugehörigen Feldmarkjagdbezirk getrennt sind, den sie umschließenden oder begrenzenden Jagdbezirken gegen einen entsprechenden Pachtpreis anzuschließen und nur wenn von dem Eigentümer oder Interessenten der letzteren der Anschluß abgelehnt wird, als selbständige Jagdbezirke oder als Zubehörungen der Feldmarkjagd zuzulassen. Daß es bloß auf die Erklärung des Eigentümers des benachbarten Jagdbezirks ankommt, daß also lediglich sein Wille die Freiheit zu einer anderen Bestimmung wegen der anzuschließenden Grundstücke eröffnet, ist durch das beschränkende Wort „nur" im Gesetze hervorgehoben. Dem Anschluß verpflichteten ist kein Einfluß auf die jagdrechtliche Zugehörigkeit seiner Grundstücke eingeräumt. Es ist gleichgültig, ob er seine Zustimmung geben oder versagen will; ebensowenig ist ihm das Zugeständnis gewährt, Einwendungen aus dem Verhalten des Anschlußberechtigten bei einem früheren Pachtverhältnis herzuleiten. Auch der Obrigkeit ist kein Recht verliehen, vom Beschluß zu befreien, wenn der Anschlußberechtigte nicht ablehnt. Sein Einverständnis mit dem Anschluß kann der Berechtigte jederzeit aussprechen. Der § 4 JO. hat ihm dazu keine Frist gesetzt. OG. vom 8. Juli 1926 — III C 27/26 —, PrVerwltgsbl. Bd. 48 S. 77.

Bei einem Streite über die Eigenschaft von Grundstücken als Enklaven nach § 4 sind grundsätzlich die Eigentümer der Enklaven als Parteien mit hinzuziehen. OG. vom 29. Mai 1902, Bd. 41 S. 306.

Eine Form für den Beschluß ist nicht vorgesehen; die Einberufung einer Versammlung ist nicht erforderlich. Vgl. Schultz, Jahrb. d. Entscheid. Bd. 13 S. 194.

Ziffer 3 betrifft kommunalfreie Grundstücke.

2. Abs. 2. Die obrigkeitliche Festsetzung des Pachtpreises — in Ermangelung der Vereinbarung — für die einem Jagdbezirk anzuschließende Enklave tritt erst dann ein, wenn feststeht, daß der Vertreter bezw. Inhaber des Jagdbezirks den Anschluß nicht ablehnt. OG. vom 5. Januar 1914, Bd. 66 S. 374. Siehe auch §§ 103 ff. ZG. Die Obrigkeit ist der Landrat bezw. Magistrat der selbständigen Städte (siehe § 3 Anm. 2 zu Ziff. 3 a. E.) Vgl. über die Wertermittelung des Pachtpreises §§ 17 und 26 der Preuß. JO.

Soll der Anschluß der unter 1 bis 3 erwähnten Grundstücke an eine Feldmarkjagd (§ 3) erfolgen, so können die Eigentümer der für den Anschluß in Betracht kommenden Grundstücke — d. h. sie sind berechtigt — an Stelle der pachtweisen Entschädigung auch verlangen, in den Verband der Feldmarkgenossen dieser Feldmark hinsichtlich der Jagd aufgenommen zu werden. Es steht ihnen also ein entsprechendes Wahlrecht zu, vorausgesetzt, daß der Vertreter des Feldmarkjagdbezirks mit dem Anschluß einverstanden ist, ihn nicht abgelehnt hat.

3. Abs. 3 gibt den Eigentümern von Enklaven das darin bezeichnete Wahlrecht. Mangels Gebrauchmachung davon binnen der von der Obrigkeit zu bestimmenden und bestimmten Frist ordnet die Obrigkeit an, an welchen der mehreren zum Anschluß bereiten Jagdbezirke der Anschluß der Enklaven zu erfolgen hat. Da es sich hierbei um eine organisatorische Maßregel, nicht um eine jagdpolizeiliche Anordnung, die im Gesetze der Jagdaufsichts- oder Jagdverwaltungsbehörde ausdrücklich zugewiesen ist, handelt, und für die im wesentlichen Zweckmäßigkeitsgründe maßgebend sind, so findet gegen den auf Grund des § 4 Abs. 3 letzter Satz von der Obrigkeit verfügten Anschluß das Verwaltungsstreitverfahren nicht statt. Solange eine derartige Verfügung nicht getroffen ist, muß die Jagd auf den anzuschließenden Grundflächen ruhen. Vgl. OG. vom 23. Januar 1913, Bd. 64 S. 511.

Die Ausübung der Jagd auf einem von dem Jagdbezirke der Feldmark getrennt liegenden, unter 300 Morgen großen Grundstücke, welches, von mehreren einzelnen Jagdbezirken begrenzt, zunächst einem dieser Bezirke durch Verpachtung der Jagd angeschlossen worden und dann vor Ablauf der Pachtperiode an den Eigentümer eines zweiten Nachbarbezirks verkauft ist, steht dem Käufer sofort, nicht erst nach Ablauf der Pachtzeit, zu. OG. vom 16. Februar 1891, Bd. 20 S. 320.

§ 5. Die Gesamtheit der beteiligten Grundeigentümer der Feldmark hat über die Verwaltung der Feldmarksjagd zu beschließen, und zwar dahin, daß selbige entweder verpachtet oder für Rechnung der Feldmarksgenossen durch Jäger beschossen werden oder beruhen bleiben soll. Der Beschluß erfolgt durch Stimmenmehrheit, die Stimmen nach der Größe des Grundbesitzes berechnet. Jedoch kann die Verwaltung der Feldmarksjagd durch Jäger nur durch Stimmeneinhelligkeit beschlossen werden.

Zur endgültigen Beschlußfassung ist erforderlich, daß sämtliche beteiligten Grundbesitzer vorgeladen sind. Grundbesitzer, welche nicht in der Gemeinde wohnen, zu deren Bezirk die Feldmark gehört, haben zur Entgegennahme der Ladungen einen Bevollmächtigten in der Gemeinde zu bestellen.

Der Beschluß der Erschienenen bindet die Ausbleibenden.

Die Obrigkeit ist befugt, wenn die Aufrechterhaltung der Ordnung es erfordert, die Verhandlung an Ort und Stelle kostenfrei zu leiten.

1. Die Genossenschaft ist eine von den einzelnen Genossen verschiedene Rechtspersönlichkeit. Die Genossenschaft als solche vertritt deren Rechte und Pflichten. Daß die Grenzen des gemeinschaftlichen Jagdbezirks mit den jeweiligen Grenzen des Gemeindebezirks zusammenfallen, ist bereits oben bei § 2 Abs. 2 gesagt. Die Fusion zweier oder mehrerer gemeinschaftlicher Jagdbezirke ist unzulässig. Einzelne ein- und ausspringende Grundstücke dürfen nicht benachbarten Jagdbezirken angeschlossen werden. Zur Vertretung im Verwaltungsstreitverfahren bedarf es nicht der Errichtung eines Syndikats. OG. vom 20. April 1898, Bd. 33 S. 336. Die Befugnis der Feldmarkgenossen, über die Verwaltung der Feldmarkjagd zu beschließen, beruht auf §§ 3 ff., also auf öffentlichem Recht. Trotzdem bleiben diese Befugnisse ihrem Ursprung nach ein Ausfluß des Eigentums an dem innerhalb der Gemeinde liegenden Grundvermögen der Feldmarkgenossen, also ein privates Vermögensrecht. Um die Ausübung dieses privaten Vermögensrechts handelt es sich, wenn gemäß § 5 von der Gesamtheit der beteiligten Grundeigentümer (Feldmarkgenossen) über die Verwaltung der Feldmarkjagd beschlossen werden soll. Hierin kann sich der einzelne Grundeigentümer auch durch einen Bevollmächtigten vertreten lassen. § 5 schreibt

nur vor, daß sämtliche beteiligte Grundbesitzer zur Beschlußfassung — Abs. 2 — vorzuladen sind, und daß die außerhalb der Gemeinde wohnenden Grundbesitzer zur Entgegennahme der Ladung einen Bevollmächtigten in der Gemeinde zu bestellen haben. Diese Bestimmung berührt aber nicht die Frage, ob die Grundeigentümer nur persönlich bezw. durch ihre gesetzlichen Vertreter oder ob sie auch durch einen Bevollmächtigten von ihrem Stimmrecht in der Versammlung der Feldmarkgenossen Gebrauch machen können. Das Gesetz verordnet nichts Gegenteiliges. OG. vom 25. März 1920, Bd. 75 S. 374.

Ist durch den Landrat die Aufhebung eines Pachtvertrages wegen nicht vorschriftsmäßiger Ladung der Beteiligten erfolgt, so ist gegen diese Verfügung das Verwaltungsstreitverfahren unzulässig. OG. vom 30. Juli 1893, Bd. 22 S. 284.

2. Abs. 4 gibt der Obrigkeit das Recht, die Leitung der Verhandlung an Ort und Stelle der Versammlung kostenfrei zu übernehmen, wenn nach ihrer, der Obrigkeit, Ansicht dies zur Aufrechterhaltung der Ordnung erforderlich ist, also im anderen Falle die Ordnung gefährdet sein würde.

3. Siehe auch § 11 sowie im Anhang Ausführungsanweisung zur Hannov. JO. vom 11. März 1859 §§ 3, 4. Nach § 3 daselbst ist aus der Mitte der Feldmarkgenossenschaft ein Vorstand zu wählen, welcher aus einer oder mehreren, jedoch höchstens sechs Personen bestehen kann.

§ 6. Die Verpachtung der Feldmarksjagd geschieht auf die Dauer von mindestens sechs und höchstens achtzehn Jahren.

Personen, welchen ein Jagdschein nicht erteilt werden darf (§ 18), sind als Pächter und bei öffentlichen Verpachtungen als Bieter nicht zuzulassen.

Afterverpachtungen ohne Zustimmung der Verpächter sind ungültig. Stirbt der Pächter innerhalb der Pachtzeit, so soll in Ermangelung anderweiter Vertragsbestimmungen der Pachtkontrakt mit dem Ablaufe des Pachtjahres, in welchem der Todesfall eingetreten ist, erlöschen. Während der zwischen dem Ableben des Pächters und dem Ablaufe des Pachtjahres liegenden Zeit kann die Jagd durch eine von den Erben des Pächters zu bestellende, den Verpächtern zu denominierende dritte Person ausgeübt werden.

1. Abs. 2. Es gilt jetzt anstatt des § 18 das Jagdscheingesetz vom 31. Juli 1895 (GS. S. 304) §§ 6, 7 = §§ 34, 35 der Preuß. JO.

2. Die Bestimmung des Abs. 2 für Feldmarkjagden findet keine Anwendung auf Personen, die schon im Besitz eines von der zuständigen Jagdpolizeibehörde erteilten Jagdscheines sind. Es würde sonst zu einem inneren Widerspruch, auch wenn der Jagdschein hätte versagt werden sollen, mit § 8 des Jagdscheingesetzes führen. OG. vom 11. März 1899, Bd. 35 S. 326.

Wird gegen die Bestimmung des Abs. 2 verstoßen, ist der Pachtvertrag ungültig.

§ 7. Die Feldmarksjagd darf nur ungeteilt und an einen Pächter verpachtet werden. Jedoch können einzelne Grundstücke der Feldmark, die in einen fremden Jagdbezirk eingreifen, dem Inhaber dieses Bezirks sowie kleinere Forstteile dem im angrenzenden Hauptforste Jagdberechtigten besonders verpachtet werden.

Ausnahmsweise können

1. für eine im ganzen verpachtete Feldmarksjagd bis zu drei Pächter zugelassen werden, wenn auf jeden mindestens 1000 Morgen Fläche fallen, oder es kann
2. mit obrigkeitlicher Genehmigung die Feldmarksjagd in zwei oder drei, jedoch nicht unter 1000 Morgen haltende Bezirke eingeteilt werden,

deren jeder einem Pächter überlassen werden darf.

1. Die Vereinigung mehrerer Feldmarkbezirke ist nicht zulässig; vgl. § 5 Anm. 1.

2. Nutzt der Eigenjagdbezirkinhaber seine Jagd durch Verpachtung, so kommt nach § 2 Abs. 3 für ihn der § 6 vorletzter und letzter Absatz und § 7 zur Anwendung. Er darf also u. a. die Jagd nur ungeteilt und an einen Pächter vergeben; es ist also nicht gestattet, die Jagd nach Wildgattungen zu teilen. Bei der Feldmarkjagd, für die die Vorschrift in § 7 in erster Linie gelten soll, darf es nicht anders gehalten werden; es kann also neben dem Pächter (Jäger) der Feldmarkjagd im ganzen nicht noch einen Sonderpächter für eine bestimmte Wildgattung geben. KG. vom 30. März 1905, Bd. 29 S. C. 79.

3. Abs. 2 läßt zwei Ausnahmen zu: a) es können für eine im ganzen verpachtete Feldmarkjagd höchstens drei Pächter zugelassen werden, wenn auf jeden mindestens 1000 Morgen Fläche fallen; die Jagd muß also bei drei Pächtern mindestens 3000 Morgen groß sein; und b) die Feldmarkjagd kann in mehrere Feldmarkjagdbezirke geteilt, aber in nicht mehr als höchstens drei Bezirke, und letztere getrennt verpachtet werden, von denen jeder wenigstens 1000 Morgen Fläche umfassen muß und deren jeder geteilte Bezirk einem Pächter überlassen werden darf.

Zu der Ausnahme nach b ist die obrigkeitliche Genehmigung erforderlich; durch diese Bestimmung soll eine übermäßige Ausnutzung der Jagd verhütet werden.

§ 8. Die Form der Verpachtung (öffentlich-meistbietende Verpachtung oder Verpachtung unter der Hand) sowie die sonstigen Modalitäten derselben werden durch Stimmenmehrheitsbeschluß der Feldmarksgenossen nach den Regeln des § 5 bestimmt.

Die Pachtkontrakte bezw. bei öffentlichen Verpachtungen die Pachtbedingungen müssen, bei Strafe der Nichtigkeit, schriftlich abgefaßt sein.

Die Pachtkontrakte sind der Obrigkeit mitzuteilen.

Die Vollziehung des Jagdpachtvertrags erfolgt durch den Vorstand der Feldmarkjagdgenossenschaft und den Pächter.

Der Mangel der Schriftlichkeit des Vertrages zieht dessen Nichtigkeit nach sich. Obrigkeit ist der Landrat.

Eine Jagdverpachtung hört dadurch nicht auf, eine öffentlich-meistbietende zu sein, daß nach den Verpachtungsbedingungen der Zuschlag auch einem anderen als dem Meistbietenden erteilt werden kann. In dem Vorbehalt des Zuschlages ist auch der Vorbehalt inbegriffen, den Zuschlag überhaupt zu versagen. OG. vom 25. März 1920, Bd. 75 S. 374.

§ 9. Wenn die Feldmarksgenossen die Verwaltung der Jagd durch Jäger beschließen (siehe § 5), so ist der desfallsige Vertrag ebenfalls, bei Strafe der Nichtigkeit, schriftlich abzufassen. Es muß darin dem Jäger ein bestimmter Lohn ausgesetzt sein.

Das im § 7 über die Zahl der zuzulassenden Pächter Bestimmte gilt auch rücksichtlich der zur Administration der Feldmarksjagd angenommenen Jäger.

Über bebrotete Jäger siehe § 14. Es darf also nur ein Jäger angenommen werden, und nur ausnahmsweise unter den im § 7 Abs. 2 Ziffer 1, 2 bestimmten Voraussetzungen höchstens drei Jäger im ganzen, sei es, daß sie gemeinschaftlich die Feldmarkjagd verwalten (Ziffer 1) oder jeder selbständig einen bestimmten, mindestens 1000 Morgen großen Teil derselben (Ziffer 2).

§ 10. Die Aufkünfte aus der Benutzung der Feldmarksjagd werden nach Verhältnis des Stimmrechts geteilt (§ 5). Anderweite Verabredungen der Feldmarksgenossen sind nicht ausgeschlossen, binden jedoch die Nichtzustimmenden für ihren Anteil nicht.

Gegen die Verteilung steht nach § 106 ZG. die Beschwerde offen. Siehe noch AllgVerf. des LMin. vom 29. Juni 1919 (LMBl. S. 231), betreffend die Verwendung der Jagdpachtgelder in gemeinschaftlichen Jagdbezirken: In gemeinschaftlichen Jagdbezirken sind die Jagdpachtgelder und sonstigen Einnahmen aus der Jagdnutzung bisher vielfach nach den Bestimmungen des § 25 Abs. 6 preuß. JO. vom 15. Juli 1907, des § 8 Abs. 2 JO. für die Hohenzollernschen Lande vom 10. März 1902 und des § 10 der Hannov. JO. vom 11. März 1859 nicht an die zunächst berechtigten Grundeigentümer gezahlt, sondern für gemeinnützige Zwecke verwendet oder, was dem gleichsteht, für Gemeindezwecke in die Gemeindekasse abgeführt worden. Es soll darauf hingewirkt werden, daß es dabei bleibt, und es soll deswegen auch auf den Domänen- und forstfiskalischen Anteil in voller Höhe zugunsten der Gemeinde verzichtet werden.

§ 11. Die Ordnung und Aufrechterhaltung der Jagdverhältnisse nach den vorstehenden §§ 5, 6, 7, 8 und 9 ist Sache der Verwaltung.

Die Verwaltung ist der Jagdvorstand, gegebenenfalls der Landrat.

Diese Maßnahmen nach § 11 sind nicht polizeiliche Verfügungen. Das Recht der Obrigkeit, die Pachtverhandlungen zu leiten, ist im Abs. 4 des § 5 festgestellt, im Abs. 3 des § 8 ihr Recht, die Pachtverträge nachzuprüfen, im Abs. 3 des § 4 ihr Recht, über den Anschluß abgesondert liegender Grundstücke unter bestimmten Voraussetzungen zu verfügen. Die Verfügung des Landrats, welche die Beseitigung der Verstöße gegen jene Bestimmungen als ihren Zweck angibt, stellt sich deshalb als eine solche der aufsichtführenden Obrigkeit da. OG. vom 27. Mai 1926 — III A 13/26 —, PrVerwltgsBl. Bd. 48 S. 100. Vgl. im Anhang Ausführungsanweisung vom 11. März 1859. Es ist auch Aufgabe der Aufsichtsbehörde (des Landrats) zu verhindern, daß die Rechte der einzelnen Feldmarkgenossen durch Beschlüsse der Gesamtheit verletzt werden, oder daß durch den Abschluß eines ungültigen Pachtvertrages Unzuträglichkeiten und Nachteile für die Feldmarkgenossenschaft entstehen. OG. vom 30. Juli 1893, Bd. 22 S. 284.

§ 12. Ausnahmsweise ist eine andere Benutzung der Feldmarksjagd als durch Verpachtung oder eigene Jäger gestattet:

1. den Städten auf den innerhalb der städtischen Feldmark belegenen Grundstücken der Stadt, der Bürger und städtischen Einwohner, insoweit auf solchen das städtische Jagdrecht bisher durch die Bürger ausgeübt ist, wenn Magistrat und Bürgervorsteher die Fortdauer dieses Verhältnisses beschließen. Die Eigentümer anderer in der städtischen Feldmark belegenen Grundstücke, welche nicht mindestens 300 Morgen im Zusammenhange halten, können in diesem Falle verlangen, daß diese Grundstücke gegen eine nach § 4 festzustellende Pacht in den Bürgerjagdbezirk aufgenommen werden. Der desfallsige Anspruch ist gegen die Stadt zu richten;
2. in den Feldmarken, in welchen vor Erlaß des Jagdgesetzes vom 29. Juli 1850 die Jagd völlig frei war oder das Jagdrecht allen Grundeigentümern oder doch gewissen Klassen derselben zustand. Das bisherige Verhältnis bleibt hier bestehen, kann jedoch für jede einzelne Feldmark durch Stimmenmehrheit (§ 5) in einer den Vorschriften dieses Gesetzes entsprechenden Weise geändert werden.

1. Es handelt sich im § 12 um ein gesetzliches Jagdrecht auf fremdem Grund und Boden. Nur die Fortdauer, nicht die Wiedereinführung der Ausübung der Jagd durch die Bürger ist zulässig, wie das Wort „bisher" in Satz 1 Ziffer 1 ergibt; ebenso nur die Fortdauer des „bisherigen" Verhältnisses nach Ziffer 2.

Nur für Feldmarkjagden bestehen die Ausnahmen des § 12.

Auf § 12 stützt sich die Weitergeltung des Einbecker Regulativs vom 22. August 1855. KG. vom 29. Januar 1894, Bd. 15 S. 305.

§ 13. An der Befugnis zur Jagd auf Wasservögel, wie sie in Ostfriesland besteht (§ 3 der Jagdordnung für Ostfriesland vom 31. Juli 1838), wird nichts geändert.

1. Zur Ausübung der Jagd auf Wasservögel ist nach dem Jagdscheingesetz vom 31. Juli 1895 ein Jagdschein erforderlich.

2. Siehe die Jagdordnung für Ostfriesland (Nr. 3 der hannov. Jagdbestimmungen) in der Fassung des Gesetzes vom 26. Juli 1897 (GS. S. 253).

§ 14. Die zur eigenen Jagdausübung berechtigten Grundeigentümer (§ 2), wenn sie die Jagd nicht verpachtet haben, dürfen Dritten erlauben, in ihrer Begleitung oder allein in ihrer Jagd zu jagen. Jagdpächter, deren bebrotete Jäger und Jäger der Feldmarksgenossen können Begleiter mit sich nehmen. Jagdpächter dürfen überdies den zu ihrer Familie gehörigen Hausgenossen und ihren bebroteten Jägern, ferner durch schriftlichen, bei der Jagdausübung mitzuführenden Erlaubnisschein auch dritten Personen gestatten, in den betreffenden Bezirken allein zu jagen. Die Erlaubnis kann auch durch einen Bevollmächtigten erteilt werden.

1. Die obige Fassung in Abänderung von dem ursprünglichen Gesetzeswortlaut ist durch die Verordnung vom 6. November 1915 (GS. S. 153) bestimmt worden.

2. Die Bestimmungen des § 14 gelten nur für die Großgrundbesitzer des § 2, nicht für die kleinen Grundbesitzer des § 3. KG. Bd. 29 S. C. 79. Die Inhaber einer Eigenjagd, die sie selbst ausüben, sie nicht verpachtet haben, dürfen Dritten gestatten, in ihrem Eigenjagdbezirk zu jagen; die Erlaubnis kann zum Alleinjagen oder nur zum Jagen in Begleitung erteilt sein. Eine besondere Form ist für die Erlaubniserteilung nicht vorgeschrieben; sie kann auch mündlich erteilt werden, selbst durch zustimmende

Handlungen. Über Begleitung siehe § 75 der Preuß. JO. und Anm. 2 dazu.

3. Der Jagdberechtigte kann die Erlaubnis auch dann rechtsgültig erteilen, wenn er die Jagd wegen Entziehung des Jagdscheins nicht ausübt. KG. vom 6. April 1899, Bd. 19 S. 283.

Jagdpächter, deren bebrotete Jäger und Jäger der Feldmarkgenossen sind nur berechtigt, sich bei Ausübung der Jagd Begleiter mitzunehmen.

Jagdpächter sind sowohl berechtigt, Begleiter mit sich zu nehmen, als auch Erlaubnis an Dritte, allein zu jagen, zu erteilen. Diese Erlaubnis bedarf keiner besonderen Form, sofern es sich um a) die zu ihrer Familie gehörigen Hausgenossen und b) ihre bebroteten Jäger handelt. Für die Erlaubniserteilung, allein zu jagen, an andere als die eben genannten Personen ist schriftliche Form vorgeschrieben. Den vom Jagdpächter ausgestellten Jagderlaubnisschein müssen diejenigen, auf deren Namen er ausgestellt ist, wenn sie allein die Jagd ausüben, bei sich führen. Über „Beisichführen" siehe § 72 der Preuß. JO. und Anm. 1 dazu. Über den Begriff der Begleitung siehe § 75 der Preuß. JO. und Anm. 2 dazu.

Der Begriff des bebroteten Jägers im Sinne des § 14 erfordert ein dem Gesindebienst ähnliches Abhängigkeitsverhältnis zwischen dem zum jagdlichen Dienst Verpflichteten und dem dienstberechtigten Brotherrn. In § 14 wird dem Jagdpächter die Ermächtigung gegeben, ihren bebroteten Jägern das Alleinjagen zu gestatten. Nach der in der Hannoverschen Gesetzsammlung von 1826 Nr. 23 veröffentlichten Verfügung der Regierung zu Osnabrück im Auftrage des Kabinettministeriums vom 22. November 1822 sind unter solchen Jägern zu verstehen Jäger, welche „in Brot, Gesindetafel und Diensten des Jagdberechtigten ständen oder per salarium dazu angenommen sein sollten"; sodann hob sie hervor, „daß der Stand und die sonstigen Eigenschaften desjenigen, der als bebroteter Jäger angenommen werden mag, es demselben verstatten müsse, im Dienste desjenigen zu stehen, der ihn als Jäger annehmen wolle, daß er die Jagd zu seinem

Broterwerbe mache und sich ohne Verletzung des Anstandes zum Empfange eines Lohnes oder Schußgeldes verstehe oder verstehen könne, daß mithin weder ein Advokat, noch ein Kaufmann, ein Handwerker, ein Wehrhafter eines Kolonats oder sonst ein anderer, dessen Dienstfunktion oder sonstiger Stand als Mitglied des Staates es ihm unzulässig mache, sich zu den obengesagten Bedingungen zu verstehen, den Namen eines gebroteten Jägers führen und unter diesem Scheine die Jagd ausüben dürfe". Auf dem gleichen Standpunkt steht die JO. für das Fürstentum Osnabrück vom 27. Juli 1840 (Hannov. GS. S. 198), welche in § 28 eine gesetzliche Bestimmung dahin gibt: „Als bebroteter Jäger soll nur derjenige angesehen werden, welcher von seinem Dienstherrn jahraus jahrein beköstigt wird, einen festen Lohn von demselben erhält und die Jagd zu seinem Broterwerbe betreibt." KG. vom 7. August 1908, Bd. 36 S. C. 44. Vgl. dazu auch KG. vom 27. Dezember 1888, Bd. 9 S. 266.

§ 15. Die Bestimmungen der vorstehenden Paragraphen beziehen sich nicht auf die Ausübung der nach § 2 des Jagdgesetzes vom 29. Juli 1850 bestehenbleibenden Jagdrechte auf fremdem Grund und Boden.

Siehe oben II 1.

§ 16. Zur Ausübung der Jagd ist unzulässig, wer wegen eines nach der öffentlichen Meinung entehrenden Verbrechens eine Strafe oder wegen gewaltsamer Widersetzung wider die Obrigkeit, Aufruhrs, Gewalttätigkeiten, Körperverletzung, Erpressung oder Wilddiebstahls mindestens die Strafe des Arbeitshauses oder des polizeilichen Werkhauses erduldet oder sich des letztgenannten Vergehens unter erschwerenden Umständen schuldig gemacht hat.

1. Durch die Vorschrift des § 16 soll die Verhütung des Mißbrauchs des Jagdausübungsrechts bewirkt werden.

2. An die Stelle der Bestimmungen über die Strafe des Arbeitshauses oder des polizeilichen Werkhauses sind die Bestimmungen des Reichsstrafgesetzbuchs getreten (§§ 38, 39 sowie § 362 daselbst — Überweisung an die Landespolizeibehörde).

§§ 17 bis 21.

An die Stelle dieser Paragraphen sind die Bestimmungen des Jagdscheingesetzes vom 31. Juli 1895 getreten, ebenso an Stelle des § 22 Abs. 1 und 2.

§ 22.

[Siehe Bemerkung zu §§ 17 bis 21. Vgl. KG. vom 22. Juni 1898, Bd. 19 S. 284, vom 16. März 1899, Bd. 19 S. 288, welche besagen, daß der Abs. 2 des § 22 nicht mehr in Kraft ist; an seiner Stelle ist § 11 Ziffer 1 des Jagdscheingesetzes maßgebend.]

(2) Wer die Vorzeigung des Jagdscheins an die im betreffenden Jagdbezirke Jagdberechtigten und ihre Vertreter oder die daselbst zur Wahrnehmung der polizeilichen Aufsicht Berechtigten weigert, (erhält eine) Strafe von 3 Reichsmark.

(3) Wer ohne Verletzung fremder Jagdrechte die Jagd unbefugt ausübt (vgl. z. B. § 3 Nr. 2 und 3, § 14 a. E.), (erhält eine) Strafe von 3 bis 30 Reichsmark.

1. Vgl. KG. vom 30. März 1905, Bd. 29 S. C. 79, bei § 3 angeführt, und KG. vom 7. August 1908, Bd. 36 S. C. 44, bei § 14 wiedergegeben. Vgl. KG. Bd. 19 S. 285.

Abs. 1 ist durch das Jagdscheingesetz aufgehoben.

Ziffer 3 ist in Kraft geblieben.

§ 23. Für den innerhalb eines Jagdbezirks vorfallenden Wildschaden haften in Gemäßheit der Bestimmungen des Wildschadengesetzes bei verpachteten Jagden die Pächter — sofern im Pachtkontrakt nicht ein anderes verabredet ist — und aushilfsweise die Verpächter;

bei den Feldmarksbezirken, in denen die Jagd beruht oder durch Jäger verwaltet wird, die Gesamtheit der Feldmarksgenossen nach dem im § 10 angegebenen Verhältnis.

1. Es gilt das Hannov. Wildschadengesetz vom 21. Juli 1848. An Stelle des Abs. 2 des § 23 sind die Bestimmungen des § 835 BGB. getreten, siehe auch Art. 71 Ziffer 5 und 6 EG.BGB.; vgl. Anm. 1 zu § 51 der Preuß. JO. Nicht der Wildschaden bestimmter jagdbarer Tiere, sondern ohne Einschränkung der durch sämtliches jagdbare Wild verursachte Schaden ist zu ersetzen.

§ 24. Jagdfolge findet nicht ferner statt; das Wild gehört demjenigen, in dessen Jagdbezirk es ergriffen wird.

Vgl. § 292 StGB. und Anm. dazu S. 206.

§ 25. Das Schwarzwild außerhalb geschlossener Wildgärten ist auszurotten. Der Jagdberechtigte ist erforderlichenfalls im Verwaltungswege hierzu anzuhalten.

Die Regierung ist befugt, eine Beschränkung dieses Gebots bei größeren Forsten des Harzes in den Fällen eintreten zu lassen, wo die Beibehaltung oder Wiedereinführung von Schwarzwild sich mit Rücksicht auf die Forst als nützlich und in Beziehung auf Grundstücke dritter Personen als unschädlich darstellt. Der durch Schwarzwild verursachte Schaden ist von demjenigen zu ersetzen, aus dessen Wildstande dasselbe ausgetreten ist.

Vgl. Art. 71 EG.BGB. und § 835 BGB. Nur der Jagdberechtigte darf Schwarzwild jagen, nicht jeder Grundbesitzer.

§ 26

ist durch das Wildschongesetz vom 14. Juli 1904 aufgehoben.

§ 27 Abs. 2. Doch dürfen:

1. Schwarzwild und in Feldmarken zu Schaden gehendes Rotwild,

2. das in eingefriedigten Tier- und Wildgärten gehegte Wild,

3. Raubtiere, Raubvögel, Strich- und Zugvögel

auch während der gesetzlichen Schonzeit geschossen werden.

1. An Stelle des § 27 Abs. 1 der Hannov. JO. ist das Wildschongesetz vom 14. Juli 1904 getreten.

2. Das Wild geht im Sinne des § 27 zu Schaden, wenn es höchstwahrscheinlich ist, daß dasselbe sofort Schaden anrichtet, wenn also die Schadenzufügung unmittelbar bevorsteht. KG. vom 15. Oktober 1896, Bd. 18 S. 289. Rotwild darf als zu Schaden gehendes Wild im Sinne des § 27 nur erlegt werden von dem Augenblick an, wo das unmittelbare Eintreten der Schadenzufügung bestimmt zu erwarten ist, bis unmittelbar nach der Schadenzufügung, nicht aber auch dann, wenn die schädigende Tätigkeit schon eine Zeitlang beendet war. Bloße Veranstaltungen für das Erlegen während der schädigenden Tätigkeit rechtfertigen das spätere Erlegen nicht. Der Irrtum über den Begriff „zu Schaden gehendes Wild" schließt die Strafbarkeit nicht aus. Die Erlegung des Wildes ist nach vollendeter Schadenzufügung nur noch zulässig, wenn sie sich spätestens in unmittelbarem Anschluß daran, also zu einer Zeit vollzieht, in der der Jäger durch seinen Schuß einer unmittelbar zu erwartenden und den Umständen nach möglichen Wiederaufnahme der schädigenden Tätigkeit vorbeugen will und kann. Die Erlegung ist jedenfalls nicht mehr zulässig, wenn das Tier das geschädigte Grundstück verlassen und sich anderswohin gewandt hat. Innerhalb dieser Grenzen allein darf der Akt des Erlegens sich abspielen. KG. vom 1. Februar 1900, Bd. 20 S. C. 21.

3. Zu Ziffer 3 vgl. § 5 Abs. 1 des Reichsvogelschutzgesetzes und KGSt. vom 26. Juni 1902 Bd. 24 S. C. 90: Die Worte im § 5 Abs. 1 des Reichsvogelschutzgesetzes „nach Maßgabe der landesgesetzlichen Bestimmungen über Jagd und Fischerei" kann nur bedeuten: "Soweit das den Jagd- und Fischereiberechtigten nach den landesgesetzlichen Bestimmungen über Jagd und Fischerei gestattet ist". Hiernach, z. B. § 27 der Hannov. JO., darf der Jagdberechtigte alle oder doch verschiedene der im Reichsvogelschutzgesetz § 8 nicht genannten Raubvögel schießen. Die Rechte, welche Jagd- oder Fischereigesetze Jägern oder Fischern gegen gewisse Schädlinge der Jagd oder Fischerei gewähren, sollen aufrechterhalten werden.

§§ 28 bis 31

sind durch das Wildschongesetz ersetzt; siehe aber § 33 über die darin bezeichneten besonderen Jagden mit Windhunden und mit Bracken und den darin angegebenen Jagd schluß (§ 26 der Hannov. JO.). Vgl. OG. vom 8. Januar 1920, bei § 33 angeführt.

§ 32. Es ist bei einer im Wiederholungsfalle zu verdoppelnden Strafe von 3 Reichsmark verboten, Hunde in einem Jagdrevier herrenlos umherlaufen zu lassen.

Katzen, welche in einem Jagdrevier in einer Entfernung von mindestens 500 Schritten vom nächstbewohnten Hause betroffen werden, kann der Jagdberechtigte oder dessen Vertreter im ersten Betretungsfalle töten.

Auf Schweißhunde, Saufinder, Hühnerhunde, Windhunde und Teckel, welche während der Jagdzeit überjagen, findet diese Bestimmung keine Anwendung (vgl. § 35).

Als ein herrenlos in einem Jagdreviere umherlaufender Hund im Sinne des Abs. 1 ist jeder Hund anzusehen, welcher sich von seinem Herrn so weit entfernt hat, daß er sich außer Seh- und Hörweite desselben befindet. RG. vom 26. September 1895, Bd. 17 S. 409.

Zum Jagdrevier gehören auch Wege, Straßen, Chausseen, also auch Straßen innerhalb einer Ortslage, z. B. Dorfstraßen.

Über Beschädigung oder Töten eines Hundes (Zerstören einer fremden Sache) vgl. § 228 BGB. Siehe auch § 33.

§ 33. Die Jagd mit Windhunden ist nur vom 1. Oktober, diejenige mit Jagdhunden (Bracken) nur vom 15. September oder, falls die betreffende Origkeit solches verfügt, vom 1. Oktober an bis zum Jagdschlusse gestattet. Die Jagd mit Jagdhunden darf nur von demjenigen, welcher auf einer Fläche von wenigstens 10 000 Morgen im Zusammenhange zur Jagdausübung berechtigt ist, auf solcher Fläche ausgeübt werden. Die Übertretung dieser Vorschriften wird mit einer Strafe von 30 Reichsmark belegt.

Windhunde und Jagdhunde (Bracken), die während der für diese Jagdausübung geschlossenen Zeit in einem fremden Jagdrevier jagend betroffen werden, kann der Jagdberechtigte oder dessen Vertreter töten. Während der für diese Jagdausübung offenen Zeit ist ihm nur das Auffangen (Koppeln) der Hunde gestattet, und hat der Eigentümer derselben für jeden überjagenden Hund eine Strafe von 3 Reichsmark — im Koppelungsfalle noch ein Pfandgeld von je 3 Reichsmark demjenigen, der den Hund gekoppelt hat — zu entrichten.

1. Teckel, Teckelbastarde und Hühnerhunde gehören nicht zu den „Jagdhunden (Bracken)" im Sinne der Hannov. JO. RG. vom 22. Juni 1891, Bd. 11 S. 287. Unter Bracke im Sinne des § 33 Abs. 1 ist nicht die Bracke in technischer Bedeutung,

sondern ein gewöhnlich schwach mittelgroßer Hund zu verstehen, welcher auf der Frischwildfährte laut jagt und das Wild den Jägern zutreibt. KG. vom 21. Juni 1897, Bd. 18 S. 285.

Zur Ausübung der Brackenjagd ist Eigentum an der wenigstens 10 000 Morgen großen Fläche nicht erforderlich. Die Tatsache der Jagdausübungsberechtigung, also auch wenn sie durch Pacht entstanden ist, genügt. OG. vom 26. Oktober 1903, Bd. 44 S. 329.

Für die Jagd mit Windhunden und Jagdhunden (Bracken) sind in § 33 Abs. 1 zeitige und örtliche Beschränkungen eingeführt, die der Jagd im allgemeinen fehlen. Dadurch wird diese Art Jagd in Gegensatz zu den anderen Jagdarten gestellt, weil sie dem Wildbestande besonders gefährlich ist. Es kann also darunter nicht die Jagd mit Jagdhunden jeder Art verstanden werden; vielmehr ist nur die Hetzjagd, die Jagd mit zum Hetzen besonders tauglichen Hunden gemeint. Andererseits gebietet der Zweck des Gesetzes wie auch seine allgemeine Fassung, unter den „Jagdhunden (Bracken)" nicht nur echte Bracken zu verstehen. Hiernach ist der Auslegung des § 33 beizutreten, die das KG. vom 21. Juni 1897 (Bd. 18 S. 285) zugrunde gelegt und die auch in der Literatur Zustimmung erfahren hat. Danach sind unter „Jagdhunden (Bracken)" im Sinne des § 33 nicht nur Bracken im technischen Sinne, die in Hannover ausgestorbene Hunderasse dieses Namens, zu verstehen, sondern auch diejenigen anderen Jagdhunde, welche ebenso wie echte Bracken, nämlich auf der frischen Wildfährte ausdauernd laut jagen und das Wild den Jägern zutreiben. OG. vom 23. März 1914, Bd. 67 S. 445 bis 447.

Nach § 33 ist die Jagd mit Jagdhunden (Bracken) vom 15. September oder, falls die betreffende Obrigkeit solches verfügt, vom 1. Oktober bis zum Jagdschlusse (§ 26 Nr. 5) gestattet. Aus § 26 Nr. 5 ergibt sich als Schluß für alle nicht unter den Nrn. 1 bis 4 genannten Wildarten der 31. Januar. Der § 29 bezeichnet diese Jagd als niedere Jagd; zu ihr gehört auch die Jagd auf Hasen. Der Beginn der Schonzeit ist durch die späteren Wildschongesetze verändert worden. Es kann unerörtert bleiben, ob und welchen Einfluß diese Änderung auf den Schluß der Brackenjagd im übrigen ausgeübt hat. Fällt die Brackenjagd in die nach dem in der Provinz Hannover geltenden Wildschongesetz für diese Jagdausübung offene Zeit, so können die in dieser Zeit überjagenden Bracken nicht getötet werden, und zwar auch dann nicht, wenn die von der Bracke gejagte Wildgattung Schonzeit hat; für die Tötungsbefugnis ist nicht entscheidend, ob das von der überjagenden Bracke gehetzte Wild Schonzeit hat, sondern ob die Jagd mit Bracken geschlossen ist. OG. vom 8. Januar 1920, Bd. 75 S. 435. Unter Hetzjagd versteht das RG. (Bd. 19 S. 324) eine Jagd, bei welcher das Wild, z. B. Hirsche, Schwein e Füchse, frei- oder ausgesetzt, durch Hunde aufgejagt und durch, berittene Jäger verfolgt wird.

§ 34. Die Hirten sollen das Ablaufen ihrer Hunde von der Herde und das Umherschweifen derselben in Hölzern, Feldern usw. bei einer im Wiederholungsfalle zu verdoppelnden Strafe von [15 Groschen] 1 Reichsmark 50 Reichspfennig verhindern.

Vgl. § 833 BGB. in der durch das Reichsgesetz vom 30. Mai 1908 (RGBl. S. 313) gegebenen Fassung: „Wird durch ein Tier ein Mensch getötet oder der Körper oder die Gesundheit eines Menschen verletzt oder eine Sache beschädigt, so ist derjenige, welcher das Tier hält, verpflichtet, dem Verletzten den daraus entstehenden Schaden zu ersetzen."

„Die Ersatzpflicht tritt nicht ein, wenn der Schaden durch ein Haustier verursacht wird, das dem Berufe, der Erwerbstätigkeit oder dem Unterhalte des Tierhalters zu dienen bestimmt ist, und entweder der Tierhalter bei der Beaufsichtigung des Tieres die im Verkehr erforderliche Sorgfalt beobachtet hat oder der Schaden auch bei Anwendung dieser Sorgfalt entstanden sein würde."

§ 35. Auf gleiche Weise soll es in Ansehung der während der Jagdzeit überjagenden Schweißhunde,

Saufinder, Hühnerhunde, Windhunde und Teckel sowie derjenigen Hunde gehalten werden, welche jemand auf Reisen oder sonstigen Wegen mit sich genommen hat.

Wer nach vorgängiger Warnung, welche auf Anrufen des Jagdberechtigten oder Jagdpächters von dem Gemeindevorsteher vorzunehmen ist, einen Hund bei der Feldarbeit mit sich führt, verwirkt Strafe von [5 Groschen] 50 Reichspfennig. Die besondere Strafe des Umherstreifens (§ 34) ist dadurch nicht ausgeschlossen.

1. Nach § 34 ist sowohl das Nichtverhindern des Ablaufens der Hirtenhunde von der Herde als auch des Umherschweifens derselben unter Strafe gestellt.

Derselben Strafe verfällt derjenige, welcher das Überjagen der Schweißhunde usw., und zwar während der Jagdzeit, nicht verhindert. Strafe siehe S. 34.

2. Wer einen Hund bei der Feldarbeit mit sich führt, unterliegt einer Strafe von 50 Reichspfennig, jedoch nur dann, wenn eine entsprechende Warnung, einen Hund bei der Feldarbeit mit sich zu führen, vorher seitens des für das Feld zuständigen Gemeindevorstehers auf Verlangen des Jagdberechtigten oder Jagdpächters vorausgegangen ist. Dieses Verlangen kann nur von dem auf dem in Betracht kommenden Felde zur Ausübung der Jagd Berechtigten oder dem Pächter der Jagdausübung auf dem betreffenden Felde an den Gemeindevorsteher gestellt werden.

§§ 36 und 37

sind gegenstandslos geworden. § 36 ist durch den § 368 Ziffer 10 Reichsstrafgesetzbuch aufgehoben. KG. vom 26. April 1897, Bd. 18 S. 286.

§ 38

ist, wie KG. vom 13. Juni 1904, Bd. 28 S. C. 24, ausführt, aufgehoben. Die Ansichten darüber, ob die Vorschrift noch gilt oder nicht, sind geteilt. Der Paragraph betrifft die Ausübung der Jagd an Sonn- und Feiertagen. Der Paragraph lautet: „Die Ausübung der Jagd ist an Sonntagen, an beiden Tagen der drei hohen Kirchenfeste (Weihnachten, Ostern und Pfingsten), am Karfreitag, am Feste der Himmelfahrt Christi und am Neujahrstage allgemein, an anderen kirchlichen Fest- und Bußtagen aber für die Angehörigen der betreffenden Kirche verboten. Für die Übertretung dieses Verbots gelten die in der Verordnung vom 25. Januar 1822 bestimmten Strafen." (Jetzt gilt § 366 Nr. 1 RStGB.)

§ 39. Die in diesem Gesetze angedrohten Strafen sind Polizeistrafen.

§§ 40 und 41

enthalten Übergangs- und Ausführungsbestimmungen; sie haben kein Interesse mehr; die Bestimmungen sind obsolet.

3. Jagdordnung für die Provinz Ostfriesland vom 31. Juli 1838 (Gesetzsamml. für das Königreich Hannover Jahrg. 1838, III. Abt., S. 160) in der Fassung des Gesetzes, betreffend Abänderung der hinsichtlich der Jagd auf Wasservögel für Ostfriesland geltenden gesetzlichen Bestimmungen, vom 26. Juli 1897 (GS. S. 253) — Ziffer 1 des § 3 der mittels Verordnung vom 31. Juli 1838 für die Provinz Ostfriesland des ehemaligen Königreich Hannover erlassenen Jagdordnung —.

Wildenten, -gänse und -schwäne und sonstige wilde Wasservögel darf jeder auch zur Jagd nicht berechtigte Eingesessene der Provinz schießen und fangen, jedoch nur:

1. am Strande der See, an den Ufern der Ströme Ems und Leda sowie auf und an dem Großen

Meere, der Hiewe und dem Loppersumer Meere; doch dürfen behufs Ausübung dieser Jagd überall fremde Grundstücke nicht betreten werden, soweit solches nach anderen Gesetzen verboten ist.

Ferner muß

2. der Schütze auf dem Gange nach den vorstehend unter 1 bezeichneten Orten sowie zurück sich der nächsten gebahnten Wege, soweit diese führen, bedienen und darf

3. bis er auf seinen Stand angelangt ist, nur die ungeladene Flinte, deren Schloß mit einem Tuche umwunden sein soll, führen, einen Windhund oder Bastard-Windhund nicht bei sich haben und, wenn er einen Hund anderer Art mit sich führt, diesem das Ablaufen vom Wege oder von seiner Seite nicht gestatten; er soll diesen vielmehr stets an seiner Seite behalten.

Ziffer 1 enthält den Wortlaut des Abänderungsgesetzes vom 26. Juli 1897.

4. Hannoversches Gesetz, den Wildschaden betreffend, vom 21. Juli 1848 (Hannov. GS. S. 215) in der geltenden Fassung.

§ 1. Jeder an Grundstücken und deren Erzeugnissen durch jagdbares Wild verursachte Schaden ist nach den folgenden Bestimmungen zu ersetzen.

Vgl. § 23 der Hannov. JO. Streitigkeiten über Wildschaden gehören vor das ordentliche Gericht. Vgl. § 835 BGB. und Art. 71 EG.BGB.

§ 2. Der Entschädigungsanspruch steht jedem Nutzungsberechtigten in dem Umfange der Beeinträchtigung seiner Nutzung zu.

§ 3. Entschädigungspflichtig ist derjenige, welchem auf dem beschädigten Grundstücke die Jagd der Gattung des Wildes zusteht, von welchem der Schaden verursacht ist.

§ 4. Ist der Schaden durch Wild verursacht, welches nicht in dem Jagdbezirke des Entschädigungspflichtigen seinen regelmäßigen Aufenthalt hat (Streif- und Wechselwild), so ist dieser berechtigt, Ersatz von demjenigen zu verlangen, aus dessen Wildstande dasselbe ausgetreten ist (Standwild).

Grundsätzlich ist der Jagdberechtigte (§ 3) ersatzpflichtig; es steht ihm aber im Falle des § 4 ein Regreßanspruch zu.

§ 5. Bei verpachteten Jagden ist der Pächter der Verpflichtete.

Der Jagdberechtigte ist verpflichtet, bei den von ihm verpachteten Jagden in subsidium zu haften, falls sich der Beschädigte an dem Pächter nicht erholen kann.

§ 6. Jeder von mehreren Inhabern derselben Jagd (Koppeljagd) haftet für den gesamten Schaden (in solidum). Er kann von den Mitberechtigten einen ihrer Teilnahme an der Jagd entsprechenden Ersatz verlangen.

Siehe § 840 Abs. 1 BGB., dessen Bestimmung jetzt maßgebend ist.

§§ 7 und 8

sind aufgehoben.

§ 9. Der Jagdinhaber hat jedem Gerichte, auf dessen Bezirk sich seine Jagd erstreckt, sofern er nicht selbst darin wohnt, einen dort wohnhaften ständigen Bevollmächtigten zu seiner Vertretung gegen Klagen der Beschädigten namhaft zu machen.

Fehlt bei Erhebung dieser Klage dieser Bevollmächtigte, so hat das Gericht unter Benachrichtigung des Beklagten einstweilen einen solchen zu ernennen.

Handlungen oder Versäumnisse dieser Bevollmächtigten werden ausnahmslos denen der Partei gleich beurteilt.

§ 10

ist nicht mehr in Geltung.

§ 11. Vor Anstellung der Klage hat der Beschädigte dem Jagdinhaber oder dessen Bevollmächtigten die stattgefundene Beschädigung nach ungefährer Schätzung anzuzeigen und seine Forderung zu stellen, worauf der Jagdberechtigte erforderlichenfalls ungesäumt einen Augenschein einzunehmen und eine schriftliche Erklärung sofort darüber abzugeben hat, ob er den Schaden als durch Wild verursacht anerkennt und eventuell welchen Ersatz er dafür zu leisten bereit ist.

Wird hierdurch die Sache nicht erledigt, so soll auf Antrag des einen oder anderen Teiles eine Besichtigung und ein Güteversuch durch den Schiedsrichter oder durch den Vorstand der Gemeinde, worin das beschädigte Grundstück belegen, beide Male unter Zuziehung eines Feldgeschworenen oder eines Sachverständigen, stattfinden; über das Ergebnis der Besichtigung und des Güteversuchs hat der Schiedsrichtet oder der Ortsvorstand ein schriftliches Zeugnis auszustellen.

Wählt der Jagdinhaber diesen Sühneversuch, so hat er dieses dem Beschädigten zugleich mit der Erklärung auf dessen Forderung anzuzeigen und die Vornahme desselben ungesäumt zu veranlassen.

§ 12. In der Klage hat der Kläger den Erfolg der stattgefundenen Benachrichtigung an den Jagdinhaber und das Ergebnis des etwa stattgefundenen Sühneversuchs unter Beilegung des erteilten Zeugnisses anzugeben und die von ihm vorzuschlagenden Sachverständigen zu benennen, widrigenfalls die Klage zurückzuweisen ist.

§§ 13 und 14

gelten nicht mehr.

§ 15. Jede Partei ist in dem ersten Termine berechtigt, den Aufschub der Schätzung des Schadens an Früchten bis kurz vor deren Ernte zu verlangen.

Dadurch wird jedoch die sofortige Feststellung solcher Verhältnisse, welche einen Einfluß auf die demnächstige Schätzung äußern können, nicht ausgeschlossen.

§ 16. Bei Beschädigungen von Früchten ist der Schadensbetrag in der Weise zu ermitteln, daß festgestellt wird, welche größere Menge derselben ohne den Eintritt des schädlichen Ereignisses geerntet sein würde.

Von dem so ermittelten Betrage ist jedoch ein entsprechender Absatz zu machen, soweit der Schaden durch Wiederherstellung ausgeglichen ist.

Daneben ist zu ermitteln, um wieviel die Einerntungskosten vermindert oder vermehrt und wie hoch die Kosten der etwaigen Wiederbestellung zu berechnen sind.

§ 17. Bei der Verurteilung des Beklagten ist der Betrag der zu erstattenden Früchte und der in Absatz zu bringenden Kosten auszusprechen. Jedoch hat der Beklagte nicht die Früchte, sondern deren Geldwert zu bezahlen.

Dieser ist zu berechnen nach dem Durchschnitte der Fruchtpreise, welche durch die Regierung für den betreffenden Preisbezirk von dem Monate Oktober des Jahres der Ernte der beschädigten Früchte bekanntgemacht werden. Fruchtarten, deren Preise von der Regierung nicht bekanntgemacht werden, sind nach dem zur Zeit der Ernte derselben ortsüblichen Preise zu berechnen.

Vollstreckung des Urteils kann erst beantragt werden, wenn die hiernach zugrunde zu legenden Preise feststehen.

Die gerichtliche Ermittelung des Geldmarktes der Früchte findet nur zum Zwecke der Exekution oder auf besonderen Antrag statt.

§ 18. Schaden an Baumpflanzungen usw. ist von Sachverständigen nach forstwirtschaftlichen Grundsätzen zu schätzen und festzustellen; eine wie lange Zeit für die Feststellung des Schadens nachzulassen ist, haben die Sachverständigen ebenfalls zu ermessen.

Eine Verpflichtung des Grundeigentümers, seine Gärten, Baumschulen usw. einzufriedigen, in dem Sinne, daß die Herstellung der Schutzvorrichtungen von Jagdberechtigten oder von der Polizeibehörde erzwungen werden könnte, wird wohl nirgends in Deutschland bestehen. Von Aufrechterhaltung solcher landesgesetzlichen Bestimmungen spricht auch nicht der Art. 71 Ziffer 4 EG.BGB. Unberührt bleiben vielmehr nach dieser Bestimmung die landesgesetzlichen Vorschriften, nach denen der an Gärten usw. angerichtete Wildschaden dann nicht zu ersetzen ist, wenn die Herstellung von Schutzvorrichtungen unterblieben ist, die unter gewöhnlichen Umständen zur Abwendung des Schadens ausreichen, Vorschriften also, nach denen der Grundeigentümer, der sein Eigentum ungeschützt läßt, dies auf seine Gefahr tut und den sonst zur Entschädigung Verpflichteten nicht haftbar machen kann. Wo solche Vorschriften bestehen, da kommt es nicht darauf an, ob nach Lage der Sache dem Grundeigentümer die Herstellung von Schutzvorrichtungen billigerweise zugemutet werden kann, ob sie große oder geringe Kosten erfordert u. dgl. Daraus kann aber nicht gefolgert werden, daß, wo solche Vorschriften fehlen, der Entschädigungspflichtige schlechthin haftet. In solchen Fällen ist vielmehr der Einwand, die Unterlassung der Schutzvorrichtungen enthalte ein Mitverschulden des Beschädigten im Sinne des § 254 BGB., nach Maßgabe des in dieser Gesetzesstelle ausgesprochenen Grundsatzes des Schuldvergleichs zu prüfen. Dieser Grundsatz findet gemäß § 254 Abs. 2 auch dann Anwendung, wenn sich das Verschulden des Beschädigten darauf beschränkt, daß er unterlassen hat, den Schaden abzuwenden oder zu mindern, und auch in solchen Fällen, in denen nicht eine auf Verschulden des Ersatzpflichtigen beruhende, sondern eine ihm kraft Gesetzes obliegende Ersatzpflicht in Frage steht, also auch auf die Verpflichtung zum Ersatz von Wildschaden. Die Vorschrift des § 254 Abs. 2 BGB. beruht auf der Erwägung, daß es nicht nur Pflicht eines jeden ist, schädigende Eingriffe in eine fremde Rechtssphäre zu vermeiden, sondern auch Aufgabe jedes ordentlichen und verständigen Menschen, sich und das Seinige tunlichst vor Schaden zu bewahren. Wer, pochend auf die Schadenersatzpflicht eines anderen, jede Maßregel zur Abwendung oder Minderung eines ihm drohenden Schadens unterläßt, der verstößt wider Treu und Glauben, wenn er gleichwohl den vermeidlich gewesenen Schaden von dem anderen ersetzt verlangt. Dieser Verstoß gegen Treu und Glauben ist es, den das Gesetz in § 254 Abs. 2 als Verschulden bezeichnet. Welche Abwehrmaßregeln dem Beschädigten zugemutet werden können, darüber läßt sich eine allgemeine Regel nicht aufstellen. RGZ. vom 24. Oktober 1902, Bd. 52 S. 349.

§§ 19 und 20

gelten nicht mehr.

5. Jagdscheingesetz vom 31. Juli 1895 (GS. S. 304) in der durch Art. 2 des Gesetzes vom 19. Oktober 1922 (GS. S. 308), des Gesetzes vom 15. April 1923 (GS. S. 91), der Verordnung vom 12. November 1923 (GS. S. 532), des Art. II des Gesetzes vom 15. Juli 1924 (GS. S. 577) und des Gesetzes vom 31. Juli 1925 (GS. S. 100) gegebenen Fassung.

Das Gesetz ist erlassen worden für den Umfang des Preußischen Staates mit Ausnahme der Insel Helgoland. Durch die Preuß. JO. ist es für deren Bereich aufgehoben; es gilt nur noch für die Provinz Hannover und die Hohenzollernschen Lande (§ 14 der JO. für die Hohenzollernschen Lande vom 10. März 1902).

§§ 1 bis 3 = §§ 29, 30, 31 der Preuß. JO.

§ 4 = § 32 der Preuß. JO.

§§ 5 bis 10 = §§ 33 bis 38 der Preuß. JO.; nur muß es im § 8 (= § 36 der Preuß. JO.) statt „§ 34" und „§ 35" heißen: „§ 6" und „§ 7".

§§ 11 bis 14 = §§ 72 bis 74, 80 Abs. 1 und 3 der Preuß. JO.; nur muß es in § 11 Ziffer 1 (= § 72 der Preuß. JO.) statt „§ 30" heißen: „§ 2"; in § 11 Ziffer 2 (= § 72 der Preuß. JO.) statt „§ 38": „§ 10"; in § 12 Abs. 1 (= § 73 der Preuß. JO.) statt „§ 36": „§ 8"; in § 13 (= § 74 der Preuß. JO.) statt „§ 34", „§ 35", „§ 73": „§ 6", „§ 7", „§ 12".

Im § 14 fällt Abs. 2 der Preuß. JO. fort.

§ 15. Die vor dem Inkrafttreten dieses Gesetzes ausgestellten Jagdscheine behalten ihre Gültigkeit für die Zeit, auf welche sie ausgestellt worden sind.

Vgl. § 32 der Preuß. JO. und Anm. dazu, der mit § 4 des Jagdscheingesetzes gleichlautend ist.

6. Wildschongesetz vom 14. Juli 1904 (GS. S. 159) in der durch das Gesetz zur Abänderung des in der Provinz Hannover, in den Hohenzollernschen Landen, in dem ehemaligen Kurfürstentum Hessen und auf der Insel Helgoland geltenden Jagdrechts vom 31. Juli 1925 (GS. S. 100).

Das Gesetz ist erlassen worden für den Umfang des Preußischen Staates mit Ausschluß der Hohenzollernschen Lande. Für den Bereich der Preuß. JO. ist es durch diese aufgehoben. Es gilt also nur noch in der Provinz Hannover und der Insel Helgoland.

§ 1 = § 1 der Preuß. JO.

§§ 2 bis 12 = §§ 39 bis 49 der Preuß. JO.; nur muß es in § 3 (= § 40 der Preuß. JO.) Abs. 2 a statt „§ 39": „§ 2", im § 8 (= § 45 der Preuß. JO.) statt „§§ 43 und 44": „§§ 6 und 7" heißen; an den Schluß des Abs. 1 ist zu setzen: „(§ 19 Abs. 2)"; im § 10 (= § 47 der Preuß. JO.) muß statt „§§ 43 bis 46": „§§ 6 bis 9" und in § 12 (= § 49 der Preuß. JO.) statt „§§ 40, 42 und 48": „§§ 3, 5 und 11" gesetzt werden.

§ 13 = § 76 der Preuß. JO.

§ 14 = § 50 der Preuß. JO.

§ 15 = § 77 der Preuß. JO.; nur ist statt „§ 41" in § 77 Abs. 1 Ziffer 2 und Abs. 3 statt „§ 41": „§ 4" zu setzen und in Abs. 2 statt „§§ 50 und 76": „§§ 13 und 14".

§ 16 = § 78 der Preuß. JO.; nur ist statt „§§ 43, 44 und 45": „§§ 6, 7 und 8" zu setzen.

§ 17 = § 79 der Preuß. JO.

§ 18 = § 80 der Preuß. JO.

§ 19. Alle dem gegenwärtigen Gesetze entgegenstehenden Bestimmungen treten außer Kraft, insbesondere § 24 Tit. XIV der Forstordnung für Ostpreußen und Litauen vom 3. Dezember 1775 und § 31 der Hannoverschen Jagdordnung vom 11. März 1859 (Hannov. GS. I S. 195).

Die Befugnisse, welche in den einzelnen Landesteilen zum Schutze gegen Wildschaden in betreff des Erlegens von Wild auch während der Schonzeit gesetzlich bestehen, werden durch dieses Gesetz nicht geändert.

In denjenigen Landesteilen, in denen das Recht, Kiebitz- und Möveneier einzusammeln, anderen Personen als den Jagdberechtigten vor dem Inkrafttreten des Wildschongesetzes vom 14. Juli 1904 (GS. S. 159) zustand, bleibt dieses Recht bis zum Ablauf der Jagdpachtverträge, die bei dem Inkrafttreten des letzteren Gesetzes bestanden haben, unberührt.

Zur Ausführung des Gesetzes ist die Anweisung vom 30. Juli 1904 (MBl. f. d. i. Verw. S. 264) ergangen mit einer Musterpolizeiverordnung (Anl. A) über Veräußerung und Versendung von Wild (MBl. f. d. i. Verw. S. 268). Solche Polizeiverordnung ist für Hohenzollern am 7. April 1903 erlassen worden; sie ist als Anhalt für die Musterpolizeiverordnung genommen worden.

Besondere Ausführungsanweisung vom 15. August 1904 (MBl. f. d. i. Verw. S. 269), betreffend den Vertrieb von Wild aus Kühlhäusern. — Bestimmungen vom 1. Dezember 1904, betreffend den Vertrieb von Wild aus Kühlhäusern (MBl. f. d. i. Verw. 1905 S. 13).

III.

Die in Geltung gebliebenen jagdrechtlichen Bestimmungen des ehemaligen Kurfürstentums Hessen.

(Siehe §§ 81, 86 Ziffer 10 und 13 der Preuß. JO.)

---

1. Kurhessisches Gesetz, das Jagdrecht und dessen Ausübung usw. betreffend, vom 7. September 1865 (Sammlung von Gesetzen usw. für Kurhessen S. 571) in der durch das Gesetz vom 19. Oktober 1922 (GS. S. 308), betreffend Änderung einiger Vorschriften der Jagdordnung vom 15. Juli 1907 (GS. S. 207), über Wildschadenverhütung und Jagdscheine sowie des § 4 des Jagdscheingesetzes vom 31. Juli 1895 (GS. S. 304) und durch das Gesetz zur Änderung des in der Provinz Hannover, in den Hohenzollernschen Landen, in dem ehemaligen Kurfürstentum Hessen und auf der Insel Helgoland geltenden Jagdrechts vom 31. Juli 1925 (GS. S. 100) gegebenen Fassung.

Siehe § 81, § 86 Ziffer 10 und 13 der Preuß. JO.

Vgl. das Ausschreiben des Staatsministeriums für die ehemals kurhessischen Landesteile vom 1. Juni 1822, betreffend das Tragen von Feuergewehren und die bei deren Aufbewahrung zu beobachtende Vorsicht.

§ 5. Derjenige, welcher in einer Gemarkung, in der die Gemeinde die Jagdberechtigung abgelöst hat, ein zusammenhängendes Grundeigentum von mindestens 100 Kasseler Äckern besitzt oder nachträglich erwirbt, ist zur Jagdausübung auf demselben erst nach Erstattung des auf sein Grundeigentum entfallenden Betrages des von der Gemeinde gezahlten Ablösungskapitals [und erst nach Ablauf der bestehenden Jagdpachtverträge] berechtigt.

Vgl. § 86 Ziffer 13 sowie § 15 der Preuß. JO., auch im Anhang Ausführungsanweisung Ziffer 12, insbesondere Abs. 2 daselbst. Siehe auch OG. vom 12. Januar 1911, Bd. 58 S. 376, bei § 15 der Preuß. JO. in Anm. 1 angeführt.

„Zur eigenen Ausübung der Jagd auf einem Grundstücke, das zu einem Eigenjagdbezirk oder zu einem anderen Grundstücke so, daß der ganze Grundbesitz die zum Eigenjagdbezirk notwendige Größe erlangt, hinzuerworben ist, ist außer dem Eigentumserwerb nur die Erlegung des Ablösungskapitals erforderlich, nicht auch eine vorherige Anzeige an die Gemeinde, daß das Grundstück erworben und von der Verpachtung der Jagd im Gemeindejagdbezirk ausgeschlossen werden soll." OG. vom 2. Oktober 1897, Bd. 32 S. 277.

Die Bestimmung, daß von dem Jagdausübungsrecht erst nach Ablauf der bestehenden Jagdpachtverträge Gebrauch gemacht werden darf, ist in den § 15 der Preuß. JO., nicht übergegangen bezw. aufrecht erhalten worden, wie sich aus dessen Wortlaut ergibt. Für das Recht der Jagdausübung gilt im Falle des § 15 der Preuß. JO. (§ 5 des Kurhess. Gesetzes vom 7. September 1865) vielmehr § 14 der Preuß. JO. Die zusammenhängende Grundfläche von 100 Kasseler Morgen — jetzt 75 ha (vgl. § 15 der Preuß. JO.) —, deren Besitz zur eigenen Jagdausübung berechtigt, kann in mehreren Gemarkungen liegen. OG. vom 12. Januar 1893, Bd. 24 S. 302.

100 Kasseler Acker = 23,86 ha.

§ 6. Sobald durch Teilung oder Veräußerung ein Grundbesitz, auf welchem dem Eigentümer selbst nach § 4 die Jagdausübung zustand, kleiner als 100 Kasseler Acker wird, hat die Gemeinde, vorausgesetzt, daß ihr die Jagdausübung in ihrer Gemarkung zusteht, gegen Erstattung des auf das fragliche Grundstück entfallenden Ablösungskapitals in die Jagdausübung einzutreten.

Siehe Anm. zu § 5. Siehe § 15 der Preuß. JO. Danach tritt die Jagdgenossenschaft an die Stelle der Gemeinde, soweit die Erträge der Jagd nicht mehr der Gemeindekasse zukommen.

§ 7. Jeder Gemeinde steht hinsichtlich ihrer Gemarkung und hinsichtlich der ihr zum Zweck der örtlichen Verwaltung zugeteilten Grundbesitzungen, mit Ausnahme der darin befindlichen [oder in selbständiger Ablösung begriffenen] Jagdreviere einzelner Grundeigentümer (§ 3), die Befugnis zu, in Vertretung der Grundeigentümer (die Jagdberechtigungen abzulösen und) die Jagd mittels Verpachtung auszuüben.

Die (Ablösung und) Verpachtung geschieht, insofern nicht durch Errichtung von Statuten wegen der besonderen Interessen und Verpflichtungen der beteiligten Grundeigentümer abweichende Bestimmungen getroffen sind, für Rechnung der Gemeindekasse.

Vgl. § 6 Abs. 3 der Preuß. JO. Zu Abs. 2 vgl. § 25 Abs. 6 der Preuß. JO., der jetzt auch für die Provinz Hessen-Nassau Geltung hat.

§ 26. Jedes übermäßige Hegen von Wild ist untersagt, und ist demgemäß jeder beteiligte Grundeigentümer berechtigt, zu verlangen, daß das Wild in den betreffenden Jagdrevieren nicht in höherem Grade geschont werde, als solches zur Erhaltung der Jagd erforderlich erscheint.

Vgl. § 81 der Preuß. JO.

Beteiligte Grundeigentümer sind auch die an die betreffenden Jagdreviere angrenzenden Grundeigentümer. Das Verlangen ist an die Jagdpolizeibehörde (Landrat) zu richten. Vgl. wegen Schadenersatz § 835 BGB. Da die Vorschriften der §§ 51 bis 66 im ehemaligen Kurfürstentum nicht gelten, sind die Schadenersatzansprüche mangels gütlicher Einigung beim ordentlichen Gerichte zum Austrag zu bringen.

§ 28. [Schwarz- und] Rot- (Edel- und Dam-) Wild darf nur in Parks oder solchen Revieren unterhalten werden, welche dergestalt eingefriedigt sind, daß das Wild weder ausbrechen noch an fremdem Eigentum irgend Schaden anrichten kann.

Die Jagdberechtigten haben daher die Verbindlichkeit, solches Wild in dergleichen eingefriedigte Reviere einzuschließen oder abzuschießen, widrigenfalls letzteres auf Requisition der Ortspolizeibehörde durch den zunächst wohnenden Staatsrevierförster alsbald bewirkt wird.

In bezug auf Schwarzwild gilt § 28 nicht mehr. An seine Stelle ist, was das Schwarzwild anlangt, § 64 der Preuß. JO. getreten (Gesetz, betreffend Änderung einiger Vorschriften der JO. vom 15. Juli 1907 usw., vom 19. Oktober 1922 — GS. S. 308 —).

Das Abschießen darf nicht durch die geschädigten Eigentümer geschehen. Die Verpflichtung zum Abschuß besteht auch während der Schonzeit.

§ 30. Für Jagdvergehen werden folgende Strafbestimmungen festgesetzt:

6. Hunde, die herrenlos und deren Eigentümer unbekannt sind, dürfen, wenn sie in fremden Jagdrevieren betroffen werden, vom Jagdberechtigten und dessen Jagdbedienten getötet werden.

Nur der Jagdberechtigte und seine Jagdbedienten haben das Tötungsrecht, andere nur mit Ermächtigung des Jagdberechtigten. Vgl. aber § 228 BGB. § 30 bezieht sich auf Hunde, die keinen Eigentümer haben. Fehlt dem Jagdberechtigten die Tötungsbefugnis, so kann er wegen Sachbeschädigung nur bestraft werden, wenn er bewußt rechtswidrig gehandelt hat. Es genügt jedoch Eventualdolus. RG. vom 3. April 1905, Bd. 29 S. C. 83/84.

§ 32. Die § 30 [und § 31] festgesetzten Geldstrafen sind im Wiederholungsfalle nach richterlichem Ermessen bis zu einer Geldstrafe von [50 Talern] 150 Reichsmark oder bis zu [dreimonatiger Gefängnisstrafe] einer Haftstrafe von sechs Wochen zu erhöhen.

§ 34. Die in dem Gesetz vom 26. Januar 1854, den Ersatz des Wildschadens betreffend, angeordneten Beschränkungen, wonach eine Ersatzleistung wegen Wildschadens nur dann eintreten soll, wenn die desfallsigen Beschädigungen durch die daselbst bezeichneten Gattungen von Wild verursacht sind sowie wenn dieselben auf einem Grundstück einen Verlust von mindestens [einem Taler] 3 Reichsmark zur Folge haben, werden aufgehoben.

In denjenigen Fällen, in welchen ein Jagdpächter vertragsmäßig die Verpflichtung zum Ersatz des Wildschadens nach den gesetzlichen Vorschriften auch hinsichtlich der dem verpachtenden Eigentümer bezw. der verpachtenden Gemeinde und deren Bewohnern zugehörigen Grundstücke übernommen hat, sollen die Vorschriften des Gesetzes vom 26. Januar 1854 über das Verfahren behufs Feststellung des zu ersetzenden Betrages sowie überhaupt über die Verfolgung der deshalbigen Ansprüche ebenwohl Geltung haben.

Vgl. § 81 der Preuß. JO.

§ 35. Das Protokoll, welches nach § 5 des vorerwähnten Gesetzes der Ortsvorstand aufzunehmen hat, ist dem Beschädigten auf dessen Verlangen behufs alsbaldiger Einleitung des gerichtlichen Verfahrens in jedem Falle, auch wenn eine nochmalige Besichtigung zur Zeit der Ernte bereits beantragt ist, alsbald auszuhändigen, zuvor jedoch dem Jagdberechtigten auf dessen Verlangen oder wenn derselbe im Termin nicht vertreten war, in Abschrift zuzusenden.

Die in dem gedachten § 5 enthaltenen Vorschriften wegen Einnahme eines zweiten Augenscheins durch den Ortsvorstand finden in den Fällen keine Anwendung, in welchen bereits vor der Zeit der Ernte das gerichtliche Verfahren eingeleitet worden ist.

§ 36. Den Beteiligten bleibt es nach der Augenscheinseinnahme zunächst überlassen, sich in Güte zu vergleichen, insbesondere auch sich über Sachverständige zu vereinigen, auf deren Ausspruch, ohne Mitwirkung des Gerichts, sie es ankommen lassen wollen.

Die Ortsvorstände haben auf Angeben des einen oder anderen Teils die Herbeiführung gütlicher Einigung sich angelegen sein zu lassen, eintretendenfalls auch die Vereinbarung sowie den Ausspruch der Sachverständigen, auf welchen sie verglichen worden, zu Protokoll zu nehmen.

Auf ein solches Protokoll, welches von beiden Teilen zu unterzeichnen ist, soll der Schlußsatz des § 5 des vorhergedachten Gesetzes anwendbar sein. Auch bedürfen die in dem obengedachten Paragraphen erwähnten Vertreter der Jagdberechtigten zum Abschluß von Vereinbarungen der hier in Rede stehenden Art keiner besonderen Vollmacht.

§ 37. Die gerichtliche Verfolgung eines Anspruchs auf Ersatz eines Wildschadens an Erntegegenständen darf stets bis zu der Zeit ausgesetzt werden, in welcher das Ernteergebnis und somit der Betrag des entstandenen Schadens sich schließlich feststellen läßt. Im übrigen tritt an die Stelle der in § 6 des mehrgedachten Gesetzes festgesetzten Frist von drei Tagen eine vierzehntägige Frist.

§ 40. Die in § 17 des Gesetzes vom 26. Januar 1854 unter A 1 und 2 bestimmten Gebühren sind in den Fällen, wo es sich um Entschädigungsbeträge von weniger als [1 Taler] 3 Reichsmark für den einzelnen Grundbesitzer handelt, nur in der Hälfte des daselbst bestimmten Betrages zulässig, wenn bei dem Ortsvorstande gleichzeitig Ansprüche auf Ersatz von Wildschaden wegen in derselben Feldlage gelegener Grundstücke von verschiedenen Grundeigentümern zur Anzeige gebracht sind.

2. Wildschadengesetz vom 26. Januar 1854 (Sammlung von Gesetzen usw. für Kurhessen von 1854 S. 9) in der geltenden Fassung.

§ 1. Für die von [Schwarz- oder Rot-] Wild [einschließlich des Damwildes] oder von wilden Kaninchen an ausgestellten Feldern, an Wiesen, an den in Gärten oder Weinbergen gebauten Gewächsen, desgleichen an Obstbäumen, sowie an den in Waldungen auf die Holzanzucht bezüglichen Anlagen verursachten Beschädigungen ist, insofern [als solche auf einem Grundstücke einen wirklichen Verlust von mindestens einem Taler zur Folge haben und] die beschädigten Grundstücke nicht Eigentum des Jagdberechtigten sind, von dem Jagdberechtigten bezw. Jagdpächter (siehe jedoch § 2) Ersatz zu leisten.

Vgl. § 81 der Preuß. JO. Das im Wortlaut des § 1 Eingeklammerte ist durch § 34 des Kurhess. Jagdgesetzes aufgehoben. Danach ist der von jeder Wildgattung verursachte Schaden zu ersetzen. Vgl. Art. 71 EG.BGB. Die Beschränkung der Ersatzleistung auf einen Schaden von 3 RM. aufwärts ist ebenfalls durch genannten § 34 aufgehoben.

§ 2. Hinsichtlich der erwähnten Beschädigungen in Gärten und Weinbergen, in Baumschulen und den zur Erziehung von Waldpflanzen bestimmten Kämpen findet der Anspruch auf Schadensersatz nur dann statt, wenn die erwähnten Grundstücke und Anlagen mit 6 Fuß hohen, dicht gebundenen Hecken oder Zäunen überall befriedigt sind.

Hinsichtlich der auf nicht befriedigten Grundstücken befindlichen Obstbäume ist die Bedingung des Ersatzanspruches, daß dieselben bis an die untersten Äste verwahrt sind.

Vgl. Art. 71 EG.BGB., insbesondere Ziffer 4 daselbst. Siehe RGZ. vom 24. Oktober 1902, Bd. 52 S. 349, in Anm. zu § 18 des Hannov. Wildschadengesetzes angeführt.

§ 3. Mehrere, welchen eine Jagd gemeinschaftlich zusteht, sowie im Falle einer Verpachtung derselben der Jagdberechtigte und Pächter, bei einer Verpachtung an mehrere Personen diese sämtlich, sind wegen Ersatz des Wildschadens solidarisch verpflichtet, es werden jedoch durch die Erhebung einer Klage (siehe § 5) gegen einen die übrigen, vorbehaltlich des Regresses, von der Klageforderung befreit.

Jagdpachtverträge sind innerhalb der nächsten sechs Wochen der Kündigung unterworfen.

1. Maßgebend ist § 840 BGB., insbesondere Abs. 2 daselbst.
2. Abs. 2 hat als Übergangsbestimmung keine Bedeutung mehr.

§ 4. Ein jedes auf Ersatz des Wildschadens gerichtetes Verfahren setzt voraus, daß die Beschädigung durch Augenschein festgestellt werden kann.

§ 5. Der Anspruch auf Ersatz von Wildschaden ist unter Angabe des zum Ersatz Verpflichteten dem Ortsvorstande des Bezirks, in dem der Schaden geschehen ist, anzuzeigen.

Innerhalb der auf diese Anzeige folgenden 48 Stunden hat der Ortsvorstand entweder selbst oder durch ein zu beauftragendes Mitglied der Ortsbehörde, nach Befinden auch unter Hinzuziehung eines Sachverständigen, einen Augenschein einzunehmen, zu welchem beide Teile, der Ersatzpflichtige jedoch nur, wenn derselbe oder ein dem Ortsvorstande bekanntgemachter Vertreter nicht über 1½ Meilen vom Wohnort des ersteren entfernt wohnt, zu laden sind.

In diesem Verfahren ist der Tatbestand nebst den in Betracht kommenden örtlichen Verhältnissen möglichst vollständig mit Angabe der vorhandenen Spuren und der von beiden Parteien etwa vorgestellten Einreden zu Protokoll zu bringen, über das Vorhandensein eines Wildschadens, namentlich mit Rücksicht auf die Gattung des Wildes, sich gutachtlich zu äußern und von dem betreibenden Teile eine bestimmte Forderung zu stellen.

Der Ortsvorstand ist verbunden, eine gütliche Vereinigung unter den Parteien zu vermitteln oder doch dahin zu wirken, daß dieselben wenigstens über die demnächst etwa abzuhörenden Schätzer und Sachverständigen, wobei sie es überall auf den Anspruch einer Person können ankommen lassen, sich einigen.

Das Protokoll ist binnen 24 Stunden dem Beschädigten gegen Zahlung der entstandenen Gebühren auszuhändigen oder von dem Ortsvorstande zurückzubehalten, wenn von dem Jagdberechtigten die Beschädigung durch die im § 1 angeführten Wildgattungen anerkannt, jedoch verlangt ist, daß eine nochmalige Besichtigung zur Zeit der Ernte vorgenommen werden soll.

In diesem Falle hat der Beschädigte zur Zeit der Aberntung das vorbemerkte Verfahren nochmals einzuleiten und hat der Ortsvorstand hierbei eine gütliche Vereinigung der Parteien zu versuchen und sodann das vervollständigte Protokoll binnen 24 Stunden gegen Zahlung der entstandenen Gebühren dem Beschädigten einzuhändigen.

Ein von beiden Teilen und dem Ortsvorstande unterzeichneter Vergleich ist vor Gericht (vgl. § 6) alsbald vollstreckbar, wenn er bei demselben innerhalb Jahresfrist nach seiner Aufnahme überreicht wird.

Abs. 5 und 6 haben durch §§ 35 und 36 des Jagdgesetzes vom 7. September 1865 mehrere Abänderungen erfahren; der letzte Absatz des § 5 findet auch auf ein Protokoll nach § 36 des besagten Jagdgesetzes Anwendung.

§ 6. Die gerichtliche Verfolgung des Klageanspruches wegen einer auf die im vorhergehenden Paragraphen bezeichnete Weise ermittelten Beschädigung ist bei Strafe des Verlustes binnen einer vierzehntägigen Frist nach Aushändigung des Protokolls (vgl. § 5) unter Vorstellung des zur Klagebegründung etwa weiter Erforderlichen geltend zu machen.

§§ 7 bis 14

sind aufgehoben; sie hatten Vorschriften über das Verfahren zum Gegenstand.

§ 15. Der Verklagte hat in dem Falle, wo die Ernte eines Grundstücks von Wild beschädigt worden ist, die Befugnis, statt Leistung des Schadensersatzes (§ 1) die betreffende Ernte gegen Bezahlung des vermutlichen, durch Abschätzung festzustellenden vollen Ernteertrages nach dem zur Erntezeit bestehenden Preise zu übernehmen.

Die Geltendmachung dieses Rechts ist dadurch bedingt, daß der Beklagte während der Verhandlung über die Abschätzung des Schadens davon Gebrauch machen zu wollen erklärt und die hiernach erforderliche Taxation durch die zugezogenen Schätzer veranlaßt.

§ 16. Das Amt eines Schätzers oder Sachverständigen in diesem Verfahren kann ohne erhebliche Entschuldigungsgründe nicht abgelehnt werden.

§ 17. An Gebühren für die nicht zum Gerichtspersonale gehörenden Personen sind zulässig:

A. in dem Vorverfahren (§ 5):

1. für Aufnahme des § 5 erwähnten Protokolls an Ort und Stelle durch den Ortsvorstand oder dessen Stellvertreter

in Städten [15 Sgr.] 1 Reichsmark 50 Reichspfennig,

in Landgemeinden [10 Sgr.] 1 Reichsmark;

2. für die Mitwirkung bei dem im § 5 erwähnten Geschäfte durch einen besonderen Sachverständigen [15 Sgr.] 1 Reichsmark 50 Reichspfennig.

Diese letztere Gebühr kann vom Gericht bis auf [2 Taler] 6 Reichsmark auf Verlangen erhöht werden;

3. die üblichen Bestellgebühren für den Ortsdiener;

4. etwaige Auslagen für Boten.

IV.

Die jagdgesetzlichen Bestimmungen für die Hohenzollernschen Lande.

1. Jagdordnung für die Hohenzollernschen Lande vom 10. März 1902 (GS. S. 33) in der durch das Gesetz zur Änderung des in der Provinz Hannover, in den Hohenzollernschen Landen, in dem ehemaligen Kurfürstentum Hessen und auf der Insel Helgoland geltenden Jagdrechts vom 31. Juli 1925 (GS. S. 100) gegebenen Fassung.

I. Ausübung des Jagdrechts auf eigenen und gemeinschaftlichen Jagdbezirken.

§ 1. Die Ausübung des nach dem Hohenzollern-Sigmaringenschen Gesetze vom 29. Juli 1848 (GS. S. V 46) und dem Hohenzollern-Hechingenschen Gesetze vom 16. April 1849 (VBl. S. 151) jedem Eigentümer auf seinem Grund und Boden zustehenden Jagdrechts wird nachstehenden Bestimmungen unterworfen.

§ 2. Zur eigenen Ausübung des Jagdrechts auf seinem Grund und Boden ist der Eigentümer nur befugt:

a) auf solchen Grundstücken, welche in einem oder in mehreren Gemeindebezirken einen land- oder forstwirtschaftlich benutzten Flächenraum von wenigstens

75 Hektar einnehmen und in ihrem Zusammenhange durch kein fremdes Grundstück unterbrochen sind. Die Trennung, welche Wege, Eisenbahnen und Gewässer bilden, wird als eine Unterbrechung des Zusammenhanges nicht angesehen;

b) auf allen dauernd und vollständig eingefriedigten Grundstücken.

Darüber, was für dauernd und vollständig eingefriedigt zu erachten ist, entscheidet der Oberamtmann.

Vgl. § 4 der Preuß. JO.

§ 3. Wenn die im § 2 bezeichneten Grundstücke gemeinschaftliches Eigentum von mehr als drei Personen sind, so ist die Ausübung des Jagdrechts nicht sämtlichen Miteigentümern gestattet. Diese müssen sie vielmehr einem bis höchstens dreien unter ihnen übertragen. Doch steht ihnen auch frei, das Jagdrecht ruhen oder durch einen angestellten Jäger ausüben zu lassen oder zu verpachten. Juristische Personen, insbesondere Gemeinden, dürfen das Jagdrecht auf solchen ihnen gehörenden Grundstücken (§ 2) nur durch Verpachtung oder durch einen angestellten Jäger ausüben. Das gleiche gilt von Gesellschaften, welche Grundeigentum besitzen.

Vgl. § 6 Abs. 1, 2 der Preuß. JO.

§ 4. Alle Grundstücke eines Gemeindebezirkes, welche nicht zu den im § 2 bezeichneten gehören, bilden, auch wenn sie einen land- oder forstwirtschaftlich benutzten Flächenraum von 75 Hektar im Zusammenhange nicht umfassen, der Regel nach einen gemeinschaftlichen Jagdbezirk. Es ist aber den Gemeindevorständen gestattet, nach freier Übereinkunft mehrere ganze Gemeindebezirke oder Teile eines solchen mit einem anderen Gemeindebezirke zu einem gemeinschaftlichen Jagdbezirke zu vereinigen.

Auch ist der Gemeindevorstand befugt, mit Genehmigung des Amtsausschusses aus dem Bezirk einer Gemeinde mehrere für sich bestehende Jagdbezirke zu bilden, von denen jedoch keiner eine geringere Fläche als 200 Hektar umfassen darf.

Den Eigentümern der im § 2 bezeichneten Grundstücke ist es gestattet, sich mit diesen Grundstücken dem Jagdbezirk ihrer Gemeinde anzuschließen. Die Beschlüsse über alle dergleichen Abänderungen der gemeinschaftlichen Jagdbezirke dürfen sich auf keinen kürzeren Zeitraum als auf sechs Jahre und auf keinen längeren als auf zwölf Jahre erstrecken.

§ 5. Grundstücke, welche keinen eigenen Jagdbezirk bilden, aber von eigenen Jagdbezirken ganz oder größtenteils umschlossen sind, werden dem gemeinschaftlichen Jagdbezirke der Gemeinde nicht zugeschlagen. Die Eigentümer solcher Grundstücke sind verpflichtet, die Ausübung der Jagd auf ihnen dem Eigentümer des sie ganz oder größtenteils umschließenden eigenen Jagdbezirks auf dessen Verlangen gegen eine nach dem Jagdertrage zu bemessende Entschädigung pachtweise zu übertragen oder die Jagdausübung gänzlich ruhen zu lassen.

Macht der Berechtigte von seiner Befugnis, die Jagd auf den umschlossenen Grundstücken zu pachten, beim Anerbieten des Eigentümers nicht Gebrauch, so steht diesem die Ausübung der Jagd auf den umschlossenen Grundstücken zu.

Stoßen mehrere derartige Grundstücke aneinander, so daß sie eine zusammenhängende Fläche von mindestens 75 Hektar umfassen, so bilden sie einen für sich bestehenden gemeinschaftlichen Jagdbezirk (§ 4).

Wegen „größtenteils" siehe § 8 Abs. 2 der Preuß. JO. und Anm. dazu. Vgl. dazu OG. vom 20. Oktober 1910, Bd. 57 S. 419. Danach hat „größtenteils" in § 5 dieselbe Bedeutung wie in § 7 des preußischen Jagdpolizeigesetzes vom 7. März 1850, von dem die Vorschrift in § 8 der Preuß. JO. übernommen worden ist.

§ 6. Die Eigentümer der einen gemeinschaftlichen Jagdbezirk bildenden Grundstücke werden in allen Jagdangelegenheiten durch den Gemeindevorstand vertreten. Werden Grundstücke aus verschiedenen Gemeindebezirken zu einem Jagdbezirke vereinigt, so bestimmt die Aufsichtsbehörde denjenigen Gemeindevorstand, der die Vertretung zu übernehmen hat.

§ 7. Nach Maßgabe der Beschlüsse des Gemeindevorstandes kann auf dem gemeinschaftlichen Jagdbezirke entweder

a) die Ausübung des Jagdrechts gänzlich ruhen oder
b) die Jagd für Rechnung der Grundstückseigentümer durch einen angestellten Jäger beschossen werden oder
c) die Jagd im Wege der öffentlichen Steigerung verpachtet werden.

§ 8. Die Pachtgelder und die Einnahmen von der durch einen angestellten Jäger beschossenen Jagd (§ 7) werden in die Gemeindekasse gezahlt und nach Abzug der etwa entstehenden Verwaltungskosten durch den Gemeindevorstand unter die Eigentümer der den gemeinschaftlichen Jagdbezirk bildenden Grundstücke nach dem Verhältnisse des Flächeninhalts dieser Grundstücke verteilt.

Durch Gemeindebeschluß kann bestimmt werden, daß die Erträge der Jagd der Gemeindekasse verbleiben sollen. Der Beschluß ist in ortsüblicher Weise bekanntzumachen. Er bedarf der Genehmigung des Amtsausschusses, wenn innerhalb zwei Wochen von der Bekanntmachung ab von seiten auch nur eines Eigentümers der den gemeinschaftlichen Jagdbezirk bildenden Grundstücke bei dem Gemeindevorstande Widerspruch erhoben wird.

Vgl. AllgVerf. des LMin. vom 29. Juni 1919 (LMBl. S. 231), bei § 10 der Hannov. JO. in Anm. dazu angeführt.

§ 9. Jagdpachtverträge sind schriftlich abzuschließen und, sofern sie sich auf gemeinschaftliche Jagdbezirke beziehen, in den für Verträge der Gemeinden vorgeschriebenen Formen zu vollziehen. Sie bedürfen der Genehmigung des Amtsausschusses.

Die Verpachtung der Jagd, sowohl auf den im § 2 erwähnten Grundstücken als auch auf gemeinschaftlichen Jagdbezirken, darf bei Strafe der Nichtigkeit des Vertrags niemals an mehr als höchstens drei Personen gemeinschaftlich erfolgen.

Die Verpachtung der Jagd darf auf keinen kürzeren Zeitraum als auf sechs Jahre und auf keinen längeren als auf zwölf Jahre erfolgen.

§ 10. Sowohl den Pächtern gemeinschaftlicher Jagdbezirke als auch den Eigentümern der im § 2 bezeichneten Grundstücke ist die Anstellung von Jägern für ihre Reviere gestattet.

§ 11. Als Jäger (§§ 3, 7 und 10) dürfen nur solche großjährigen Männer angestellt werden, gegen welche keine Tatsachen vorliegen, die nach §§ 6 und 7 des Jagdscheingesetzes vom 31. Juli 1895 (GS. S. 304) die Versagung des Jagdscheins rechtfertigen.

Vgl. § 27 der Preuß. JO.

§ 12. Die Jagdausübung mittels Aufstellens von Schlingen zum Fangen der im § 15 bezeichneten Wildarten ist verboten.

Strafbestimmung siehe § 26 Abs. 1.

§ 13. An den Sonntagen und denjenigen Feiertagen, welche den Vorschriften über die Sonntagsheiligung unterworfen sind, ist die Abhaltung von Treibjagden verboten; in den Vormittagsstunden zwischen 8 bis 12 Uhr darf die Jagd an Sonntagen und an den bezeichneten Feiertagen überhaupt nicht ausgeübt werden.

Strafbestimmung siehe § 26 Ziffer 2.

§ 14. Im übrigen unterliegt die Ausübung der Jagd den Vorschriften des Jagdscheingesetzes vom 31. Juli 1895 (GS. S. 304).

Siehe II Nr. 5 (Hannover), §§ 29 bis 38, 72 bis 74 der Preuß. JO.

II. Schonzeiten.

§ 15. Mit der Jagd sind zu verschonen:

A. Haarwild:

1. männliches Rot-, Dam- und Rehwild vom 1. Februar bis 31. Mai,
2. weibliches Rot- und Damwild (Tiere) vom 1. Februar bis 30. September,

3. weibliches Rehwild (Gaisen) vom 1. Dezember bis 14. Oktober,
4. Wildkälber und Rehkitzen, d. h. die Jungen des Rot-, Dam- und Rehwildes bis zum Ablauf des Kalenderjahres, in dem sie geboren sind,
5. Hasen und Dachse vom 1. Februar bis 30. September.

B. Federwild:

1. Rebhühner, Haselhühner, schottische Moorhühner, Wachteln, Fasanenhennen vom 1. Dezember bis 23. August,
2. Fasanenhähne vom 1. Februar bis 23. August,
3. Wildenten und Wildtauben vom 16. März bis 30. Juni,
4. Schnepfen und Bekassinen vom 1. Mai bis 14. Juli,
5. Auer- und Birkhennen vom 1. Dezember bis 31. Oktober,
6. Auer- und Birkhähne vom 1. Juni bis 14. August.

Der Bezirksausschuß ist aus Rücksichten der Landeskultur und der Jagdpflege ermächtigt, für die unter A 5 und B 1 und 2 genannten Wildarten den Anfang und Schluß der Schonzeit alljährlich durch besondere Verordnung anderweit festzusetzen, so aber, daß Anfang oder Schluß der Schonzeit nicht über zwei Wochen vor oder nach den oben bestimmten Zeitpunkten festgesetzt werden darf.

Auf das Erlegen oder Fangen von Wild in eingefriedigten Wildgärten finden die Vorschriften über Schonzeiten keine Anwendung.

§ 16. Das Ausnehmen von Eiern oder Jungen von jagdbarem Federwild ist auch für die zur Jagd berechtigten Personen verboten; doch sind diese befugt, die Eier, welche im Freien gelegt sind, in Besitz zu nehmen und sie ausbrüten zu lassen.

Desgleichen ist das Ausnehmen von Kiebitz- und Möveneiern nach dem 30. April verboten.

Strafbestimmung siehe § 26 Ziffer 3. Vgl. § 42 der Preuß. JO. (§ 5 des Wildschongesetzes, siehe II Nr. 6 — Hannover —).

III. Veräußerung und Versendung von Wild.

§ 17. Das Feilbieten, die Veräußerung und die Versendung sowie die Vermittelung des Verkaufs von Wild, in ganzen Stücken oder zerlegt, aber nicht zum Genusse fertig zubereitet, ist nur während der Jagdzeit und innerhalb der ersten zwei Wochen der Schonzeit gestattet.

Die Versendung von Wild darf nur unter Beifügung eines ortspolizeilichen Ursprungsscheins erfolgen.

Bei Versendung von Rehwild muß das Geschlecht stets erkennbar sein.

Ist das Wild in eingefriedigten Wildgärten (§ 15) oder in den in den §§ 20 und 21 bezeichneten Ausnahmefällen erlegt oder gefangen, so finden die Vorschriften des Abs. 1 keine Anwendung, sofern die Herkunft des Wildes durch den Ursprungsschein nachgewiesen ist.

Die näheren Vorschriften zur Durchführung der Bestimmungen in den Abs. 2 und 4 werden von dem Regierungspräsidenten in Sigmaringen erlassen, der auch ermächtigt ist, von dem Erfordernisse des Ursprungsscheins bezüglich einzelner Wildarten und bezüglich des über die Landesgrenze eingehenden Wildes Ausnahmen zuzulassen.

Die Form, in welcher von der Ermächtigung nach Abs. 5 Gebrauch gemacht wird, ist die der Polizeiverordnung.

Der Urspungsschein muß erkennen lassen:

a) den Jagdbezirk und die Zeit, in der das Wild erlegt oder gefunden wurde,

b) die Wildgattung,

c) den Jagdberechtigten oder seinen Stellvertreter,

d) die Beglaubigung der Unterschrift von c durch die Ortspolizeibehörde (den Bürgermeister),

e) die Gemeinde, in welcher der Schein ausgestellt ist.

Der Ursprungsschein muß für jedes einzelne Stück Wild besonders ausgestellt und an demselben befestigt sein (Polizeiverordnung vom 7. April 1903 — Amtsbl. S. 103 —).

Vgl. auch zu Abs. 1 § 43 Abs. 1, zu Abs. 2 § 46 Abs. 1, zu Abs. 3 § 44, zu Abs. 4 § 47 und § 45 der Preuß. JO.

IV. Verhütung und Ersatz von Wildschaden.

§ 18. Durch Klappern, aufgestellte Schreckbilder sowie durch Zäune kann ein jeder das Wild von seinen Besitzungen abhalten, auch wenn er auf diesen zur Ausübung des Jagdrechtes nicht befugt ist. Zur Abwehr des Rot-, Dam- und Schwarzwildes kann er sich auch kleiner Hunde oder gemeiner Haushunde bedienen.

§ 18 = § 65 der Preuß. JO.

§ 19. Auf gemeinschaftlichen Jagdbezirken, auf welchen Wildschäden vorkommen, darf der Gemeindevorstand, wenn auch nur ein einzelner Grundbesitzer Widerspruch dagegen erhebt, die Ausübung der Jagd nicht ruhen lassen.

Vgl. § 20 Abs. 4 der Preuß. JO.

§ 20. Wenn die in der Nähe von Forsten belegenen Grundstücke, welche Teile eines gemeinschaftlichen

Jagdbezirks bilden, oder solche angeschlossenen Grundstücke, auf welchen die Jagdausübung dem Eigentümer des sie umschließenden eigenen Jagdbezirkes überlassen ist (§ 5), erheblichen Wildschäden durch das übertretende Wild ausgesetzt sind, so kann der Oberamtmann, nach vorhergegangener Prüfung des Bedürfnisses und für dessen Dauer, den Jagdpächter auffordern oder ihn auf seinen Antrag ermächtigen, das Wild selbst während der Schonzeit abzuschießen. Schützt der Jagdpächter einer solchen Aufforderung ungeachtet die beschädigten Grundstücke nicht genügend, so kann der Oberamtmann den Grundbesitzern selbst die Genehmigung erteilen, das auf diese Grundstücke übertretende Wild auf jede erlaubte Weise zu fangen, namentlich auch mit Anwendung des Schießgewehrs zu töten.

Gegen die Verfügung des Oberamtmanns steht dem Jagdpächter die Beschwerde bei dem Bezirksausschusse zu (§ 103 des Zuständigkeitsgesetzes vom 1. August 1883, GS. S. 237). Die Beschwerde hat keine aufschiebende Wirkung.

Das von Grundbesitzern infolge einer solchen Genehmigung des Oberamtmanns erlegte oder gefangene Wild muß gegen Bezahlung des in der Gegend üblichen Schußgeldes dem Jagdpächter überlassen und die Anzeige darüber binnen 24 Stunden erstattet werden.

Vgl. § 61 der Preuß. JO. und die Anm. dazu. Strafbestimmung siehe § 26 Ziffer 4.

§ 21. Auch der Besitzer eines solchen umschlossenen Grundstücks, auf welchem die Jagd nach § 5 nicht ausgeübt werden darf, ist, wenn das Grundstück erheblichen Wildschäden ausgesetzt ist und der Besitzer des umgebenden eigenen Jagdbezirkes der Aufforderung des

Oberamtmanns, das vorhandene Wild selbst während der Schonzeit abzuschießen, nicht genügend nachkommt, zu fordern berechtigt, daß ihm der Oberamtmann nach vorhergegangener Prüfung des Bedürfnisses und auf dessen Dauer die Genehmigung erteile, das auf das umschlossene Grundstück übertretende Wild auf jede erlaubte Weise zu fangen, namentlich auch mit Anwendung des Schießgewehrs zu töten.

In diesem Falle verbleibt das gefangene oder erlegte Wild dem Eigentümer des umschlossenen Grundstücks.

§ 22. Im übrigen findet das Wildschadengesetz vom 11. Juli 1891 (GS. S. 307) mit der Maßgabe Anwendung, daß die Ersatzpflicht nach § 2 nicht den Grundbesitzern, sondern der Gemeinde obliegt, wenn sie die Jagderträge empfängt (§ 8 Abs. 2), daß die im § 17 des Wildschadengesetzes bezeichneten Rechtsmittel auch in den Fällen der §§ 12 bis 14 jenes Gesetzes Platz greifen, und daß an die Stelle des § 19 Abs. 1 folgendes tritt: „Der Art. 5 des Hohenzollern-Sigmaringer Gesetzes vom 29. Juli 1848 (GS. VIII 46) wird aufgehoben."

Vgl. §§ 51 bis 60, 62 bis 64, 66 der Preuß. JO.

V. Strafbestimmungen.

§ 23. Wer zwar mit einem Jagdscheine versehen, aber ohne Begleitung des Jagdberechtigten oder ohne dessen schriftlich erteilte Erlaubnis bei sich zu führen, die Jagd auf einem fremden Jagdbezirk ausübt, wird mit einer Geldstrafe von 5 bis 15 Reichsmark bestraft.

Wer die Jagd auf seinem eigenen Grundstücke gänzlich ruhen zu lassen verpflichtet ist, sie aber dennoch darauf ausübt, wird mit einer Geldstrafe von 30 bis

60 Reichsmark und Einziehung der dabei gebrauchten Jagdgeräte und Hunde bestraft.

Vgl. zu Abs. 1 die Preuß. JO. § 75.

§ 24. Für das Töten oder Einfangen von Wild während der vorgeschriebenen Schonzeiten sowie für das verbotene Fangen von Wild in Schlingen (§ 12) treten folgende Geldstrafen ein:

	Reichsmark
1. für ein Stück Rotwild	90
2. für ein Stück Damwild	60
3. für ein Stück Rehwild	30
4. für einen Hasen oder einen Dachs	10
5. für ein Stück Auerwild oder einen Fasanen	30
6. für ein Stück Birk- oder Haselwild	10
7. für ein Rebhuhn, eine Wachtel, ein schottisches Moorhuhn, eine Schnepfe, eine Bekassine, eine Wildente oder eine Wildtaube	5

Wenn mildernde Umstände vorhanden sind, kann die Geldstrafe bis auf 1 Reichsmark ermäßigt werden.

Vorstehende Vorschriften finden keine Anwendung auf Wild, welches während der Schonzeit in eingefriedigten Wildgärten (§ 15) oder auf Grund Auftrags oder mit Genehmigung der Jagdpolizeibehörde (§§ 20 und 21) getötet oder gefangen wird.

Vgl. §§ 76, 77 Abs. 1 Ziffer 1 der Preuß. JO.

§ 25. Zuwiderhandlungen gegen die Vorschriften des § 17 werden mit Geldstrafen von 5 bis 150 Reichsmark bestraft. Neben der Geldstrafe ist auf Einziehung des Wildes zu erkennen.

Vgl. § 78 der Preuß. JO.

§ 26. Mit Geldstrafe bis zu 150 Reichsmark wird bestraft, wer

1. Schlingen stellt, um Wild zu fangen (§ 12);
2. an Sonn- und Feiertagen Treibjagden veranstaltet oder während der Vormittagsstunden zwischen 8 und 12 Uhr sonst die Jagd ausübt;
3. Kiebitz- oder Möveneier nach dem 30. April ausnimmt (§ 16);
4. die im letzten Absatz des § 20 vorgeschriebene Anzeige gar nicht oder schuldhaft nicht rechtzeitig erstattet.

Vgl. zu Ziffer 1: § 77 Abs. 1 Ziffer 2 der Preuß. JO.

§ 27. Für die Geldstrafen und Kosten, zu denen Personen verurteilt werden, welche unter der Gewalt oder Aufsicht oder im Dienste eines anderen stehen und zu dessen Hausgenossenschaft gehören, ist dieser für den Fall des Unvermögens des Verurteilten für haftbar zu erklären, und zwar unabhängig von der etwaigen Strafe, zu welcher er selbst auf Grund dieses Gesetzes oder des § 361 zu 9 des Reichsstrafgesetzbuchs verurteilt wird.

Wird festgestellt, daß die Tat nicht mit seinem Wissen verübt ist oder daß er sie nicht verhindern konnte, so wird die Haftbarkeit nicht ausgesprochen.

Gegen die in Gemäßheit der vorstehenden Bestimmungen als haftbar Erklärten tritt an die Stelle der Geldstrafe eine Freiheitsstrafe nicht ein.

Vgl. § 80 der Preuß. JO.

VI. Schluß- und Übergangsbestimmungen.

§ 28. Die vorstehend für die Ausübung des Jagdrechts durch den Eigentümer getroffenen Bestimmungen finden auch auf diejenigen sinngemäße Anwendung, denen die Jagdausübung kraft eines anderen dinglichen Rechtes am Grundstücke zusteht.

Vgl. § 5 Abs. 3 der Preuß. JO.

§ 29. Wenn die bestehenden Jagdpachtverträge der Bildung der in den §§ 4 und 5 vorgeschriebenen gemeinschaftlichen Jagdbezirke hinderlich sind, so treten sie mit dem 1. August 1903 außer Kraft.

§ 30. Dieses Gesetz tritt mit dem 1. April 1903 in Kraft.

2. Hohenzollernsche Amts- und Landesordnung vom 2. Juli 1900 (GS. S. 228).

Bekanntmachung, betreffend die Redaktion der Hohenzollernschen Amts- und Landesordnung. Vom 9. Oktober 1900 (GS. S. 323).

Auf Grund des Art. IV Abs. 2 des Gesetzes, betreffend die Abänderung und Ergänzung der Hohenzollernschen Amts- und Landesordnung vom 2. Juli 1900 (GS. S. 228), wird der Text der Amts- und Landesordnung vom 2. April 1873, wie er sich aus den in den Art. I, II und III des Gesetzes vom 2. Juli 1900 festgestellten Änderungen ergibt, nachstehend bekanntgemacht.

§ 27. Die Verfügung über die den Oberamtsbezirken gegenwärtig gehörigen Fonds sowie über die Jagdscheingebühren (§ 4 Abs. 4 des Jagdscheingesetzes vom 31. Juli 1895, GS. S. 304) steht den Amtsversammlungen zu.

3. Das Jagdscheingesetz vom 31. Juli 1895 (GS. S. 304) in der geltenden Fassung.

Siehe II Nr. 5 (Hannov. jagdgesetzliche Bestimmungen).

In § 1 = § 29 der Preuß. JO. ist in Abs. 1 Satz 2 hinter „der Landrat": „(Oberamtmann)" zu setzen, und in § 4 Abs. 4 = § 32 Abs. 4 der Preuß. JO. hinter „in den Stadtkreisen zur Gemeindekasse": „in den Hohenzollernschen Landen zur Amtskommunalkasse".

4. Wildschadengesetz vom 11. Juli 1891 (GS. S. 307) in der geltenden Fassung.

§ 1. Der durch Schwarz-, Rot-, Elch- und Damwild sowie Rehwild und Fasanen auf und an Grundstücken angerichtete Schaden ist dem Nutzungsberechtigten nach Maßgabe der folgenden Bestimmungen zu ersetzen.

Für den Schadensersatz ist § 835 BGB. maßgebend.

§ 2. Ersatzpflichtig sind in einem gemeinschaftlichen Jagdbezirke die Grundbesitzer des Jagdbezirks nach Verhältnis der Größe der beteiligten Fläche. Dieselben werden durch die Gemeindebehörde vertreten.

Hat bei Verpachtung der Jagd in gemeinschaftlichen Jagdbezirken die Gemeindebehörde die vollständige Wiedererstattung der zu zahlenden Wildschadenbeträge durch den Jagdpächter nicht ausbedungen ... (usw. wie § 52 der Preuß. JO.; nur ist in Abs. 2 die Auslegungsfrist statt auf zwei Wochen nur auf eine Woche festgesetzt).

Siehe § 22 der Hohenzollernschen JO. Danach liegt die Ersatzpflicht nicht den Grundbesitzern, sondern der Gemeinde ob, wenn sie die Jagderträge empfängt (§ 8 Abs. 2 aaO.).

§ 3. Ersatzpflichtig ist bei Enklaven (§ 7 des Jagdpolizeigesetzes vom 7. März 1850 — GS. S. 165 —, § 9 des Gesetzes vom 30. März 1867 — GS. S. 426 — und § 11 des Lauenburgischen Gesetzes vom 17. Juli 1872 — Offiz. Wochenbl. für Lauenburg S. 218 —) der Inhaber des umschließenden Jagdbezirks, sofern er die Jagd auf der Enklave angepachtet oder die angebotene Anpachtung abgelehnt hat.

§ 4

gilt nicht mehr. Der angerichtete Schaden ist nach Maßgabe der Bestimmungen des § 835 BGB. zu ersetzen.

§ 5 = § 54 der Preuß. JO.

§ 6 = § 55 der Preuß. JO.; nur ist statt „§§ 51 bis 53": „§§ 1 bis 3" zu setzen.

§ 7 = § 56 der Preuß. JO.

§ 8 = § 57 der Preuß. JO.

§ 9 = § 58 der Preuß. JO.

§ 10 = § 59 der Preuß. JO.

§ 11 = § 60 der Preuß. JO.

§ 12 = § 62 der Preuß. JO.

Vgl. § 1 und § 835 BGB.

§ 13 = § 63 der Preuß. JO.; nur ist statt „Jagdpolizeibehörde": „Aufsichtsbehörde" zu setzen.

§ 14 = § 64 der Preuß. JO.; nur ist statt „Jagdpolizeibehörde": „Aufsichtsbehörde" zu setzen.

§ 15. Wilde Kaninchen unterliegen dem freien Tierfange mit Ausschluß des Fangens mit Schlingen.

§ 16 = § 66 Abs. 1 der Preuß. JO.; nur ist statt „Jagdpolizeibehörde": „Aufsichtsbehörde" zu setzen. **Die Ermächtigung vertritt die Stelle des Jagdscheins. Sie darf Personen, welchen der Jagdschein versagt werden muß, nicht erteilt werden und ist widerruflich.**

§ 17 = § 68 der Preuß. JO.; nur ist statt „§§ 66 und 67": „§ 16" zu setzen.

Die hier genannten Rechtsmittel gelten auch in den Fällen der §§ 12 bis 14; siehe § 22 der Hohenz. JO.

§ 18

enthält Übergangsbestimmungen.

§ 19

ist obsolet. Für die Hohenzollernschen Lande gilt die Bestimmung des § 22 der daselbst geltenden JO., wonach an die Stelle des § 19 Abs. 1 folgendes tritt: „Der Artikel 5 des Hohenzollern-Sigmaringer Gesetzes vom 29. Juli 1848 (GS. VIII S. 46) wird aufgehoben."

V.

Die jagdrechtlichen Bestimmungen der Insel Helgoland.

In Helgoland gelten das Wildschadengesetz vom 11. Juli 1891 (GS. S. 307) — siehe oben IV Nr. 4 — und das Wildschongesetz vom 14. Juli 1904 (GS. S. 159) — siehe oben II Nr. 6 —, nicht aber eine der Jagdordnungen, sei es die hannoversche vom 11. März 1859 oder die preußische vom 15. Juli 1907. Ebenso gelten nicht: das Jagdscheingesetz vom 31. Juli 1895 und das Gesetz, betreffend die Verwaltung gemeinschaftlicher Jagdbezirke, vom 4. Juli 1905. Dagegen gilt das Vogelschutzgesetz vom 30. Mai 1908 als Reichsgesetz (RGBl. S. 314).

In Helgoland ist derjenige, welcher einen Jagdschein erhält, jagdberechtigt; mit dem Jagdschein ist also die Berechtigung zur Ausübung der Jagd verbunden. Es gibt in Helgoland verschiedene Arten von Jagdscheinen, für die auch die Abgabe von 25 Reichsmark bis zu 3 Reichsmark abgestuft ist. Der Inhaber des eigentlichen Jagdscheins ist zur Jagd auf dem Lande sowohl als auch zu Wasser berechtigt. Der sogenannte Gewehrschein (Wasserjagdschein) berechtigt nur zum Halten des Gewehrs und zum Schießen auf See in Entfernung von mindestens 300 Yards = 270 Meter von der Insel oder der Düne. Auf Helgoland dürfen an noch nicht 18 Jahre alte Personen keine Jagdscheine erteilt werden. Badegäste, Militärs und Privilegierte bedürfen keines Jagdscheins. Der Jagdschein und der Gewehrschein werden von dem Landrat erteilt. Die Abgabe fließt in die Gemeindekasse. Siehe das Gesetz über die Verwaltung von Helgoland vom

21. Juli 1922 (GS. S. 169): Die Landgemeinde Helgoland wird in bezug auf die Staatsverwaltung von dem Kreise Süderdithmarschen abgetrennt. (Vgl. das Gesetz, betreffend die Vereinigung der Insel Helgoland mit der preußischen Monarchie, vom 18. Februar 1891, GS. S. 11). Die Staatsverwaltung auf der Insel Helgoland, insoweit sie in Landkreisen der Provinz Schleswig-Holstein dem Landrat zusteht, übt mit den gleichen Rechten und Pflichten der Landrat von Helgoland aus. Der Landrat von Helgoland verwaltet auch die Geschäfte der Ortspolizei sowie die besonderen obrigkeitlichen Geschäfte, die bisher auf Helgoland dem Landrat oder dem landrätlichen Hilfsbeamten gesetzlich oder herkömmlich zustanden. An die Stelle des Kreisausschusses tritt zur Mitwirkung in den Geschäften der allgemeinen Landesverwaltung ein Inselausschuß. Der Inselausschuß besteht aus dem Landrat als Vorsitzenden und aus zwei Mitgliedern. Er ist bei Anwesenheit des Vorsitzenden und der beiden Mitglieder oder ihrer Stellvertreter beschlußfähig. Vgl. die Ordinance des Governor vom 9. April 1888 und die Polizeiverordnung vom 21. Dezember 1892 (Kreisblatt für Süderdithmarschen Nr. 52).

Das Wildschongesetz gilt für Helgoland im Hinblick auf die Jagdbarkeit und Schonzeit der Wasservögel (Schonzeit vom 1. Mai bis 30. Juni — § 2 des Wildschongesetzes Abs. 1 Ziffer 18 —), auch der Schnepfen (Schonzeit vom 16. April bis 30. Juni — Ziffer 16 aaO. —) usw.

Anhang.

I. Anweisung vom 29. Juli 1907 zur Ausführung der Jagdordnung vom 15. Juli 1907 (LMBl. S. 205) in der durch den Nachtrag dazu vom 28. März 1912 (LMBl. S. 205) gegebenen Fassung.

Die Jagdordnung enthält ein für den ganzen Umfang des Staates mit Ausschluß der Provinz Hannover, der Hohenzollernschen Lande und der Insel Helgoland einheitliches Jagdrecht. Sie gibt im wesentlichen das Recht wieder, welches im Geltungsbereiche des Gesetzes vom 31. Oktober 1848 (GS. S. 343) bisher gegolten hat, und stellt somit eine Kodifikation dieses Rechts dar. Fast wörtlich übernommen sind die im § 86 unter Ziffer 3, 4, 6, 8 und 21 bezeichneten Gesetze, während dieses bei den unter Ziffer 1 und 2 aufgeführten Gesetzen nur insoweit der Fall ist, als sie nicht mit Rücksicht auf die jüngeren Gesetze als aufgehoben oder veraltet anzusehen waren. Gänzlich neu oder wesentlich verändert sind in der Jagdordnung nur die Vorschriften, betreffend die Ausübung des Jagdrechts, nämlich die §§ 3 bis 15, 17 bis 19, 25 bis 27, 53, 67, 84. Von den sonstigen Vorschriften des geltenden Rechts hat nur § 32 eine materielle Änderung erfahren; die sonst vorgenommenen Änderungen sind formaler Natur und zu dem Zwecke vorgenommen, die Unstimmigkeiten zwischen den einzelnen bisher geltenden Jagdgesetzen zu beseitigen oder eine gleiche Ausdrucksweise, insbesondere in der Benennung der Behörden, herbeizuführen. Dieses so gestaltete Recht ist auch, soweit es nicht dort schon gegolten hat, auf die Provinzen Schleswig-Holstein und Hessen-Nassau ausgedehnt, mit der Ausnahme, daß für erstere im § 82 eine Spezialbestimmung hinsichtlich der Vogelkojen aufrechterhalten ist, und daß nach § 81 im ehemaligen Kurfürstentum Hessen die dort geltenden Wildschadenbestimmungen in Kraft bleiben.

Die Jagdordnung ist für ihren Geltungsbereich die fast ausschließliche Quelle des Jagdrechts. Abgesehen davon, daß nach der ausdrücklichen Bestimmung des § 86 die dort aufgeführten Gesetzesvorschriften aufgehoben werden, kommen neben der Jagdordnung nämlich nur noch die einschlägigen Bestimmungen des Bürgerlichen Gesetzbuchs, insbesondere über den Wildschaden und das geltende Recht über die Befugnis zum Töten von Hunden und Katzen in Jagdrevieren, in Betracht.

Mit der förmlichen Aufhebung der im § 86 benannten Gesetze kommen auch die zu ihnen erlassenen Ausführungsanweisungen für den Geltungsbereich der Jagdordnung in Wegfall. Ihr Inhalt ist, soweit er in bezug auf die kodifizierten Vorschriften materiell noch von Bedeutung ist, in die nachfolgende Ausführungsanweisung übernommen worden, so daß auch dieser in Zukunft ausschließliche Bedeutung zukommt. Der leichteren Übersicht halber wird bei jedem Paragraphen der Jagdordnung bemerkt, welchem der früheren Gesetze er entnommen ist.

Erster Abschnitt.

1. Der erste Abschnitt begrenzt den Umfang des Jagdrechts sowohl nach der objektiven Seite (welche Tiere dem Jagdrecht unterliegen, § 1) wie nach der subjektiven Seite (wer jagdberechtigt ist, §§ 2 und 3).

2. **Zu § 1.** § 1 entspricht wörtlich dem § 1 des Wildschongesetzes vom 14. Juli 1904 und bestimmt in Verbindung mit letzterer Gesetzesvorschrift einheitlich für den ganzen Staat (ausschließlich Hohenzollern), welche Tiere jagdbar sind.

3. **Zu § 2.** § 2 gibt die Bestimmungen der §§ 1 bis 4 des Gesetzes vom 31. Oktober 1848 wieder, soweit sie jetzt noch von Bedeutung sind, unter Fortlassung derjenigen Vorschriften, welche nur noch rechtsgeschichtlichen Wert haben (Aufhebung des Jagdrechts auf fremdem Grund und Boden und des Rechts der Jagdfolge, § 1 und § 4 Abs. 2), oder welche heute selbstverständlich sind (§ 3 Abs. 1 Satz 2), oder endlich, welche in der Jagdordnung selbst eine anderweite Regelung gefunden haben (§ 3 Abs. 2 und § 4 Abs. 1 des Gesetzes vom 31. Oktober 1848).

4. **Zu § 3.** § 3 regelt die Ausübung des jedem Eigentümer zustehenden Jagdrechts dahin, daß diese nur auf Jagdbezirken erfolgen darf und auf Grundflächen, welche mit solchen vereinigt sind. Die Vereinigung wird bei Eigenjagdbezirken „Anschluß" und bei gemeinschaftlichen Jagdbezirken „Zulegung" genannt, mit dem aus § 12 sich ergebenden sachlichen Unterschiede.

Zweiter Abschnitt.

5. Dieser Abschnitt regelt sowohl die Bildung der Jagdbezirke wie die Verwaltung gemeinschaftlicher Jagdbezirke und enthält in ersterer Hinsicht neue, von dem bisher geltenden Rechte wesentlich abweichende Bestimmungen, während er bezüglich des letzteren Gegenstandes die Vorschriften des Gesetzes, betreffend die Verwaltung gemeinschaftlicher Jagdbezirke, vom 4. Juli 1905 wiedergibt.

6. **Zu § 4.** Abs. 1 bis 3. Die Bestimmungen über die Bildung der Eigenjagdbezirke weichen vielfach von den

Vorschriften des § 2 des Jagdpolizeigesetzes ab, so hinsichtlich der Arten der Eigenjagdbezirke, der Einschränkung der Flugwildjagd auf Eigenjagdbezirken unter 75 ha Umfang, des Verbots, aus gewissen schmalen Landstreifen besondere Eigenjagdbezirke zu bilden oder sie zur Herstellung des Zusammenhanges für Flächen, die sonst getrennt liegen würden, zu benutzen, sowie endlich der Regelung des Jagdrechts auf Wegen. Hierbei ist bei wichtigen Fragen der Jagdpolizeibehörde die Entscheidung überlassen (Abs. 3), die häufig schwierig sein und eine pflichtgemäße Prüfung aller in Betracht kommenden Verhältnisse erfordern wird; es wird zu berücksichtigen sein, daß der Zweck der Bestimmungen darin besteht, die Bildung von Jagdbezirken zu verhindern, die zum ordnungsmäßigen Betriebe der Jagd ungeeignet sind, ohne daß andererseits hierbei weiter gegangen werden darf, als es dieser Zweck unbedingt erfordert. Bei der in Abs. 2 getroffenen Einschränkung der Jagd auf Flugwild auf solchen eingefriedigten Grundflächen, die nicht 75 ha im Zusammenhange umfassen, ist von folgenden Gesichtspunkten ausgegangen: Die Zulassung derartiger kleiner Eigenjagdbezirke ist nur für solche Wildarten zu rechtfertigen, die durch die Einfriedigung derartig abgesperrt werden, daß ein Herüberwechseln von Wild von und nach dem eingefriedigten Jagdbezirke nicht erfolgen kann, daß also der Abschuß von Wild in letzterem auf den Wildbestand in den benachbarten Jagdbezirken ohne Einfluß bleibt. Dieses trifft bei Flugwild nicht zu; im allgemeinen wird es daher nicht gerechtfertigt sein, den Inhabern derartiger Jagdbezirke die Jagd auf dieses Wild zu gestatten. Ausnahmen sind nur dann gerechtfertigt, wenn Flugwild in den eingefriedigten Grundflächen selbst sich ständig aufhält (z. B. wenn dort eine Fasanerie angelegt ist), wenn auf ihnen durch Flugwild aus den benachbarten Jagdbezirken Wildschaden angerichtet wird, oder wenn es sich um durchziehendes Wild handelt, welches auch in den benachbarten Jagdbezirken sich nicht dauernd aufhält (z. B. Schnepfen, Krammetsvögel usw.). Auf jeden Fall muß verhindert werden, daß solche eingefriedigten Jagdbezirke als Wildfallen benutzt werden, um das Flugwild aus benachbarten Jagdbezirken durch Futter anzulocken und es dann abzuschießen. Bei Erteilung der Genehmigung wird auch zu berücksichtigen sein, daß nach § 39 letzter Absatz die Schonzeiten nicht für Wild in eingefriedigten Wildgärten gelten. Wenn es sich also um Wildgärten handelt, zu denen übrigens nicht jedes eingefriedigte Stück Land, auf dem sich Wild aufhält, sondern nur solche Gehege zu rechnen sind, die der Wildhege zu dienen bestimmt sind, wird regelmäßig zu erwägen sein, ob nicht die Genehmigung auf die Schießzeiten zu beschränken ist.

Eine neue Regelung hat im Abs. 1 Ziffer 2 die Ausübung der Jagd auf Wegen usw., die in oder an Eigenjagdbezirken liegen, erfahren. Es handelt sich hierbei nur um solche Wege usw., die nicht im Eigentum des Inhabers des Eigenjagdbezirks stehen, da sie andernfalls zum Eigenjagdbezirk an sich schon gehören würden, wie im Satz 4 Ziffer 2 bezüglich der Grenzwege, um Zweifel auszuschließen, noch besonders hervorgehoben ist. Diese Wege usw. gehören kraft Gesetzes zum Eigenjagdbezirk, falls der Inhaber des Eigenjagdbezirks nicht auf die Zugehörigkeit verzichtet, jedoch kann der Eigentümer des Weges usw. eine Pachtentschädigung verlangen. Der Satz: „Diese Flächen werden dem angrenzenden Eigenjagdbezirk angeschlossen“ bedeutet nicht, daß es zum Anschluß eines besonderen Aktes bedarf; er soll zum Ausdruck bringen, daß die sonst im Gesetz an den Anschluß von Flächen an Eigenjagdbezirke geknüpften

Folgen auch hier zutreffen (§ 12 Abs. 2: der Anschluß erfolgt pachtweise; § 26: Zulässigkeit des Verwaltungsstreitverfahrens bei Streit über die Höhe des Pachtgeldes; § 53: Wildschadengesetz). Eine weitere Folge des gesetzlichen Anschlusses besteht darin, daß nicht der Jagdvorsteher wie sonst zur Vertretung der Grundstücke bei der Festsetzung der Pachtentschädigung befugt ist, sondern daß der Inhaber des Eigenjagdbezirks unmittelbar mit dem Eigentümer der Wege in Verbindung zu treten hat. Falls eine Einigung über die Pachtentschädigung nicht erzielt wird, entscheidet nach § 19 der Kreisausschuß, gegen dessen Entscheidung nach § 26 das Verwaltungsstreitverfahren stattfindet. Wünscht der Inhaber des Eigenjagdbezirks den Anschluß der Wege usw. nicht, so gehören diese kraft Gesetzes zum gemeinschaftlichen Jagdbezirke des Gemeinde- (Guts-) Bezirks (§ 7) oder es ist mit ihnen nach Maßgabe der §§ 8 bis 10 zu verfahren.

Abs. 4 findet nur Anwendung auf solche Flächen, die teils in der Provinz Hannover, teils im Geltungsbereiche der Jagdordnung liegen, und entspricht dem Gesetze vom 7. August 1899 (GS. S. 151).

7. **Zu § 5.** Die in Abs. 1 vorgesehene Bildung des Eigenjagdbezirks durch den Eigentümer verlangt keine nach außen erkennbare Handlung des Eigentümers, insbesondere nicht eine dem Jagdvorsteher oder der Jagdpolizeibehörde gegenüber abzugebende Erklärung, sondern erfolgt allein durch den Entschluß, den Jagdbezirk zu bilden. Dagegen ist für das Verfahren nach Abs. 2 Voraussetzung, daß eine Erklärung gegenüber dem Jagdvorsteher ausdrücklich abgegeben wird. Durch den Relativsatz im Abs. 1 wird dem Inhaber des Eigenjagdbezirks die Befugnis beigelegt, in dem von ihm gebildeten Jagdbezirke nunmehr die Jagd auszuüben, mit der stillschweigenden Voraussetzung,

daß dieses innerhalb der gesetzlich gezogenen Schranken geschieht; insofern entsprechen diese Worte dem zweiten Satz im Abs. 1 des § 3 des Gesetzes vom 31. Oktober 1848.

8. **Zu § 6.** Abs. 3 entspricht dem § 19 des Kurhessischen Jagdgesetzes vom 7. September 1865. Eine bestimmte Form für die Vornahme der Verpachtung ist nicht vorgeschrieben.

9. **Zu § 7.** Abs. 1 bestimmt, daß alle nicht zu einem Eigenjagdbezirke gehörigen Grundflächen eines Gemeinde-(Guts-) Bezirks den gemeinschaftlichen Jagdbezirk bilden, wenn sie wenigstens 75 ha im Zusammenhang umfassen, und zwar kraft Gesetzes, so daß eine besondere Bildung des Jagdbezirks durch den Jagdvorsteher nicht erforderlich ist. Zu diesem unmittelbar durch das Gesetz gebildeten Jagdbezirk gehören, wenn die Feldmark aus mehreren voneinander getrennt liegenden Teilen besteht, alle diejenigen Teile, die für sich im Zusammenhange wenigstens 75 ha umfassen. Daß die Grundflächen des gemeinschaftlichen Jagdbezirks land- oder forstwirtschaftlich benutzbar sein müssen, wie diejenigen, die allein zur Bildung eines Eigenjagdbezirks tauglich sind, ist nicht vorgeschrieben; es werden daher bei Berechnung der Mindestgröße auch alle übrigen Flächen mitgezählt, wie Wege, alle Wassergrundstücke, Eisenbahnen, Baustellen, Hofräume, Gärten, öffentliche Plätze, Friedhöfe usw., selbst wenn sie für die Ausübung der Jagd nicht in Betracht kommen. Als Grundflächen, die nicht zu einem Eigenjagdbezirke gehören, sind auch diejenigen anzusehen, die an sich zur Bildung eines Eigenjagdbezirks geeignet, aber nicht hierzu verwandt sind, entweder weil der Eigentümer auf sie verzichtet (§ 5 Abs. 2) oder weil er den Anschluß ablehnt (Wege usw., § 4 Abs. 1 Ziffer 2).

Abs. 2 behandelt die Zerlegung eines gemeinschaftlichen Gemeindejagdbezirks in mehrere selbständige Jagdbezirke, die vom Gesetze mit besonderen Sicherungen umgeben ist. Einmal ist die Genehmigung des Kreis- (Bezirks-) Ausschusses vorgeschrieben, sodann ist eine Mindestgröße von 250 ha für jeden einzelnen Jagdbezirk festgesetzt, die nur ausnahmsweise, wenn ein besonderes Interesse der Jagdgenossenschaft es verlangt, bis auf 75 ha herabgesetzt werden darf. Das Erfordernis der Mindestgröße von 250 ha ist nicht dahin zu verstehen, daß der Kreisausschuß in jedem Falle, wenn diese vorhanden ist, die Genehmigung erteilen muß, sondern auch in diesem Falle hängt es von seinem pflichtmäßigen Ermessen ab, ob er der Teilung zustimmen will oder nicht.

Abs. 5 behandelt diejenigen vom Wald umschlossenen Grundflächen der Gemeindefeldmark, welche mit dem aus der Gemeindefeldmark gebildeten gemeinschaftlichen Jagdbezirk im Zusammenhange stehen, während § 10 in Verbindung mit § 8 Abs. 2 sich auf solche von Wald umschlossene Flächen bezieht, die von der Feldmark durch andere Gemeinde- (Guts-) Feldmarken oder Eigenjagdbezirke abgeschnitten werden, also Trennstücke der Gemeinde bilden. Der Waldbesitzer kann unter den im Gesetze vorgesehenen Bedingungen die Anpachtung derjenigen Grundflächen verlangen, welche mindestens 90 v. H. vom Walde begrenzt werden, während höchstens 10 v. H. der Grenzlinie nicht den Wald berühren. Innerhalb dieser Grenzen kann er sich die anzupachtenden Grundflächen beliebig herausschneiden, ohne Rücksicht darauf, ob die so geschaffenen Grenzen dieser Flächen mit den Katastergrenzen der einzelnen beteiligten Grundstücke zusammenfallen.

10. **Zu §§ 8 bis 10.** § 8 behandelt im Zusammenhange mit §§ 9 und 10 sowohl diejenigen Trennstücke der Feld-

marken, die im Zusammenhange nicht 75 ha umfassen, als auch ganze Feldmarken, die diesen Umfang nicht erreichen. Es ist im § 8 bestimmt, daß diese Flächen, wenn es irgend tunlich ist, zur Bildung von Jagdbezirken, die wenigstens 75 ha umfassen, verwandt werden. Zu diesem Zwecke werden drei Möglichkeiten vorgesehen: 1. Zulegung zu einem angrenzenden gemeinschaftlichen Jagdbezirk, 2. Anschluß an einen angrenzenden Eigenjagdbezirk, 3. Bildung eines wenigstens 75 ha umfassenden gemeinschaftlichen Jagdbezirks mit angrenzenden Grundflächen eines anderen Gemeinde- (Guts-) Bezirks, sei es, daß es sich bei letzterem auch um Flächen handelt, die für sich allein nicht zur Bildung eines gemeinschaftlichen Jagdbezirks geeignet sind, sei es, daß von den zur Bildung eines gemeinschaftlichen Jagdbezirks geeigneten Flächen des angrenzenden Gemeinde- (Guts-) Bezirks Teile abgetrennt werden. Zu dieser Regelung ist übrigens die Genehmigung des Kreisausschusses nicht erforderlich, da § 7 Abs. 3 diese Genehmigung nur für den Fall verlangt, daß von zwei oder mehreren Feldmarken, von denen jede nach § 7 Abs. 1 kraft Gesetzes einen gemeinschaftlichen Jagdbezirk bildet, Teile abgelöst werden sollen.

Die Regelung nach 2 und 3 ist fakultativ, zu 3 nach dem Wortlaut des Gesetzes, zu 2, weil der Eigenjagdbesitzer nicht zum Anschluß gezwungen werden kann. Wenn daher nicht nach Maßgabe von 2 und 3 verfahren wird, muß die Zulegung, wenn ein oder mehrere gemeinschaftliche Jagdbezirke angrenzen, an einen von diesen erfolgen. Kommt eine Einigung zwischen den verschiedenen Jagdvorstehern nicht zustande, so beschließt an ihrer Stelle nach § 18 der Kreisausschuß.

§ 9 trifft Bestimmungen für den Fall, daß die zu 2 und 3 besprochene Regelung nicht zustande kommt und zugleich ein gemeinschaftlicher Jagdbezirk, an den der Zwangsanschluß erfolgen könnte, nicht angrenzt; hier ist die Zulegung zu einem getrennt liegenden Jagdbezirk oder die Bildung eines selbständigen, nicht 75 ha im Zusammenhange großen Jagdbezirks zugelassen.

§ 10 endlich gestattet in Erweiterung der Bestimmungen des § 9 die Bildung eines besonderen, nicht 75 ha umfassenden Jagdbezirks auch dann, wenn ein im Zusammenhange über 750 ha großer Wald die betreffenden Grundflächen umschließt, dessen Inhaber die Anpachtung ablehnt und die sonst in §§ 8 und 9 vorgesehenen Möglichkeiten nicht im Wege der Vereinbarung mit den Vertretern der gemeinschaftlichen Jagdbezirke oder den Inhabern der Eigenjagdbezirke durchgeführt werden (das sind: Zulegung zu einem angrenzenden oder getrennt liegenden gemeinschaftlichen Jagdbezirk, Anschluß an einen angrenzenden oder getrennt liegenden Eigenjagdbezirk, Bildung eines wenigstens 75 ha umfassenden gemeinschaftlichen Jagdbezirks mit Teilen einer anderen Gemeinde).

Die Besonderheit dieser Bestimmung besteht darin, daß auch dann, wenn ein gemeinschaftlicher Jagdbezirk angrenzt, dieser nicht gegen seinen Willen gemäß § 18 gezwungen werden soll, die Flächen sich zulegen zu lassen, sondern daß, wenn der Jagdvorsteher die Zulegung nicht wünscht und die sonstigen Möglichkeiten erschöpft sind, der besondere Jagdbezirk zugelassen ist. Der Grund für diese Ausnahmebestimmung besteht darin, daß der angrenzende gemeinschaftliche Jagdbezirk nicht gezwungen werden soll, Grundflächen, auf denen vielleicht ein erheblicher Wildschaden zu gewärtigen ist, zu übernehmen.

11. **Zu § 12.** Der Unterschied in der Bestimmung des Abs. 1 und des Abs. 2 Satz 1 besteht darin, daß im Falle des Abs. 1 die zugelegten Grundflächen vollwertige Be-

standteile des gemeinschaftlichen Jagdbezirks und ihre Eigentümer Jagdgenossen des letzteren mit den gleichen Rechten und Pflichten der sonstigen Jagdgenossen werden, während beim Anschluß an einen Eigenjagdbezirk es sich nur um ein Pachtverhältnis handelt.

12. **Zu § 15.** Die Bestimmung des Kurhessischen Jagdgesetzes vom 7. September 1865, nach der

a) bei Neubildung und
b) bei Aufhebung

eines Eigenjagdbezirks zu a der Inhaber des Eigenjagdbezirks und zu b die Gemeinde (Jagdgenossenschaft) erst dann in die Jagdausübung eintreten darf, wenn von ihnen die etwa zu a von der Gemeinde (Jagdgenossenschaft), zu b vom Eigenjagdberechtigten gezahlten Ablösungskapitalien zurückerstattet sind, ist aufrechterhalten mit der Maßgabe, daß an Stelle von 100 Kasseler Morgen 75 ha treten. Diese Bestimmung ist von besonderer Bedeutung, weil für das ehemalige Kurhessen die Größe der Eigenjagdbezirke von 100 Kasseler Morgen auf 75 ha erhöht ist; wenn also in Zukunft die Gemeinde (Jagdgenossenschaft) bei Eigenjagdbezirken, die letzterem Erfordernis nicht entsprechen, die Jagd ausüben will, muß sie zunächst die etwa gezahlten Ablösungskapitalien zurückerstatten. Das Umgekehrte gilt, wenn ein Eigentümer von seinem Recht, einen Eigenjagdbezirk nach § 4 Abs. 1 Ziffer 1 durch Einfriedigung zu bilden, Gebrauch macht.

Die weitere Bestimmung des § 5 Kurhess. Gesetzes vom 7. September 1865, daß erst nach Ablauf der bestehenden Jagdpachtverträge von dem Recht, in die Jagdausübung einzutreten, Gebrauch gemacht werden kann, ist in die Jagdordnung nicht übernommen; der Zeitpunkt, zu dem die Jagd ausgeübt werden darf, bestimmt sich vielmehr auch für das ehemalige Kurhessen fortan nach § 14. Für die Übergangszeit nach Inkrafttreten der Jagdordnung kommt übrigens noch § 84 in Betracht.

13. **Zu § 16** (§ 1 des Gesetzes, betreffend die Verwaltung gemeinschaftlicher Jagdbezirke, vom 4. Juli 1905).

Abs. 1. Im Abs. 1 wird der leitende Grundsatz ausgesprochen, daß es sich bei der Verwaltung der Angelegenheiten eines gemeinschaftlichen Jagdbezirks um Interessentenangelegenheiten handelt. Was unter dem gemeinschaftlichen Jagdbezirke zu verstehen ist, richtet sich nach den vorhergehenden Bestimmungen.

Abs. 2 und 3. Die Verwaltung der Angelegenheiten der Jagdgenossenschaft und ihrer Vertretung erfolgt allein durch eine Einzelperson, den Vorsteher der Gemeinde (Bürgermeister in den Städten sowie in den Landgemeinden der Provinz Hessen-Nassau, Gemeindevorsteher in den sonstigen Landgemeinden, Gutsvorsteher in den Gutsbezirken, in der Rheinprovinz durch den Bürgermeister in den der Städteordnung vom 15. Mai 1856 — GS. S. 406 — unterworfenen Gemeinden, im übrigen durch den Gemeindevorsteher), und zwar kraft des ihm durch dieses Gesetz erteilten Auftrags. Die nach dem Jagdpolizeigesetz vom 7. März 1850 und dem ihm nachgebildeten Lauenburgischen Gesetz vom 17. Juli 1872 vorgeschriebene Verwaltung oder Mitwirkung in einzelnen Fällen durch den Magistrat in den Städten, die Schöffen in den Landgemeinden, den Amtmann in Westfalen, den Bürgermeister in den nicht der Städteordnung vom 15. Mai 1856 unterworfenen Gemeinden der Rheinprovinz, ferner die Verwaltung durch den Gemeinderat nach der Verordnung für das ehemalige Herzogtum Nassau vom 30. März 1867 und durch die Gemeindeorgane in den übrigen Teilen der Provinz Hessen-Nassau, ist in Fortfall gekommen.

Die nach dem Jagdpolizeigesetz und der Nassauischen Verordnung vom 30. März 1867 freiere Stellung der Gemeindebehörde als Verwalterin der Angelegenheiten des gemeinschaftlichen Jagdbezirks ist nach folgenden Richtungen eingeschränkt:

1. Für die wichtigeren Beschlüsse des Jagdvorstehers ist die Genehmigung der Verwaltungsbeschlußbehörden vorgeschrieben.
2. Das Gesetz stellt bestimmte Grundsätze auf, die von den Jagdvorstehern bei der Verwaltung der Jagdangelegenheiten zu beachten sind.
3. Den Jagdgenossen ist durch Einräumung eines formellen Beschwerderechts gegen gewisse Beschlüsse des Jagdvorstehers ein weitgehender Einfluß auf die Verwaltung gesichert.
4. Es ist eine besondere Jagdaufsichtsbehörde geschaffen worden, an welche ein allgemeines Beschwerderecht binnen gewisser Frist gegeben ist.

Jagdaufsichtsbehörde ist der zuständige Landrat (Regierungspräsident). Liegt der Jagdbezirk in verschiedenen Land- (Stadt-) Kreisen, so wird die Zuständigkeit durch die nächsthöhere gemeinsam vorgesetzte Behörde bestimmt.

Obwohl der Wortlaut des § 16 mit dem des § 1 des Gesetzes vom 4. Juli 1905 wörtlich übereinstimmt, ist die Bedeutung des Satzes 2 im Abs. 2 doch jetzt eine etwas andere. Nach dem früheren Rechte bideten alle Grundstücke eines Gemeindebezirks, die nicht zu einem Eigenjagdbezirk gehörten, den gemeinschaftlichen Jagdbezirk. Als Jagdvorsteher wirkte der im Satz 2 des Abs. 2 bezeichnete Beamte. Nach der Jagdordnung gehören gewisse Grundflächen (§§ 8 bis 10) nicht kraft Gesetzes zu einem gemeinschaftlichen Jagdbezirk, sondern müssen erst einem Jagdbezirk angegliedert werden (siehe auch § 7 Abs. 5); ihre Vertretung liegt zunächst, bis die Vereinigung durchgeführt ist, oder, wenn ein Anschluß an einen Eigenjagdbezirk erfolgt, auch später noch in einem gewissen Umfange (§ 25 Abs. 5) dem Jagdvorsteher nach § 17 Abs. 1 und 2 ob. Auch diese Obliegenheiten hat der Vorsteher der Gemeinde, in der die Grundflächen liegen, als Jagdvorsteher wahrzunehmen, so daß er also wie nach dem früheren Recht alle Grundflächen der Gemeinde- (Guts-) Feldmark, die nicht zu einem Eigenjagdbezirk gehören, zu vertreten hat mit Ausnahme von zwei Fällen:

1. Wenn Grundflächen nach §§ 8 und 9 einem anderen gemeinschaftlichen Jagdbezirk zugelegt werden, so werden sie Teile von diesem, so daß sie von dessen Jagdvorsteher mitverwaltet werden.
2. Wenn gemeinschaftliche Jagdbezirke aus Teilen mehrerer Gemeinden gebildet sind (§ 7 Abs. 3, §§ 8, 9, 10), bestimmt die Jagdaufsichtsbehörde den zuständigen Jagdvorsteher (§ 16 Abs. 3).

Abs. 5. Magistratspersonen sind die Mitglieder des Magistrats, wo ein kollegialischer Gemeindevorstand nicht besteht, die Beigeordneten.

14. **Zu § 17.** § 17 gibt den Inhalt des § 2 des Gesetzes vom 4. Juli 1905, jedoch mit wesentlichen Erweiterungen und Veränderungen, wieder. Zur Grundlage für die Beschlüsse der Jagdvorsteher sind nicht mehr, wie im letzteren Gesetze, die bei dessen Erlaß bestehenden Gesetze gemacht, sondern die Jagdordnung selbst. Die Jagdvorsteher haben nicht nur über die Bildung der Jagdbezirke zu beschließen, sondern auch über die Höhe der Pachtentschädigung (Abs. 2). Endlich ist das Verfahren insofern abgeändert, als das Genehmigungsverfahren nur in beschränktem Umfange bei-

behalten (§ 7 Abs. 2 und 3) und an dessen Stelle oder neben ihm das Einspruchsverfahren, wie es das Gesetz vom 4. Juli 1905 schon für die Verpachtung der gemeinschaftlichen Jagdbezirke in §§ 4 und 6 vorgesehen hatte, für alle in Betracht kommenden Beschlüsse der Jagdvorsteher eingeführt ist. Kollisionen zwischen beiden Verfahren sollen durch die Bestimmung des Abs. 5 vermieden werden.

Zur Bildung eines gemeinschaftlichen Jagdbezirks aus Teilen mehrerer Gemeinden (§ 7 Abs. 3) bedarf es der Zustimmung der sämtlichen beteiligten Jagdvorsteher. Für die Genehmigung des Beschlusses dieser Jagdvorsteher ist nur erforderlich die Zustimmung eines Kreis- (Bezirks-) Ausschusses, dessen Zuständigkeit erforderlichenfalls nach § 58 des Gesetzes über die allgemeine Landesverwaltung vom 30. Juli 1883 festzustellen ist.

15. **Zu § 20** (§ 3 des Gesetzes vom 4. Juli 1905).

Die Bestimmungen entsprechen im allgemeinen dem schon durch das Jagdpolizeigesetz geschaffenen Rechte. Sie bedeuten eine wesentliche Neuerung nur für die ehemals kurhessischen Gebietsteile, wo die Jagd allein durch Verpachtung, und zwar durch öffentlich-meistbietende, genutzt werden durfte.

Der aus dem Abs. 2 des § 3 des Gesetzes vom 4. Juli 1905 fortgelassene letzte Satz findet sich im § 27 Abs. 2.

16. **Zu § 21** (§ 4 des Gesetzes vom 4. Juli 1905).

Abs. 1 und 2. Die Art der Verpachtung (freihändig, öffentlich, meistbietend in einem vorher beschränkten Kreise von Bietern) ist zwar dem Ermessen des Jagdvorstehers anheimgestellt, jedoch soll für sie das Interesse der Jagdgenossenschaft maßgebend sein. Im allgemeinen wird dieses Interesse am besten durch die öffentlich-meistbietende Verpachtung gewahrt werden, da diese am wirksamsten die Willkür des Jagdvorstehers ausschließt und den höchsten Ertrag sichert. Jedoch erschöpft vor allem das letztere Moment nicht immer das Interesse der Jagdgenossenschaft und der einzelnen Jagdgenossen, da neben der Erzielung eines angemessenen Pachtzinses die Schonung der Feldfrüchte und die pflegliche Ausübung der Jagd zur Erhaltung der Nachhaltigkeit der Jagdnutzung in Betracht kommen und den Ausschlag für die freihändige Verpachtung oder die Verpachtung mit beschränkter Konkurrenz geben können.

Abs. 3 bis 5. Da die Jagdgenossen sowohl gegen die Art der Verpachtung und die Pachtbedingungen, wie gegen den Pachtvertrag selbst Einspruch erheben dürfen wird das Verfahren in manchen Fällen längere Zeit in Anspruch nehmen. Die Aufsichtsbehörde wird deshalb darauf hinzuwirken haben, daß die Vorbereitungen zur Verpachtung so rechtzeitig betrieben werden, daß zwischen Ablauf des alten Pachtvertrags und Beginn des neuen Vertrags keine pachtfreie Zeit eintritt. Auch wird es zur Vereinfachung und Beschleunigung beitragen, wenn die Aufsichtsbehörde im Einvernehmen mit der Beschlußbehörde Normalpachtverträge entwirft, deren Inhalt den örtlichen Verhältnissen entspricht, und die der Verpachtung zugrunde gelegt werden, soweit nicht die Verhältnisse des einzelnen Falles eine Abweichung gestatten.

Der Jagdvorsteher wird sich rechtzeitig über die Art der Verpachtung und die Pachtbedingungen schlüssig zu machen haben; er hat sodann in ortsüblicher Weise eine Bekanntmachung zu erlassen, aus der die von ihm beabsichtigte Art der Verpachtung und Ort und Zeit der Auslegung der Pachtbedingungen zu ersehen sind.

Wenn die Jagdverpachtung öffentlich-meistbietend erfolgen soll, kann die ortsübliche Bekanntmachung des Termins der Verpachtung (Abs. 5) zugleich mit der ersten öffentlichen Bekanntmachung der Art der Verpachtung (Abs. 3) verbunden werden. Falls dieser Termin wegen des etwa eingeleiteten Einspruchsverfahrens nicht eingehalten werden kann, würde eine neue öffentliche Bekanntmachung erforderlich sein.

Die Bekanntmachung des Versteigerungstermins in einem Blatte hat den Zweck, Bieter auf den Termin aufmerksam zu machen. Die Jagdaufsichtsbehörde wird daher ein solches Blatt auszuwählen haben, welches größere Verbreitung in den Kreisen von Jägern hat. Es ist nicht erforderlich, daß in jedem einzelnen Falle das Blatt bestimmt wird, sondern es genügt, wenn für den Kreis ein für allemal bis auf weiteres ein Blatt bezeichnet wird. Es ist dem Jagdvorsteher unbenommen, auch noch in anderen als dem von der Aufsichtsbehörde bestimmten Blatte den Termin bekanntzumachen.

17. **Zu § 22** (§ 5 des Gesetzes vom 4. Juli 1905). § 22 enthält Vorschriften, welche bei der Verpachtung beachtet werden müssen, wenn der Vertrag nicht nichtig sein soll. Ob die etwaige, in den Ziffern 2 und 4 vorgesehene Genehmigung der Beschlußbehörden gleich nach Auslegung der Pachtbedingungen (§ 21) oder erst nach Auslegung des abgeschlossenen Vertrags und Ablauf der Einspruchsfrist (§ 23) einzuholen ist, wird von der Beschaffenheit des einzelnen Falles abhängen.

Abs. 2. (1) Die gemäß § 22 Ziffer 1 schriftlich abzufassenden Jagdpachtverträge sind dem Stempel nach der Tarifstelle 48 I Nr. 2 des Stempelsteuergesetzes vom 31. Juli 1895 / 26. Juni 1909 in der Fassung der Bekanntmachung vom 30. Juni 1909 (GS. S. 535) unterworfen, wenn der nach der Dauer eines Jahres zu berechnende Pachtzins mehr als 300 Mark beträgt und der für die Gesamtdauer des Vertragsverhältnisses zu entrichtende Zins den Betrag von 150 Mark übersteigt. An Stempel sind zu entrichten, wenn der verabredete, nach der Dauer eines Jahres zu berechnende Pachtzins (wobei die in Geld vereinbarte Vergütung für besondere Leistungen hinzuzurechnen ist) beträgt:

mehr	als	300 M.,	aber	nicht	mehr	als	500 M.	2	v.	H.,
„	„	500 „	„	„	„	„	1500 „ ...	3	„	„,
„	„	1500 „	„	„	„	„	3000 „ ...	5	„	„,
„	„	3000 „	„	„	„	„	6000 „ ...	7	„	„,
„	„	6000 „	„	„	„	„	8000 „ ...	9	„	„,
„	„	8000 „	....				....	10	„	„.

Verträge über die Anpachtung von gemeinschaftlichen Jagdbezirken unterliegen jedoch, sofern der verabredete, nach der Dauer eines Jahres zu berechnende Pachtzins den Betrag von 1500 Mark nicht übersteigt, nur einem Stempel von $^{3}/_{10}$ v. H. des Pachtzinses, wenn als Pächter ausschließlich solche Inländer auftreten, die im Gemeindebezirk ihren Wohnsitz haben und zu den Jagdgenossen des Jagdbezirks gehören.

(2) Den in dem vorhergehenden Absatz angegebenen Steuersätzen sind auch mündliche Jagdpachtverträge unterworfen.

(3) Schriftliche oder mündliche Verträge über die Erlaubnis zum Abschuß jagdbarer Tiere auf inländischen Grundstücken gegen Entgelt stehen den Jagdpachtverträgen gleich mit der Maßgabe, daß das innerhalb des laufenden Kalenderjahres zu zahlende Entgelt an die Stelle des nach der Dauer eines Jahres zu berechnenden Pachtzinses tritt. Sie unterliegen indessen einem Mindeststempel von jährlich 15 Mark.

(4) Enthält ein schriftlicher oder mündlicher Vertrag neben sonstigen Vereinbarungen auch Vereinbarungen über

die Verpachtung der Jagd oder über die Berechtigungen zum Abschuß jagdbarer Tiere gegen Entgelt, so ist der auf diese Vereinbarungen entfallende Teil des Entgeltes nach den Vorschriften über Jagdpachtverträge zu versteuern. Das Entgelt ist in das Jagdpachtverzeichnis einzutragen. Trägt die Zollbehörde Bedenken, das Entgelt als richtig anzunehmen, so finden die §§ 6, 7 und 27 Abs. 3 des Stempelsteuergesetzes entsprechende Anwendung.

Jeder Jagdvorsteher ist verpflichtet, nach Schluß eines jeden Kalenderjahres die während dessen Dauer in Geltung gewesenen Verträge einzeln in das durch Ausführungsbestimmungen vom 16. August 1910 zum Landesstempelgesetz in der Beilage 5 vorgeschriebene Jagdpachtverzeichnis einzutragen und das Verzeichnis spätestens bis zum Ablaufe des auf das Kalenderjahr folgenden Januar je nach seiner Wahl einem Hauptzollamt, Zollamt oder einem Stempelverteiler desjenigen Oberzolldirektionsbezirks, in welchem die verpachteten Grundstücke belegen sind oder der Jagdvorsteher seinen Wohnort hat, unter Einzahlung des erforderlichen Stempelbetrages zur Versteuerung vorzulegen. Die Zuständigkeit der Stempelverteiler ist auf die Versteuerung von Verzeichnissen beschränkt, die einen Stempel von nicht mehr als 100 Mark erfordern. Statt die Versteuerung durch die Zollbehörden vornehmen zu lassen, steht es den Jagdvorstehern als Behörden nach Abs. 16 der Tarifstelle 48 I auch frei, die Versteuerung der von ihnen zu führenden Verzeichnisse selbst zu bewirken. Ausführungsbestimmungen vom 16. August 1910 zum Steuerstempelgesetz Nr. 78 Abs. 1 bis 3 und Beilage 5 der amtlichen Ausgabe S. 157 und S. 200 bis 204, Zentralblatt der Abgabengesetzgebung und -verwaltung für 1910, Beilage zum 20. Stück Nr. 73 S. 116 bis 120.

Im Interesse der gleichmäßigen Beachtung dieser Bestimmungen wird es sich empfehlen, hierauf besonders aufmerksam zu machen, auch die Normalpachtverträge (siehe unter 16 zu § 21 Abs. 3 bis 5) mit einem Zusatz über die Stempelpflichtigkeit der Verträge und die Art ihrer Versteuerung versehen zu lassen.

Unter der Weiterverpachtung aus Ziffer 3 ist nicht die Verlängerung des abgeschlossenen Vertrags mit demselben Pächter, sondern die Übertragung eines Pachtvertrages während seiner Dauer auf einen anderen Pächter zu verstehen (§§ 549, 581 Abs. 2 BGB.).

Die Bestimmung der Ziffer 5 soll unerwünschte Ausländer an der Pachtung von Jagden hindern. Die weiter gehenden Befugnisse der Behörden gegenüber Ausländern werden durch diese Vorschrift nicht berührt. Die seit Erlaß des Gesetzes vom 4. Juli 1905 gemachten Erfahrungen zeigen, daß immer noch aus den Jagdverpachtungen an Ausländer Mißstände mancherlei Art, und zwar sowohl auf jagdlichen wie auf anderen Gebieten, entstanden sind. Es ist daher dringend notwendig, bei Erteilung der Genehmigung nach § 22 Ziffer 5 besondere Vorsicht walten zu lassen und in jedem Falle eingehend zu prüfen, ob die Persönlichkeit des Ausländers die erforderliche Gewähr gibt.

Zu Ziffer 17 ist zu bemerken, daß nunmehr das Stempelsteuergesetz vom 21. Oktober / 25. Oktober 1924 maßgebend ist; siehe z. B. Tarifstelle 10a bezüglich Jagdpachtverträge. Vgl. Anhang Nr. IX.

18. **Zu § 23** (§ 6 des Gesetzes vom 4. Juli 1905).

Der nach Abs. 2 zulässige Einspruch soll sich nur gegen diejenigen Teile des Pachtvertrags richten dürfen, die noch nicht in dem Verfahren des § 21 und § 22 festgestellt sind, damit nicht über dieselbe Angelegenheit ein doppeltes Verfahren stattfindet. Gegen die Art der Verpachtung und die Pachtbedingungen ist daher ein Einspurch nicht mehr zulässig, soweit sie dem ersten Verfahren zugrunde gelegen haben, sei es, daß sie gegenüber der Bekanntgabe des Jagdvorstehers unverändert geblieben oder daß sie im Einspruchsverfahren abgeändert worden sind. Soweit bei der schließlichen Verpachtung von ihnen abgewichen ist, würde der Einspruch aus § 23 Abs. 2 nicht ausgeschlossen sein. Im allgemeinen wird sich der hier zugelassene Einspruch nur richten können gegen die Höhe des Pachtzinses und die Person des Jagdpächters.

19. **Zu § 24** (§ 7 des Gesetzes vom 4. Juli 1905).

Die Entscheidung über die Richtigkeit der Jagdpachtverträge ist in den angegebenen Fällen zur Wahrung der Einheitlichkeit der Rechtsprechung den Verwaltungsgerichten überwiesen, weil diese Gerichte mit den inhaltlich gleichartigen Entscheidungen befaßt sind, wenn die Jagdpolizeibehörde es für angezeigt erachtet, die Ausübung der Jagd auf Grund eines nichtigen Vertrags im polizeilichen Interesse zu verbieten. Diese Befugnis der Jagdpolizeibehörde zum Einschreiten gegen nichtige Verträge wird durch die neugeschaffene ähnliche Befugnis der Jagdaufsichtsbehörde nicht berührt; inhaltlich unterscheidet sich letztere Befugnis von der ersteren dadurch, daß sie unter Beachtung der gesetzlichen Voraussetzungen lediglich von dem pflichtmäßigen Ermessen der Jagdaufsichtsbehörde abhängig ist und nicht an dieselben Voraussetzungen geknüpft ist, wie solche für ein polizeiliches Einschreiten bestehen.

Das Recht der Jagdaufsichtsbehörde, für die Dauer eines Verwaltungsstreitverfahrens wegen der Nutzung der Jagd die erforderlichen Anordnungen zu treffen, wenn dem Pächter die Ausübung der Jagd untersagt ist, entspricht dem praktischen Bedürfnis, daß die Jagdgenossen während eines solchen, oft langwierigen Verfahrens nicht der Erträgnisse der Jagdnutzung verlustig gehen. Welche Anordnungen zu treffen sind, hängt von dem Ermessen der Behörde ab (Zwischenverpachtung bis zur endgültigen Entscheidung, Abschießen durch Jäger, um Erträge zu erzielen und Wildschaden zu verhindern usw.).

20. **Zu § 25.** § 25 enthält den § 8 des Gesetzes vom 4. Juli 1905, neu ist der Abs. 5.

Auf die Pachtgelder und sonstigen Einnahmen der Jagdnutzung haben diejenigen Personen Anspruch, welche bei ihrem Fälligwerden Jagdgenossen, d. h. Eigentümer oder Nießbraucher der Grundstücke des gemeinschaftlichen Jagdbezirks sind.

Die Verteilung der Pachtgelder an die Anteilsberechtigten erfolgt durch den Jagdvorsteher in der bisher ortsüblichen Weise.

Ob die Jagdeinkünfte, wenn sie herkömmlich für gemeinnützige Zwecke verwendet worden sind, fernerhin diesem Zwecke gewidmet werden sollen, oder ob sie fortan unter die Jagdgenossen zu verteilen sind, bestimmt der Jagdvorsteher. Daß die bisher zu gemeinnützigen Zwecken verwendeten Erträge nun immer denselben Zwecken erhalten bleiben, ist nicht erforderlich. Es kommt nur darauf an, daß der Zweck ein gemeinnütziger ist, wenn er auch auf einen anderen als dem bisherigen Verwendungsgebiete liegt. Auch Gemeindezwecke gehören hierher. Von Bedeutung ist diese Bestimmung hauptsächlich für diejenigen Teile der Provinz Hessen-Nassau, auf die die Vorschriften des Gesetzes vom 4. Juli 1905 nunmehr ausgedehnt worden sind und wo bisher kraft gesetzlicher Bestimmung oder herkömmlich die Jagderträge in die Gemeindekasse geflossen und zu Gemeindezwecken verwandt worden sind. Es steht nichts entgegen, daß es hierbei verbleibt, allerdings mit der Einschränkung, daß jeder Grundeigentümer befugt ist, die Auszahlung seines Anteils zu verlangen.

Der Abs. 5 bestimmt, daß der Vorsteher der Gemeinde als Jagdvorsteher auch dann die Rechnungsgeschäfte führen soll, wenn Grundflächen des Gemeinde- (Guts-) Bezirks einem Eigenjagdbezirk angeschlossen sind und nicht zum gemeinschaftlichen Jagdbezirk gehören.

Die Vorschrift des Abs. 6 gilt übrigens auch für die Fälle des Abs. 5, da die im letzteren besprochenen Grundflächen früher in der Regel zum gemeinschaftlichen Jagdbezirk der Gemeinde gehörten und ebenso behandelt wurden wie deren übrige Flächen.

Wenn der gemeinschaftliche Jagdbezirk aus mehreren Gemeinden oder Teilen mehrerer Gemeinden besteht, sind die Kassengeschäfte von derjenigen Gemeindekasse zu führen, die dem zum Jagdvorsteher bestellten Gemeindevorsteher (§ 16 Abs. 3) untersteht.

21. **Zu § 26.** § 26 enthält die Bestimmungen des § 9 des Gesetzes vom 4. Juli 1905, jedoch mit den Erweiterungen, die durch die neuhinzugekommenen Vorschriften der Jagdordnung (§ 17 Abs. 4 und 5, § 18, § 19, § 52 Abs. 2) veranlaßt sind.

Die Vorschrift, daß der Beschluß in gewissen Fällen endgültig sein soll, jedoch von dem Jagdvorsteher angefochten werden darf, bedeutet eine Ausnahme von der Regel, daß die Beschlüsse der Beschlußbehörden entweder mit einem von seiten aller Beteiligten anfechtbar oder aber — in Ausnahmefällen — endgültig sind. Diese Ausnahme hat den Zweck, den Jagdgenossen, denen die unmittelbare Verwaltung der Jagdangelegenheiten nicht übertragen worden ist, durch die Person ihres gesetzlichen Vertreters, des Jagdvorstehers, ein weiteres Einwirkungsrecht auf diese Verwaltung einzuräumen. Es entspricht dem Zwecke dieser Bestimmung, daß der Jagdvorsteher nur in dringenden Fällen von dem Rechtsmittel Gebrauch macht.

22. **Zu § 27.** Abs. 1 gibt den § 13 des Jagdpolizeigesetzes vom 7. März 1850 wieder. Abs. 2 enthält den zweiten Satz des Abs. 2 § 3 des Gesetzes vom 4. Juli 1905, während sein übriger Inhalt neu ist.

23. **Zu § 28.** § 28 entspricht dem § 5 des Gesetzes vom 31. Oktober 1848 mit geringer Abweichung, soweit er noch gilt. Für die Verwandlung der Geldstrafe in Freiheitsstrafe (Abs. 2) kommt jetzt das Reichsstrafgesetzbuch in Betracht (vgl. auch § 79 JO.); im Abs. 3 ist statt „Stadtvorstand" gesetzt: „Gemeinde- (Guts-) Vorstand", weil Festungswerke jetzt auch in Landgemeinden oder Gutsbezirken vorkommen.

Dritter Abschnitt.

24. Der dritte Abschnitt (§§ 29 bis 38) gibt den Inhalt der §§ 1 bis 10 des Jagdscheingesetzes vom 31. Juli 1895 unverändert wieder mit der im § 32 der Jagdordnung vorgenommenen Änderung des § 4 des Jagdscheingesetzes über die Höhe der Ausländerjagdscheine sowie mit der formalen Änderung im § 30 Ziffer 3, wo entsprechend der Fassung des sechsten Abschnitts die Erteilung der Ermächtigung zur Ausübung der Jagd nur der Jagdpolizeibehörde, nicht mehr der Aufsichtsbehörde vorbehalten ist. Die §§ 11 bis 13 finden sich unverändert als §§ 72 bis 74, § 14 als § 80 in erweiterter Form im achten Abschnitt, während § 15 als § 85 im neunten Abschnitt steht.

25. **Zu § 29** (§ 1 des Jagdscheingesetzes vom 31. Juli 1895; [vgl. auch wegen der Versteuerung der Jagdscheine Ausführungsbestimmungen zum Stempelsteuergesetz Nr. 65, amtliche Ausgabe S. 144 ff., Zentralblatt aaO. S. 60 ff.]).

An Stelle des Jagdscheinstempels ist die Jagdscheingebühr getreten (vgl. im Anhang unter Nr. IX die Verwaltungsgebührenordnung).

Ia. Ausfertigung der Jagdscheine.

(1) Zur Ausstellung der Jagdscheine sind die folgenden fünf Formulare nach Maßgabe der beiliegenden Muster [sind nicht mit abgedruckt] zu benutzen:

a) für den Jahresjagdschein gelbe Farbe,

b) für den Tagesjagdschein rote Farbe,

c) für den Jahresjagdschein für Ausländer gelbe Grundfarbe mit schräg aufgedrucktem grünen Kreuz, Angabe des Bürgen mit Namen und Wohnort, dem Aufdrucke „Ausländerjahresjagdschein" und mit freiem Rande an der rechten Seite [zum Aufkleben der Stempelmarken],

d) für den Tagesjagdschein für Ausländer rote Grundfarbe mit schräg aufgedrucktem grünen Kreuz, Angabe des Bürgen mit Namen und Wohnort, dem Aufdrucke „Ausländertagesjagdschein" und gleichfalls mit freiem Rande an der rechten Seite [zum Aufkleben der Stempelmarke],

e) für den unentgeltlich zu erteilenden Jagdschein weiße Farbe (wie bisher) mit dem Aufdruck: „Abgaben- und [stempel-] gebührenfrei."

(2) Die Rückseite hat das in der Anlage II a mitgeteilte Muster [ist nicht mit abgedruckt] zu enthalten. Auch empfiehlt es sich, um Unglücksfällen vorzubeugen, auf einem Anhange zum Jagdscheinformular die für das Verhalten der Schützen auf Treibjagden zu beobachtenden Hauptregeln in der Fassung der Anlage II b zum Ausdruck zu bringen, wie dieses in einzelnen Regierungsbezirken bisher schon vielfach geschieht und auf den auf Kosten der Staatskasse hergestellten Vordrucken vorgesehen ist. Die Wahl des Materials (z. B. fester Pappdeckel oder Leinwand) bleibt, soweit die Vordrucke nicht nach Abschnitt I b Abs. 2

auf Kosten der Staatskasse hergestellt werden, den ausstellenden Behörden überlassen.

(3) Jeder Jagdschein muß neben der Bezeichnung und Unterschrift der ausstellenden Behörde, die auch durch Aufdruck mit einem handschriftlichen Druckstempel geleistet werden kann, deren Amtssiegel, die Nummer, unter der der Jagdschein in der Jahreskontrolliste eingetragen ist, und die Angabe der dafür entrichteten Abgabe und Stempelsteuer enthalten.

An Stelle der Stempelsteuer ist die Verwaltungsgebühr auf Grund der Verwaltungsgebührenordnung vom 30. Dezember 1926 getreten.

(4) Ausfertigungsgebühren dürfen für den ausgestellten Jagdschein nach § 32 Abs. 2 nicht erhoben werden. Etwaige Anschaffungskosten (zu vgl. Abschnitt I b Abs. 5) sind von denjenigen Kommunalkassen zu decken, in welche nach § 32 Abs. 4 die Abgaben fließen, die Kosten für die unentgeltlich zu erteilenden Jagdscheine aus dem Dispositionsfonds der Regierung für polizeiliche Zwecke (vgl. Ministerialerlaß vom 14. März 1850, MBl. f. d. i. V. S. 107), sofern nicht auch diese freiwillig aus den Kommunalkassen bestritten werden.

Der erste Satz obigen Abs. 4 gilt nicht mehr. Es kommt nunmehr die Verwaltungsgebührenordnung vom 30. Dezember 1926 (GS. S. 327) in Betracht; siehe § 32 JO. und Anm. dazu sowie weiter unten im Anhang die besagte Verwaltungsgebührenordnung.

(5) Doppelausfertigungen (Duplikate) sind gegen Entrichtung von 1 Reichsmark nach § 32 Abs. 3 zulässig, und zwar sowohl für abhanden gekommene, verbrannte, verlorene Exemplare wie für noch vorhandene; [sie sind gemäß Tarifstelle 16 Abs. 2 des Stempelsteuergesetzes von der Stempelabgabe befreit, jedoch mit dem ausdrücklichen und deut-

lichen Vermerk „Stempelfreie Doppelausfertigung" zu versehen;] auch ist auf ihnen anzugeben, welche Abgaben und welcher [Stempel-] Verwaltungsgebührenbetrag für die Hauptausfertigung entrichtet worden sind (zu vgl. Abschnitt I b Abs. 8).

(6) Bei Erneuerung eines Jagdscheins ist tunlichst der abgelaufene, früher bezogene einzuziehen und zu vernichten. War der frühere Jagdschein in doppelter Ausfertigung ausgestellt, so sind, soweit angängig, beide Exemplare einzuziehen und zu vernichten.

(7) Der Tag der Lösung des Jagdscheins braucht nicht mit dem Tage der Ausfertigung zusammenzufallen. Es steht also nichts im Wege, daß ein Jagdschein schon einige Tage, ehe seine Gültigkeitsdauer beginnen soll, ausgestellt und dem Nachsuchenden zugefertigt wird.

(8) Wird die Zusendung des ausgefertigten Jagdscheins durch die Post gewünscht, so hat sie bei unentgeltlichen Jagdscheinen für Staatsforstbeamte portofrei zu erfolgen; bei allen übrigen trägt die Portokosten der Empfangsberechtigte.

I b. Versteuerung der Jagdscheine.

[I b ist aufgehoben durch die Verwaltungsgebührenordnung; siehe diese weiter unten im Anhang.]

II. Kontrollisten.

(1) Über sämtliche, im Laufe eines Rechnungsjahres ausgestellten Jagdscheine ist von den Landräten (Ortspolizeibehörden) eine Kontrolliste nach Maßgabe des in der Anlage III — ist nicht mitangegeben — beigegebenen Musters zu führen. Die Ausstellungsbehörden sind ver-

pflichtet, in Spalten 14 und 15 den Betrag der zu den einzelnen Jagdscheinen verwendeten Stempel und bei Stempelermäßigungen und -befreiung den Ermäßigungs- und Befreiungsgrund einzutragen.

Der Stempel ist durch die Verwaltungsgebühr ersetzt.

(2) In die Kontrolliste sind sämtliche Jagdscheine nach der Reihenfolge der Ausstellungen unter laufender Nummer für das Rechnungsjahr vom 1. April bis 31. März einzutragen.

(3) Die im Laufe eines Monats ausgegebenen Jagdscheine sind, namentlich in den Landkreisen, allmonatlich in dem Kreisblatt oder dem für die amtliche Bekanntmachung bestimmten Blatte zu veröffentlichen.

Die Veröffentlichung erfolgt zur Ersparung der Kosten nicht mehr.

(4) Nach Schluß eines jeden Rechnungsjahres sind die Spalten 7 bis 14 aufzurechnen und das so gewonnene Ergebnis in einer Übersicht an die Regierungspräsidenten einzureichen, die das gesamte Ergebnis für ihren Regierungsbezirk, ebenso wie der Polizeipräsident von Berlin für seinen Bezirk, bis spätestens zum 1. Mai jedes Jahres dem Minister für Landwirtschaft, Domänen und Forsten vorzulegen haben.

III. Unentgeltliche Jagdscheine.

(1) Unentgeltliche Jagdscheine sind [gemäß Tarifstelle 31 Abs. 2 des Stempelsteuergesetzes stempelfrei] gebührenfrei. Sie sind gemäß § 33 nur an die auf Grund des § 23 des Forstdiebstahlsgesetzes vom 15. April 1878 (GS. S. 222) beeidigten sowie an diejenigen Personen zu verabfolgen, welche sich in der für den Staatsforstdienst vorgeschriebenen Ausbildung befinden. Als notwendige Voraussetzung für die im § 23 des Forstdiebstahlsgesetzes

vorgesehene Beeidigung und damit auch für das Recht auf Erteilung eines unentgeltlichen Jagdscheins ist die Betrauung mit dem Forstschutz anzusehen. Vor der Ausstellung hat sich die Jagdpolizeibehörde zu vergewissern, ob eine dieser Voraussetzungen vorliegt. Zu den Personen, welche Anspruch auf einen unentgeltlichen Jagdschein haben, gehören auch die Angehörigen der Klasse A eines Jägerbataillons. Selbstverständlich erlischt die Befugnis zur Führung eines unentgeltlichen Jagdscheins, sobald diese Voraussetzungen aufhören. Für die staatlichen Oberförster und die ihnen untergebenen Forstschutzbeamten empfiehlt es sich, die Beschaffung der unentgeltlichen Jagdscheine in der Weise zu bewirken, daß der Oberförster für die Beamten seines Reviers gemeinsam die Ausfertigung der unentgeltlichen Jagdscheine bei der zuständigen Behörde beantragt und diese sie dem Oberförster zustellt.

(2) Es wird zweckmäßig sein, dies Verfahren in gleicher Weise auch für die Gemeinde- und Privatforstverwaltungen einzuführen, dergestalt, daß die betreffende Gemeindebehörde oder der Privatforstbesitzer für seine sämtlichen zu berücksichtigenden Beamten gemeinsam die Ausstellung der unentgeltlichen Jagdscheine beantragt.

IV. Ausländerjagdscheine.

(1) Ausländern, d. h. Personen, die nicht einem deutschen Bundesstaate [oder den Reichslanden Elsaß-Lothringen] angehören, kann dann, wenn sie in Preußen einen Wohnsitz oder einen Grundbesitz mit einem Grundsteuerreinertrag von 150 Reichsmark haben, ein Jagdschein zu denselben Sätzen verabfolgt werden wie den Inländern; in diesem Falle ist dazu auch nicht das für Ausländer vorgeschriebene, sondern das gewöhnliche Formular zu verwenden. Ferner

ist Ausländern, die zu den Angehörigen eines Staates zählen, für den gemäß Tarifstelle 31 Abs. 1 des Stempelsteuergesetzes der Stempelsteuersatz für Jagdscheine bis auf den Satz für Inländer ermäßigt worden ist (zu vgl. Abschnitt I b Abs. 6), ein Jagdschein zu den für Inländer gültigen Sätzen auszustellen. In solchen Fällen ist der Betrag der Jagdscheinabgabe und des Stempels am unteren Rande des Jagdscheins handschriftlich zu ändern (zu vgl. Abschnitt I b Abs. 7).

Jetzt gelten an Stelle des Stempelsteuergesetzes die entsprechenden Bestimmungen der Verwaltungsgebührenordnung (siehe weiter unten).

(2) Treffen dagegen diese Voraussetzungen nicht zu, so dürfen Ausländer nach § 32 (§ 4 des Jagdscheingesetzes) einen Jahres- oder Tagesjagdschein nur zu dem erhöhten Satz erhalten. Außerdem darf ihnen dann, wenn sie in Preußen keinen Wohnsitz haben, selbst wenn sie daselbst Grundeigentum besitzen, ein Jagdschein nur gegen die Stellung eines Bürgen, der gemäß § 29 Abs. 2 haftbar ist, erteilt werden. Die Jagdpolizeibehörden haben hierbei die Zuverlässigkeit und Sicherheit des Bürgen ganz besonders sorgfältig zu prüfen und, wenn sie ihnen nicht ausgiebig erwiesen ist, die Verabfolgung des Jagdscheins zu verweigern. Ob der Name des Bürgen auf dem Jagdschein mit anzugeben ist, bleibt im einzelnen Falle der ausstellenden Behörde überlassen.

V. Zuständigkeit und Verfahren.

(1) Hinsichtlich der Zuständigkeit für Erteilung der Jagdscheine ist nicht allein der Wohnsitz des Nachsuchenden maßgebend, sondern es genügt auch die Tatsache, daß er zur Ausübung der Jagd berechtigt ist. Dies wird z. B. überall da der Fall sein, wo jemand einen zur selbständigen Aus-

übung der Jagd berechtigenden Grundbesitz, oder wo er eine Jagd gepachtet hat, oder wo er auch nur zur Ausübung der Jagd durch einen Erlaubnisschein oder eine Einladung in Begleitung des Jagdinhabers ermächtigt ist. Vielfach wird das also in Kreisen stattfinden, in denen der Betreffende keinen Wohnsitz hat. Danach kann es sich häufig ereignen, daß der Landrat (oder die im § 29 als zuständig bezeichnete Jagdpolizeibehörde) um Ausstellung eines Jagdscheins von Personen angegangen wird, die ihm, da sie nicht zu seinen Kreisinsassen gehören, ganz fremd sind.

(2) In diesem Falle ist er um so mehr verpflichtet, zu prüfen und sich davon zu überzeugen, ob gegen den Antragsteller keinerlei Tatsachen vorliegen, die nach §§ 34 und 35 die Versagung eines Jagdscheins bedingen oder rechtfertigen würden. Dies wird sich unschwer durch Erkundigungen bei der Jagd- oder Ortspolizeibehörde des Wohnorts des Betreffenden feststellen lassen, die sich insbesondere auch darauf zu erstrecken haben, ob ihm etwa im Kreise seines Wohnortes die Erteilung eines Jagdscheins bereits versagt oder der erteilte Schein wieder entzogen worden ist und ob er deshalb den Versuch gemacht hat, den Jagdschein in einem anderen Kreise zu erhalten. Im übrigen wird den für die Erteilung zuständigen Behörden selbst überlassen werden können, auf welche Weise sie sich die Überzeugung davon verschaffen wollen, ob gegen den einen Jagdschein Nachsuchenden keiner der gesetzlichen Versagungsgründe vorliegt.

(3) Wünscht der den Jagdschein Nachsuchende im Interesse einer schnellen Erlangung der Karte den durch die Nachforschungen über seine Persönlichkeit bedingten Zeitaufwand zu vermeiden, so ist es ihm unbenommen, dem Gesuche um Ausstellung des Jagdscheins gleich eine Bescheinigung (Attest) der Jagd- oder Ortspolizeibehörde

seines Wohnorts beizufügen, die sich über die Zulässigkeit seines Antrags ausspricht. Es wird jedoch darauf hingewiesen, daß eine solche Bescheinigung (Attest) den Zeugnisstempel von 3 Mark nach der Tarifstelle 77 des Stempelsteuergesetzes vom 31. Juli 1895 / 26. Juni 1909 in der Fassung der Bekanntmachung vom 30. Juni 1909 erfordert.

An Stelle des genannten Stempelsteuergesetzes vom 31. Juli 1895 / 26. Juni 1909 ist dasjenige in der Fassung der Bekanntmachung vom 27. Oktober 1924 (GS. S. 627) getreten, wozu noch das Gesetz zur Änderung des Stempelsteuergesetzes vom 26. Juli 1926 (GS. S. 233) — über Änderung des Vollmachtstempels — getreten ist. Vgl. auch Verwaltungsgebührenordnung.

(4) Für die Entziehung des Jagdscheins (§ 36) ist nicht jede Jagdpolizeibehörde zuständig, die nach § 29 zur Erteilung befugt gewesen wäre, sondern nur diejenige, welche tatsächlich den zu entziehenden Jagdschein ausgestellt hat. In allen Fällen, in denen nicht die Jagdpolizeibehörde am Wohnsitz des Jagdscheininhabers den Jagdschein erteilt oder entzogen hat, ist die letztere sowohl von der Erteilung als auch von der Entziehung jedes Jahresjagdscheins in Kenntnis zu setzen.

VI. Kontrolle der Jagdausübung.

Bei der Verschiedenartigkeit der einzelnen Jagdscheine und der Höhe der Abgabe ist eine sorgfältige Überwachung der Jagdausübung dahin geboten, ob die Jagenden, insbesondere die Ausländer, mit einem richtigen, für ihre Person ausgestellten Jagdschein versehen sind.

VII. Beschlagnahme der Jagdgeräte und Hunde.

Hinsichtlich der Ablieferung und Verwertung bezw. Vernichtung der beschlagnahmten Jagdgerätschaften und Hunde verbleibt es bei den bestehenden Vorschriften.

26. **Zu § 31.** Die im Gebiete der Jagdordnung ausgestellten Jagdscheine gelten auch in der Provinz Hannover und den Hohenzollernschen Landen und umgekehrt. Es ergibt sich das klar einmal aus dem Wortlaut des § 31 der Jagdordnung und aus dem nicht abgeänderten Wortlaute des § 3 des Jagdscheingesetzes vom 31. Juli 1895 sowie aus dem Umstande, daß mit der Herübernahme der Bestimmungen des Jagdscheingesetzes in die Jagdordnung der Gesetzgeber nicht beabsichtigt hat, das bestehende Recht materiell zu ändern. Die formelle Aufhebung des Jagdscheingesetzes für den Geltungsbereich der Jagdordnung hat nur den Zweck, das Nebeneinanderbestehen gleichlautender Gesetzesvorschriften zu verhindern; für die Führung, Ausstellung usw. der Jagdscheine gilt hier die Jagdordnung, dort das Jagdscheingesetz; die nach dem einen oder dem anderen Gesetz ausgestellten Jagdscheine gelten aber für den ganzen Umfang des Staates. Dieses bezieht sich auch auf die Ausländerjagdscheine, wenngleich für sie beide Gesetze verschieden hohe Abgaben vorschreiben.

Für Helgoland gilt der im Gebiete der JO. ausgestellte Jagdschein nicht; ebensowenig der in der Provinz Hannover und den Hohenzollernschen Landen ausgestellte Jagdschein.

Vierter Abschnitt.

27. Der vierte Abschnitt (§§ 39 bis 50) gibt unverändert die §§ 2 bis 12 und 14 des Wildschongesetzes vom 14. Juli 1904 wieder. § 1 letzteren Gesetzes ist § 1 der Jagdordnung, die §§ 13, 15, 16, 17, 18 sind unverändert als §§ 76, 78, 79, 80 in den achten Abschnitt übernommen, während § 19, soweit er noch Bedeutung hat, sich als § 83 im neunten Abschnitt findet.

28. **Zu § 40** (§ 3 des Wildschongesetzes).

1. Die im Herbst vom Norden nach dem Süden durchziehenden Drosseln erscheinen in den einzelnen Gegenden

zu verschiedenen Zeiten. Abs. 2 zu b soll die Möglichkeit geben, den Krammetsvogelfang dann erst beginnen zu lassen, wenn die heimischen Drosseln bereits fortgezogen sind.

2. Die gänzliche Aufhebung der Schonzeit für wilde Enten wird sich nur dann rechtfertigen lassen, wenn diese Vögel durch massenhaftes Auftreten der Fischerei ernstlich schädlich werden.

3. Der Beschluß Abs. 2 zu a hat nur Gültigkeit für die Dauer der jährlichen Jagdperiode; die Beschlüsse zu b und c können gefaßt werden für eine näher bestimmte Reihe von Jahren oder auf unbestimmte Zeit bis zu ihrer Wiederaufhebung.

Abs. 2 zu c gibt die Möglichkeit, die Schonzeit für Rehkälber zu verlängern oder auf das ganze Jahr auszudehnen. Wenn es nun auch richtig ist, hiervon in allen Fällen Gebrauch zu machen, in denen ohne Abänderung der Schonzeit ein übermäßiger Abschuß der Rehkälber zu erwarten ist, so hieße es doch die Absicht dieser Vorschrift verkennen, wenn ohne Unterschied für ganze Regierungsbezirke die Schonzeit auf das ganze Jahr ausgedehnt wird. Abs. 3 des § 40 gestattet ausdrücklich eine verschiedene Behandlung der einzelnen Teile des Regierungsbezirks. Da der ordnungsgemäß vorgenommene Abschuß von Rehkälbern ein vorzügliches Mittel ist, durch Beseitigung überzähliger und schwacher Stücke einen numerisch richtigen und kräftig entwickelten Bestand an Rehwild zu erzielen, würde es verfehlt sein, die Abschußmöglichkeit dann zu beseitigen, wenn eine weidmännische Handhabung des Abschusses gewährleistet ist. Es entspricht deshalb durchaus der Absicht des Gesetzes, auch dann, wenn im allgemeinen im Bezirke die Verhältnisse die Verlängerung oder Ausdehnung der Schonzeit auf das ganze Jahr notwendig machen, hiervon für einzelne Jagdbezirke, insbesondere größere Waldkomplexe, abzusehen und es bei der Bestimmung des § 39 zu 6 zu belassen.

29. **Zu § 41** (§ 4 des Wildschongesetzes).

Da die Drosseln (Krammetsvögel) zu den jagdbaren Tieren gehören, stellt die Ausübung des Dohnenstiegs eine Jagdausübung dar. Wer diese Jagd ausübt, muß einen auf seinen Namen lautenden Jagdschein bei sich führen. Der Erlaß von Polizeiverordnungen soll der überflüssigen Tierquälerei bei Ausübung des Dohnenstiegs vorbeugen (vgl. Runderlaß des Landwirtschaftsministers an die Regierungen vom 11. Februar 1891 — B 1250 / III 2033 —).

Diese Art der Jagdausübung ist durch das Vogelschutzgesetz vom 30. Mai 1908 verboten.

Kaninchen gehören, da sie im § 1 nicht aufgeführt sind, nicht zu den jagdbaren Tieren.

30. **Zu § 42** (§ 5 des Wildschongesetzes).

Kiebitze und Möven gehören als Sumpf- und Wasservögel zu den jagdbaren Tieren. Das Sammeln der Eier dieser Vögel stellt eine Jagdausübung dar, zu der es aber nach § 30 der Lösung eines Jagdscheins nicht bedarf. § 83 hat den Zweck, in denjenigen Landesteilen, in denen die Kiebitze und Möven bis zum Inkrafttreten des Wildschongesetzes vom 14. Juli 1904 nicht jagdbar waren, ihre Eier mithin von anderen Personen als den Jagdberechtigten gesammelt werden durften, diese Befugnis bis zum Ablaufe der zur damaligen Zeit bestehenden Jagdpachtverträge zu erhalten. Erst beim Abschlusse neuer Jagdpachtverträge steht auch hier das Recht, die Eier zu sammeln, den Jagdberechtigten allein zu.

Damit, daß die Kiebitze und Möven allgemein zu jagdbaren Tieren erklärt worden sind, sollte diesen für die Landwirtschaft nützlichen Vogelarten ein Schutz gegen ihre Ausrottung gegeben werden. Dieses würde, besonders bezüglich der Kiebitze, vereitelt werden, wenn das Eiersammeln stets bis zum 30. April gestattet sein sollte, da in einigen Gegenden der Kiebitz, seltener die Möve, so zeitig anfängt Eier zu legen, daß bei der ausnahmslosen Freigabe des Eiersammelns bis zum 30. April auch die letzten Gelege in Gefahr kämen, fortgenommen zu werden. In solchen Fällen ist es angezeigt, die Zeit des Eiersammelns einzuschränken.

Andererseits beginnt in manchen Gegenden, besonders im Osten, die Möve erst im Anfang Mai mit dem Eierlegen; hier kann die Frist unbedenklich verlängert werden.

31. **Zu § 43** Abs. 2 (§ 6 Abs. 2 des Wildschongesetzes).

Für den Vertrieb von Wild aus Kühlhäusern gelten folgende Bestimmungen:

§ 1. Der Vertrieb von Wild aus Kühlhäusern wird in der Zeit vom Beginn des fünfzehnten Tages der für die betreffende Wildart festgesetzten Schonzeit bis zu deren Ablauf für folgende Wildarten, nämlich für Elch-, Rot-, Dam- und Rehwild sowie für Hasen, zugelassen.

§ 2. Das Wild, welches in der angegebenen Zeit aus den Kühlhäusern vertrieben werden soll, um versendet, zum Verkauf herumgetragen oder ausgestellt oder feilgeboten oder verkauft zu werden, ist seitens der Ortspolizeibehörde am rechten Gehöre mit einer Ohrmarke zu versehen, die auf der einen Seite, dem Knopfe, den preußischen Wappenadler, umgeben von der Bezeichnung des Ortes, an dem die Ohrmarke ausgegeben und angebracht ist, z. B. „Berlin", und dem Worte „Kühlhaus", auf der anderen Seite, einer flachen Platte, eine fortlaufende Nummer zu enthalten hat. Der Adler ist erhaben zu prägen. Die Ohrmarke ist so einzurichten und zu befestigen, daß sie von dem

Gehöre nicht entfernt werden kann, ohne daß der Knopf zerstört wird.

§ 3. Der Beauftragte der Polizeibehörde hat die Ohrmarke selbst an dem Wild anzubringen. Die Polizeibehörde hat in einer Liste zu vermerken, welche Nummern sie für jedes Kühlhaus verwendet hat. Die Inhaber der Kühlhäuser müssen darüber Buch führen, wann und an welchen Abnehmer sie das betreffende Stück Wild aus den Kühlhäusern abgegeben haben und welche Nummer an diesem angegeben war. Bei Hasen kann mit Genehmigung der Landespolizeibehörde davon abgesehen werden, daß auf den Ohrmarken Nummern angebracht werden, und daß über die Abgabe des Wildes aus dem Kühlhause Buch geführt wird.

§ 4. Das aus den Kühlhäusern in der im § 1 angegebenen Zeit vertriebene Wild darf nur mit der Ohrmarke versehen und nur im unzerlegten und ungehäuteten Zustande, wenn auch ausgenommen, versendet, zum Verkauf herumgetragen oder ausgestellt oder feilgeboten, verkauft oder angekauft werden.

§ 5. Die Landräte, in Städten mit mehr als 10 000 Einwohnern die Ortspolizeibehörden, sind ermächtigt, für den Vertrieb von Wild in der im § 1 angegebenen Zeit aus solchen Kühlhäusern, deren Einrichtungen einen ordnungsmäßigen Betrieb gewährleisten, die nachfolgenden Erleichterungen, einzeln oder insgesamt, auf Widerruf zuzugestehen, wenn der Vertrieb der besonderen Kontrolle der Polizeibehörden unterstellt, namentlich den Beauftragten der Polizei jederzeit freier Zutritt zu den der Aufbewahrung des Wildes dienenden Räumen zugesichert wird:

1. Flugwild darf vertrieben werden, wenn es mit einer Plombe gekennzeichnet ist. Die Plombe ist durch die

Nasenlöcher anzubringen. Es ist zulässig, mit derselben Plombe zugleich mehrere Stück Flugwild zu kennzeichnen.

2. Hasen können durch Anbringung einer Plombe an der Hesse des rechten Hinterlaufs anstatt der Ohrmarke gekennzeichnet werden. Die so bezeichneten Hasen dürfen auch im abgehäuteten, im übrigen aber unzerlegten Zustande vertrieben werden.

3. Das mit der Ohrmarke versehene Elch-, Rot-, Dam- und Rehwild (§ 2) darf in zerlegtem Zustande vertrieben werden, wenn die einzelnen Teile, welche versendet, zum Verkauf herumgetragen oder ausgestellt, feilgeboten, verkauft oder angekauft werden sollen, mit einer Plombe gekennzeichnet sind, bevor sie das Kühlhaus verlassen.

4. Für Wild oder Wildteile, welche mit einer Plombe vertrieben werden, ist die Anbringung einer Nummer und die Buchführung über die erfolgte Abgabe (§ 3) nicht erforderlich; jedoch ist die Abgabe von Elch-, Rot-, Dam- und Rehwild im zerlegten Zustande in dem Buche bei der betreffenden Nummer zu vermerken.

§ 6. Die amtlichen Plomben (§ 5) sind mittels einer Schlinge so zu befestigen, daß sie nicht entfernt werden können, ohne daß die Schlinge zerstört wird.

Die Plombe trägt auf der Vorderseite den preußischen Wappenadler, auf der Rückseite das Wort „Kühlhaus" und den Namen des Ortes, an dem sie angebracht ist, z. B. „Berlin", ferner an Orten, in denen für mehrere Kühlhäuser die vorstehenden Erleichterungen zugestanden worden sind, zur Bezeichnung des einzelnen Kühlhauses einen Buchstaben, welchen die Behörde bestimmt.

Die Anbringung der Plomben erfolgt durch Beauftragte der Ortspolizei oder in ihrer Gegenwart und unter ihrer Verantwortlichkeit durch Angestellte des Kühlhauses. Die Plombenzange bleibt im Gewahrsam der Polizeibehörde.

§ 7. Die durch die Ausführung vorstehender Bestimmung entstehenden Kosten sind von den Inhabern der Kühlhäuser zu tragen. Sie sind als Gebühren bei der Anbringung der Ohrmarken zu erheben, welche von den Landespolizeibehörden durch eine Gebührenordnung festzusetzen sind. Die Gebühren sind so zu bemessen, daß sie die Kosten ihrer Erhebung einschließlich einer Entschädigung für die Mühewaltung der mit der Anbringung der Marken betrauten Polizeibeamten, der Anbringung und Beschaffung der Ohrmarken und der Listenführung über die ausgegebenen Nummern nicht übersteigen.

Für die Festsetzung der Gebührenordnung gilt bis auf weiteres unser, des Ministers des Innern und des Finanzministers, Erlaß vom 23. Dezember 1904 — M. d. J. IV b 2531, FM. I 20466 —.

§ 8. Die Landespolizeiverordnungen haben die weiter noch erforderlichen Ausführungsbestimmungen für ihre Verwaltungsbezirke zu erlassen.

Hierzu Ministerialerlaß vom 11. März 1910 (LMBl. S. 111), betreffend Vertrieb von Wild aus Kühlhäusern während der Schonzeit. Der Erlaß empfiehlt „nach Berliner Art" die Anbringung der Plombe für den Rücken am Brustbein, damit die Felle nicht beschädigt und minderwertig gemacht werden. Es wird dabei Bezug genommen auf Ziffer 31 §§ 2 und 5 der obigen Anweisung bezw. für die Provinz Hannover auf § 2 der Ausführungsbestimmungen, betreffend den Vertrieb von Wild aus Kühlhäusern während der Schonzeit, vom 15. August 1904 und § 1 zu 3 des Nachtrags vom 1. Dezember 1904.

Was die Gebühren anlangt (§ 7 oben), so gilt jetzt die Verwaltungsgebührenordnung vom 30. Dezember 1926 (siehe im Anhang weiter unten unter Nr. X).

32. **Zu §§ 43 bis 46** (§§ 6 bis 9 des Wildschongesetzes).

Das Wildschongesetz vom 14. Juli 1904 hatte es sich zur Aufgabe gestellt, durch Verschärfung der Bestimmung über die Kontrolle des Verkehrs mit Wild den Wilddiebstahl zu erschweren. Diese Aufgabe kann nur erfüllt werden, wenn die in den §§ 6 bis 9 dieses Gesetzes — jetzt §§ 43 bis 46 JO. — gegebenen Handhaben voll ausgenutzt werden. § 46 stellt zunächst das in einzelnen Gerichtsentscheidungen angezweifelte Recht der Verwaltungsbehörden, im Wege der Polizeiverordnung den Verkehr mit Wild zu regeln, außer Frage und schreibt eine solche Regelung vor. Solche Polizeiverordnung sind nunmehr fast für sämtliche Provinzen erlassen worden; es wird zunächst abzuwarten sein, ob ihre Bestimmungen sich in der Praxis bewähren oder ob eine Änderung erforderlich ist. Wenn letzterer Fall vorliegt, ist davon auszugehen, daß im Interesse der Einheitlichkeit es bei Provinzialverordnungen für den gesamten Umfang der Provinz verbleibt und daß nur da, wo innerhalb der Provinz so verschiedenartige Verhältnisse sich herausstellen sollten, daß ihre Berücksichtigung erforderlich ist, Regierungsbezirksverordnungen zu erlassen sind. Zu prüfen ist insbesondere, ob der Ursprungsschein für alle Wildarten vorgeschrieben werden muß, oder ob Ausnahmen für einzelne kleinere Wildarten zugelassen werden können. Besondere Aufmerksamkeit ist der Frage zuzuwenden, wie es verhindert werden kann, daß ein Mißbrauch der ausgestellten Bescheinigungen durch nochmalige Verwendung stattfindet. Als ein Mißstand ist es in einzelnen Gegenden empfunden worden, daß in den erlassenen Polizeiverordnungen die Befugnis zur Ausstellung der durch § 46 vorgeschriebenen Ursprungsscheine allgemein den Gemeindevorstehern zugestanden ist; es sind Fälle vorgekommen, wo letztere den Jagdpächtern schon von ihnen unterschriebene, aber sonst unausgefüllte Blankoformulare in größerer Anzahl überlassen haben und wo hiermit erheblicher Mißbrauch getrieben worden ist. § 46 enthält allerdings keine Bestimmung darüber, wer die Ursprungsscheine auszustellen hat. Aus Abs. 2 des § 45 ist aber zu folgern, daß es der Absicht der Gesetzes entspricht, wenn die Gemeinde- (Guts-) Vorsteher der Regel nach nur dann im einzelnen Falle mit dieser Obliegenheit zu betrauen sind, wenn nach Prüfung sich ihre Zuverlässigkeit ergibt. Als ein wirksames Mittel, die Identität des mittels Ursprungsscheins versandten Wildes festzustellen, hat sich bei dem größeren Wilde die Vorschrift erwiesen, daß in dem Scheine das Gewicht des Stückes Wild angegeben wird.

Die Polizeiverordnungen müssen regeln die Versendung des Wildes, d. h. den Verkehr von Ort zu Ort; sie können auch Bestimmungen treffen für den Handel mit Wild, d. h. den Verkehr an einem und demselben Orte. Endlich bedarf es der Erwägung, ob die Ausstellung der Bescheinigung nach § 45 Abs. 2 JO in den Verordnungen näher zu regeln ist; anderenfalls empfiehlt es sich, im Aufsichtswege für den Verwaltungsbezirk eine einheitliche Frist vorzuschreiben, für welche diese Bescheinigung auszustellen ist und mit deren Ablaufe sie ihre Gültigkeit verliert

Die Landräte sind darauf hinzuweisen, daß bei der Auswahl der Gemeinde- (Guts-) Vorsteher, welche mit der Ausstellung der Bescheinigungen nach § 45 Abs. 2 oder auf Grund der gemäß § 46 erlassenen Polizeiverordnungen betraut werden, mit der äußersten Vorsicht zu verfahren ist.

Nach Erlaß der Verordnungen ist von ihnen den Eisenbahn- und Oberpostdirektionen Kenntnis zu geben (vgl. Zirkularverfügung vom 9. August 1873 und 30. August 1873 — MBl. f. d. i. Verw. S. 274 —).

33. **Zu § 48** (§ 11 des Wildschongesetzes).

§ 48 will die bisher fehlende landesgesetzliche Bestimmung, welche die Voraussetzung für die Erlaubnis aus § 5 des Reichsvogelschutzgesetzes vom 30. Mai 1908 (RGBl. Nr. 31 S. 317) bildet, schaffen und wird vor allem für Störche, die an sich unter den Schutz dieses Gesetzes fallen, in Frage kommen. Es ist aber darauf zu halten, daß die neue Bestimmung nicht zur allgemeinen Ausrottung des Storches ausgenutzt wird, sondern nur dann zur Anwendung gelangt, wenn und solange der Storch wirklich eine ernste Gefahr für das jagdbare Feder- und Haarwild bedeutet.

34. **Zu § 50** (§ 14 des Wildschongesetzes).

Durch Königliche Verordnung vom 9. August 1910 sind Bronzeputer oder wilde Truthühner (Trutwild) zu jagdbaren Tieren erklärt und die Schonzeiten für sie, und zwar für Truthähne auf die Zeit vom 15. Mai bis 15. Oktober, für Truthennen auf die Zeit vom 1. Januar bis 15. Oktober festgesetzt worden.

Des weiteren ist durch Kgl. Verordnung vom 22. Januar 1912 das Muffelwild (Ovis musimon) als jagdbares Wild erklärt worden; die Schonzeiten sind für männliches Muffelwild auf die Zeit vom 1. Februar bis 31. August und für weibliches Muffelwild auf die Zeit vom 16. Dezember bis 15. September festgesetzt worden.

Fünfter Abschnitt.

35. Der fünfte Abschnitt ist dem Wildschadengesetz vom 11. Juli 1891 entnommen und entspricht dessen §§ 1 bis 11. Das materielle Recht über die Verpflichtung zum Ersatze des Wildschadens findet sich jetzt im § 835 BGB.; deshalb wird im § 51 darauf verwiesen. Die in den folgenden Para-

graphen enthaltenen Bestimmungen regeln nur das formelle Verfahren zur Verfolgung von Wildschadenersatzansprüchen. § 1 des Wildschadengesetzes ist durch § 51 ersetzt; § 4 des Wildschadengesetzes ist ganz fortgelassen mit Rücksicht darauf, daß sein Inhalt durch § 254 BGB. aufgehoben ist, der übrigens die Jagdberechtigten in weiterem Umfange als der aufgehobene § 4 schützt, da dieser ein doloses Verhalten voraussetzte, während § 254 schon denjenigen Beschädigten schlechter stellt, der auch nur fahrlässig gehandelt hat. Die §§ 54 bis 60 entsprechen wörtlich den §§ 5 bis 11 des Wildschadengesetzes.

36. **Zu § 52.** § 52 gibt den § 2 des Wildschadengesetzes wieder, mit der Abänderung, daß die ersatzpflichtigen Grundbesitzer nicht durch die Gemeindebehörde, sondern durch den Jagdvorsteher vertreten werden, und daß die Frist zur Auslegung der Verträge (Abs. 2) in Übereinstimmung mit der Frist des § 23 auf zwei Wochen festgesetzt ist.

37. **Zu § 53.** § 53 entspricht dem § 3 des Wildschadengesetzes, ist aber entsprechend der anderen Behandlung der Enklaven anders gefaßt.

Sechster Abschnitt.

38. Der sechste Abschnitt gibt die §§ 21 und 23 des Jagdpolizeigesetzes, die §§ 12 bis 14, 16 und 17 des Wildschadengesetzes wieder und enthält im § 67 neues Recht. Sofern die ersteren Gesetze vom „Landrat" oder der „Aufsichtsbehörde" sprechen, sind diese Bezeichnungen durch das Wort „Jagdpolizeibehörde", die hiermit gemeint war, ersetzt worden. § 15 des Wildschadengesetzes ist durch §§ 1 und 41 Abs. 1 ersetzt.

39. **Zu § 61.** § 61 entspricht dem § 23 des Jagdpolizeigesetzes. Die im Abs. 1 zur näheren Bezeichnung der Wald-

enklaven in Klammern beigefügten „§§ 8 und 10" gehören zusammen. § 10 behandelt zwar den Fall, daß die Jagd auf Waldenklaven nicht vom Waldbesitzer übernommen ist, dieser § 10 ist aber hier angezogen, weil sonst von derartigen Waldenklaven in der Jagdordnung nicht gesprochen ist. Es sind gemeint Enklaven im Sinne des § 8 Abs. 2, die von einem im § 10 besprochenen 750 ha großen Walde umschlossen sind.

40. **Zu §§ 62 bis 66.** §§ 62 bis 64 und 65 entsprechen den §§ 12 bis 14 und 16 des Wildschadengesetzes, § 64 dem § 21 des Jagdpolizeigesetzes.

41. **Zu § 67.** Die Bestimmung dieses Paragraphen ist dem § 66 nachgebildet und soll die Eigentümer und Pächter von Fischereiseen und Teichen an Stelle des ihnen entzogenen Eigenjagdrechts in die Lage bringen, sich der schädigenden Tiere zu erwehren. Abs. 3 hat den § 45 FG. vom 30. Mai 1874 / 30. Mai 1880 im Auge, nach dem es den Fischereiberechtigten auch ohne Ermächtigung der Jagdpolizeibehörde gestattet ist, die dort bezeichneten Tiere (Fischottern, Taucher, Eisvögel, Reiher, Kormorane und Fischaare ohne Anwendung von Schußwaffen zu töten oder zu fangen und für sich zu behalten.

Jetzt gilt das Fischereigesetz vom 11. Mai 1916 § 105. Die daselbst bezeichneten Tiere, welche den Fischereiberechtigten freigegeben, sind nur Fischottern und Reiher.

42. **Zu § 68.** § 68 gibt den § 17 des Wildschadengesetzes wieder und ist zugleich auf den Fall des § 67 ausgedehnt.

Siebenter Abschnitt.

43. Dieser Abschnitt gibt das geltende Recht wieder. § 69 entspricht dem Inhalte nach dem § 103 ZG. vom 1. August 1883, ebenso § 71 dem des § 105 ZG., nur daß

hier die Aufzählung der einzelnen Beispielsfälle, in denen das Verwaltungsstreitverfahren zur Anwendung kommen soll, weggefallen ist. § 70 stimmt wörtlich überein mit § 10 des Gesetzes über die Verwaltung gemeinschaftlicher Jagdbezirke vom 4. Juli 1905.

44. Zu § 70 (§ 10 des Gesetzes vom 4. Juli 1905).

Der Umfang der Aufsichtsbefugnisse ist im Gesetze nicht näher umgrenzt; er folgt mithin aus dem Gesetze selbst und den übrigen hierhergehörigen gesetzlichen Bestimmungen. Aufgabe der Ausichtsbehörde ist es, dafür zu sorgen, daß die Bestimmungen des Gesetzes, soweit sie nicht jagdpolizeilichen Charakters sind, beachtet werden; insbesondere liegt ihr ob, darüber zu wachen, daß die Vorschriften über die Verwaltung der Angelegenheiten der gemeinschaftlichen Jagdbezirke beachtet werden und die Geschäftsführung hierbei dem Gesetze gemäß gehandhabt und in geordnetem Gange gehalten wird. Da die Jagdordnung in dieser Hinsicht im wesentlichen zwingende Vorschriften gibt, wird die Aufsicht sich darauf beschränken können, deren Befolgung zu überwachen und erforderlichenfalls zu erzwingen. In den wenigen Fällen, in denen die Jagdordnung eine Rücksichtnahme auf das Interesse der Jagdgenossenschaft verlangt, wird die Jagdaufsichtsbehörde nicht minder die Aufgabe haben, darüber zu wachen, daß dieses Interesse gewahrt wird.

Die Mittel, den Jagdvorsteher zur Erfüllung seiner Pflicht anzuhalten, sind im § 132 des Gesetzes über die allgemeine Landesverwaltung vom 30. Juli 1883 gegeben. Unberührt sind die bestehenden Vorschriften über die Dienstvergehen der Gemeindevorsteher, Bürgermeister und Gemeindebeamten (§ 20 und § 36 ZG. vom 1. August 1883) geblieben, nach denen die Dienstvergehen auch dann zu ahnden sein werden, wenn der Gemeindevorsteher usw. sich ihrer als Jagdvorsteher schuldig macht.

Achter Abschnitt.

45. Der achte Abschnitt faßt die bisher in den verschiedenen Gesetzen (Jagdpolizeigesetz, Jagdscheingesetz und Wildschongesetz) enthaltenen Strafvorschriften zusammen und gibt sie im wesentlichen unverändert wieder. Entnommen sind: aus dem Jagdpolizeigesetz (§ 17 Abs. 1) der § 75, aus dem Jagdscheingesetz (§§ 11 bis 13) die §§ 72 bis 74, aus dem Wildschongesetz (§§ 13, 15 bis 17) die §§ 76 bis 79. § 80 gibt den § 18 des Wildschongesetzes unverändert wieder und ersetzt in dieser Fassung zugleich den § 19 des Jagdpolizeigesetzes und den § 14 des Jagdscheingesetzes.

Neunter Abschnitt.

46. **Zu § 84.** Abs. 1. Die vor dem 1. Mai 1907 abgeschlossenen Verträge über die Verpachtung bleiben allgemein bis zu ihrem Ablauf in Kraft. Für die später bis zum Inkrafttreten der Jagdordnung geschlossenen Verträge wird unterschieden zwischen dem Regierungsbezirke Kassel und dem übrigen Geltungsbereich der Jagdordnung. Im ersteren behalten sie nicht über den 1. April 1914 hinaus Gültigkeit; wenn ihre Vertragszeit noch länger läuft, enden sie doch zu diesem Zeitpunkt. Im sonstigen Geltungsbereich der Jagdordnung sind die zwischen dem 1. Mai 1907 und dem Tage des Inkrafttretens des Gesetzes abgeschlossenen Verträge nur dann gültig, wenn die Jagdbezirke, die verpachtet sind, den Anforderungen der Jagdordnung entsprechend gebildet sind. Wenn dieses nicht der Fall ist, sind die Jagdvorsteher verpflichtet, ohne Rücksicht auf die bestehenden Verträge zur Bildung der Jagdbezirke zu schreiten und dann die Neuverpachtung vorzunehmen. Unter den Jagdbezirken, um die es sich im Abs. 1 handelt, sind sowohl Eigen- wie gemeinschaftliche

Jagdbezirke zu verstehen, erstere aber nur dann, wenn der Jagdbezirk als solcher verpachtet ist, nicht nur der Abschuß einer gewissen Anzahl von Wild. Abs. 2 hält während der Dauer der Pachtverträge einmal diejenigen Eigenjagdbezirke aufrecht, die nicht so groß sind, wie § 4 Abs. 1 Ziffer 2 es erfordert (d. h. vornehmlich alle Jagdbezirke in Kurhessen von wenigstens 100 Kasseler Morgen, aber unter 75 ha Umfang); andererseits verbietet er, daß in dieser Zeit aus Flächen, die wohl nach der Jagdordnung, aber nicht nach dem bisherigen Recht zur Bildung eines Eigenjagdbezirks ausreichen, ein solcher gebildet wird (d. h. alle Flächen, die zwischen 75 ha und 300 preußischen Morgen im Zusammenhang umfassen).

47. **Zu § 85.** § 85 ist wichtig für die Ausländerjagdscheine, für die die Abgabe nach der Jagdordnung erhöht ist.

II. Ausführungsbestimmungen des Hannoverschen Ministeriums des Innern zu der Jagdordnung.

Vom 11. März 1859 (GS. I S. 171).

§ 1. Zu den §§ 2 bis 4 der Jagdordnung:

Die Feststellung der Jagdbezirke nach den §§ 1 bis 3 des Gesetzes ist Obliegenheit der Obrigkeit.

§ 2. Zu § 3 Nr. 3 der Jagdordnung:

Die Befugnis des Grundeigentümers, die in § 3 Nr. 3 der Jagdordnung bezeichneten Grundstücke von der Jagdausübung auszuschließen, ruht, wenn die desfallsige Absicht nicht vor der Beschlußfassung der Feldmarksgenossen über die Verwaltung der Jagd der Obrigkeit angezeigt ist, für die ganze Dauer der Periode, welche der Beschluß der Feldmarksgenossen umfaßt.

Die Erklärung eines Grundeigentümers, die Jagd auf den mit seinen Wohngebäuden zusammenhängenden Höfen und Gärten beruhen lassen zu wollen (§ 3 Nr. 2 des Gesetzes), ist an den Vorstand der Feldmarksgenossenschaft zu richten.

§ 3. Zu den §§ 3, 5 und folgenden der Jagdordnung:

Jede Feldmarksgenossenschaft hat in Beziehung auf die Verwaltung der Feldmarksjagd

1. zur Vertretung der Genossenschaft bei der Obrigkeit,
2. zur Leitung der Beschlußfassungen der Feldmarksgenossen und
3. zur Erhebung und Verteilung der Jagdaufkünfte (§ 10 der Jagdordnung)

einen Vorstand aus ihrer Mitte bestellen. Derselbe kann aus einer oder mehreren, jedoch höchstens sechs Personen bestehen. Im letzteren Falle steht dem von dem Vorstand zu erwählenden Vorsitzenden die Leitung der Beschlußfassungen (Nr. 2) zu.

Zur Erhebung und Verteilung der Jagdaufkünfte kann auch die Bestellung eines besonderen Rechnungsführers von der Genossenschaft beschlossen werden.

Der Vorstand wird von der Gesamtheit der Feldmarksgenossen durch Stimmenmehrheit nach den Regeln des § 5 der Jagdordnung erwählt. Zu der erstmaligen Wahl sind die Beteiligten durch die Obrigkeit zu laden.

Diese Wahl soll nach Feststellung der neuen Jagdbezirke und noch vor dem 1. September d. J. erfolgen. Sie ist an Ort und Stelle von der Obrigkeit oder einem Beauftragten derselben kostenfrei zu leiten.

Nach Bestellung des Vorstandes steht diesem die Zusammenberufung der Genossenschaft behufs der Beratung über die Verwaltung der Feldmarksjagd zu. Behufs der Ladung der einzelnen Genossen hat die Obrigkeit ihre Mitwirkung zu gewähren, wenn solche vom Vorstande beantragt wird.

Beschwerden gegen den Vorstand wegen verweigerter Zusammenberufung sind von der Obrigkeit zu entscheiden.

Die Befugnis der Obrigkeit in dem § 5 der Jagdordnung erwähnten Falle sowie in sonstigen Fällen, in welchen die Aufrechterhaltung der Ordnung solche erfordert, in Beziehung auf die Verhandlungen der Feldmarksgenossen selbst einzuschreiten, wird durch vorstehende Bestimmungen nicht geändert.

§ 4. Zu § 5 der Jagdordnung:

Die nicht in der Gemeinde, zu deren Bezirk die Feldmark gehört, wohnenden Feldmarksgenossen, welche der Pflicht zur Bestellung eines Bevollmächtigten in der Gemeinde behufs Entgegennahme der Ladungen binnen der von der Obrigkeit zu bestimmenden Frist nicht genügen, verlieren, solange dies nicht geschehen ist, den Anspruch darauf, zu den Beratungen der Feldmarksgenossenschaft über die Feldmarksjagd geladen zu werden.

III. Einführungsgesetz zum Bürgerlichen Gesetzbuch.

Vom 18. August 1896.

Art. 69. Unberührt bleiben die landesgesetzlichen Vorschriften über Jagd und Fischerei, unbeschadet der Vorschrift des § 958 Abs. 2 des Bürgerlichen Gesetzbuchs und der Vorschriften des Bürgerlichen Gesetzbuchs über den Ersatz des Wildschadens.

Art. 70. Unberührt bleiben die landesgesetzlichen Vorschriften über die Grundsätze, nach welchen der Wildschaden festzustellen ist, sowie die landesgesetzlichen Vorschriften, nach welchen der Anspruch auf Ersatz des Wildschadens innerhalb einer bestimmten Frist bei der zuständigen Behörde geltend gemacht werden muß.

Art. 71. Unberührt bleiben die landesgesetzlichen Vorschriften, nach welchen

1. die Verpflichtung zum Ersatz des Wildschadens auch dann eintritt, wenn der Schaden durch jagdbare Tiere anderer als der im § 835 des Bürgerlichen Gesetzbuchs bezeichneten Gattungen angerichtet wird;
2. für den Wildschaden, der durch ein aus einem Gehege ausgetretenes jagdbares Tier angerichtet wird, der Eigentümer oder der Besitzer des Geheges verantwortlich ist;
3. der Eigentümer eines Grundstücks, wenn das Jagdrecht auf einem anderen Grundstück nur gemeinschaftlich mit dem Jagdrecht auf seinem Grundstück ausgeübt werden darf, für den auf dem anderen Grundstück angerichteten Wildschaden auch dann haftet, wenn er die ihm angebotene Pachtung der Jagd abgelehnt hat;
4. der Wildschaden, der an Gärten, Obstgärten, Weinbergen, Baumschulen und einzelnen Bäumen angerichtet wird, dann nicht zu ersetzen ist, wenn die Herstellung von Schutzvorrichtungen unterblieben ist, die unter gewöhnlichen Umständen zur Abwendung des Schadens ausreichen;
5. die Verpflichtung zum Schadenersatz im Falle des § 835 Abs. 3 des Bürgerlichen Gesetzbuchs abweichend bestimmt wird;

6. die Gemeinde an Stelle der Eigentümer der zu einem Jagdbezirk vereinigten Grundstücke zum Ersatz des Wildschadens verpflichtet und zum Rückgriff auf die Eigentümer berechtigt ist oder an Stelle der Eigentümer oder des Verbandes der Eigentümer oder der Gemeinde oder neben ihnen der Jagdpächter zum Ersatz des Schadens verpflichtet ist;
7. der zum Ersatz des Wildschadens Verpflichtete Erstattung des geleisteten Ersatzes von demjenigen verlangen kann, welcher in einem anderen Bezirk zur Ausübung der Jagd berechtigt ist.

IV.

Über die in die Jagdgesetze einschlägigen Bestimmungen des **Reichsstrafgesetzbuchs** siehe Preuß. JO. achten Abschnitt.

V.

An dieser Stelle sei auf die **Verordnung der Reichsregierung über Vermögensstrafen und Bußen vom 6. Februar 1924 (RGBl. I S. 44)** hingewiesen, welche auf Grund des Ermächtigungsgesetzes vom 8. Dezember 1923 (RGBl. I S. 1179) ergangen ist. Sie ist sowohl bei den aus dem Reichsstrafgesetzbuch in Betracht kommenden Strafbestimmungen wie auch bei sonstigen durch sie beeinflußten gesetzlichen Vorschriften berücksichtigt.

VI. Gesetz über die allgemeine Landesverwaltung.

Vom 30. Juli 1883.

§ 94. Die Revision kann nur darauf gestützt werden:

1. daß die angefochtene Entscheidung auf der Nichtanwendung oder auf der unrichtigen Anwendung des bestehenden Rechts, insbesondere auch der von den Behörden innerhalb ihrer Zuständigkeit erlassenen Verordnungen, beruhe,
2. daß das Verfahren an wesentlichen Mängeln leide.

§ 126. Der Oberpräsident kann endgültige Beschlüsse des Provinzialrats, der Regierungspräsident endgültige Beschlüsse des Bezirksausschusses und der Landrat bezw. der Vorsitzende des Kreis- (Stadt-) Ausschusses endgültige Beschlüsse dieser Behörde mit aufschiebender Wirkung anfechten, wenn die Beschlüsse die Befugnisse der Behörde überschreiten oder das bestehende Recht, insbesondere auch die von den Behörden innerhalb ihrer Zuständigkeit erlassenen Verordnungen, verletzen. Die Anfechtung erfolgt mittels Klage beim Oberverwaltungsgericht.

VII. Gesetz über die Zuständigkeit der Verwaltungs- und Verwaltungsgerichtsbehörden.

Vom 1. August 1883.

XV. Jagdpolizei.

§ 103. In Jagdpolizeisachen beschließt, soweit die Beschlußfassung nach bestehendem Recht den Verwaltungsbehörden zusteht, unbeschadet der nachfolgenden Bestimmungen, der Landrat, in Stadtkreisen die Ortspolizeibehörde. Gegen Beschlüsse dieser Behörden, durch welche Anordnungen wegen Abminderung des Wildstandes getroffen oder Anträge auf Anordnung oder Gestattung solcher Abminderung abgelehnt werden, findet statt der allgemeinen Rechtsmittel innerhalb zwei Wochen die Beschwerde an den Bezirksausschuß statt. Der Beschluß des Bezirksausschusses ist endgültig.

§ 104. Der Kreisausschuß, in Stadtkreisen der Bezirksausschuß, beschließt, soweit die Beschlußfassung nach bestehendem Recht den Verwaltungsbehörden zusteht, über die Genehmigung zur Bildung mehrerer für sich bestehender Jagdbezirke aus dem Bezirk einer Gemeinde und über die Anordnung der Vereinigung mehrerer Gemeindebezirke zu einem gemeinschaftlichen Jagdbezirk gemäß § 6 der Verordnung vom 30. März 1867 und § 8 des Lauenburgischen Gesetzes vom 17. Juli 1872. Bestimmungen, wonach es zur Annahme eines Ausländers als Jagdpächter einer besonderen Genehmigung bedarf, finden auf Angehörige des Deutschen Reiches fortan keine Anwendung.

§ 105. Streitigkeiten der Beteiligten über ihre in dem öffentlichen Rechte begründeten Berechtigungen und Verpflichtungen hinsichtlich der Ausübung der Jagd, insbesondere über 1. Beschränkungen in der Ausübung des Jagdrechts auf eigenem Grund und Boden, 2. Bildung von gemeinschaftlichen Jagdbezirken, Anschluß von Grundstücken an einen gemeinschaftlichen Jagdbezirk oder Ausschluß von Grundstücken aus einem solchen, 3. Ausübung der Jagd auf fremden Grundstücken, welche von einem größeren Walde oder von einem oder mehreren selbständigen Jagdbezirken umschlossen sind, sowie die den Eigentümern der Grundstücke zu gewährende Entschädigung unterliegen der Entscheidung im Verwaltungsstreitverfahren. Zuständig im Verwaltungsstreitverfahren ist in erster Instanz der Kreisausschuß, in Stadtkreisen der Bezirksausschuß.

§ 106. Auf Beschwerden und Einsprüche, betreffend die von der Gemeindebehörde oder dem Jagdvorstande festgestellte Verteilung der Erträge der gemeinschaftlichen Jagdausnutzung, beschließt die Gemeindebehörde bezw. der Jagdvorstand. Gegen den Beschluß findet innerhalb zwei Wochen die Klage bei dem Kreisausschusse, in Stadtkreisen bei dem Bezirksausschusse statt.

Die im ersten Absatz gedachte Feststellung bedarf keiner Genehmigung oder Bestätigung von seiten der Aufsichtsbehörde.

Unter „Erträge" im Sinne des § 106 sind nicht nur die Pachtgelder im engeren Begriffe und die Einnahmen der durch einen angestellten Jäger beschossenen Jagd zu verstehen, sondern auch diejenigen Mehrbeträge, welche bei einer pflichtmäßigen Verpachtung der Jagd über die vereinbarten Pachtgelder hinaus hätten erzielt werden können; denn diese Mehrbeträge bilden den Ersatz für das den Jagdbezirksinteressenten durch die pflichtwidrige Verpachtung der Jagd entgangene Pachtgeld; sie ergänzen in wirtschaftlicher Beziehung das Pachtgeld, und sie haben damit die Natur des Wirtschaftsertrages der gemeinschaftlichen Jagdnutzung. Nur dieser wirtschaftliche Charakter aber kommt für die Anwendbarkeit des § 106 in Betracht; die rechtsgeschäftliche Grundlage der Erträge ist ohne Erheblichkeit. RGZ. vom 9. Dezember 1897, Bd. 40 S. 268.

§ 107. Der Bezirksausschuß beschließt über die Verlängerung, Verkürzung oder Aufhebung der gesetzlichen Schonzeiten, soweit darüber nach bestehendem Recht im Verwaltungswege Bestimmung getroffen werden kann. Der Beschluß ist endgültig.

§ 108 = § 82 der Preuß. JO.

VIII. Gesetz über den Waffengebrauch der Forst- und Jagdbeamten.

Vom 31. März 1837 (GS. S. 65).

Wir Friedrich Wilhelm usw. verordnen über die Befugnis der Forst- und Jagdbeamten, von ihren Waffen Gebrauch zu machen, und über das wegen mißbräuchlicher Anwendung zu beobachtende Verfahren auf den Antrag Unseres Staatsministeriums und nach erfordertem Gutachten Unseres Staatsrats für den ganzen Umfang Unserer Monarchie wie folgt:

§ 1. Unsere Forst- und Jagdbeamten sowie die im Kommunal- oder Privatdienste stehenden, wenn sie auf Lebenszeit angestellt sind oder die Rechte der auf Lebenszeit Angestellten haben, nach Vorschrift des Gesetzes vom 7. Juli 1821 § 20 vereidigt und mit ihrem Diensteinkommen nicht auf Pfandgelder, Denunziantenanteil oder Strafgelder angewiesen sind, haben die Befugnis, in ihrem Dienste zum Schutze der Forsten und Jagden gegen Holz- und Wilddiebe, gegen Forst- und Jagdkontravenienten von ihren Waffen Gebrauch zu machen:

1. wenn ein Angriff auf ihre Person erfolgt oder wenn sie mit einem solchen Angriffe bedroht werden;
2. wenn diejenigen, welche bei einem Holz- oder Wilddiebstahl, bei einer Forst- oder Jagdkontravention auf der Tat betroffen oder als der Verübung oder der Absicht zur Verübung eines solchen Vergehens verdächtig in dem Forste oder dem Jagdreviere gefunden werden, sich der Anhaltung, Pfändung oder Abführung zu der Forst- oder Polizeibehörde oder der Ergreifung bei versuchter Flucht tätlich oder durch gefährliche Drohungen widersetzen.

Der Gebrauch der Waffen darf aber nicht weiter ausgedehnt werden, als es zur Abwehrung des Angriffs und zur Überwindung des Widerstandes notwendig ist.

Der Gebrauch des Schießgewehrs als Schußwaffe ist nur dann erlaubt, wenn der Angriff oder die Widersetzlichkeit mit Waffen, Äxten, Knütteln oder anderen gefährlichen Werkzeugen oder von einer Mehrheit, welche stärker ist als die Zahl der zur Stelle anwesenden Forst- oder Jagdbeamten, unternommen oder angedroht wird. Der Androhung eines solchen Angriffs wird es gleich geachtet, wenn der Betroffene die Waffen oder Werkzeuge nach erfolgter Aufforderung nicht sofort ablegt oder sie wieder aufnimmt.

Das Gesetz ist in den neuerworbenen Landesteilen durch die Verordnung vom 25. Juni 1867 (GS. S. 921) und in Lauenburg durch die Verordnung vom 24. Dezember 1869 (Offizielles Wochenblatt für das Herzogtum Lauenburg vom 27. Dezember 1869) in Kraft getreten.

Vgl. § 117 RStGB.

Für die Vereidigung der im Privatdienst stehenden Forst- usw. Personen kommen jetzt §§ 23 und 24 des Forstdiebstahlgesetzes vom 15. April 1878 in Betracht. Vgl. RGSt. Bd. 43 S. 361.

Außer den im ersten Satz des § 1 genannten Forst- und Jagdbeamten usw. fallen unter die Bestimmungen des § 1 die Personen, welche in den Kabinettsorders vom 6. Oktober 1837 und 19. April 1838 (GS. 1838 S. 257, 258), vom 21. Mai 1840 (GS. S. 129), vom 19. Februar 1842 (GS. S. 111) und vom 14. August 1855 (GS. S. 633) genannt sind. Vgl. auch MinVerf. vom 17. Juni 1845 und vom 29. Juni 1867. Siehe auch Art. 2 ff. der Instruktion vom 17. April 1837. Vgl. RGSt. Bd. 2 S. 288, 306; Bd. 3 S. 62, 336. Vgl. auch RGSt. Bd. 108 S. 239 über die Zuständigkeit der staatlichen Förster. Siehe auch oben Preuß. JO. achter Abschnitt (Strafbestimmungen des RStGB.)

Durch die Verordnung, betreffend das Strafrecht und das Strafverfahren in den neuen Landesteilen, vom 25. Juni 1867 (GS S. 921) sind die §§ 1 bis 5 des Gesetzes vom 31. März 1837 über den Waffengebrauch der Forst- und Jagdbeamten nebst dem in Erweiterung der Kategorien der zum Waffengebrauch berechtigten Personen ergangenen Allerhöchsten Erlasse, mit der Maßgabe, daß an Stelle der im § 1 angezogenen Vorschriften des Gesetzes vom 7. Juni 1821 der § 52 des Gesetzes vom 2. Juni 1852, den Diebstahl an Holz- und anderen Waldprodukten betreffend, mit Ausnahme der §§ 53 und 54, tritt, in den neuen Landesteilen in Kraft getreten.

§ 2. Die Beamten müssen, um sich der Waffen bedienen zu dürfen, in Uniform oder mit einem amtlichen Abzeichen versehen sein.

Vgl. RGSt. vom 11. Juni 1926, Bd. 60 S. 273, über die Befugnisse von Jagdschutzbeamten. Wenn der Beamte persönlich bekannt ist, braucht er nicht in Uniform usw. zu sein (MBl. f. d. i. Verw. 1866 S. 255).

Siehe Uniformreglement für die kgl. Forstbeamten vom 29. Dezember 1868, Allg. Erlaß vom 22. März 1902, Verf. vom 4. September 1897 und vom 17. Juli 1903 für die Forstbeamten der Kommunalverbände und öffentlichen Anstalten, Allg. Erlaß vom 11. Oktober 1899 und 30. Juli 1902 sowie Verf. vom 17. Juli 1903.

Über Notwehr siehe §§ 227, 228 BGB.

§ 3. Der Forst- oder Jagdbeamte, der hiernach von seinen Waffen Gebrauch macht und jemand dadurch verletzt hat, ist verpflichtet, soweit es ohne Gefahr für seine Person geschehen kann, dem Verletzten Beistand zu leisten, und wenn er auf jemand geschossen hat, nachzuforschen, ob derselbe dadurch verletzt sei. Ist es erforderlich, so muß der Beamte dafür sorgen, daß der Verletzte zum nächsten Orte gebracht werde, wo die Polizeibehörde für die ärztliche Hilfe und für die nötige Bewachung Sorge zu tragen hat.

Die Kurkosten sind erforderlichenfalls, und zwar hinsichtlich Unserer Forsten und Jagden von der Forst- und Jagdverwaltung, hinsichtlich der anderen Forsten und Jagden aber von den Forst- und Jagdberechtigten vorzuschießen, welche den Ersatz von den Verletzten und den

Teilnehmern des Frevels oder von den Beamten, je nachdem die Anwendung der Waffen gerechtfertigt befunden worden ist oder nicht, verlangen können.

Siehe Art. 10, 11 der Instruktion vom 17. April 1837.

§ 4. Auf die Anzeige, daß jemand von einem Unserer Forst- oder Jagdbeamten (§ 1) im Dienst durch Anwendung der Waffen verletzt worden, hat das Gericht des Ortes, wo die Verletzung vorgefallen ist, mit Zuziehung eines Oberforstbeamten den Tatbestand festzustellen und zu ermitteln, ob ein Mißbrauch der Waffen stattgefunden habe. Das Gericht ist schuldig, hierbei auf die Anträge Rücksicht zu nehmen, welche der Oberforstbeamte zur Aufklärung der Sache zu machen für notwendig erachtet.

Siehe Art. 12 der Instruktion vom 17. April 1837.

§ 5. Werden in Ansehung eines Forst- oder Jagdbeamten, der nicht zu Unseren Beamten gehört, die im § 4 vorgeschriebenen Ermittelungen erforderlich, so ist hinsichtlich des standesherrlichen Forstbeamten statt des im § 4 erwähnten Oberforstbeamten der standesherrliche Oberbeamte für die Polizei oder in Ermangelung eines solchen der Kreislandrat, hinsichtlich aller [anderen] Forstbeamten [aber] in jedem Falle der Kreislandrat bei der Ermittelung zuzuziehen.

Die eingeklammerten Stellen gelten nicht mehr.

Siehe Art. 13, 14 der Instruktion vom 17. April 1837.

§§ 6 bis 11 sind aufgehoben durch das Gesetz vom 13. Februar 1854 (GS. S. 89) und die StPO. Siehe EG. zum GVG. § 11. Das Gesetz vom 13. Februar 1854 ist aufgehoben durch Gesetz vom 16. November 1920 (GS. 1921 S. 65). Danach findet die in den Gesetzen vom 13. Februar 1854 und vom 1. August 1909 (GS. S. 691) zugelassene Erhebung von Konflikten bei gerichtlichen Verfolgungen wegen Amts- und Diensthandlungen nicht mehr statt.

§ 12 ist gegenstandslos geworden.

2. Instruktion für die königlichen Forst- und Jagdbeamten über den Waffengebrauch.

Vom 17. April 1837 (v. Kamptz, Annalen XXI S. 339 — Anlage a —).

Über das Recht der Forst- und Jagdbeamten zum Waffengebrauch haben des Königs Majestät am 31. März d. Js. ein besonderes Gesetz zu erlassen geruht.

Damit die darin enthaltenen Bestimmungen dem beabsichtigten Zweck gemäß zur Ausführung gebracht und etwaigen Exzessen beim Gebrauch der Waffen vorgebeugt werde, werden für die königlichen Forsten und Jagden nachstehende Anweisungen erteilt, welche gleich den in dem Gesetze selbst enthaltenen Bestimmungen ein jeder königlicher Forst- und Jagdbeamter sich genau einzuprägen, stets zu vergegenwärtigen und streng zu befolgen hat.

a) Allgemeine Bestimmungen.

Art. 1. Unter den Forst- und Jagdbeamten versteht das Gesetz nicht bloß die zur Verwaltung und zum Schutz der Forsten und Jagden angestellten Oberförster und Förster, sondern auch die zur Verstärkung des Forst- und Jagdschutzes angenommenen Hilfsaufseher und Korpsjäger, sobald sie mit den im § 1 des Gesetzes bestimmten Erfordernissen versehen und namentlich gehörig vereidigt sind.

Art. 2. Die vorbemerkten Forst- und Jagdbeamten sind überhaupt nur dann, wenn sie sich in den ihnen zur Verwaltung und zum Schutz überwiesenen Forst- und Jagdbezirken befinden, sich der Waffen zu bedienen befugt.

Erlaß des Landwirtschaftsministers vom 14. Juli 1897 (MBl. f. d. i. Verw. S. 175): Mehrfach vorgekommene Fälle, in denen fliehende Frevler während der Flucht Deckung gesucht und, sich plötzlich gegen die sie verfolgenden Forst- und Jagdbeamten wendend, von ihren Schießwaffen Gebrauch gemacht und diese getötet oder schwer verletzt haben, sowie die fortgeschrittene Technik in der Konstruktion der Schußwaffen, welche es den Frevlern ermöglicht, auch während eiliger Flucht ein bereits abgeschossenes Gewehr mit Leichtigkeit wieder schußfertig zu machen, lassen es mir nicht angängig erscheinen, das unbedingte Verbot des Gebrauchs der Waffen gegen fliehende Frevler noch weiter aufrechtzuerhalten.

Ferner erscheint es mir zweckmäßig, die im Art. 3 der Instruktion gegebene Einschränkung hinsichtlich der Art der zugelassenen Waffen zu beseitigen, insbesondere um dadurch den Forst- und Jagdbeamten die Möglichkeit zu gewähren, auch von dem Revolver Gebrauch zu machen.

Mit Rücksicht hierauf wird der Art. 3 der genannten Instruktion aufgehoben und der Art. 4 derselben durch folgende Bestimmungen ersetzt:

Art. 4. Beim Gebrauch der Waffen müssen die Forst- und Jagdbeamten sich stets vergegenwärtigen, daß solcher nur soweit stattfinden darf, als die Erfüllung des bestimmten Zwecks, die Holz- und Wilddiebe oder die Forst- und Jagdkontravenienten bei tätlichem Widerstande oder gefährlichen Drohungen unschädlich zu machen, es unerläßlich erfordert. In der Regel sind daher die Waffen nicht gegen fliehende Frevler zu gebrauchen. Legt indessen ein auf der Flucht befindlicher Frevler auf erfolgte Aufforderung die Schußwaffe nicht sofort ab oder nimmt er dieselbe wieder auf und ist außerdem nach den besonderen Umständen des einzelnen Falles in dem Nichtablegen oder Wiederaufnehmen der Schußwaffe eine gegenwärtige drohende Gefahr für Leib und Leben des Forst- oder Jagdbeamten zu erblicken, so ist letzterer auch gegen den Fliehenden zum Gebrauch der Waffen berechtigt. In jedem Falle sind die Waffen nur so zu gebrauchen, daß lebensgefährliche Verwundungen soviel als möglich vermieden werden. Deshalb ist beim Gebrauch der Schußwaffe der Schuß möglichst nach den Beinen zu richten und beim Gebrauch des Hirschfängers der Hieb nach den Armen des Gegners zu führen.

Übrigens muß beim Gebrauch der Schußwaffe die größte Vorsicht angewendet werden, damit durch das Schießen nicht dritte Personen verletzt werden, welche ohne Teilnahme an einer Kontravention sich zufällig in der Schußlinie oder in deren Nähe befinden. In dieser Hinsicht ist besonders dann Aufmerksamkeit nötig, wenn nach der Richtung geschossen wird, wo sich eine Landstraße oder ein bewohntes Gebäude befindet. Auch ist der Gebrauch der Schußwaffe überhaupt in der Nähe von Gebäuden zur Verhütung von Feuersgefahr möglichst zu vermeiden.

Zu Art. 4 die Verfügung des Landwirtschaftsministers vom 8. August 1919 (LMBl. S. 234), betreffend Waffengebrauchsrecht der Forst- und Jagdschutzbeamten:

In Abänderung der Instruktion vom 17. April 1837, insbesondere des Art. 4 aaO. hinsichtlich der staatlichen Forstbeamten, bestimme ich folgendes:

Wenn auch nach dem Gesetze über den Waffengebrauch der Forst- und Jagdbeamten vom 31. März 1837 und den dazu ergangenen Instruktionen der Gebrauch der Waffen nur insoweit stattfinden soll, als für die Erfüllung des Zweckes, die Holz- und Wilddiebe sowie die dem Jagd- und Forstrechte Zuwiderhandelnden bei tätlichem Widerstande oder gefährlichen Drohungen unschädlich zu machen, notwendig ist, so kann von dem Forst- und Jagdbeamten doch nicht verlangt werden, daß er durch übertrieben ängstliche Befolgung der Vorschriften sein Leben gefährdet. Er braucht insbesondere, bevor er von der Schußwaffe Gebrauch macht, nicht abzuwarten, bis der Frevler den Angriff mit Waffen, Äxten und anderen gefährlichen Werkzeugen ausführt; es genügt vielmehr die Bedrohung mit Widersetzlichkeit durch offen oder verborgen bereitgehaltene gefährliche Werkzeuge (z. B. Handgranaten).

Das zurzeit besonders hinterlistige und gewalttätige Verhalten der Frevler zwingt dazu, auch von dem fliehenden Frevler eine unmittelbare Bedrohung für Leib und Leben mehr wie bisher zu gewärtigen. Setzt der fliehende Frevler trotz Aufforderung, zu halten, die Flucht fort, so berechtigt das Hinzutreten anderer Verdachtsumstände unter den heutigen unsicheren Verhältnissen zu der Annahme, daß er die Flucht zu einem erneuten Angriff oder einer Widersetzlichkeit mit gefährlichen Werkzeugen benutzen will. Der Jagd- und Forstbeamte darf in solchen Fällen ebenso von der Schußwaffe Gebrauch machen wie in den Fällen der Rundverfügung vom 14. Juli 1897 Abs. 5 Satz 3. Im übrigen ist er zum Waffengebrauch in den Fällen des Satzes 3 aaO. auch dann berechtigt, wenn der Frevler keine Schußwaffe, wohl aber ein gefährliches Werkzeug mit sich führt.

(Der Minister weist dann noch auf die OG. vom 16. Juni 1919 (Gerichtshof zur Entscheidung der Kompetenzkonflikte) hin, welche wertvolle Fingerzeige für das rechtlich einwandfreie Verhalten eines Forst- und Jagdschutzbeamten und den Gebrauch der Schußwaffe bei gefährlicher Bedrohung in Ausübung des Dienstes gibt.)

Die Verfügung des Ministers der inneren Verwaltung vom 27. Oktober 1919 (LMBl. S. 398), betreffend Waffengebrauchsrecht der kommunalen und Privat-Forst- und -Jagdbeamten — vgl. Ministerialerlaß in gleicher Angelegenheit vom 1. September 1897 (MBl. f. d. i. Verw. S. 193) —, enthält inhaltlich dieselben Ausführungen wie die Rundverfügung vom 8. August 1919 (vorstehend).

Hierbei sei noch aufmerksam gemacht auf die Verf. des LMin. vom 18. Oktober 1919 (LMBl. S. 382), betreffend das Waffengebrauchsrecht der auf Privatdienstvertrag eingestellten reichsländischen Forstbeamten, und auf die RdVerf. des Ministers des Innern vom 24. Februar 1900 (MBl. f. d. i. Verw. S. 101), betreffend die Handhabung des Jagdschutzes.

An Stelle der Dienstinstruktion vom 23. Oktober 1868 ist die Dienstanweisung für die preußischen Staatsförster vom 7. Juli 1919 (LMBl. S. 264) getreten.

Art. 5. Der pflichtmäßigen Erwägung und Entscheidung der Regierungen bleibt es überlassen, denjenigen Forst- und Jagdbeamten, von deren Persönlichkeit ein Mißbrauch der Waffen zu besorgen ist, den Gebrauch der Waffen überhaupt oder der Schußwaffen nach ihrem Ermessen zu untersagen. Eine gleiche Befugnis wird den Oberförstern in betreff der ihnen untergebenen Forstschutz- und Jagdbeamten erteilt. Sie müssen aber gleichzeitig der betreffenden Regierung hiervon Anzeige machen, ihr Verfahren gehörig begründen und deren weitere Bestimmung über die Dauer dieser Maßregel einholen.

b) Besondere Bestimmungen.

Zum § 1 des Gesetzes.

Art. 6. Zum Zweck der Abwehrung eines Angriffs und der Überwindung eines tätlichen Widerstandes findet der Gebrauch der Waffen statt, ohne Unterschied, ob der Vorfall bei Tage oder zur Nachtzeit sich ereignet.

Art. 7. Wenn wegen Bedrohung mit einem Angriff von den Waffen Gebrauch gemacht werden soll, so muß die Bedrohung von der Art und von solchen Umständen begleitet sein, daß an ihrer Ausführung zu zweifeln kein besonderer Grund obwaltet, und von der Schußwaffe darf überhaupt nur dann Gebrauch gemacht werden, wenn der Angriff oder die Widersetzlichkeit mit Waffen, Äxten, Knütteln oder anderen gefährlichen Werkzeugen oder aber von einer Mehrheit, welche stärker ist als die Zahl der zur Stelle anwesenden Forst- und Jagdbeamten, unternommen oder angedroht wird.

Art. 8. Beleidigungen ohne tätliche Widersetzlichkeit oder ohne gefährliche Drohungen berechtigen nicht zum Waffengebrauch. Beamte, welche durch ungebührliches Betragen zu Widersetzlichkeiten selbst Anlaß gegeben und infolge hiervon sich der Waffe bedienen, haben nach Maßgabe des Grades ihrer Verschuldung und ihrer Folgen gesetzliche Ahndung nach den Vorschriften des ALR. Teil II Titel 20 §§ 797, 800, 806, 815 und 816 zu gewärtigen.

An Stelle der angegebenen Paragraphen des ALR. ist § 340 RStGB. getreten.

Zum § 2 des Gesetzes.

Art. 9. Die Forst- und Jagdbeamten müssen, um sich der Waffe bedienen zu können, entweder in Uniform, wenigstens in dem Uniformoberrock mit Dienstknöpfen gekleidet, oder doch mit dem Hirschfänger an der vorgeschriebenen Koppel versehen sein.

Zum § 3 des Gesetzes.

Art. 10. Die Forst- und Jagdbeamten haben, so oft sie von den Waffen Gebrauch gemacht haben, selbst dann, wenn eine Verletzung unzweifelhaft nicht erfolgt ist, dies ihrem unmittelbaren Vorgesetzten, und zwar der Oberförster dem betreffenden Forstinspektor oder dessen Stellvertreter, die Unterbeamten dagegen dem betreffenden Oberförster, sofort schriftlich oder zu Protokoll anzuzeigen, damit dieser in den Stand gesetzt werde, geeignetenfalls zu untersuchen, ob Veranlassung zum Gebrauch der Waffen vorhanden gewesen und die Vorschriften der gegenwärtigen Instruktion gehörig beachtet worden sind.

Art. 11. Die Verbindlichkeit der Forst- und Jagdbeamten, dem Verletzten Beistand zu leisten, erstreckt sich auf alle Fälle ohne Unterschied, ob die Verletzung durch Anwendung der Schußwaffe oder auf andere Art zugefügt worden ist. Bis dahin, daß die sogleich zu benachrichtigende Polizeibehörde die Sorge für den Verletzten übernommen hat, müssen die Forst- und Jagdbeamten denselben verpflegen und bewachen.

Hat ein einzelner Forst- und Jagdbeamter Gebrauch von den Waffen machen müssen und dabei den Gegner verwundet, so muß er den letzteren, soweit es ohne Gefahr für seine Person geschehen kann, dahin geleiten, wo er Pflege und Bewachung findet, oder hierzu Hilfe herbeiholen, die Polizeibehörde aber, sobald für den Verwundeten gesorgt ist, demnächst ohne den geringsten Verzug von dem Vorfalle benachrichtigen und seiner vorgesetzten Behörde die durch den Art. 10 vorgeschriebene Meldung machen.

Zum § 4 des Gesetzes.

Art. 12. Unter den im § 4 des Gesetzes beregten Oberforstbeamten ist der nächste Vorgesetzte des betreffenden Forst- oder Jagdbeamten zu verstehen, und es hat sich daher, sofern die Verwundung durch einen Schutzbeamten geschehen, der Forstinspektor, und sofern etwa dieser in die Notwendigkeit gekommen sein sollte, von seinen Waffen Gebrauch zu machen, der Oberforstbeamte der Regierung der Teilnahme an der Feststellung des Tatbestandes zu unterziehen.

Zum § 5 des Gesetzes.

Art. 13. Findet der betreffende Vorgesetzte bei der nach Art. 10 dieser Instruktion zu veranlassenden Untersuchung, daß von den Waffen zur Ungebühr Gebrauch gemacht worden, so hat er nach Befinden der Umstände den Täter zu verhaften und an die nächste Gerichtsbehörde abzuliefern.

Art. 14. Die Forst- und Jagdbeamten müssen bei Anwendung der Waffen ebensosehr mit Besonnenheit und Umsicht, als mit Kraft und Unerschrockenheit handeln. Diejenigen, welche hierdurch in schwierigen Fällen das in sie gesetzte Vertrauen rechtfertigen, können auf den Schutz der Gesetze und auf die Fürsorge ihrer Vorgesetzten rechnen, dagegen werden diejenigen, welche beim Waffengebrauch ihre Befugnisse überschreiten, ohne Nachsicht zur Untersuchung gezogen und nach den im Art. 8 allegierten Vorschriften bestraft werden.

Diese Instruktion sowie das Gesetz sind sorgfältig aufzubewahren und zu inventarisieren.

3. Instruktion für die Kommunal- und Privat-Forst- und -Jagdbeamten.

Vom 21. November 1837 (v. Kamptz, Annalen XXI S. 349).

Damit die in dem Gesetze vom 31. März d. Js. über den Waffengebrauch der Forst- und Jagdbeamten enthaltenen Vorschriften auch zum Schutze der Kommunal- und Privatforsten und -jagden richtig angewandt und Mißbräuche möglichst verhütet werden, erteile ich über die Ausführung dieses Gesetzes, sowohl zur Instruktion der Polizeibehörden als zur Belehrung der Forst- und Jagdbesitzer und des betreffenden Dienstpersonals, nachstehende nähere Anweisung.

§ 1. Die Bestimmungen des § 1 des Gesetzes finden auch auf die zur Verstärkung des Forstschutzpersonals angenommenen Hilfsaufseher Anwendung, wenn die im Eingange des angeführten Paragraphen festgesetzten Erfordernisse bei ihnen vorhanden und sie bei Ausübung ihrer Funktionen mit Dienstkleidung oder einem Abzeichen versehen sind.

§ 2. Die Kommunal- und Privat-Forst- und -Jagdoffizianten dürfen sich ihrer Waffen nur bedienen, wenn sie sich innerhalb des ihnen zur Verwaltung oder zum Schutz überwiesenen Forst- oder Jagdreviers befinden.

Siehe Ministerialerlaß vom 14. Juli 1897, bei Nr. 2 unter „a) Allgemeine Bestimmungen" angeführt. Dieser Erlaß gilt nach dem Ministerialerlaß vom 1. September 1897 (MBl. f. d. i. Verw. S. 193) auch für die Instruktion vom 21. November 1837; danach ist also auch der § 3 dieser Instruktion aufgehoben und der § 4, entsprechend dem Art. 4 der Instruktion vom 17. April 1837, geändert. Ebenso ist der Ministerialerlaß vom 1. September 1897 entsprechend dem Ministerialerlaß vom 8. August 1919 durch Ministerialerlaß vom 27. Oktober 1919 geändert; siehe Nr. 2 (Dienstinstruktion vom 17. April 1837 unter a zu Art. 4 derselben).

§ 4. Die Waffen sind jedenfalls nur in den im § 1 des Gesetzes vom 31. März d. Js. unter 1 und 2 bezeichneten Fällen zu gebrauchen. In der Regel sind daher die Waffen nicht gegen fliehende Frevler zu gebrauchen. Legt indessen ein auf der Flucht befindlicher Frevler auf erfolgte Aufforderung die Schießwaffe, nicht sofort ab oder nimmt er dieselbe wieder auf, und ist außerdem nach den besonderen Umständen des einzelnen Falles in dem Nichtablegen oder Wiederaufnehmen der Schußwaffe eine gegenwärtige drohende Gefahr für Leib und Leben des Forst- oder Jagdbeamten zu erblicken, so ist letzterer auch gegen den Fliehenden zum Gebrauch der Waffen berechtigt. In jedem Falle ist möglichst dahin zu sehen, daß lebensgefährliche Verwundungen vermieden werden. Es ist ferner beim Gebrauch der Schußwaffen die nötige Vorsicht anzuwenden, damit nicht andere, bei dem verübten Forst- oder Jagdfrevel nicht beteiligte Personen verletzt werden, besonders in den Fällen, wenn sich in der Richtung des Schusses Landstraßen oder bewohnte Gebäude befinden.

§ 5. Es begründet keinen Unterschied, ob der Vorfall, der zum Gebrauch der Waffen Veranlassung gibt, sich bei Tage oder zur Nachtzeit ereignet.

§ 6. Da nach dem Gesetze von der Schußwaffe nur dann Gebrauch gemacht werden darf, wenn der Angriff mit Waffen, Äxten, Knütteln oder anderen gefährlichen Werkzeugen oder von einer Mehrzahl, welche stärker ist als die zur Stelle anwesenden Forst- und Jagdoffizianten, unternommen wird, so berechtigen Drohungen, welche nicht von der Art sind, daß sie sofort ausgeführt werden können, und bloße wörtliche Beleidigungen zum Waffengebrauche nicht.

§ 7. Da es für die Polizeiverwaltungen von Interesse ist, wem die durch den § 1 des Gesetzes zugestandene wichtige Befugnis anvertraut wird, und da überdies der § 3 des Gesetzes den Waldbesitzern und Jagdberechtigten selbst Kostenvertretungen auferlegt, so haben diejenigen Kommunen und Privatpersonen, welche ihren Forst- und Jagdoffizianten die Befugnis, sich in den betreffenden Fällen der Waffen zu bedienen, beigelegt wissen und sie zu dem Ende mit einer Dienstkleidung oder einem Abzeichen versehen wollen, hiervon zuvor der kompetenten Polizeibehörde Anzeige zu machen.

§ 8. Mit dieser Erklärung ist zugleich die Benennung der Personen, welchen die Verwaltung oder der Schutz der gleichfalls genau zu bezeichnenden Forst- und Jagdreviere übertragen ist, und ebenso die Beschreibung der gewählten Dienstbekleidungen oder Abzeichen zu verbinden.

§ 9. Sofern gegen die in dieser Art benannten Personen sich in irgendeiner Art erhebliche Bedenken herausstellen, ist die Polizeibehörde befugt, denselben den Gebrauch der Waffen zu untersagen.

§ 10. Die Kommunal- und Privat-Forst- und -Jagdoffizianten müssen in dem Augenblick, wo sie sich der Waffen bedienen, entweder mit einer Dienstkleidung, die ihre Bestimmung hinlänglich erkennen läßt, oder mit einem Abzeichen versehen sein, welches letztere nur in einem metallenen Schilde von wenigstens 3 Zoll Breite und Höhe mit einer in obenerwähnter Art der Polizeibehörde namhaft zu machenden Bezeichnung bestehen und entweder an der Kopfbedeckung, auf der Brust oder dem Oberarm oder auch an der Koppel des Hirschfängers getragen werden kann.

§ 11. Erinnerungen der Polizeibehörde gegen die Zulässigkeit oder Zweckmäßigkeit der gewählten Dienstkleidungen oder Abzeichen haben die Waldeigentümer und Jagdberechtigten zu berücksichtigen. Findet sich bei denselben nichts zu erinnern, so ist deren Beschreibung in denjenigen Polizeibezirken, wo die betreffenden Forst- oder Jagdreviere belegen, von der Ortspolizeibehörde öffentlich bekanntzumachen.

§ 12. So oft ein Forst- oder Jagdoffiziant von den Waffen Gebrauch gemacht hat, auch wenn eine Verletzung unzweifelhaft nicht erfolgte, ist derselbe verpflichtet, unverzüglich der Ortspolizeibehörde und demnächst seiner Dienstherrschaft, sofern aber der Sitz der ersteren von dem Orte, wo der Vorfall sich ereignet, entfernter sein sollte als die Wohnung der letzteren, zuerst dieser davon Anzeige zu machen. Die Ortspolizeibehörde hat hierauf sofort dem Landrat des Kreises Bericht zu erstatten, damit derselbe dasjenige, was ihm nach §§ 4 und 5 des Gesetzes obliegt, wahrnehmen kann.

§ 13. Wenn eine Verletzung vorgefallen ist, so sind die Forst- und Jagdoffizianten, es mögen nun ihrer mehrere oder ein einzelner zur Stelle sein, schuldig, den Verwundeten dahin zu geleiten, wo er ärztliche Hilfe, Pflege und Bewachung findet, und wenn sie hierzu allein nicht imstande sind oder solches für sie mit Gefahr verknüpft sein würde, dazu Hilfe herbeizuholen, demnächst aber ohne allen Verzug der Ortspolizeibehörde davon Anzeige zu machen.

Bis dahin, daß die Ortspolizeibehörde die Sorge für den Verwundeten übernommen hat, liegt dieselbe dem betreffenden Forst- und Jagdoffizianten und bezw. dessen Dienstherrschaft ob.

IX. Stempelsteuergesetz vom 21. Oktober 1924 (GS. S. 611) / 25. Oktober 1924 (GS. S. 620) in der Fassung der Bekanntmachung vom 27. Oktober 1924 (GS. S. 627).

Das Gesetz bestimmt in seinem Tarif **unter Nr. 2**:
Abtretung von Rechten . . . . 1/10 v. H. des Wertes der Gegenleistung.

Tarifstelle Nr. 10. Pacht- und Mietverträge.

I.

Verträge über die Verpachtung oder Vermietung von außerhalb Landes gelegenen Grundstücken oder diesen gleichgeachteten Rechten, wie Jagdberechtigungen an solchen Grundstücken . . . . 1,50 RM.

II.

(1) a) Verträge über die Verpachtung der Jagd (Jagdpachtverträge) sowie über die Erlaubnis zum Abschuß jagdbarer Tiere auf inländischen Grundstücken . . . 2 v. H.
des Pachtzinses oder des Entgelts für die Abschußerlaubnis einschließlich des Werts aller, auch der nicht in Geld bestehenden Nebenleistungen.

Verträge über die Verpachtung von gemeinschaftlichen Jagdbezirken unterliegen jedoch, sofern der verabredete, nach der Dauer eines Jahres zu berechnende Pachtzins den Betrag von 1500 RM. nicht übersteigt und als Pächter ausschließlich solche Inländer auftreten, welche im Gemeindebezirke ihren Wohnsitz haben und zu den Jagdgenossen des Jagdbezirks gehören, nur einem Stempel von . . . . 3/10 v. H.
des Pachtzinses einschließlich des Wertes aller, auch der nicht in Geld bestehenden Nebenleistungen.

Vgl. RGZ. auf S. 417.

b) Verträge über die Verpachtung im Inland gelegener unbeweglicher Sachen zur land- oder forstwirtschaftlichen Nutzung . . . . 1/10 v. H.
des Pachtzinses, wobei der Wert nicht in Geld bestehender Nebenleistungen dem Zins nicht hinzuzurechnen ist.

c) Sonstige Pacht- und Mietverträge jeder Art 3/10 v. H.
des Pacht- oder Mietzinses, wobei der Wert nicht in Geld bestehender Nebenleistungen dem Zins nicht hinzuzurechnen ist.

(2) Der Stempel berechnet sich nach der Dauer der bedungenen Vertragszeit. Bei Verträgen auf unbestimmte Zeit ist der Versteuerung eine einjährige Dauer zugrunde

zu legen. Enthält ein Pacht- oder Mietvertrag die Bestimmung, daß nach Ablauf der zunächst bestimmten, auf länger als ein Jahr bemessenen Vertragsdauer das Rechtsverhältnis unter gewissen Voraussetzungen als verlängert gelten soll, so berechnet sich der Stempel zu diesem Vertrage nach der Dauer der zunächst bestimmten Vertragszeit. Bei Verträgen, die auf die Lebenszeit des Verpächters oder Pächters, Vermieters oder Mieters geschlossen sind, kommt die Vorschrift des § 6 Abs. 10 des Gesetzes zur Anwendung.

(3) Die durch Briefwechsel oder einen Austausch sonstiger schriftlicher Mitteilungen zustande gekommenen Verträge sind hinsichtlich der Stempelpflicht wie förmliche schriftliche Verträge zu behandeln.

Befreit sind:

1. Verträge über die Verpachtung oder Vermietung im Inland belegener Grundstücke oder Gebäude oder Teile von solchen, bei denen der Pacht- oder Mietzins den Betrag von 1000 RM. in einem Jahre nicht übersteigt; auf Jagd- und Fischereiverträge findet diese Vorschrift keine Anwendung.

   Auf Verträge, bei denen der Jahreszins 1000 RM. übersteigt, findet die Vorschrift des § 4 Abs. 1 a dieses Gesetzes mit der Maßgabe Anwendung, daß der Stempel nicht in Ansatz kommt, wenn der für die Gesamtdauer des Vertragsverhältnisses zu entrichtende Pacht- oder Mietzins den dort angegebenen Betrag nicht übersteigt (150 RM.).

2. . . .

Zu vgl. § 9 über Versteuerung mehrerr über denselben Gegenstand ausgestellter Urkunden.

Zu dem Stempelsteuergesetz ist noch ein Gesetz vom 29. Juli 1926 (GS. S. 233) zur Änderung des Stempelsteuergesetzes in der Fassung der Bekanntmachung vom 27. Oktober 1924 (GS. S. 627) ergangen, welches in einem einzigen Artikel bestimmt, daß Tarifstelle 19 folgende Fassung erhält:

Vollmachten zur Vornahme von Geschäften rechtlicher Natur für den Vollmachtgeber ... $^1/_{10}$ v. H. des Wertes des Gegenstandes, höchstens 1000 Reichsmark.

X. Verwaltungsgebührenordnung vom 30. Dezember 1926 (GS. S. 327)

enthält fünfzehn Paragraphen über die Erhebung von Gebühren für die einzelnen Amtshandlungen, die auf Veranlassung der Beteiligten von Staatsorganen oder kraft staatlichen Auftrags von nichtstaatlichen Organen vorgenommen werden, nach Maßgabe dieser Verordnung und des anliegenden Tarifs. Die Erhebung von anderweitigen Gebühren oder Stempeln für derartige Amtshandlungen wird ausgeschlossen.

Über Kostenpauschsatz (Gebühren) in Verwaltungsstreitsachen siehe RdErl. der Minister des Innern, der Finanzen, des Ministers für Handel und Gewerbe und des Ministers für Volkswohlfahrt vom 24. Dezember 1926 (MBl. f. d. i. Verw. 1927 S. 3) (auf Grund des § 106 LVG.).

Vgl. Beschluß des Oberverwaltungsgerichts vom 10. Juli 1926 (LMBl. S. 549), betreffend fortlaufende und dauernde Nutzungsrechte, wie z. B. bei Nießbrauch-, Wohn- und Jagdrechten.

Vgl. auch RdErl. des Ministers des Innern vom 23. Januar 1925 und Ausführungsbestimmungen des Ministers des Innern, des Finanzministers usw., betreffend Festsetzung, Einziehung und Verrechnung der Gebühren (Kostenpauschsatz) und baren Auslagen des Verwaltungsstreitverfahrens, vom 26. Juli 1927 (MBl. i. V. S. 781).

Gebührentarif.

. . .

16. Beschlußverfahren (§§ 115 ff. des Gesetzes über die allgemeine Landesverwaltung vom 30. Juli 1883 — GS. S. 195 —).

a) Wasserrechtliche Angelegenheiten.

1. . . .

auf Grund der §§ 183 bis 189, 192 Abs. 2 des Wassergesetzes vom 7. April 1913 (GS. S. 53) und § 11 des Fischereigesetzes vom 11. Mai 1916 (GS. S. 55) — Wasserbucheintragungen . . . . 1/10 v. H. des Wertes des Gegenstandes, mindestens jedoch in allen Fällen zu 1 . . . . 10 Reichsmark.

2. Der Wert des Gegenstandes ist von der Beschlußbehörde festzusetzen und auf volle 1000 Reichsmark nach unten abzurunden.

3. Die Kostenvorschriften der . . . §§ 195 Satz 2, 272 . . . bleiben aufrechterhalten. Die Gebühr wird von demjenigen erhoben, der nach den vorstehend angeführten Vorschriften des Wassergesetzes kostenpflichtig ist. Im übrigen ist Schuldner der Gebühren der Antragsteller oder derjenige, in dessen Interesse der Beschluß ergeht. Mehrere Beteiligte haften als Gesamtschuldner, sofern nicht ihre Anteile an der Kostenschuld im Beschlusse festgesetzt sind.

4. Die Kostenfreiheit des § 195 Satz 1 des Wassergesetzes wird aufgehoben.

b) Sonstige Genehmigungen, Erlaubniserteilungen, Ausnahmebewilligungen und ähnliche Entscheidungen, auch wenn sie unter einer Bedingung oder Auflage oder befristet erfolgen,

	Reichsmark
bei dem Kreisausschuß und den ihm gleichstehenden Behörden (§ 4 LVG.) . .	1,50
bei dem Bezirksausschuß, Provinzialrat usw.	2—100

28. Fischereischeine und Erlaubnisscheine zum Fischfang:

a) Fischereischein	2
Fischereischeine für Ausländer	10

Für deutschstämmige Personen, die durch Gebietsabtretungen die Reichsangehörigkeit verloren haben, kann der Regierungspräsident die Gebühren bis auf den Satz für Inländer ermäßigen.

b) Beglaubigung von Erlaubnisscheinen zum Fischfange (§ 98 Abs. 8 des Fischereigesetzes)	1

c) Doppelausfertigungen der Scheine zu a und b die Gebühr zu a und b.

30. Genehmigungen, Eraubniserteilungen, Konzessionen (siehe auch 7 N. 166).

. . .

II. Sonstige Genehmigungen, Erlaubniserteilungen, Ausnahmebewilligungen (auch gewerblicher Art) und sonstige zum unmittelbaren Nutzen der Beteiligten vorgenommene Amtshandlungen, soweit keine andere Gebühr vorgeschrieben ist,

bei den unteren Behörden (Ortsbehörden) .	1—50
bei den mittleren Behörden	2—100
bei den obersten Behörden (Zentralbehörden)	3—150

Reichsmark

Zu II: Aus Billigkeitsgründen kann von der Gebührenerhebung abgesehen werden.

44. Jagdangelegenheiten:

a) Jahresjagdschein 10

b) Tagesjagdschein 2

3. Jahresjagdschein für Personen, welche weder Angehörige eines deutschen Landes sind, noch in Preußen einen Wohnsitz oder einen Grundbesitz mit einem Grundsteuerreinertrage von 150 Reichsmark haben . 100

4. Tagesjagdschein für solche Personen . . 20

Zu 3 und 4: Nach näherer Anweisung des Ministers für Landwirtschaft, Domänen und Forsten kann die Gebühr bis auf den Satz für Inländer ermäßigt werden.

5. Jede doppelte Ausfertigung eines Jagdscheins 0,50

6. Gebührenfrei sind Jagdscheine für die auf Grund des § 23 des Forstdiebstahlsgesetzes vom 15. April 1878 (GS. S. 222) vereidigten sowie diejenigen Personen, welche sich in der für den Staatsforstdienst vorgeschriebenen Ausbildung befinden.

b) Kontrolle des Vertriebs von Wild aus Kühlhäusern. Grundgebühr als Entschädigung für jedes auf Antrag erfolgendes Erscheinen eines Beauftragten der Polizei in einem Kühlhause während eines Tages 1,50

	Reichsmark
Dazu tritt eine Stückgebühr für	
1. Anbringung einer Ohrmarke	0,15
2. Anbringung einer Plombe	0,10
Die Stückgebühr erhöht sich um 0,05 Reichsmark, falls der Kühlhausinhaber dem Beauftragten der Polizei keine Arbeitskräfte zur Verfügung stellt. Der Stückgebühr sind außerdem die Selbstkosten für die Ohrmarken und Plomben zuzuschlagen.	
c) Befristete Bescheinigungen gemäß § 45 Abs. 2 der Jagdordnung und Beglaubigungen von Ursprungsscheinen gemäß § 46 aaO.	
1. für Elch-, Schwarz-, Rot-, Dam- und Rehwild	2
2. für alle übrigen Wildarten	0,25
81. Waffenscheine.	
a) Erstmalige Ausstellung	20
b) Verlängerung der Gültigkeit	10
c) Die Gebühren können aus sachlichen oder persönlichen Billigkeitsgründen den besonderen Umständen des einzelnen Falles entsprechend ausnahmsweise	
im Falle zu a auf	3
im Falle zu b auf	1,50
herabgesetzt werden.	
d) Gebührenfrei sind Waffenscheine, welche im besetzten Gebiete nur auf Grund von Verordnungen der Besatzungsmächte ausgestellt werden.	

	Reichsmark
Tarifstelle Nr. 14 Abs. 1, 2: Beglaubigungen und andere Zeugnisse, Bescheinigungen, Ausweise und ähnliches (bei Beglaubigungen auch neben der nach Tarifstelle Nr. 1 fälligen Gebühr) . .	2
Die Gebühr kann bei Beglaubigungen, die mit geringer Mühewaltung verbunden sind, ermäßigt werden auf	1
und bei solchen, die mit größerer Mühewaltung verbunden sind, erhöht werden bis auf	5
Für einfache Zeugnisse und Bescheinigungen in Angelegenheiten von untergeordneter Bedeutung ermäßigt sich die Gebühr auf	1

Gebührenfrei sind:

a) Zeugnisse über geleistete Arbeiten, den Besuch von Bildungsanstalten, Schulzeugnisse u. dgl.

XI. Die gesetzlichen Bestimmungen über Pachtschutz.

Am 9. Juni 1920 ist das Reichsgesetz der Pachtschutzordnung erlassen worden (RGBl. S. 1193), welches durch das Gesetz zur Verlängerung der Pachtschutzordnung vom 29. Juni 1922 (RGBl. S. 529) und letzteres wieder durch das Gesetz vom 3. Februar 1924 (RGBl. I S. 68) ersetzt worden ist. Dieses ist durch das Reichsgesetz zur Änderung der Pachtschutzordnung vom 23. Juli 1925 (RGBl. I S. 151) abgeändert worden (siehe Bekanntmachung der neuen Fassung des Reichsgesetzes im RGBl. 1925 I S. 152), welches wiederum eine Änderung durch das Gesetz zur Änderung der Pachtschutzordnung vom 12. Juli 1927 (RGBl. I S. 179) erfahren hat.

Nach diesem Reichsgesetze (von 1925 bezw. 1927) sind die Einzelländer des Deutschen Reichs ermächtigt, Pachtschutzordnungen zu erlassen.

Hierzu vgl. das Arbeitsgerichtsgesetz vom 23. Dezember 1926 (RGBl. I S. 507), insbesondere § 115 daselbst, der für Pachtschutzsachen bestimmt, daß in § 1 Abs. 4 der Pachtschutzordnung — Zuständigkeit der ordentlichen Gerichte — hinter den Worten „die ordentlichen Gerichte" die Worte „oder die Arbeitsgerichte" eingefügt werden (vgl. noch die preußische Verordnung über die Errichtung von Arbeitsgerichten und Landesarbeitsgerichten vom 10. Juni 1927 (GS. S. 97). Danach sind die Arbeitsgerichte — Arbeitsgerichte am Sitze eines Amtsgerichts, Landesarbeitsgerichte, Reichsarbeitsgericht — unter Ausschluß der ordentlichen Gerichte ohne Rücksicht auf den Wert des Streitgegenstandes zuständig für bürgerliche Rechtsstreitigkeiten zwischen Tarifvertragsparteien oder zwischen diesen und Dritten aus Tarifverträgen oder über das Bestehen oder Nichtbestehen von Tarifverträgen.

Auf Grund der reichsgesetzlichen Bestimmungen der Pachtschutzordnung ist die Preußische Pachtschutzordnung vom 27. September 1922 (GS. S. 287) erlassen worden, welche durch die Verordnung zur Änderung der Preußischen Pachtschutzordnung vom 27. Februar 1924 (GS. S. 115) abgeändert worden ist; an deren Stelle ist die Preußische Pachtschutzordnung vom 30. September 1925 (GS. S. 141) getreten (siehe Bekanntmachung der Fassung der Preußischen Pachtschutzordnung vom 30. September 1925, vom 16. Oktober 1925). Letztere ist von neuem abgeändert worden durch die Verordnung vom 18. August 1927 (GS. S. 169) zur Änderung der Pachtschutzordnung vom 30. September 1925. Die neue Fassung derselben ist am 19. September 1927 in der Preußischen Gesetzsammlung S. 177 bekanntgemacht.

1. Preußische Pachtschutzordnung.

Nach § 1 der Preußischen Pachtschutzordnung vom 30. September 1925 in der durch die Verordnung vom 18. August 1927 gegebenen Fassung kann, wenn Grundstücke zum Zwecke landwirtschaftlicher, obstbaulicher oder gewerbsmäßiger gärtnerischer Nutzung verpachtet oder verliehen, in den Fällen des § 2 von den Beteiligten das Pachteinigungsamt angerufen werden. Den Pachtverträgen stehen alle sonstigen Vereinbarungen gleich, die die Übertragung des Genusses der Erzeugnisse eines Grundstücks gegen Entgelt zum Gegenstande haben.

Die Zuständigkeit der Pachteinigungsämter wird nicht dadurch ausgeschlossen, daß der Vertrag sich auch auf Wohn- oder Wirtschaftsräume erstreckt. In diesem Falle kommt die Zuständigkeit einer anderen Stelle nicht in Betracht. Zur Entscheidung der zur Zuständigkeit der Pachteinigungsämter gehörenden Pachtstreitigkeiten können die ordentlichen Gerichte oder die Arbeitsgerichte nicht angerufen werden.

§ 2. (1) Das Pachteinigungsamt kann bestimmen, daß Leistungen, die unter den veränderten allgemeinen wirtschaftlichen Verhältnissen nicht mehr gerechtfertigt sind, anderweit festgesetzt werden, soweit dies der Billigkeit entspricht.

(2) Das Pachteinigungsamt hat hierbei den Ertrag, den das Grundstück bei ordnungsmäßiger Bewirtschaftung nachhaltig zu gewähren vermag, die Pachtpreisrichtlinien der Landwirtschaftskammer sowie die wirtschaftlichen Verhältnisse beider Vertragsteile angemessen zu berücksichtigen.

§ 3. (1) Beträgt die Größe des Pachtlandes weniger als 10 Hektar, so kann das Pachteinigungsamt, wenn und soweit es bei Abwägung der Interessen beider Teile der Billigkeit entspricht, außerdem bestimmen, daß a) gekündigte Verträge bis zur Dauer von zwei Jahren fortzusetzen sind, b) ohne Kündigung ablaufende Verträge bis zur Dauer von zwei Jahren verlängert werden, c) Verträge vor Ablauf der vereinbarten Zeit aufgehoben werden.

(2) Ein Vertrag soll, soweit nicht der Pächter oder Nutzungsberechtigte besonders schlecht bewirtschaftet, regelmäßig dann verlängert werden, wenn dem Pächter oder dem Nutzungsberechtigten noch nicht insgesamt 10 Hektar Land zur Bewirtschaftung verbleiben würden; eigenes oder sonst benutztes Land ist dabei anzurechnen. Die Verlängerung eines gekündigten oder abgelaufenen Vertrages kann wiederholt erfolgen.

(3) Verlängert das Pachteinigungsamt den Vertrag, so hat es zugleich auf Antrag den Pachtzins neu festzusetzen, und zwar auf den Betrag, welcher nach dem Ertrag angemessen erscheint, den das Grundstück bei ordnungsmäßiger Bewirtschaftung nachhaltig zu gewähren vermag.

§ 4. Die Vorschriften des § 3 gelten sinngemäß für Sammelpachtverträge, wenn der einzelne Pächter nicht mehr als 10 Hektar bewirtschaftet.

§ 5. Der Minister für Landwirtschaft kann nach Anhörung des Landeskulturamtspräsidenten und der Landwirtschaftskammer für bestimmte Teile des Landes die Größengrenzen (§ 3 Abs. 1 und 2, § 4) nach den örtlichen Boden- und Betriebsverhältnissen auf den Umfang einer selbständigen Ackernahrung heraufsetzen. Die Bestimmung erfolgt im Einvernehmen mit dem Justizminister; sie wird in der Preußischen Gesetzsammlung bekanntgegeben.

Nach § 6 finden die Vorschriften dieser Verordnung ohne Rücksicht auf die Grundstücksgröße auch Anwendung auf solche Verträge (§ 1), die gleichzeitig ein Arbeitsverhältnis enthalten, insbesondere auf Heuerlingsverträge, sowie auf solche Verträge, bei denen der Pächter das Pachtgrundstück oder erhebliche Teile davon selbst kultiviert hat, oder bei denen das Pachtgrundstück oder erhebliche Teile davon innerhalb der letzten dreißig Jahre durch seine Vorfahren kultiviert worden sind.

Zur Umwandelung eines Pachtvertrages in einen Heuerlingsvertrag oder umgekehrt sowie zur Beseitigung von Bestimmungen über ein Arbeitsverhältnis aus dem Pachtvertrage ist die Zustimmung beider Teile erforderlich. Liegt durch Verschulden des zur Arbeit Verpflichteten (des Heuerlings) ein wichtiger Grund zur fristlosen Kündigung des Arbeitsverhältnisses vor, so darf von der Befugnis, einen solchen Vertrag zu verlängern oder seine Kündigung für unwirksam zu erklären, kein Gebrauch gemacht werden. Eine Frauenhilfspflicht auf Grund von Heuerlingsverträgen besteht solange nicht, als die Frau durch Mutterschaftspflichten, Krankheit in der Familie und ähnliche Härtefälle an der Arbeit behindert ist. Zuständig sind die Pachteinigungsämter.

Nach § 7 kann auf die nach der Pachtschutzordnung den Vertragsteilen zustehenden Rechte nicht verzichtet werden. Die Vereinbarung schiedsrichterlicher Entscheidung ist zulässig. Eine Vereinbarung, nach der einem Vertragsteile bei Ausübung der Rechte besondere Nachteile erwachsen sollen, ist unwirksam.

§ 8. (Einrichtung des Pachteinigungsamtes.)

(1) Das Pachteinigungsamt wird bei dem Amtsgericht für dessen Bezirk gebildet.

(2) Die Landesjustizverwaltung kann bestimmen, daß die Bezirke mehrerer Amtsgerichte zu einem gemeinschaftlichen Pachteinigungsamt vereinigt werden.

(3) Erscheinen vor dem Amtsrichter an einem Orte, der nicht Sitz des Pachteinigungsamtes ist, die Parteien gemeinschaftlich, um über die gütliche Einigung in einer Pachtschutzsache zu verhandeln, so hat der Amtsrichter den Versuch einer gütlichen Einigung zu machen. Kommt ein Vergleich nicht zustande, so hat der Amtsrichter die Parteien an das Pachteinigungsamt zu verweisen.

§ 15. (1) Der Antrag, ein Pachtverhältnis zu verlängern, ist zu stellen:

a) wenn der Pachtvertrag gekündigt ist: spätestens einen Monat nach Eingang der Kündigung,

b) wenn der Pachtvertrag ohne Kündigung abläuft: spätestens sechs Monate vor Ablauf.

§ 31 Abs. 2 gilt entsprechend. Der Antrag kann nicht mehr gestellt werden, wenn die Pachtzeit abgelaufen ist.

(2) Der Antrag auf Abänderung einer Vertragsleistung kann vom Verpächter und vom Pächter gestellt werden. Der Antrag ist abzuweisen, wenn er nicht spätestens binnen zwei Monaten nach Ablauf des Pachtjahres, für das die Abänderung verlangt wird, bei dem zuständigen Pachteinigungsamt eingeht. Die Entscheidung steht dem Vorsitzenden des Pachteinigungsamtes zu; gegen die Entscheidung des Vorsitzenden kann binnen zwei Wochen nach ihrer Bekanntgabe die Entscheidung des Pachteinigungsamts angerufen werden, welche endgültig ist.

§ 16. Zuständig ist das Pachteinigungsamt, in dessen Bezirk das den Gegenstand des Vertrages bildende Grundstück ganz oder zum größten Teile liegt.

§ 25. (1) Ist ein Anspruch nach Grund und Betrag streitig, so hat das Pachteinigungsamt den Beteiligten eine Frist zu setzen, innerhalb welcher wegen des Bestehens des Anspruches das ordentliche Gericht anzurufen ist. Wird die Frist versäumt, so hat das Pachteinigungsamt rücksichtlich des Bestehens des Anspruches die Anführungen des Antragstellers als richtig zu unterstellen und, wenn diese den Antrag schlüssig begründen, über die Höhe gemäß § 2 zu entscheiden. Die Entscheidung über das Bestehen des Anspruchs bleibt dem ordentlichen Gerichte vorbehalten. Für die Zeit bis zur rechtskräftigen Entscheidung kann das streitige Pachtverhältnis durch einstweilige Anordnung (§ 23) geregelt werden.

(2) Die vorstehenden Bestimmungen gelten entsprechend für Anträge, welche die Verlängerung oder die vorzeitige Aufhebung (§§ 3 und 6) eines Vertrages zum Gegenstande haben, wenn dessen Bestehen unter den Parteien streitig ist.

§ 26. Die Entscheidung erfolgt nach billigem Ermessen. Sie darf nur erlassen werden, wenn den Beteiligten Gelegenheit gegeben worden ist, sich zur Sache und über das Ergebnis einer etwaigen Beweisaufnahme zu äußern und der Erhebung der Beweise beizuwohnen.

§ 29. Gegen die Entscheidung des Pachteinigungsamtes ist die Rechtsbeschwerde an das Landgericht zulässig.

§ 31. (1) Die Rechtsbeschwerde muß bei dem Pachteinigungsamte, dessen Beschluß angefochten wird, oder bei dem Beschwerdegericht binnen zwei Wochen nach Bekanntgabe der Entscheidung an den Beschwerdeführer (§ 27 Abs. 2) zu Protokoll oder schriftlich eingelegt werden. Sie soll mit Gründen versehen sein und einen bestimmten Antrag enthalten.

(2) Die Frist ist eine Notfrist; die §§ 233 Abs. 1, 234, 237, 238 Abs. 1 und 2 der Zivilprozeßordnung gelten entsprechend.

§ 32. (1) Die Rechtsbeschwerde kann nur darauf gestützt werden, daß die Entscheidung auf einer Verletzung des Gesetzes beruhe. Die §§ 550 und 563 der Zivilprozeßordnung finden sinngemäß Anwendung.

(2) Die Entscheidung ist stets als auf einer Verletzung des Gesetzes beruhend anzusehen, wenn dem Beschwerdeführer vor der Entscheidung das rechtliche Gehör (§ 26 Satz 2) nicht gewährt worden ist, oder wenn ein Verfahrensmangel des § 551 Ziffer 1 bis 5, 7 der ZPO. bezeichneter Art vorliegt.

§ 41. (1) Beträgt der Jahrespachtzins über 500 Reichsmark, so ist neben der Rechtsbeschwerde auch die Berufung zulässig.

(2) Wird in einer berufsfähigen Sache von einer Partei die Rechtsbeschwerde eingelegt, so hat die andere Partei das Recht, binnen zwei Wochen seit Zustellung der Rechtsbeschwerde in das Berufungsverfahren überzugehen. Der Übergang erfolgt durch Einreichung eines Schriftsatzes bei dem Beschwerdegericht unter Zustellung einer Abschrift an den Gegner. Das Verfahren vor dem Beschwerdegericht gilt in diesem Falle als ein Teil des Verfahrens vor dem Berufungsgericht.

(3) Der Jahrespachtzins ist unter Einrechnung des Wertes von Naturalleistungen zu berechnen. Die Feststellung erfolgt durch das Rechtsmittelgericht nach freiem Ermessen. Stellt dieses infolge Hinzurechnung von Naturalleistungen den Jahrespachtzins auf über 500 Reichsmark fest, so kann der Beschwerdeführer binnen zwei Wochen seit Zustellung der Entscheidung in das Berufungsverfahren

übergehen. Die Vorschriften im Abs. 2 Satz 2 und 3 gelten sinngemäß.

Im § 58 Abs. 1 tritt, was die Geltungsdauer anlangt, an Stelle des Jahres „1927“: „1929“. Abs. 4 daselbst erhält die Fassung: Auf Pachtverträge, die in der Zeit vom 1. März 1924 bis zum 30. September 1925 abgeschlossen sind, finden die Bestimmungen der §§ 3 bis 5 keine Anwendung. —

Das sind im allgemeinen die wichtigsten Bestimmungen der Preußischen Pachtschutzordnung, soweit sie für die Jagdpachtverträge von hauptsächlichster Bedeutung sind. Es sei noch bemerkt, daß die §§ 8 bis 14 der Orduung von der Einrichtung der Pachteinigungsämter handeln. Von den genannten Paragraphen bestimmt § 9, daß zwei Beisitzer und ein Amtsrichter als Vorsitzender das Pachteinigungsamt bilden, daß der eine Beisitzer aus den Verpächtern und der andere aus den Pächtern zu wählen ist, ferner wer als Verpächter und wer als Pächter für die Wahl als Beisitzer in Betracht kommt. § 10 schreibt u. a. vor, daß in den Fällen, daß Beamte des Reichs, der Länder, Gemeinden und Kirchen sowie gesetzliche Vertreter von gemeinnützigen Stiftungen und Anstalten und sonstigen öffentlich-rechtlichen Körperschaften zugezogen werden, wenn sie Grundstücke der im § 1 bezeichneten Art verpachtet oder gepachtet haben, das Vorschlagsrecht für die Wahl zu Beisitzern der Körperschaft zusteht. Auch in der landwirtschaftlichen Verwaltung eines Großverpächters oder Großpächters in leitender Stellung tätige Angestellte können als Beisitzer zugezogen werden.

Durch die Verordnung vom 23. November 1922 (GS. S. 440) in der durch die Verordnung vom 27. Februar 1924 (GS. S. 115) gegebenen Fassung ist die Pachtschutzordnung auf Jagdpacht- und Fischereipachtverträge ausgedehnt worden.

Diese Verordnung hat durch die Verordnung vom 18. August 1927 (GS. S. 169) zur Änderung der Preußischen Pachtschutzordnung vom 20. September 1925 (GS. S. 141) Art. II eine wesentliche Änderung insofern erfahren, als die Pachtschutzordnung auf Fischereipachtverträge nicht mehr Anwendung findet. Es ist deshalb die Verordnung zur Ausdehnung der Pachtschutzordnung auf Jagdpachtverträge — nicht mehr auf Fischereipachtverträge — neu erlassen und am 19. September 1927 (GS. S. 186) bekanntgemacht worden. Sie folgt nachstehend.

Vgl. noch die gemeinschaftliche Anordnung des Justizministers und des Ministers für Landwirtschaft usw. vom 1. Juni 1926 (LMBl. S. 368), betreffend die Ernennung der Beisitzer für die Berufungsinstanz in Jagd- [und Fischerei-] Pachtsachen: Preuß. Pachtschutzordnung in der Neufassung vom 30. September 1925 (GS. S. 141) und Verordnung der zur Ausdehnung der Pachtschutzordnung auf Jagdpacht- [und Fischerei-] Pachtverträge vom 23. November 1922 (GS. S. 440): Die Bestimmungen der Preuß. Pachtschutzordnung von 1925 finden nach Art. II der Verordnung vom 30. September 1925 (GS. S. 117) auf die Jagd- [und Fischerei-] Pachtschutzsachen sinngemäß Anwendung, so daß auch in diesen Sachen jetzt die Berufung an das Landgericht zugelassen ist und bei der Verhandlung und Entscheidung in der Berufungsinstanz Beisitzer zuzuziehen sind, deren Ernennung durch den Regierungspräsidenten zu erfolgen hat.

Die eingeklammerten Worte in vorstehendem Ministerialerlaß vom 1. Juni 1926 kommen auf Grund der Verordnung vom 18. August 1927 in Wegfall.

2. Verordnung zur Ausdehnung der Pachtschutzordnung auf Jagdpachtverträge in der durch die Verordnung vom 18. August 1927 (GS. S. 169) gegebenen Fassung. Bekanntmachung vom 19. September 1927 (GS. S. 186).

Auf Grund der den obersten Landesbehörden durch § 5 der Pachtschutzordnung des Reiches vom 23. Juli 1923 (RGBl. I S. 152) / 12. Juli 1927 (RGBl. I S. 179) erteilten Ermächtigung wird folgendes verordnet:

I.

Die Pachteinigungsämter können unter Ausschluß des Rechtsweges Bestimmungen der im § 2 der Preußischen Pachtschutzordnung vom 30. September 1925 (GS. S. 141) / 18. August 1927 (GS. S. 169) bezeichneten Art auch für Verträge treffen, welche die Überlassung von Jagden oder von Grundstücken zur Ausübung der Jagd gegen Entgelt zum Gegenstande haben.

In Fällen dieser Art finden die Vorschriften der Preußischen Pachtschutzordnung entsprechende Anwendung, soweit sich nicht aus den nachstehenden Bestimmungen ein anderes ergibt.

Vgl. KG. vom 20. Februar 1928 — 17 Y 5/28 —.

II.

Zuständig ist für Sachen dieser Art sowohl das im § 16 der Preußischen Pachtschutzordnung bezeichnete Pachteinigungsamt als auch das Pachteinigungsamt bei dem Amtsgericht am Sitze des übergeordneten Landgerichts.

Ist der Antrag bei ersterem Pachteinigungsamt eingereicht, so ist dessen Vorsitzender befugt und auf das vom Antragsgegner binnen einer Woche nach Bekanntgabe des Antrags an ihn (§ 17 Abs. 2 der Preußischen Pachtschutzordnung) schriftlich zu stellende Verlangen verpflichtet, die Sache an das Pachteinigungsamt am Sitze des Landgerichts zu verweisen. Die Verweisung ist für das letztere verbindlich.

Das Pachteinigungsamt am Sitze des Landgerichts entscheidet in der nachstehend unter Nr. III geregelten Besetzung.

III.

Das Pachteinigungsamt am Sitze des Landgerichts wird in Sachen der in Nr. I bezeichneten Art tätig in der Besetzung von einem Amtsrichter als Vorsitzenden und zwei Beisitzern, die zu entnehmen sind aus dem Kreise der Personen, welche auf dem Gebiete der Jagd besondere Sachkunde besitzen.

Die Beisitzer sind je zur Hälfte den Vertretern der Verpächter und der Pächter zu entnehmen, wobei tunlichst nur solche Personen zuzuziehen sind, welche im Landgerichtsbezirk ihren Wohnsitz haben. Zum Amte als Verpächterbeisitzer sind auch Vertreter und Beamte solcher öffentlich-rechtlichen Körperschaften befähigt, die Verträge der in Nr. I bezeichneten Art haben. Ist die Körperschaft selbst Partei, so sind ihre Beamten und Angestellten von der Ausübung des Amtes als Beisitzer ausgeschlossen.

IV.

Die Ernennung der Beisitzer (III) erfolgt durch den Regierungspräsidenten. Dieser hat die Landwirtschaftskammer und etwa bekannte Berufsvertretungen der Verpächter und Pächter der in Nr. I bezeichneten Art sowie den Allgemeinen Deutschen Jagdschutzverein zuvor zu hören.

Die Beisitzer sind getrennt nach Verpächtern und Pächtern zu besonderen Listen zu vereinigen.

V.

Diese Verordnung tritt eine Woche nach ihrer Verkündung in Kraft. Die Pachteinigungsämter können Bestimmungen der in Nr. I bezeichneten Art für das zur Zeit des Inkrafttretens dieser Verordnung laufende Vertragsjahr treffen.

Die Landesjustizverwaltung kann bestimmen, daß neben den im § 16 der Preußischen Pachtschutzordnung bezeichneten Pachteinigungsämtern nicht das Pachteinigungsamt bei dem Amtsgericht am Sitze des übergeordneten Landgerichts, sondern das Pachteinigungsamt an einem anderen Amtsgericht zuständig ist. Die Verweisung (Nr. II) erfolgt dann an dieses Pachteinigungsamt. Für die Zusammensetzung gelten auch hier die Vorschriften der Nr. III und IV.

Vgl. Rechtsentscheid des Kammergerichts vom 9. Juli 1926, Sammlung der Entscheidungen, (Ring Bd. 5 S. 84), in einer Jagdpachtvertragsache wegen Ermäßigung des Jagdpachtzinses.

In der Verordnung vom 18. August 1927 ist noch bestimmt, daß die in diesem Zeitpunkt — nach Inkrafttreten der Verordnung — bei dem Pachteinigungsamte anhängigen Sachen, welche die Überlassung von Fischereien oder von Grundstücken zur Ausübung der Fischerei gegen Entgelt zum Gegenstande haben, bei dem Pachteinigungsamt in dem bisherigen Verfahren zu Ende geführt werden.

XII.

1. Reichsvogelschutzgesetz vom 30. Mai 1908 (RGBl. S. 314).

§ 1. Das Zerstören und das Ausheben von Nestern oder Brutstätten der Vögel, das Zerstören und Ausnehmen von Eiern, das Ausnehmen und Töten von Jungen ist verboten.

Desgleichen ist der Ankauf, der Verkauf, die An- und Verkaufsvermittelung, das Feilbieten, die Ein-, Aus- und Durchfuhr und der Transport der Nester, Eier und Brut der in Europa einheimischen Vogelarten untersagt.

Dem Eigentümer und dem Nutzungsberechtigten und deren Beauftragten steht jedoch frei, Nester, welche Vögel in oder an Wohnhäusern oder anderen Gebäuden und im Innern von Hofräumen gebaut haben, zu zerstören.

Auch findet das Verbot keine Anwendung auf das Einsammeln, den Ankauf, Verkauf, die An- und Verkaufsvermittelung, das Feilbieten, die Ein-, Aus- und Durchfuhr und den Transport der Eier von Möven und Kiebitzen, soweit es nicht durch Landesgesetz oder durch landespolizeiliche Anordnung auf die Eier dieser Vögel für bestimmte Orte oder für bestimmte Zeiten ausgedehnt wird.

§ 2. Verboten ist ferner:

a) jede Art des Fangens von Vögeln, solange der Boden mit Schnee bedeckt ist;

b) das Fangen von Vögeln mittels Leimes und Schlingen,

c) das Fangen und die Erlegung von Vögeln zur Nachtzeit mit Netzen oder Waffen; als Nachtzeit gilt der Zeitraum, welcher eine Stunde nach Sonnenuntergang beginnt und eine Stunde vor Sonnenaufgang endet;

d) das Fangen von Vögeln mit Anwendung von Körnern oder anderen Futterstoffen, denen betäubende oder giftige Bestandteile beigemengt sind, oder unter Anwendung geblendeter Lockvögel;

e) das Fangen von Vögeln mittels Fallkäfigen und Fallkästen, Reusen, großer Schlag- und Zugnetze sowie mittels beweglicher und tragbarer, auf dem Boden oder quer über das Feld, das Niederholz, das Rohr oder den Weg gespannter Netze.

Der Bundesrat ist ermächtigt, auch bestimmte andere Arten des Fangens sowie das Fangen mit Vorkehrungen, welche eine Massenvertilgung ermöglichen, zu verbieten.

Durch § 2b ist der Dohnenstieg (§ 41 Abs. 2 der Preuß. JO. bezw. § 4 des Wildschongesetzes vom 14. Juli 1904 und § 3 der Hannov. JO.) beseitigt und demgemäß nicht mehr zulässig.

Vgl. auch Ministerial-Polizeiverordnung, betreffend Nachstellen mit Fangeisen bezw. Habichtskörben, vom 27. Januar 1927 (Reichsanzeiger Nr. 26) sowie Ministerialverfügung, betreffend Verbot der Pfahleisen und Selbstschüsse, vom 23. Januar 1915 (LMBl. S. 63).

Vgl. noch MinVerf. vom 24. Mai 1922, betreffend Vogelschutz in den Staatsforsten (LMBl. S. 445).

An die Stelle des Bundesrats ist der Reichsrat getreten (§ 3 des Übergangsgesetzes vom 4. März 1919, RGBl. S. 285; desgl. Verzeichnis vom 5. April 1919, Deutscher Reichsanzeiger Nr. 79, I. Beilage, und Art. 60 der Verfassung des Deutschen Reiches vom 11. August 1919, RGBl. S. 1383).

§ 3. In der Zeit vom 1. März bis zum 1. Oktober ist das Fangen und die Erlegung von Vögeln sowie der Ankauf, der Verkauf und das Feilbieten, die Vermittelung eines hiernach verbotenen An- und Verkaufs, die Ein-, Aus- und Durchfuhr von lebenden sowie toten Vögeln der in Europa einheimischen Arten überhaupt, ebenso der Transport solcher Vögel zu Handelszwecken untersagt.

Dieses Verbot erstreckt sich für Meisen, Kleiber und Baumläufer auf das ganze Jahr.

Der Bundesrat ist ermächtigt, das Fangen und die Erlegung bestimmter Vogelarten sowie das Feilbieten und den Verkauf derselben auch außerhalb des im Abs. 1 bestimmten Zeitraums allgemein oder für gewisse Zeiten oder Bezirke zu untersagen.

§ 4. Dem Fangen im Sinne dieses Gesetzes wird jedes Nachstellen zum Zwecke des Fangens oder Tötens von

Vögeln, insbesondere das Aufstellen von Netzen, Schlingen, Leimruten oder anderen Fangvorrichtungen, gleichgeachtet.

Das „Fangen" ist begrifflich und rechtlich etwas anderes als „Nachstellen" zum Zwecke des Fangens usw. Deshalb ist es dem „Fangen" im Sinne des Reichsvogelschutzgesetzes ausdrücklich, d. h. für die Erreichung der Zwecke dieses Gesetzes vom Gesetzgeber ausnahmsweise gleichgestellt worden. Vgl. KGSt. vom 14. Juni 1927, veröffentlicht im LMBl. 1927 S. 765 (siehe oben S. 154).

§ 5. Vögel, welche dem jagdbaren Feder- und Haarwild und dessen Brut und Jungen sowie Fischen und deren Brut nachstellen, dürfen nach Maßgabe der landesgesetzlichen Bestimmungen über Jagd und Fischerei von dem Jagd- oder Fischereiberechtigten und deren Beauftragten getötet werden.

Wenn Vögel in Weinbergen, Gärten, bestellten Feldern, Baumpflanzungen, Saatkämpen und Schonungen Schaden anrichten, können die von den Landesregierungen bezeichneten Behörden den Eigentümern und Nutzungsberechtigten der Grundstücke und deren Beauftragten oder öffentlichen Schutzbeamten (Forst- und Feldhütern, Flurschützen usw.), soweit dies zur Abwehr dieses Schadens notwendig ist, das Töten solcher Vögel mit Feuerwaffen innerhalb der betroffenen Örtlichkeiten auch während der im § 3 Abs. 1 bezeichneten Frist gestatten. Das Feilbieten und der Verkauf der auf Grund solcher Erlaubnis erlegten Vögel sind unzulässig.

Ebenso können die im Abs. 2 bezeichneten Behörden einzelne Ausnahmen von den Bestimmungen in §§ 1 bis 3 dieses Gesetzes zu wissenschaftlichen oder Lehrzwecken, zur Wiederbevölkerung mit einzelnen Vogelarten sowie für Stubenvögel für eine bestimmte Zeit und für bestimmte Örtlichkeiten bewilligen.

Der Bundesrat bestimmt die näheren Voraussetzungen, unter welchen die im Abs. 2 und 3 bezeichneten Ausnahmen statthaft sein sollen.

Von der Vorschrift unter § 2 a kann der Bundesrat für bestimmte Bezirke eine allgemeine Ausnahme gestatten.

Abs. 1. Vgl. § 48 der Preuß. JO., § 105 FG.; siehe auch § 27 Abs. 2 Ziffer 3 der Hannov. JO.

Abs. 2. Vgl. § 66 der Preuß. JO., auch § 3 Abs. 1 Ziffer 2 der Hannov. JO.

Abs. 3. Vgl. § 42 Abs. 4, 5 der Preuß. JO.

Siehe noch Anm. 3 S. 275.

§ 6. Zuwiderhandlungen gegen die Bestimmungen dieses Gesetzes oder gegen die von dem Bundesrat auf Grund derselben erlassenen Anordnungen werden mit Geldstrafe bis zu einhundertundfünfzig Reichsmark oder mit Haft bestraft.

Der gleichen Strafe unterliegt, wer es unterläßt, Kinder oder andere unter seiner Gewalt stehenden Personen, welche seiner Aufsicht untergeben sind und zu seiner Hausgenossenschaft gehören, von der Übertretung dieser Vorschriften abzuhalten.

Vgl. § 361 Ziffer 9 RStGB.

§ 7. Neben der Geldstrafe oder der Haft kann auf die Einziehung der verbotswidrig in Besitz genommenen, feilgebotenen oder verkauften Vögel, Nester, Eier sowie auf Einziehung der Werkzeuge erkannt werden, welche zum Fangen oder Töten der Vögel, zum Zerstören oder Ausheben der Nester, Brutstätten oder Eier gebraucht oder bestimmt waren, ohne Unterschied, ob die einzuziehenden Gegenstände dem Verurteilten gehören oder nicht.

Ist die Verfolgung oder Verurteilung einer bestimmten Person nicht ausführbar, so können die im vorstehenden Absatz bezeichneten Maßnahmen selbständig erkannt werden.

§ 8. Die Bestimmungen dieses Gesetzes finden keine Anwendung

a) auf das im Privateigentum befindliche Federvieh;

b) auf die nach Maßgabe der Landesgesetze jagdbaren Vögel;

c) auf die in nachstehendem Verzeichnis aufgeführten Vogelarten:

Tagraubvögel mit Ausnahme der Turmfalken, Schreiadler, Seeadler, Bussarde und Gabelweihen (rote Milane),

Uhus,

Würger (Neuntöter),

Sperlinge (Haus- und Feldsperlinge),

rabenartige Vögel (Rabenkrähen, Nebelkrähen, Saatkrähen, Elstern, Eichelhäher),

Wildtauben (Ringeltauben, Hohltauben, Turteltauben),

Wasserhühner (Rohr- und Bleßhühner),

Reiher (eigentliche Reiher, Nachtreiher oder Rohrdommeln),

Säger (Sägetaucher, Tauchergänse),

alle nicht im Binnenlande brütenden Möven, Kormorane,

Taucher (Eistaucher und Haubentaucher),

jedoch gilt auch für die vorstehend unter a, b, c bezeichneten Vögel das Verbot des Fangens mittels Schlingen.

§ 9. Die landesrechtlichen Bestimmungen, welche zum Schutze der Vögel weitergehende Verbote enthalten, bleiben unberührt. Die auf Grund derselben zu erkennenden Strafen dürfen jedoch den Höchstbetrag der in diesem Gesetz angedrohten Strafen nicht übersteigen.

2. Feld- und Forstpolizeigesetz vom 1. April 1880 in der durch das Gesetz vom 15. Januar 1926 (GS. S. 9) gegebenen Fassung (siehe Bekanntmachung der geltenden Fassung vom 21. Januar 1926 — GS. S. 83 —) § 30.

Die zuständigen Minister und die nachgeordneten Polizeibehörden dürfen Anordnungen zum Schutze von Tieren, von Pflanzen und von Naturschutzgebieten sowie zur Vernichtung schädlicher Tiere und Pflanzen erlassen, und zwar auch für den Meeresstrand und das Küstenmeer. Übertretung dieser Anordnungen wird mit Geldstrafe bis zu 150 RM. oder mit Haft bestraft.

Mit dem 1. Juni 1926 haben das FFG. und damit alle auf das FFG. bezüglichen Anweisungen auch für die Insel Helgoland Geltung erlangt. Insbesondere gilt dies von der Anweisung vom 23. Dezember 1920, ferner von der Ministerial-Polizeiverordnung vom 30. Mai 1921 über den Schutz von einzelnen Tieren und Pflanzenarten und dem Nachtrag zu dieser Polizeiverordnung vom 15. Juli 1922, veröffentlicht im Reichsanzeiger Nr. 172 vom 26. Juli 1921 und (der Nachtrag) im Reichsanzeiger Nr. 211 vom 22. September 1922.

Hierher gehört auch die Ministerial-Polizeiverordnung, betreffend Schutz der Raubvögel, vom 3. März 1927 (LMBl. S. 202) und die Ministerial-Polizeiverordnung vom 31. Dezember 1927, betreffend Verbot der Jagd auf Robben (Seehunde) (LMBl. 1928 S. 10).

Siehe auch § 29 FFG. über unbefugten Fang nicht geschützter Vögel auf fremden Grundstücken und über den Begriff „Fangen" im Sinne des § 29 FFG. oben S. 154.

XIII. Gesetz über die Regelung verschiedener Punkte des Gemeindeverfassungsrechts vom 27. Dezember 1927 (GS. S. 211), durch welches die Auflösung der Gutsbezirke angeordnet wird.

Siehe „Das preußische Fischereigesetz" von A. Born, Nachtrag, S. 411.

XIV. Zweites Gesetz über die Änderung der Gesetze, betreffend die Ablösung der auf Dienstbarkeit beruhenden Berechtigungen, vom 13. Dezember 1927 (GS. S. 293).

Siehe „Das preußische Fischereigesetz" von A. Born, Nachtrag S. 410.

Nachtrag.

1. Zu § 32 Anm. 8 S. 137 (kommunale Jagdsteuerordnungen) vgl. noch OG. im PrVerwltgsbl. Jahrg. 1923/24 (Bd. 45) S. 96. Danach sind Wildschadensbeträge lediglich ein Teil der Gegenleistung des Pächters, die Abrede über den Ersatz des Wildschadens ist also nicht eine Nebenleistung, sondern stellt sich als ein Teil der Hauptleistung dar; die Wildschadensbeträge sind als ein Teil des Pachtzinses zu versteuern. Dasselbe muß auch für die Jagdsteuerordnung gelten. (Vgl. RGZ. vom 15. Dezember 1914 in Schultz-Grasso, Jahrbuch 12 S. 195, und RGZ. vom 1. November 1916 in „Das Recht", Bd. 21 S. 49.)

2. Zu § 293 RStGB. (S. 208/209). § 198 des Entwurfs eines Allgemeinen Deutschen Strafgesetzbuchs: „Wer sich mit einem anderen zu fortgesetzter Begehung von Verbrechen oder von Vergehen des Diebstahls, des Betrugs, der Erpressung oder des unberechtigten Jagens oder Fischens verbindet, die im einzelnen noch nicht bestimmt sind, wird mit Gefängnis bestraft."

„Nach dieser Vorschrift wird nicht bestraft, wer aus freien Stücken von der Verbindung zurücktritt, bevor eine Tat der geplanten Art begangen oder versucht worden ist."

Sachregister.

(Die Zahlen bedeuten die Seiten.)

B.

D.

E.

H.

J.

T.

Otto Walter, Buchdruckerei, Berlin S 14

Guttentagsche Sammlung

Deutscher Reichs- und Preußischer Gesetze

einschließlich

de Gruytersche Sammlung Deutscher Gesetze

(Handkommentare)

Systematisches Verzeichnis

Bürgerliches Recht

Bürgerliches Gesetzbuch
Schuldverhältnisse insbesondere
Sachenrecht insbesondere
Familien- und Erbrecht
Handelsrecht
Versicherungsrecht
Gewerberecht
Arbeitsrecht
Sozialpolitische Gesetze
Geistig-gewerbl. Rechtsschutz

Zivilprozeß

Freiwillige Gerichtsbarkeit
Konkursordnung u. Zwangsvollstreckung

Strafrecht u. Strafprozeß

Öffentliches Recht

Staatsrecht
Verwaltungsrecht
Reichsrecht / Landesrecht
Steuerrecht

Februar 1928

Walter de Gruyter & Co., Berlin W 10 und Leipzig

Bürgerliches Recht

Bürgerliches Gesetzbuch

Band **Reichsgesetze:**

38/39. **Bürgerliches Gesetzbuch nebst Einführungsgesetz.** Von A. Achilles. In Verbindung mit F. André, O. Meyer, O. Strecker, K. v. Unzner herausgegeben von M. Greiff. 12. Auflage. — 1926. 24.—

84. **Sammlung kleinerer privatrechtlicher Reichsgesetze.** Von G. Müller. — 1903. 5.50

129. **Zivilrechtkriegsgesetze.** Von Fischer. — 1918. 1.50

116. **Kriegs-Zivil- und Finanzgesetze.** 3. Auflage. — 1915. 1.50

116 a. Desgl. Zweite Folge: Jahr 1915. — 1916. 1.20

Preußische Gesetze:

23. **Ausführungsgesetze zum Bürgerlichen Gesetzbuche.** Von P. Siméon. 3. Auflage. — 1914. 2.20

Textausgaben:

Bürgerliches Gesetzbuch. 14. Auflage. — 1925. 5.—

Schuldverhältnisse insbesondere

Reichsgesetze:

34. **Die Abzahlungsgeschäfte.** 3. Auflage von E. Wilke. — 1910. 1.20

93. **Sicherung der Bauforderungen.** Von E. Harnier. 3. Auflage. — 1912. 1.50

55. **Beschlagnahme von Lohn- und Gehaltsforderungen.** Von G. Meyer. 6. Auflage. — 1927. 4.50

70. **Das Reichshaftpflichtgesetz.** Von G. Eger. — 1903. Vergriffen.
Als Ersatz: Seligsohn, **Haftpflichtgesetz.** — 1920. (Außerhalb der Sammlung.) 8.—, geb. 9.50

94. **Die Beamtenhaftpflichtgesetze des Reiches und der Länder.** Von H. Delius. 3. Auflage. — 1921. 3.20

52. **Rechte der Besitzer von Schuldverschreibungen.** Von H. Göppert. 2. Auflage von E. Trendelenburg. — 1915. 1.50

50. **Der Viehkauf (Viehgewährschaft).** Von H. Stölzle. 6. Auflage. — 1926. 15.—

Band

90. **Das Internationale Privatrecht.** Die Haager Abkommen über. Von G. Bogeng. — 1908. 2.—

98. **Sechs Haager Abkommen über Internationales Privatrecht.** H. Dungs. — 1910. 1.50

Preußische Gesetze:

37. **Enteignung von Grundeigentum.** Von O. Meyer. 3. Auflage. — 1927. 5.50

Sachenrecht insbesondere

de Gruyterſche Sammlung Deutscher Gesetze (Handkommentare):

Aufwertungsrecht von Michaelis. — 1926. Mit Nachtrag 1927. 16.—

Nachtrag einzeln —.30

Reichsgesetze:

135. **Erbbaurecht.** Von H. Günther. — 1919. 2.—

42. **Grundbuchordnung.** Von O. Fischer und R. Fischer. 9. Auflage. — 1927. 5.—

156. **Mietrecht und Wohnungsmangelgesetz.** Von Krieg. 3. Auflage. — 1925. Mit Nachtrag 1927. 7.—

Nachtrag einzeln 1.50

Textausgaben:

Aufwertungsgesetze mit Einleitung. Von Michaelis. — 1925. Mit Nachtrag 1927. 1.50

Reichsmietengesetz. — 1922. —.50

Familienrecht und Erbrecht

Reichsgesetze:

45. **Entmündigungsrecht.** Von P. Koll. — 1900. 1.20

58. **Recht der unehelichen Kinder.** Von H. Jastrow. — 1901. Mit Nachtrag 1925. 1.60

47. **Deutsches Vormundschaftsrecht.** Von M. Schultzenstein und P. Köhne. 2. Auflage. — 1901. Vergriffen.

124. **Todeserklärung Kriegsverschollener.** Von J. Partsch. — 1917. 2.—

59. **Beurkundung des Personenstandes und die Eheschließung.** Von F. Fidler. 2. Auflage. — 1912. 2.30

Preußische Gesetze:

3. **Nottestamente.** Von E. Kurtz. — 1904. 1.50

Handelsrecht

Band **Reichsgesetze:**

4. **Handelsgesetzbuch** ohne Seerecht. Von Litthauer und Mosse. 17. Auflage. Von E. Heymann. — 1926. 14.—
162. **Handelsrechtliche Nebengesetze.** Von Schreiber. — 1926. 14.—
169. **Bank- und Börsengesetze.** Von Arthur Nußbaum. — 1927. 11.—
41. **Börsengesetz.** Von Th. Hemptenmacher. 3. Auflage von O. Meyer. — 1915. 3.50
26. **Münz- und Notenbankwesen.** Von R. Koch. 7. Auflage von Schacht. — 1925. 14.—
117. **Darlehnskassengesetz.** Von H. Salomon u. K. Bud. — 1915. 1.80
40. Gesetz, betr. die **Pflichten der Kaufleute bei Aufbewahrung fremder Wertpapiere (Depotgesetz).** Von F. Lusensky. 3. Auflage. — 1916. Mit Nachtrag 1924. 1.—
24. **Aktiengesellschaft und Kommanditgesellschaften auf Aktien.** Von H. Keyßner und H. Veit Simon. 7. Auflage. In Bearbeitung.
32. **Gesellschaften mit beschränkter Haftung.** Von L. Parisius und H. Crüger. 17. Auflage. — 1926. 3.50
29. **Erwerbs- und Wirtschaftsgenossenschaften.** Von L. Parisius und H. Crüger. 19. Auflage. — 1928. 4.—
51. **Hypothekenbankgesetz.** Von H. Göppert. 2. Auflage von Seidel. — 1911. Mit Nachtrag 1926. 2.20
100. **Kaligesetz.** Von B. Voelkel. — 1910. 2.40
167. **Verordnung gegen Mißbrauch wirtschaftlicher Machtstellungen** (Kartellgesetz). Von Staffel. — 1927. 3.50
115. **Das vertragliche Wettbewerbsverbot (Konkurrenzklausel).** Von G. Baum. — 1914. 3.—
113. **Postscheckgesetz.** Von J. Weiland. — 1914. Mit Nachtrag 1918. Vergriffen.

113 a. **Postscheckordnung.** Von J. Weiland. — 1914. Mit Nachtrag 1918. 1.50

85. **Scheckgesetz.** Von M. Apt. Vergriffen. Neue Auflage von W. Schmidt. In Bearbeitung.
    Kommentar von Michaelis. — 1927. (Außerhalb der Sammlung.) 16.—, geb. 18.—
5. **Wechselordnung.** Von J. Stranz und M. Stranz. 12. Auflage. — 1923. Mit Nachtrag 1926, enthaltend **Wechselstempelgesetz und Scheckgesetz.** 3.50
   Nachtrag einzeln —.60

Band

36. **Privatrechtliche Verhältnisse der Binnenschiffahrt und Flößerei.** Von E. Löwe. 6. Auflage. — 1923. 4.—

19. **Die Seegesetzgebung.** Von W. E. Knitschky. 5. Auflage von O. Rudorff. — 1913. 8.—

Preußische Gesetze:

54. **Anlegung von Sparkassenbeständen in Inhaberpapieren.** Von H. Döhring. — 1914. 2.80

21. **Handelskammern.** Von F. Lusensky. 2. Aufl. — 1909. 3.—

Textausgaben:

Handelsgesetzbuch mit **Seerecht.** 11. Auflage. — 1924. 2.60

Wechselordnung. — 1908. Mit Anhang: Wechselprozeß und Ausführungsanweisung. — 1920. —.50

Versicherungsrecht

Reichsgesetze:

62. **Private Versicherungsunternehmungen.** Von H. Koenige. 3. Auflage von Koenige und Petersen. — 1927. 20.—

83. **Versicherungsvertrag.** Von P. Hager und E. Bruck. 5. Auflage. — 1926. 14.—

164. **Aufwertung von Versicherungsansprüchen.** Teil I: **Lebensversicherungen.** Von Berliner und Pfaffenberger. — 1926. 6.50

164 a. Desgl. Teil II: **Sach-** (Feuer-, Glas-, Wasser- usw.) **und Transportversicherung, Unfall- und Haftpflichtversicherung.** — 1926. Mit Nachtrag 1927. 3.50

Nachtrag einzeln —.30

Gewerberecht

Reichsgesetze:

6. **Reichsgewerbeordnung** nebst Ausführungsbestimmungen. Von Fr. Hiller und H. Luppe. 20. Auflage. — 1921. Mit Nachtrag, enthaltend alle Änderungen und Neuerungen bis Ende 1924. 6.—

Nachtrag einzeln 1.50

64. **Handel mit Drogen und Giften,** Gesetzsammlung, betr. den. Von H. Sonnenfeld. 3. Auflage. — 1926. 12.—

Band

48. **Drogen-, Gift- und Farbenhandel außerhalb der Apotheken, Gesetze, betr. den.** Von J. Broh. — 1899. 1.20
130. **Ersatzlebensmittelverordnung.** Von H. E. Wendel. — 1918. 1.50
54. **Nahrungsmittelgesetze** mit Erläuterungen. Von Georg Lebbin. 2. Auflage in zwei Bänden.
   a) I. **Lebensmittelgesetz** vom 5. Juli 1927 mit Nebengesetzen (Margarine, Fleisch, Milch, Süßstoff, Essigsäure usw.). Von Lebbin und Gießner. — 1928. 8.50
   b) II. **Getränkegesetze und Getränkesteuergesetze** (Wein, Bier, Branntwein, Mineralwasser). Unter Mitarbeit von Kniebe. — 1926. 10.—
65. **Weingesetz.** Von G. Lebbin. 2. Auflage. — 1909. Vergriffen.
71. **Kinderarbeit in gewerblichen Betrieben.** Von H. Spangenberg. 2. Auflage. — 1904. 1.20

Preußische Gesetze:

16. **Konzessionierung gewerblicher Anlagen.** Von W. v. Rüdiger. 2. Auflage. — 1901. Vergriffen.

Textausgaben:

Gewerbeordnung, Preußische Ausführungsanweisung zur. — 1904. 1.—

Arbeitsrecht

Reichsgesetze:

138 a. **Arbeiterschutz und Arbeitsrecht.** Von A. Günther. 2. Auflage. Teil I: **Arbeitszeitschutz.** Von Günther und Schneider. — 1927. 7.50
138 b. **Betriebsrätegesetz.** Von A. Günther. — 1920. Vergriffen.
168. **Arbeitsgerichtsgesetz.** Von Depène. — 1927. 3.60
74. **Die Kaufmannsgerichte.** Von M. Apt. 3. Auflage. — 1904. Vergriffen.
112. **Kaufmannsgerichtsgesetz.** Von H. Depène. — 1914. 2.60
112 a. **Kaufmanns- und Gewerbegerichtsgesetz nebst Schlichtungsordnung.** (Ergänzungsband zu Bd. 112.) Von H. Depène. 1924. 3.50
Die Bde. 112 und 112 a enthalten zusammen den vollständigen Text des Gewerbegerichtsgesetzes.

Preußische Gesetze:

58. **Arbeitsnachweis.** Von P. Wölbling. — 1920. 1.—

Sozialpolitische Gesetze

Band **Reichsgesetze:**

106—109. **Reichsversicherungsordnung.** Von F. Caspar und A. Spielhagen. 1913—1922. 4 Bände. Komplett. 18.—

161. **Reichsversicherungsordnung.** Von Lippmann. — 1925. 11.—

161 a. Desgl. **Ergänzungsband,** enthaltend die neue Fassung des **Unfallversicherungsgesetzes** sowie die Änderungen der übrigen Bücher der RVO. Von Lippmann. — 1926. 4.—

161 b. Desgl. **Zweiter Ergänzungsband,** enthaltend die im ersten Halbjahr 1926 ergangenen Änderungen der RVO. — 1926. —.80

155. **Reichsknappschaftsgesetz.** Von Max Reuß und Fritz Hense. 2. Auflage. — 1926. Mit Nachtrag 1927. 12.—

152. **Wohlfahrtsgesetze.** Von Behrend und Stranz-Hurwitz. Teil I. — 1923. 5.—

152 a. Desgl. Teil II. — 1925. 9.—

152 und 152 a zusammen bezogen 12.—

165. **Handbuch der Erwerbslosenfürsorge.** Von Schmeißer. 2. Auflage. — 1926. Mit Nachtrag 1927. 13.—

Nachtrag einzeln 2.50

160. **Fürsorgepflicht.** Von Sandré. — 1925. 6.—

154. **Jugendwohlfahrtsgesetz und Jugendgerichtsgesetz.** Von Drewes und Sandré. — 1923. Mit Nachtrag, enthaltend die Ergänzungen bis April 1924. 6.—

Textausgaben:

Versicherungsgesetz für Angestellte. 2. Auflage. — 1927. 2.50

Geistig-gewerblicher Rechtsschutz

Reichsgesetze:

81. **Urheberrecht an Werken der bildenden Künste und der Photographie.** Von L. Fuld. 2. Auflage. — 1926. 6.—

60. **Das Urheberrecht an Werken der Literatur und der Tonkunst.** Von O. Lindemann. 4. Auflage. — 1921. 1.80

102. **Urheberrecht an Mustern und Modellen** und Schutz von **Gebrauchsmustern.** Von J. Neuberg. — 1911. 2.40

95. Die Berner Übereinkunft über **Internationales Urheberrecht.** Von H. Dungs. — 1910. 1.—

61. **Verlagsrecht.** Von B. Marwitz. 3. Auflage. — 1922. 1.60

22. **Patentgesetz.** Von R. Lutter. 8. Auflage. — 1920. Mit Nachtrag 1927. 4.—

Nachtrag einzeln 1.—

Band

87 a. **Das deutsche Warenzeichenrecht.** Von Freund und Magnus. 6. Auflage von Jüngel und Magnus.
Teil I: **Die internationalen Verträge.** — 1924. 9.—
Teil II: In Bearbeitung.

37. **Unlauterer Wettbewerb.** Von A. Pinner und A. Elster. 8. Auflage. — 1927. 5.—

Zivilprozeß

de Gruytersche Sammlung Deutscher Gesetze (Handkommentare):

Zivilprozeßordnung. Von Sydow-Busch-Krantz. 19. Auflage. — 1926. 25.—

Reichsgesetze:

14. **Gerichtsverfassungsgesetz.** Von R. Sydow. Fortgeführt von L. Busch. 10. Auflage. — 1925. 6.—

15. **Das deutsche Gerichtskostengesetz.** Von R. Sydow. Fortgeführt von L. Busch, F. Koehler und Krieg. 11. Auflage. In Bearbeitung.

17. **Gebührenordnung für Rechtsanwälte usw.** Von R. Sydow. Fortgeführt von L. Busch und O. Krieg. 13. Auflage. In Bearbeitung.

16. **Rechtsanwaltsordnung.** Von R. Sydow. 5. Auflage von M. Jacobsohn. — 1907. Mit Nachtrag 1910. Vergriffen.

80. **Gerichtliche Registerführung.** Von O. Lindemann. — 1906. 2.40

Preußische Gesetze:

17. **Preußisches Gerichtskostengesetz.** Von P. Simeon. 8. Auflage. In Vorbereitung.

35. **Geschäftsordnung für Gerichtsvollzieher.** Von E. Exner. — 1904. 3.—

Textausgaben:

Zivilprozeßordnung mit **Gerichtsverfassungsgesetz** und **Einführungsgesetzen.** — 1924. 3.50

Freiwillige Gerichtsbarkeit

Band **Reichsgesetze:**

46. **Freiwillige Gerichtsbarkeit.** Von H. Jastrow. 6. Auflage von Herm. Günther. — 1921. 4.50

76. **Die Rechtshilfe im Verkehr mit den ordentlichen Gerichten.** Von A. Friedländer. — 1906. 1.50

163. **Notariatsrecht.** Von Szkolny und L. Kober. — 1925. 8.50

Preußische Gesetze:

4. **Gebührenordnung für Notare** vom 28. Oktober 1922. Von Rausnitz. 6. Auflage. — 1925. 7.—

29. **Ärztliche Ehrengerichte, das Umlagerecht und die Kassen der Ärztekammern.** Von F. Fidler. — 1901. 1.50

Textausgaben:

Freiwillige Gerichtsbarkeit. — 1920. 1.—

Konkursordnung und Zwangsvollstreckung

Reichsgesetze:

13. **Konkursordnung und Anfechtungsgesetz.** Von R. Sydow. Fortgeführt von L. Busch und O. Krieg. 14. Auflage. — 1926. Mit Nachtrag 1927, enthaltend die **Vergleichsordnung.** 10.—
Nachtrag einzeln —.80

127. **Geschäftsaufsicht zur Abwendung des Konkurses.** Von G. Klien und Ernst Jaeger. — 1917. Durch Nachträge ergänzt. 3.—

43. **Zwangsvollstreckung.** Von J. Krech und O. Fischer. 9. Auflage von O. Fischer. — 1922. 3.50

Textausgaben:

Konkursordnung. 2. Auflage. — 1915. Mit Nachtrag 1925. 1.—

Strafrecht

Band

Reichsgesetze:

2. **Strafgesetzbuch.** Von Fr. v. Liszt und E. Delaquis. 27. Auflage von E. Kohlrausch. — 1927. 8.—
9. **Sammlung kleinerer strafrechtlicher Reichsgesetze.** Von R. H. Kriegsmann. 3. Auflage. — 1910. 4.—
53. **Reichspreßgesetz.** Von A. Born. 3. Auflage. — 1924. 4.—
133. **Reichswuchergesetzgebung.** Von Ad. Lobe. — 1918. 2.80
67. **Militärstrafgesetzbuch.** Von A. Romen und E. Rissom. 3. Auflage. — 1918. Vergriffen.

Preußische Gesetze:

34. Sammlung der wichtigsten **preußischen Strafgesetze.** Von Lindemann. 2. Auflage. — 1912. 3.50
36. **Polizeiverordnungen in Preußen.** Von O. Lindemann. 2. Auflage. — 1912. 2.50

Textausgaben:

Strafgesetzbuch. — 1925. 3.—

Strafprozeß

de Gruytersche Sammlung Deutscher Gesetze (Handkommentare):

Strafprozeßordnung von Feisenberger. — 1926. Mit Nachtrag 1927. 17.—

Nachtrag einzeln —.80

Reichsgesetze:

12. **Strafprozeßordnung und Gerichtsverfassungsgesetz.** Von E. Kohlrausch. 21. Auflage. — 1927. 7.50
158. **Strafprozeßordnung.** Alte und neue Fassung synoptisch gegenübergestellt. Von Feisenberger. — 1924. Mit Nachtrag 1927. 4.50
3. **Militärstrafgerichtsordnung.** Von A. Romen und E. Rissom. 2. Auflage. — 1918. 5.—
128. **Verhaftung und Aufenthaltsbeschränkung.** Von A. Romen. — 1917. 1.20
73. **Entschädigung für unschuldig erlittene Verhaftung und Bestrafung.** Von A. Romen. — 1904. 1.70

Textausgaben:

Strafprozeßordnung. 5. Auflage. — 1924. Mit Nachtrag 1927. 2.50

Öffentliches Recht

Staatsrecht

Band **Reichsgesetze:**

137. **Reichsverfassung.** Von Arndt. 3. Auflage. — 1927. 8.—
166. **Das deutsche Ausländerrecht.** Von Fraustädter und Kreutzberger. — 1927. 9.—
86. **Die Auslieferungsverträge des Deutschen Reiches.** Von A. Cohn. — 1908. 4.—
44. **Auswanderungswesen.** Von F. Stoerk. — 1899. 2.—
134. **Der Ostfrieden.** Von Karl Strupp. — 1918. 3.—
111. **Reichs- und Staatsangehörigkeitsgesetz.** Von A. Romen. 2. Auflage. In Bearbeitung.
141. **Sozialisierungsgesetze.** Von Reier. — 1920. 2.20
99. **Die Abkommen der Haager Friedenskonferenz.** Vergriffen. Jetzt: Wehberg, **Völkerbundakte.** — 1919. (Außerhalb der Sammlung.) 4.—

Preußische Gesetze:

1. **Die Verfassung des Freistaats Preußen.** Von A. Arndt. — 1921. 2.—
Ausführlicher Kommentar von Stier-Somlo. — 1921. (Außerhalb der Sammlung.) 3.—

Textausgaben:

Verfassung des Freistaates Preußen. — 1921. —.60

Verwaltungsrecht

a) Reichsrecht

Reichsgesetze:

82. **Reichsbeamtengesetz.** Von A. Arndt. 3. Auflage. — 1923. Mit Nachtrag, enthaltend die Änderungen bis 1924. 3.50
122. **Belagerungszustand.** Von H. Pürschel. — 1916. 3.50
35. **Die Reichs-Eisenbahngesetzgebung.** Von W. Coermann. — 1895. Vergriffen.
66. **Die Eisenbahngesetzgebung.** Von W. Pietsch. 2. Auflage. — 1913. Vergriffen.
91. **Eisenbahn-Verkehrsordnung.** Von E. Blume. 3. Auflage von Weirauch. — 1926. 12.—

Band

147. **Filmzensur.** Von Szczesny. — 1920. 1.50

68. **Fleischbeschaugesetz.** Von G. Lebbin und G. Baum. — 1903. 2.80

27. **Gesundheitswesen im Deutschen Reich.** — 1888. Vergriffen.

56. **Bekämpfung gemeingefährlicher Krankheiten.** Von B. Burkhardt. — 1900. 1.20

63. **Gesetzestafel des deutschen Reichsrechts.** Von H. Bruhns. 2. Auflage. — 1913. 3.—

49. **Deutsche Kolonialgesetzgebung.** Von Ph. Zorn. 2. Auflage von Sassen. — 1913. 5.—

21. **Die Konsulargesetzgebung.** Von Ph. Zorn. 3. Auflage von K. Zorn. — 1911. 4.50

75. **Konsulargerichtsbarkeit.** Von A. F. Vorwerk. — 1908. 1.60

92. **Verkehr mit Kraftfahrzeugen.** Von R. Kirchner. 3. Auflage. — 1915. Mit Nachtrag 1926. 5.—
Nachtrag einzeln 1.50

119. **Kriegsleistungsgesetz.** Vergriffen.

118. **Militärhinterbliebenengesetz.** Von Rey. — 1915. 2.20

79. **Die Militärpensionsgesetze.** Von A. Romen. Vergriffen.

136. **Militärversorgungsgesetz.** Von H. Günther. — 1919. 2.30

7. **Post- und Telegraphen-Gesetzgebung.** Vergriffen.

120. **Telegraphenwegegesetz.** Von Wolf. — 1916. 1.—

148. **Reichsausgleichsgesetz.** Von Decke. — 1920. 1.50

150. **Reichsschädengesetze.** Von Adolf Hohenstein und Wenzel Goldbaum. — 1922. 4.—

97. **Schutzgebietsgesetz.** Von J. Gerstmeyer. — 1910. 2.50

105. **Das Geldwesen in den deutschen Schutzgebieten.** Von W. Hintze. — 1912. 1.80

140. **Die Siedelungsgesetzgebung im Reich und in Preußen.** Von W. Holzapfel. — 1920. 3.—

125. **Vaterländischer Hilfsdienst.** 3. Auflage. — 1917. 1.—

88. **Vereinsgesetz.** Von A. Romen. 5. Auflage. In Bearbeitung.

33. **Vereins- und Versammlungsrecht.** Von E. Ball. 2. Auflage von F. Friedenthal. — 1907. 2.—

103. **Reichs-Viehseuchengesetz.** Von W. v. Hippel. 2. Auflage. — 1913. 4.—

Band

89. **Vogelschutzgesetz.** Von L. v. Borberger. — 1909. 1.—

69. Reichsgesetz über die **Naturalleistungen der bewaffneten Macht im Frieden.** Von W. v. Hippel. — 1903. 1.—

114. **Waffengebrauch und Festnahmerecht des Militärs.** Von A. Romen und C. Rissom. — 1914. 1.80

142. **Wirtschaftliche Demobilmachung.** Von Gg. Fischbach. — 1920. 1.—

Preußische Gesetze:

48. **Zweckverbandsgesetz für Groß-Berlin.** Von L. Brühl, K. Gordan und W. Ledermann. — 1912. 4.—

b) Landesrecht

Preußische Gesetze:

50. **Gesetz, betr. die Anlegung und Veränderung von Straßen und Plätzen in Städten und ländlichen Ortschaften.** Von O. Meyer. — 1913. 3.—

46. **Austritt aus der Landeskirche.** Von H. Caro. — 1911. 2.40

2. **Preußische Beamtengesetzgebung.** Von K. Pfafferoth. 5. Auflage. — 1916. 2.40

51. **Das preußische Disziplinargesetz für die nichtrichterlichen Beamten.** Von E. v. Dultzig. — 1914. 4.20

25. **Preußische Kommunalbeamtengesetzgebung.** Von F. Kremski. — 1901. 3.—

22. **Anstellung und Versorgung der Kommunalbeamten.** Von W. Ledermann. 2. Auflage von L. Brühl. — 1914. 2.—

26. **Diensteinkommen der Lehrer und Lehrerinnen.** Von E. Cremer. — 1900. 2.20

12. **Allgemeines Berggesetz.** Von Schlüter und Hense. 4. Auflage. In Vorbereitung.

47. **Feuerbestattung.** Von W. Lohmann. — 1912. 1.50

28. **Die Fürsorgeerziehung Minderjähriger.** Von B. F. Aschrott. 3. Auflage. — 1917. 2.80

31. **Die preußischen Gesindeordnungen.** Zwei Bände. Von St. Gerhard.
    - 31 a. Altpreußische Provinzen und Rheinland. 2. Auflage. — 1914. 3.—
    - 31 b. Hannover, Schleswig-Holstein, Hessen-Nassau und Hohenzollern. — 1902. 2.50

24. **Die Hinterlegungsordnung (1879).** Von G. Bartels. 2. Auflage. — 1908. 2.—

Band

53. **Hinterlegungsordnung** von 1913. Von Hagemann. — 1914. 2.20
41. **Die preußischen Jagdpolizeigesetze.** Von F. Kunze und R. Kühnemann. 2. Auflage. — 1907. Vergriffen.
19. **Jagdscheingesetz.** Von F. Kunze. 2. Auflage. — 1899. 2.—
45. **Rechtsverhältnisse der Juden in Preußen.** Von M. Kollenscher. — 1910. 2.40
15. **Die Kreisordnungen.** Von O. Kolisch. — 1894. Vergriffen.
57. **Landeskulturbehörden,** Gesetz über. Von W. Holzapfel. — 1919. 2.—
42. **Allgemeine Landesverwaltung** und **Zuständigkeit der Verwaltungs- und Verwaltungsgerichtsbehörden.** Von K. Friedrichs. 3. Auflage. — 1927. 5.—
44. **Quellenschutzgesetz.** Von C. Voelkel. — 1909. 1.—
33. **Rentenguts- und Anerbenrechtsgesetzgebung.** Von M. Peltasohn und B. Peltasohn. — 1903. Vergriffen.
30. **Preußisches Staatsschuldbuch** und **Reichsschuldbuch.** Von J. Mücke. — 1902. 2.—
59. **Bildung der neuen Stadtgemeinde Berlin.** Von P. Wölbling. 2. Auflage. — 1920. 1.40
32. **Städteordnung.** Von W. Ledermann und L. Brühl. 2. Auflage. — 1913. 6.—
56. **Das preußische Tumultschadengesetz.** Von Bruno Friedländer. — 1919. —.80
60. **Umlegungsordnung.** Von W. Holzapfel. — 1921. 1.80
43. **Verschuldungsgrenze** für land- und forstwirtschaftlich benutzte Grundstücke. Von R. Leweck. — 1908. 2.40
49. **Gesetze gegen die Verunstaltung landschaftlich hervorragender Gegenden.** Von O. Goldschmidt. — 1912. 2.40
40. **Verwaltungsstrafverfahren.** Von R. Katzenstein. — 1907. 3.50
39. **Unterhaltung der öffentlichen Volksschulen.** Von A. Marcks. — 1906. 1.80
52. **Preußisches Wassergesetz.** Von G. Wulff und F. Herold. 2. Auflage von G. Wulff. — 1928. 12.—
55. **Preußisches Wohnungsgesetz.** Von B. Schmittmann. — 1918. 2.60

Steuerrecht

Band **Reichsgesetze:**

143. **Reichsabgabenordnung.** Von Nieberl. 2. Auflage. — 1927. 12.—
126. **Besitzsteuergesetz.** Von A. Mrozek. Vergriffen.
151. **Einkommensteuer und Körperschaftsteuer.** Von Hollaender. — 1926. Mit Nachtrag, enthaltend die Änderungen vom 22. Dezember 1927. 24.—
77. **Das Erbschaftssteuergesetz.** Von B. Henckel. 1920. Vergriffen. Neue Fassung von H. Schachian. 4. Auflage. — 1926. (Außerhalb der Sammlung.) 2.50
54 b. **Nahrungsmittelgesetze** mit Erläuterungen. Von Georg Lebbin. 2. Auflage in zwei Bänden. II. **Getränkegesetze und Getränkesteuergesetze** (Wein, Bier, Branntwein, Mineralwasser). Unter Mitwirkung von Kniebe. — 1926. 10.—
139. **Grunderwerbsteuergesetz.** Von Otto Lindemann. 2. Auflage. — 1926. Mit Nachtrag 1927. 4.—
Nachtrag einzeln —.30
159. **Industriebelastungsgesetz.** Von Höpker. — 1925. 4.—
121. **Direkte Kriegssteuer.** Von A. Mrozek. — 1916. 3.50
131 a. **Reichsfinanzgesetzgebung 1918.** Bd. I: **Getränkesteuern.** Von G. Mayer. — 1918. 2.50
131 b. **Reichsfinanzgesetzgebung 1918.** Bd. II: **Einkommen, Umsatz** usw. Von G. Mayer. — 1919. 1.50
149. **Reichsnotopfergesetz.** Von Friedmann und Wrzeszinsky. — 1921. 4.—
18. **Reichsstempelgesetz.** Von P. Loeck. Vergriffen. Wird durch Kapitalverkehrssteuergesetz ersetzt. Erläuterte Ausgabe in Bearbeitung.
145. **Steuer- und Kapitalflucht.** Von E. H. Meyer. 2. Auflage. — 1921. 1.60
157. **Dritte Steuernotverordnung vom 14. Februar 1924** mit den Vorschriften über **Aufwertung.** 2. Auflage unter dem Titel: **Aufwertungsgesetze.** Von Michaelis. — 1925. 16.—
132. **Umsatzsteuergesetz.** Von Otto Lindemann. 4. Auflage. — 1926. 10.—
110. **Wehrbeitragsgesetz.** Von A. Fernow. 2. Auflage. — 1913. 1.60
146. **Tabaksteuergesetz.** Von Wündisch. — 1920. Mit Nachtrag 1925. 4.—
Nachtrag einzeln 1.50

Band

78. **Zigarettensteuergesetz.** Von Cuno. Vergriffen.

101. **Zuwachssteuergesetz.** Von W. Cuno. Vergriffen.

153. **Zwangsanleihegesetz.** Von Simon und Beutner. — 1923. 8.—

Preußische Gesetze:

20. **Die preußischen Erbschaftssteuergesetze.** Von U. Hoffmann. — 1905. 3.—

13. **Ergänzungssteuergesetz.** Von A. Fernow. 5. Auflage. 1914. 3.—

11. **Gewerbesteuergesetz.** Von A. Fernow. Vergriffen.

14. **Kommunalabgabengesetz.** Von F. Adickes. 6. Auflage von Falk. — 1922. 3.50

38. **Kreis- und Provinzialabgabengesetz.** Von F. Schmidt. — 1906. 1.20

18. **Preußisches Stempelsteuergesetz.** Von P. Loeck und W. Seyffarth. 10. Auflage von Eiffler. In Bearbeitung.

61. **Preußische Verwaltungsgebührenordnung.** Von K. Eiffler. — 1925. Mit Nachtrag 1925. 6.—

27. **Warenhaussteuer.** Von G. Strutz. — 1900. 1.20

Textausgaben:

Erbschaftsteuergesetz. Neue Fassung von H. Schachian. 4. Auflage. — 1926. 2.50

Reichssteuergesetze 1925 (Steuerüberleitungsgesetz mit Durchführungsbestimmungen — Einkommensteuer, Körperschaftssteuer, Reichsbewertungsgesetz, Vermögensteuer, Erbschaftsteuer). — 1925. 4.—

Wehrbeitrag und **Besitzsteuer.** — 1913. —.50

Zuwachssteuergesetz. — 1911. —.50

—, **Ausführungsbestimmungen.** — 1911. —.40

Druck von Otto Walter, Berlin S 14

FSC
www.fsc.org
MIX
Papier | Fördert
gute Waldnutzung
FSC® C083411

Kolibri 360 GmbH
Ferdinand-Jühlke-Straße 7
99095 Erfurt, Deutschland
produktsicherheit@kolibri360.de